Subjetividade e Verdade

Michel Foucault

Subjetividade e Verdade

Curso no Collège de France
(1980-1981)

*Edição estabelecida por Frédéric Gros
sob direção de François Ewald
e Alessandro Fontana*

Tradução
ROSEMARY COSTHEK ABÍLIO

wmf **martinsfontes**

Esta obra foi publicada originalmente em francês com o título
SUBJECTIVITÉ ET VERITÉ – COURS AU COLLÈGE DE FRANCE (1980-1981)
por Éditions Gallimard e Les Éditions du Seuil, Paris.
Copyright © 2014, Seuil/Gallimard
Copyright © 2016, Editora WMF Martins Fontes Ltda.,
São Paulo, para a presente edição.

Todos os direitos reservados. Este livro não pode ser reproduzido, no todo ou em parte, armazenado em sistemas eletrônicos recuperáveis nem transmitido por nenhuma forma ou meio eletrônico, mecânico ou outros, sem a prévia autorização por escrito do editor.

1ª edição 2016
3ª tiragem 2021

Tradução
ROSEMARY COSTHEK ABÍLIO

Acompanhamento editorial
Maria Fernanda Alvares
Preparação de texto
Maria Fernanda Alvares
Revisões
Ana Maria de O. M. Barbosa
Marisa Rosa Teixeira
Produção gráfica
Geraldo Alves
Paginação
Studio 3 Desenvolvimento Editorial

Dados Internacionais de Catalogação na Publicação (CIP)
(Câmara Brasileira do Livro, SP, Brasil)

Foucault, Michel, 1926-1984.
 Subjetividade e verdade : curso no Collège de France (1980-1981) / Michel Foucault ; edição estabelecida por Frédéric Gros sob direção de François Ewald e Alessandro Fontana ; tradução Rosemary Costhek Abílio. – São Paulo : Editora WMF Martins Fontes, 2016. – (Coleção obras de Michel Foucault)

 Título original: Subjectivité et verité: cours au Collège de France.
 ISBN 978-85-469-0082-4

 1. Desejo (Filosofia) 2. Sexualidade – Antiguidade I. Gros, Frédéric. II. Ewald, François. III. Fontana, Alessandro. IV. Título.

16-03810   CDD-194

Índices para catálogo sistemático:
1. Filosofia francesa 194

Todos os direitos desta edição reservados à
Editora WMF Martins Fontes Ltda.
Rua Prof. Laerte Ramos de Carvalho, 133 01325-030 São Paulo SP Brasil
Tel. (11) 3293-8150 e-mail: info@wmfmartinsfontes.com.br
http://www.wmfmartinsfontes.com.br

ÍNDICE

Advertência IX

Curso, anos 1980-1981 1

Aula de 7 de janeiro de 1981 3
A fábula do elefante em são Francisco de Sales. – Versões da fábula na Idade Média e no século XVI. – O *Physiologus*. – Versões da fábula na Antiguidade grega e latina. – A barreira de Aristóteles. – A relação "subjetividade e verdade": formulações filosófica, positivista, histórico-filosófica do problema. – A subjetividade como suporte histórico para a verdade e a verdade como sistema histórico de obrigações. – Princípios da ética sexual monogâmica. – A questão histórica preferencial.

Aula de 14 de janeiro de 1981 25
Retomada da fábula do elefante. – As artes de viver: tipologia e evolução. – *Máthesis, meléte, áskesis*: relação com os outros, com a verdade e com si mesmo. – Apontamentos sobre os conceitos de "paganismo", "judeocristianismo", "capitalismo" como categorias da autoanálise das sociedades ocidentais. – Problema da preexistência da "moral sexual cristã" no estoicismo.

Aula de 21 de janeiro de 1981 45
A questão das relações entre subjetividade e verdade e o problema do sonho. – A onirocrítica de Artemidoro. – O sistema ético dos atos sexuais através da análise dos sonhos. – Distinção entre sonhos/*enýpnia* e sonhos/*óneiroi*. – Significação econômica e social dos sonhos. – O *continuum* sociossexual. – Relações sexuais conformes com a natureza e com a lei. – Relações sexuais contrárias à lei. – Relações sexuais contrárias à natureza. – Princípio de naturalidade da penetração.

Aula de 28 de janeiro de 1981 69
Percepção ética dos *aphrodísia*. – Princípio de isomorfismo sociossexual e princípio de atividade. – Valorização do casamento e definição do adultério. – Experiência moderna da sexualidade: localização da sexualidade e separação dos sexos. – A penetração como atividade natural e não relacional. – Desqualificação do prazer passivo. – Paradoxo do conquistador afeminado. – Problematização da relação com rapazes. – A erótica pedagógica dessexualizada.

Aula de 4 de fevereiro de 1981 89
Processo de valorização e ilusão de código. – Experiência da carne e codificação. – A nova ética sexual dos filósofos: supervalorização do casamento e desvalorização do prazer. – Vantagens e inconvenientes comparados do casamento. – O indivíduo deve casar-se quando é filósofo? – Resposta negativa dos cínicos e dos epicuristas. – O dever de casamento entre os estoicos. – A exceção de casamento para o filósofo na catástase atual, segundo Epicteto.

Aula de 11 de fevereiro de 1981 111
O caráter *katà phýsin* do casamento. – O *Econômico*, de Xenofonte: estudo do discurso de Iscômaco à sua jovem esposa. – As finalidades clássicas do casamento. – Naturalidade do casamento segundo Musônio Rufo. – O desejo de comunidade. – Casal e rebanho: as duas modalidades do ser social segundo Hiérocles. – Relação com a esposa e com o amigo em Aristóteles: intensidades diferenciais. – A forma do vínculo conjugal: unidade orgânica.

Aula de 25 de fevereiro de 1981 133
A nova economia dos *aphrodísia*. – Desconfiança tradicional ante a atividade sexual: as restrições religiosas. – Dupla relação da sexualidade: de simetria com a morte, de incompatibilidade com a verdade. – Atividade sexual e vida filosófica. – Descrição médica do ato sexual. – Comparação entre o ato sexual e a crise de epilepsia. – Transformação cristã do triângulo morte-verdade-sexo. – Consequências da conjugalização do prazer sexual nos dois primeiros séculos de nossa era, nos textos filosóficos: simetria homem-mulher; objetivação da sexualidade matrimonial.

Aula de 4 de março de 1981 157
As três grandes transformações da ética sexual nos primeiros séculos de nossa era. – Um texto-testemunho: o *Erotikós* de Plutarco. – Especificidade da experiência cristã. – Plano do *Diálogo sobre o amor*. – A situação de comédia. – O lugar do rapaz: central e em posição de passividade. – Retrato de Ismenodora como mulher pederasta. – Ruptura dos princípios clássicos da ética dos *aphrodísia*. – Transferência para o interior do casamento dos benefícios da relação pederástica. – Defesa do amor por

rapazes: não natural e sem prazer. – Condição de aceitabilidade da pederastia: a doutrina dos dois amores. – Estabelecimento por Plutarco de uma corrente única do amor. – Desqualificação final do amor por rapazes. – A doce aquiescência da mulher ao marido.

Aula de 11 de março de 1981 181
A nova ética do casamento. – Evolução das práticas matrimoniais: o ponto de vista dos historiadores. – Publicização institucional, extensão social, transformação da relação entre esposos. – O testemunho dos escritores: os poemas de Estácio e as cartas de Plínio. – Jogos de verdade e realidade das práticas.

Aula de 18 de março de 1981 203
O problema do discurso em excesso. – Reapropriação cristã do código matrimonial helenístico e romano. – Problematização da relação entre o discurso e o real. – Primeira explicação: repetição representativa. – Quatro características do jogo de veridicção com relação ao real: suplementar, inútil, polimorfo, eficiente. – Segunda explicação: denegação ideológica. – Terceira explicação: racionalização universalizante.

Aula de 25 de março de 1981 223
Difusão do modelo matrimonial durante o período helenístico e romano. – Natureza dos discursos sobre o casamento: *tékhnai perì bíon*. – Definição de *tékhne* e de *bíos*. – As três vidas. – Subjetividade cristã (ou moderna) e *bíos* grego. – Do paganismo ao cristianismo: rupturas e continuidades. – Incompatibilidades entre o velho sistema de valorização e o novo código de conduta. – O ajuste por procedimentos de subjetivação: cesura do sexo e autocontrole.

Aula de 1º de abril de 1981 243
Situação das artes de viver: no ponto de articulação entre um sistema de valorização e um modelo de comportamento. – O público-alvo das técnicas de si: as aristocracias de concorrência. – Transformação histórica dos procedimentos de distribuição do poder: a corte e a burocracia. – Reelaboração do princípio de atividade e de isomorfismo sociossexual no casamento. – Desdobramento do sexo e redobramento de si sobre si. – Consequência cultural: a fantasia da devassidão do príncipe. – O problema do autogoverno do príncipe. – Subjetivação e objetivação dos *aphrodísia*. – Nascimento do desejo.

Resumo do curso 265
Situação do curso 273
Índice das noções 291
Índice dos nomes de pessoas 299

ADVERTÊNCIA

Michel Foucault lecionou no Collège de France de dezembro de 1970 até sua morte, em junho de 1984 – com exceção de 1977, quando desfrutou de um ano sabático. O nome de sua cátedra era: *Histoire des systèmes de pensée* [História dos sistemas de pensamento].

Foi criada em 30 de novembro de 1969, por proposta de Jules Vuillemin, pela assembleia geral dos professores do Collège de France, em substituição à cátedra História do pensamento filosófico, que Jean Hyppolite ocupara até falecer. Em 12 de abril de 1970, a mesma assembleia elegeu Michel Foucault titular da nova cátedra[1]. Ele tinha então 43 anos.

Foucault proferiu sua aula inaugural em 2 de dezembro de 1970[2].

O ensino no Collège de France segue regras particulares. Os professores comprometem-se a dar 26 horas de aula por ano (metade das quais, no máximo, pode ser cumprida na forma de seminários[3]). Devem expor anualmente uma pesquisa original, o que os obriga a renovar todo ano o conteúdo de seu curso. A assistência às aulas e aos seminários é inteiramente livre; não requer inscrição nem diploma, e o professor não outorga diploma[4]. No vocabulário do Collège de France, diz-se que os professores não têm estudantes, e sim ouvintes.

Os cursos de Michel Foucault aconteciam toda quarta-feira, do início de janeiro ao final de março. A assistência, muito numerosa, composta de estudantes, docentes, pesquisadores, curiosos, entre os quais muitos es-

---

1. Michel Foucault encerrara um livreto redigido para sua candidatura com a seguinte frase: "Seria preciso empreender a história dos sistemas de pensamento" ("Titres et travaux", in *Dits et Écrits, 1954-1988*, org. D. Defert e F. Ewald, colab. J. Lagrange. Paris, Gallimard, 1994, 4 vols.: cf. t. I, p. 846 [trad. bras.: "Títulos e trabalhos", in *Ditos e escritos*, 10 vols., Rio de Janeiro, Forense Universitária, 2010-2015, vol. VII]).

2. Publicada pelas edições Gallimard em maio de 1971, com o título *L'Ordre du discours* [trad. bras.: *A ordem do discurso*. 23ª ed. São Paulo, Loyola, 2013].

3. Michel Foucault assim fez até o início dos anos 1980.

4. No contexto do Collège de France.

trangeiros, mobilizava dois anfiteatros do Collège de France. Foucault muitas vezes se queixou da distância que costumava haver entre ele e seu "público" e do pouco diálogo que a forma do curso possibilitava[5]. Sonhava com um seminário que fosse lugar de um verdadeiro trabalho coletivo. Fez diversas tentativas nesse sentido. Nos últimos anos, terminada a aula, dedicava um longo momento a responder às perguntas dos ouvintes.

Em 1975, um jornalista do *Nouvel Observateur*, Gérard Petitjean, descreveu assim o ambiente: "Quando Foucault entra na arena, rápido, determinado, como alguém se jogando na água, tem de transpor corpos para chegar à sua cadeira; empurra os gravadores para poder colocar seus papéis, tira o casaco, acende uma lâmpada e arranca a cem por hora. Voz forte, eficiente, reproduzida por alto-falantes – única concessão ao modernismo numa sala mal aclarada por uma luz que se ergue de conchas em estuque. Há trezentos lugares e quinhentas pessoas aglutinadas, entupindo todo mínimo espaço livre [...]. Nenhum efeito de oratória. É límpido e terrivelmente eficaz. Nem a menor concessão ao improviso. Foucault tem doze horas por ano para explicar, em curso público, o sentido de sua pesquisa durante o ano recém-findo. Assim, ele aperta ao máximo e enche as margens, como esses correspondentes que ainda têm muito a dizer quando chegam ao fim da página. 19h15. Foucault para. Os estudantes precipitam-se até sua mesa. Não para falar com ele, e sim para desligar os gravadores. Sem perguntas. Na balbúrdia, Foucault está só." E Foucault comenta: "Seria preciso poder discutir o que apresentei. Às vezes, quando a aula não foi boa, bastaria pouca coisa, uma pergunta, para recolocar tudo no lugar. Mas essa pergunta nunca vem. Na França, o efeito de grupo torna impossível toda e qualquer discussão real. E, como não há canal de retorno, a aula se teatraliza. Tenho uma relação de ator ou de acrobata com as pessoas que ali estão. E, quando acabo de falar, uma sensação de solidão total..."[6]

Michel Foucault abordava seu ensino como um pesquisador: explorações para um livro futuro, desbravamento também de campos de problematização, que talvez formulasse mais como um convite lançado a eventuais

---

5. Em 1976, com a esperança – vã – de reduzir o número de ouvintes, Michel Foucault mudou o horário do curso, que passou de 17h45, no fim da tarde, para 9 horas da manhã. Cf. o início da primeira aula (7 de janeiro de 1976) de "*Il faut défendre la société*". *Cours au Collège de France*, 1976, org. M. Bertani e A. Fontana, sob orientação de F. Ewald e A. Fontana. Paris, Gallimard-Seuil (col. "Hautes Études"), 1997 [trad. bras.: *Em defesa da sociedade*. São Paulo, WMF Martins Fontes, 2010].

6. Gérard Petitjean, "Les Grands Prêtres de l'université française", *Le Nouvel Observateur*, 7 de abril de 1975.

pesquisadores. Por isso os cursos no Collège de France não repetem os livros publicados. Não são seu esboço, ainda que entre livros e cursos possa haver temas em comum. Têm seu próprio status. Fazem parte de um regime discursivo específico no conjunto de "atos filosóficos" efetuados por Michel Foucault. Nos cursos ele desenvolve muito particularmente o programa de uma genealogia das relações saber/poder em função do qual, a partir do início dos anos 1970, redirecionará seu trabalho – em oposição ao de uma arqueologia das formações discursivas, que até então ele dominara[7].

Os cursos tinham também uma função na atualidade. O ouvinte que vinha segui-los não era apenas cativado pelo relato que ia se construindo semana a semana; não era apenas seduzido pelo rigor da exposição; encontrava ali também um aclaramento da atualidade. A arte de Michel Foucault estava em diagonalizar a atualidade por meio da história. Ele podia falar de Nietzsche ou de Aristóteles, da peritagem psiquiátrica no século XIX ou da pastoral cristã, e o ouvinte extraía disso sempre uma luz sobre o presente e sobre os acontecimentos de que era contemporâneo. A força própria de Michel Foucault em seus cursos devia-se a esse cruzamento sutil entre erudição científica, engajamento pessoal e trabalho sobre o acontecimento.

*

Os anos 1970 viram o desenvolvimento e o aperfeiçoamento dos gravadores portáteis, que logo invadiram a mesa de Foucault. Os cursos (e alguns seminários) foram conservados assim.

Esta edição toma como referência o que foi falado publicamente por Michel Foucault, na medida em que se conservaram gravações. Apresenta a transcrição mais literal possível dessa fala[8]. Gostaríamos de poder oferecê-la sem modificação alguma. Mas a passagem do oral para o escrito impõe uma intervenção do editor: é preciso, no mínimo, introduzir uma pontuação e fazer parágrafos. O princípio foi sempre permanecer o mais perto possível do curso efetivamente proferido.

Quando parecia indispensável, suprimiram-se as retomadas e repetições, restabeleceram-se as frases interrompidas e retificaram-se as construções incorretas.

---

7. Cf. principalmente "Nietzsche, la généalogie, l'histoire", in *Dits et Écrits*, t. II, p. 137 [trad. bras.: "Nietzsche, a genealogia, a história", in *Ditos e escritos*, vol. II].

8. Foram utilizadas mais especialmente as gravações feitas por Gilbert Burlet e Jacques Lagrange, depositadas no Collège de France e no IMEC.

As reticências significam que a gravação está inaudível. Quando a frase for obscura, figura entre colchetes uma integração conjectural ou um acréscimo.

Notas de rodapé mostram as variantes significativas das anotações utilizadas por Michel Foucault com relação ao que disse nas aulas.

Verificaram-se as citações e indicaram-se as referências dos textos utilizados. O aparato crítico limita-se a elucidar os pontos obscuros, explicitar certas alusões e precisar os pontos críticos.

A fim de facilitar a leitura, cada aula foi precedida de um breve sumário que aponta suas principais articulações.

Ao texto do curso segue-se o resumo publicado no *Annuaire du Collège de France*. Michel Foucault costumava redigi-los no mês de junho, portanto algum tempo após o encerramento das aulas. Para ele, esse era o momento de extrair retrospectivamente a intenção e os objetivos do curso. Esse resumo constitui sua melhor apresentação.

Cada volume encerra-se com uma "situação" cuja responsabilidade é do editor do curso. O objetivo é oferecer ao leitor elementos contextuais de ordem biográfica, ideológica e política, recolocando o curso na obra publicada e dando indicações sobre seu lugar no *corpus* utilizado, a fim de facilitar o entendimento e evitar possíveis contrassensos por esquecimento das circunstâncias em que Foucault elaborou e apresentou cada curso.

Este curso de 1981, *Subjetividade e verdade*, foi editado por Frédéric Gros.

A edição dos cursos no Collège de France vem divulgar um lado novo da "obra" de Michel Foucault.

Não se trata de inéditos no sentido próprio, visto que reproduzem o que Foucault falou publicamente. O suporte escrito que ele utilizava podia ser muito elaborado, como atesta este volume.

Esta edição dos cursos no Collège de France foi autorizada pelos herdeiros de Michel Foucault, que decidiram atender à intensa demanda de que eram objeto, tanto na França como no exterior. E isso em incontestáveis condições de seriedade. Os editores procuraram estar à altura da confiança que eles lhes prestaram.

FRANÇOIS EWALD E ALESSANDRO FONTANA

Alessandro Fontana faleceu em 17 de fevereiro de 2013, antes de ver concluída a edição dos Cursos de Michel Foucault no Collège de France, da qual foi um dos iniciadores. Visto que conservará o estilo e o rigor que ele soubera imprimir-lhe, esta edição permanecerá, até o final, sob sua autoridade. – F. E.

Curso
Anos 1980-1981

AULA DE 7 DE JANEIRO DE 1981

A fábula do elefante em são Francisco de Sales. – Versões da fábula na Idade Média e no século XVI. – O Physiologus. *– Versões da fábula na Antiguidade grega e latina. – A barreira de Aristóteles. – A relação "subjetividade e verdade": formulações filosófica, positivista, histórico-filosófica do problema. – A subjetividade como suporte histórico para a verdade e a verdade como sistema histórico de obrigações. – Princípios da ética sexual monogâmica. – A questão histórica preferencial.*

[Com o] título um tanto solene de *Subjetividade e verdade*, vocês me desculparão por iniciar com algumas considerações sobre a vida dos elefantes e por citar-lhes um texto que me encanta tanto que acho que já o citei ou pelo menos o mencionei em um dos cursos dos últimos anos[1]: "O elefante evidentemente é só um animal grande, mas é o mais digno que vive na Terra e um dos que têm mais senso. Quero contar um aspecto de sua honestidade. O elefante nunca muda de fêmea e ama ternamente a que escolheu, com a qual, porém, acasala apenas de três em três anos, e isso só por cinco dias e tão secretamente que nunca é visto nesse ato. Entretanto, eu o vi no sexto dia, dia em que, antes de qualquer outra coisa, ele vai direto para algum rio, no qual lava inteiramente todo o corpo, pois não quer de modo algum voltar à manada antes de purificar-se. Não são belos e honestos esses humores da parte de tal animal?"[2]

Vocês reconheceram o capítulo 39 do livro III da *Introdução à vida devota*. E são Francisco de Sales continua esse texto salientando que, entre todos os exemplos, todas as lições que a natureza pode dar ao gênero humano, o exemplo do elefante é evidentemente um dos mais recomendáveis, e seria bom que todos os cristãos casados se inspirassem nele. Depois de concluídas, diz são Francisco de Sales, as sensualidades e as voluptuosidades que fazem parte da vocação das pessoas casadas, elas, como o elefante, deveriam purificar-se imediatamente das referidas sensualidades e voluptuosidades. Deveriam purificar-se, deveriam "lavar o coração e a afeição" e, conclui Francisco de Sales[3], esse conselho que a natureza dá aos homens é notavelmente conforme com a excelente doutrina que são Paulo dá aos coríntios[4].

Pois bem, eu gostaria de passear um pouco nessa fábula do elefante como modelo e brasão da boa conduta conjugal[5]. Essa ideia de uma boa conduta do elefante e o uso do elefante como brasão, como iluminura da boa sexualidade conjugal, não pertencem apenas à retórica espiritual do início do século XVII. Em todo caso, nessa mesma época, um autor que não é em absoluto um autor espiritual e sim um naturalista – que se chama Aldrovandi[6] e que vocês sabem que teve uma influência muito considerável sobre todas as ciências naturais e toda a zoologia (pelo menos do século XVII) –, também colocava o animal entre as mais altas figuras da moralidade. E do elefante ele elogiava a munificência, a temperança, a equidade, a fidelidade, a mansuetude. Salientava que o elefante rejeita tudo o que não é razoável, que, aliás, não aprecia os discursos vãos e as palavras inúteis e que, de modo geral, esse animal, quanto aos costumes e às virtudes, é um verdadeiro documento (*documentum*[7]). E, entre todas essas boas qualidades que fazem do elefante um documento para uso humano, a mais celebrada, tanto por Aldrovandi como pelos outros, é ainda e sempre a castidade, em todo caso no que se refere ao sexo. Entre eles, diz Aldrovandi, adotam a maior castidade[8].

É notável que, um século e meio depois, alguém como Buffon ainda admirará o modo como o elefante combina as maiores virtudes sociais, que fazem de sua manada um modelo para a sociedade humana: ele é prudente, é corajoso, tem sangue-frio, é obediente, é fiel aos amigos[9]. A todas essas grandes virtudes que asseguram a coesão do corpo social na manada de elefantes ele adiciona muita constância, muita intensidade, muita moderação também em suas relações amorosas. Por mais que o elefante, pelas virtudes que mencionei há pouco, seja ligado à companhia de que faz parte, quando as fêmeas entram no cio, ele mostra que o grande apego que tinha pela sociedade de que faz parte, diz Buffon, cede a um sentimento mais vivo. A manada de elefantes então se separa em casais que o desejo havia formado previamente. "Os elefantes se unem por escolha; escondem-se, e em seus passos o amor parece precedê-los e o pudor, segui-los; pois o mistério acompanha seus prazeres. Nunca ninguém os viu copular; temem principalmente o olhar dos semelhantes e talvez conheçam melhor que nós a volúpia pura de gozar em silêncio e ocupar-se apenas do objeto amado. Procuram as matas mais cerradas; chegam aos ermos mais profundos para se entregarem sem testemunhas, sem perturbação e sem reserva a todos os impulsos da natureza; estes são ainda mais vivos e mais duradouros porque são mais raros e mais longamente esperados. A fêmea gesta durante dois anos; quando ela está prenhe, o macho se abstém, e é só no terceiro ano que a estação dos amores renasce."[10]

Vocês estão vendo que, em comparação com os textos de são Francisco de Sales ou de Aldrovandi que citei há pouco, o texto de Buffon desloca algumas ênfases. Enquanto em Aldrovandi e em são Francisco de Sales estava em causa principalmente uma espécie de repugnância que o ato sexual suscita nos elefantes, a ponto de eles sentirem necessidade de se purificar tão logo o realizam, Buffon insiste mais no ardor do desejo, no despertar desse desejo antes mesmo do casamento, numa espécie de noivado prévio. Buffon insiste também na intensidade de um prazer que é multiplicado pelo segredo. Insiste nos valores próprios da intimidade do ato sexual, essa intimidade que a floresta protege, mas que o pudor torna ainda mais intensa. E tudo isso desempenha um papel muito mais importante do que a preocupação um tanto enjoada de purificar-se depois do ato. Mas, de qualquer modo – e é sobre esse ponto que quero insistir –, com tons um pouco mais particulares no século XVIII, ainda e sempre é da boa monogamia, do justo e adequado comportamento sexual entre esposos, que o virtuoso elefante porta a lição.

Poderíamos imaginar que essa lição do elefante só aparece conjuntamente com o que julgamos ser a conjugalidade própria da família moderna e de sua moral. Mas é notável que esse tema do elefante como brasão da boa sexualidade conjugal não surge de modo algum com os rigores éticos da Reforma ou da Contrarreforma, nem com a constituição do que se acredita ser em geral a moral da conjugalidade moderna. Na verdade, se vocês tentarem reconstituir a história, é claro que puramente anedótica, desse elefante como brasão natural da sexualidade matrimonial, vão perceber que a fábula é muito antiga e que essa lição parece ter se transmitido ao longo dos séculos e mesmo ao longo dos milênios. A título de pura e simples introdução anedótica, eu gostaria de recuar um pouco na história dessa fábula milenar e desse modelo de sexualidade matrimonial que o elefante presumivelmente traz da natureza para a sociedade humana. Por exemplo, em meados do século XVI, um naturalista como Gessner[11] reconhece que pode haver nos elefantes uma grande força amorosa. Mas, segundo ele, esses animais sabem preservar em suas relações uma reserva, uma continência absolutamente notável. Apesar da violência de seu desejo amoroso, não se entregam a uma concupiscência imoderada. Os elefantes, diz Gessner, não conhecem o adultério, nunca têm a ideia de lutar por uma fêmea e só têm relações para obter uma descendência, não tocando mais em sua consorte depois de fecundada[12]. Mais longe na história, vocês encontram as mesmas indicações na Idade Média. Alberto, o Grande[13], Vincent de Beauvais principalmente, em seu *Speculum naturale*[14], também veem nos costumes do elefante uma espécie de iluminura animal da virtude conjugal e do casamento virtuoso.

Na verdade, o texto de Vincent de Beauvais reproduz quase palavra por palavra uma obra muito claramente anterior, que é o famoso *Physiologus*[15]. O *Physiologus* foi durante toda a Idade Média um dos livros mais difundidos, um dos manuscritos mais recopiados e um dos constantes veículos da fábula animal a partir da Antiguidade tardia. Seu autor e a data exata da redação são desconhecidos. Há referências muito explícitas ao *Physiologus* em vários autores cristãos: santo Ambrósio faz alusão a ele[16], o *Hexaéméron* do pseudo-Eustácio[17] faz-lhe referência explícita, bem como a famosa *Homília sobre o Gênesis* traduzida por Rufino e atribuída erroneamente a Orígenes[18]. Portanto, o *Physiologus* existe no século IV. Quando foi redigido? Provavelmente num período anterior, situado geralmente entre o fim do século II e o início do século IV[19]. Em todo caso, esse *Physiologus* é um texto cristão que propõe uma leitura cristã e alegórica de certas características, propriedades, caracteres que os naturalistas antigos, pagãos, atribuíam aos animais e à natureza em geral. É uma espécie de interpretação alegórica dos conhecimentos naturais da Antiguidade tardia. Assim, diversas séries de animais, cerca de quarenta[20] ao todo, são consideradas e reinterpretadas em sua vida e em seu caráter em função dos dados bíblicos de que os cristãos dispunham. E é assim que o *Physiologus* liga as Escrituras e a natureza, a Bíblia e a ciência natural da Antiguidade de um modo interessante e significativo.

Quanto ao elefante e sua fêmea, qual é o brasão bíblico que esses animais portavam, segundo o *Physiologus*? Muito simplesmente, de todos os animais, o elefante e sua fêmea são os que, segundo o *Physiologus*, nos contam melhor e do modo mais claro o que foi a queda: a relação entre o homem e a mulher antes da queda, a queda [propriamente dita] e o que aconteceu e deve acontecer depois dela. De fato, narra o *Physiologus*, quando o elefante quer procriar, dirige-se para o Oriente, ou seja, para o Paraíso. E reconstitui, de certo modo reencena, o que é a cena primitiva da humanidade, ou seja, o consumo do fruto proibido e a queda. De fato, esse Oriente ou esse Paraíso para o qual os elefantes se dirigem, no momento que Buffon chamava de a estação dos amores, quando os elefantes se aproximam dele é para encontrar uma árvore, ou melhor, uma planta, que é a mandrágora, da qual vocês sabem todos os valores ambíguos que porta, e que está ali como a figura da árvore proibida[21]. Os elefantes vão até a mandrágora e, evidentemente, é fêmea do elefante que a agarra e a consome primeiro. Tão logo a consome, persuade o macho a comê-la também. E é depois de ambos comerem dela que se unem um ao outro. Inútil dizer tudo o que representa essa fábula narrada pelo *Physiologus*. Até a consumação do ato sexual, portanto, os elefantes reproduzem a história da humanidade primitiva. E o que vai acontecer em seguida diz respeito à humanidade pós-queda e ao combate que essa mesma humanidade deve travar para sua própria salvação[22]. De fato, depois dessa conjunção, que por sua vez se segue ao consumo da mandrágora, a fêmea fica prenhe. E é quando está prestes a parir que ela se dirige para um rio ou lago. Mergulha na água e só dá à luz seu filhote quando está completamente imersa. E por que fica imersa? Obviamente porque precisa se defender da serpente, que está ali, à espreita, na margem do rio, à beira do lago, a serpente que não consegue alcançar o filhote no nascimento porque ele nasce no meio da água. Água do batismo, é claro. Serpente diabólica, evidentemente. E, enquanto decorre essa cena (o nascimento do filho imerso na água salutar), o macho, que seguiu sua fêmea, protege-a contra o perpétuo inimigo e luta com ele. Vocês estão vendo que, sem precisar comentar muito mais a fundo, encontramos aí, nos amores dessa admirável espécie que é o elefante, a imagem, a reprodução da história da humanidade[23]. E o *Physiologus* conclui que, visto que o elefante nos representa o que fomos e o que devemos ser, protegendo-nos contra o Diabo e fazendo nossos filhos só nascerem no meio da água salutar do batismo, convém queimarmos em nossa casa um pouco de pele e alguns ossos de elefante. O odor é suficiente para expulsar dela a serpente, como a palavra de Deus expulsa o mal de nosso coração[24]. Estamos aqui na origem da grande fábula cristã do elefante, da qual são Francisco de Sales, ainda no século XVII, nos dá a formulação plena e integral.

É interessante, pelo menos para o tema que quero abordar este ano, que os autores cristãos não foram os primeiros a pedir ao velho bestiário da moralidade ensinamentos para a conduta conjugal. Na verdade, o *Physiologus*, nesse capítulo sobre os elefantes e em outros, não faz mais que retomar as lições que os autores da Antiguidade já haviam formulado explicitamente, evidentemente modificando-lhes algumas características e acrescentando-lhes todas as correspondências bíblicas que vocês puderam observar. E, se quiséssemos escrever a história completa e exaustiva do bestiário da castidade conjugal, evidentemente seria preciso pesquisar muito [aquém][a] do cristianismo e cruzar os limites do que chamamos de cristianismo, [na direção do] paganismo. Se dermos esse passo e se, remontando mais um pouco no tempo, nos dirigirmos agora aos autores da Antiguidade latina ou grega, já encontraremos esse mesmo modelo do bom comportamento conjugal no elefante.

Vamos passar rapidamente por Solino[25], compilador sem grande interesse do século III. Para ele os elefantes nunca lutam por causa de assun-

a. Foucault diz: além

tos de rivalidade amorosa, nunca cometem adultério, só copulam a cada dois anos e, feita a coisa, não voltam para a manada antes de se lavarem. É o que diz Solino no decorrer do século III[26]. No século II, ainda na literatura pagã, entre os naturalistas não cristãos, Eliano, em *De natura animalium*, também elogia a moderação do elefante. Aplica ao elefante o termo que os filósofos utilizavam para designar a mais alta forma de sabedoria: diz que ele é portador de uma *sophrosýne* (uma sabedoria) que lhe permite manter afastados os dois grandes adversários dessa *sophrosýne*, ou seja, a *hýbris* (a violência) e a *hagneía* (a devassidão, a impureza)[27]. Os elefantes, portanto, são a imagem da *sophrosýne*: têm relações com sua fêmea – a lição é ainda mais estrita e rigorosa que nos autores posteriores – apenas uma vez em toda a vida, no momento em que a fêmea consentir. Aliás, sempre segundo Eliano, eles só cometem esse ato sexual com o único objetivo de ter uma descendência. Quanto ao ato em si, teriam vergonha de entregar-se a ele em outro lugar que não no fundo de uma floresta, para onde se retiram a fim de não ser vistos[28]. Antes de Eliano, vocês encontram em Plínio[29] uma descrição da boa conduta do elefante, descrição que, podemos supor, é a que são Francisco de Sales reproduziu, com algumas variantes, na *Vida devota* – em todo caso, de todos os textos antigos é o que mais se aproxima dela. Plínio escreve: "É por pudor [...] que eles só copulam em segredo; o macho gera com cinco anos, a fêmea com dez; a fêmea só se deixa cobrir de dois em dois anos e, dizem, durante cinco dias de cada ano, não mais: no sexto, os casais banham-se num rio e só após o banho voltam para junto da manada. Não conhecem o adultério e não se entregam por causa das fêmeas a essas lutas mortais que podem ser observadas nos outros animais."[30] Mas na opinião de Plínio tal moderação não exclui o elefante conhecer a força do amor (*amoris vis*)[31]. De fato, esta se manifesta no longo apego mútuo dos parceiros do casal, mas se manifesta também em paixões obstinadas. E é justamente isto que constitui o valor moral do elefante: ele possui em si uma fortíssima tendência para a paixão amorosa, mas sabe justamente dominá-la ou dirigi-la a um único indivíduo, ao qual está ligado. E é assim que Plínio narra os belos amores, apesar de um tanto adulterinos, de um elefante que se apaixonou por uma vendedora de flores que, por sua vez, era amante de um gramático. E narra também a história de um elefante que um dia se apaixonou tão intensamente por um jovem soldado do exército de Ptolomeu que preferia não comer a ser alimentado por outra mão que não a dele[32]. Isso sobre os amores do elefante narrados por Plínio.

Será que podemos remontar mais longe nessa história da fábula amorosa do elefante? É evidente que os elementos narrados por Eliano ou por Plínio sem dúvida vêm de autores anteriores. Eliano parece ter recopiado em grande parte um texto de Juba³³. Mas o que parece bastante notável, e que será preciso comentar, é o fato de que, se remontarmos até Aristóteles, nele veremos desvanecer-se a fábula do elefante. Aristóteles fala do elefante, assinala alguns elementos que reaparecerão mais tarde, mas não tenta de modo algum fazer do elefante um modelo da moralidade humana. As características da vida elefantina que a *História dos animais*, por exemplo, relata são infinitamente menos elogiosas do que as citadas depois. "Os elefantes", diz Aristóteles, por exemplo, "tornam-se selvagens quando estão no cio, e é por isso que nas Índias aqueles que os criam não os deixam cobrir as fêmeas: de fato, parece que, tornando-se furiosos nesse momento, eles derrubam a casa do dono."³⁴ Aqui, portanto, se trata do elemento da força-violência amorosa dos sentimentos do elefante, mas sem a moderação que os faz ser elogiados por Plínio, Eliano e os autores posteriores. Aparece também, mas a título de pura particularidade fisiológica, a periodicidade dos amores do elefante: "Entre os elefantes, a fêmea começa a se deixar montar não antes dos dez anos, não depois dos quinze anos. Mas o macho monta com cinco ou seis anos. É primavera, época da cópula. O macho, depois da cópula, monta novamente no fim de dois anos [...]. A gestação dura dois anos e nasce um único filhote."³⁵

Quanto ao ato propriamente dito, Aristóteles limita-se a descrevê-lo assim: "os elefantes copulam em locais afastados, de preferência perto dos cursos d'água" – é esse elemento que em seguida vamos reencontrar totalmente carregado de valores morais – "e no lugar onde eles costumam viver"³⁶. Há uma única característica do comportamento do elefante que Aristóteles relaciona de modo explícito com uma espécie de qualidade moral, quase intelectual: é o respeito que o elefante presumivelmente tem por sua fêmea, depois de fecundada. De fato, num texto que, penso eu, também está na *História dos animais*, mas não tenho muita certeza, ele diz: "O elefante tem todos os sentidos muito desenvolvidos e sua faculdade de compreender supera a dos [outros] animais." E, como prova e testemunho dessa faculdade de compreender atribuída aos elefantes, ele diz: "depois que o elefante cobriu uma fêmea e a emprenhou, não toca mais nela"³⁷. Esse respeito pela prole ou, em todo caso, pela fêmea enquanto está em gestação, é para ele um sinal de razão, mas é o único elemento de exemplaridade para a conduta humana que lhe encontra.

Vocês me perdoem essa introdução um tanto errática ao longo da história do elefante e da fábula que ele traz para o gênero humano. Vou interromper aqui esse levantamento, por algumas razões. Na verdade, duas razões, ambas evidentes. A primeira é que antes de Aristóteles simplesmente os gregos não conheciam os elefantes, pois, é claro, foi com as expedições de Alexandre que eles passaram a conhecer esse animal – há só uma ou duas referências ao elefante em Heródoto e isso é praticamente tudo[38]. A outra razão é mais séria e mais importante. É que no fim das contas o tema de uma exemplaridade moral da natureza não é muito antigo entre os gregos. Sejamos mais precisos. Claro, era uma velha tradição, que vocês encontram nos pitagóricos, mas também em outros, localizar em determinada história, em determinada fábula animal, algo como uma lição moral. Mas essa ideia de fazer uma leitura sistemática da natureza que porte constantemente e em cada elemento desta uma lição de moralidade para a conduta humana é algo que a cultura grega ou helenística só conheceu relativamente tarde, digamos, em todo caso, depois de Aristóteles. Isso porque, para que a natureza portasse assim uma lição de conduta permanente para o gênero humano, era preciso que estivessem reunidas pelo menos duas ideias fundamentais. A primeira era que a natureza devia ser considerada regida por uma racionalidade global e coerente. Era preciso admitir a ideia de que havia um governo geral, onipresente e permanente da natureza, de que ela era realmente governada, ou seja, permeada por uma racionalidade na qual podiam ser encontrados expressão e testemunho em seus diferentes elementos, processos, figuras etc. Portanto, ideia de uma natureza como governo geral e racional do mundo, necessária para fazer funcionar os diversos elementos da zoologia como exemplos permanentes para a conduta humana. Também era preciso que se tivesse essa ideia de que o homem, para ser virtuoso, para ser racional, não tinha de simplesmente obedecer às leis particulares e próprias de sua cidade, e sim de que havia na natureza e na ordem do mundo leis gerais muito mais fundamentais e sem dúvida muito mais importantes do que as regras particulares que certa cidade ou certo Estado podiam definir. Ou seja, para que se tivesse a ideia de uma exemplaridade moral permanente da natureza, era preciso não só a ideia de uma natureza racionalmente governada, mas também a ideia de que a lei que devia reger o comportamento humano não devia ser extraída somente da cidade-Estado, mas também, e mais fundamentalmente ainda, de uma ordem do mundo da qual os indivíduos, os seres humanos dependiam, antes mesmo de dependerem das leis de sua própria cidade. Vocês estão vendo a que tudo isso remete: de um lado, a uma espécie de temática ou de ideologia moral e, do outro, a toda uma cosmologia, que costumamos atribuir em geral ao pensamento estoico, mas que, de modo muito mais global, pertence ao pensamento helenístico e às modificações históricas, sociais, políticas do mundo helenístico. É por isso que evidentemente seria totalmente inútil buscar mais além de Aristóteles as raízes, mesmo que possamos encontrar algumas anedóticas, dessa fábula do elefante como brasão da virtude conjugal.

* * *

Agora, com todas as desculpas que posso apresentar-lhes por ter começado assim este curso, devo-lhes algumas explicações. Por que começar um curso sobre "subjetividade e verdade" com uma fábula da animalidade? Há para isso várias razões. A primeira diz respeito à própria natureza da questão que desejo colocar; a segunda diz respeito ao âmbito histórico a propósito do qual desejo colocar essa questão; e a terceira, ao método que desejo empregar.

Primeiramente: o tipo de questão que quero colocar através desse tema "subjetividade e verdade". Há uma maneira, digamos filosófica – para não procurar uma palavra mais [específica][a] –, de colocar a questão "subjetividade e verdade". É a maneira que foi utilizada de Platão a Kant pelo menos, e que poderíamos resumir assim. O problema "subjetividade e verdade" consiste, na tradição filosófica, em indagar como e em quais condições posso conhecer a verdade, ou ainda: como o conhecimento enquanto experiência própria de um sujeito cognoscente é possível? Ou ainda: de que modo aquele que faz essa experiência pode reconhecer que se trata realmente de conhecimentos verdadeiros? Digamos que o problema filosófico "subjetividade e verdade" pode caracterizar-se assim: resolver a tensão entre duas proposições. Evidentemente não pode haver verdade sem um sujeito para o qual essa verdade é verdadeira, mas, por outro lado: se o sujeito é um sujeito, como pode ele efetivamente ter acesso à verdade?

A essa formulação filosófica da questão "subjetividade e verdade" poderíamos opor uma formulação que eu chamaria, também aqui muito apressadamente e por comodidade, de positivista, que seria a questão em sentido inverso: do sujeito, é possível ter um conhecimento verdadeiro, e em que condições se pode ter esse conhecimento verdadeiro do sujeito? Será tecnicamente possível, será teoricamente legítimo fazer valerem, a propósito do sujeito, a propósito da forma e do conteúdo das experiências subjetivas, os procedimentos e os critérios próprios do conhecimento de um objeto qualquer? Digamos que a questão positivista seria a seguinte: como pode haver verdade do sujeito, quando só pode haver verdade para um sujeito?

Desses dois tipos de questão, ambos muito comuns, eu gostaria de tentar distinguir um terceiro. De fato, poderíamos formular, elaborar a questão "subjetividade e verdade" no seguinte sentido: que experiência o sujeito pode fazer de si mesmo, a partir do momento em que se vê na possibilidade ou na obrigação de reconhecer, a propósito de si mesmo, algo que passa por verdadeiro? Que relação o sujeito tem com si mesmo a partir do momento em que essa relação pode passar ou deve passar pela desco-

[a]. M. F. diz: especialista

berta, prometida ou imposta, da verdade sobre si mesmo? A questão assim formulada é – voltarei a isso daqui a pouco – uma questão fundamentalmente histórica. Eu diria que é uma questão de fato. Há provavelmente em toda cultura, em toda civilização, em toda sociedade, ou pelo menos em nossa cultura, em nossa civilização e em nossa sociedade, certos discursos verdadeiros referentes ao sujeito que, independentemente de seu valor universal de verdade[a], funcionam, circulam, têm o peso da verdade e são aceitos como tais. Em nossa cultura, em nossa civilização, numa sociedade como a nossa, há certos discursos que, institucionalmente ou por consenso, são reconhecidos como verdadeiros a partir do sujeito. E o problema histórico a ser colocado é o seguinte: tendo em vista o que são esses discursos, em seu conteúdo e em sua forma, tendo em vista o que são os vínculos de obrigação que nos ligam a esses discursos de verdade, qual experiência fazemos de nós mesmos, a partir do momento em que esses discursos existem? E em quê a experiência que temos de nós mesmos se vê formada ou transformada pelo fato de haver, em algum lugar de nossa sociedade, discursos que são considerados verdadeiros, que circulam como verdadeiros e que são impostos como verdadeiros, a partir de nós mesmos enquanto sujeitos? Qual marca, ou seja também, qual ferida ou qual abertura, qual coação ou qual liberação, produz no sujeito o reconhecimento do fato de haver sobre ele uma verdade a ser dita, uma verdade a ser buscada, ou uma verdade dita, uma verdade imposta? A partir do momento em que, numa cultura, há um discurso verdadeiro sobre o sujeito, que experiência o sujeito faz de si mesmo e que relação o sujeito tem a respeito de si mesmo em função dessa existência de fato de um discurso verdadeiro sobre ele?

O primeiro modo, filosófico, de formular as relações "subjetividade e verdade" resume-se numa palavra: é a questão da possibilidade de uma verdade para um sujeito em geral. O segundo modo, que chamei de positivista, consiste em indagar sobre a possibilidade de dizer a verdade sobre a subjetividade. E o terceiro modo, que, se quiserem, chamaremos de histórico-filosófico, é indagar quais efeitos tem sobre essa subjetividade a existência de um discurso que pretende dizer a verdade a respeito dela.

É em torno dessa terceira e última maneira de colocar a questão "subjetividade e verdade" que, com mais ou menos distância, mais ou menos clareza, durante alguns anos tenho procurado girar. Essa questão podemos encontrar sob diferentes [aspectos]. Podemos indagar, por exemplo, como se formaram, a propósito da loucura, a propósito da doença, a propósito do crime, tipos de prática que implicam a existência e o desenvol-

---

a. M. F. acrescenta: e não vou colocar essa questão

vimento de discursos verdadeiros sobre a razão alienada, o corpo doente ou o caráter criminoso, e como a relação que temos com nós mesmos – e por "relação com nós mesmos" entendo não apenas a que temos com nossa própria individualidade, mas a que temos com os outros, na medida em que também são nós mesmos – se vê afetada, modificada, transformada, estruturada pela existência desse discurso verdadeiro e dos efeitos que ele induz, pelas obrigações que impõe e pelas promessas que sugere ou formula. O que acontece conosco, o que devemos fazer, como devemos conduzir-nos se for verdade que há e que deve haver determinada verdade sobre nós, e além do mais uma verdade que nos é dita através do que repelimos para o mais longe de nós, ou seja, a loucura, a doença, a morte e o crime? Foi um pouco essa questão que permeou o trabalho que fiz até aqui.

Em todo caso, vocês estão vendo que, nesse modo de colocar a questão "verdade e subjetividade", podemos destacar duas ou três coisas – é tudo o que destacarei por enquanto, mas isso deve nos servir de base comum para o trabalho que está por fazer.

Primeiramente, nesse modo de colocar a questão "subjetividade e verdade" através dos problemas históricos da loucura, da doença, da morte e do crime, a subjetividade não é concebida a partir de uma teoria prévia e universal do sujeito, não é relacionada com uma experiência originária ou fundadora, não é relacionada com uma antropologia que tenha um valor universal. A subjetividade é concebida como o que se constitui e se transforma na relação que ela tem com sua própria verdade. Não há teoria do sujeito independente da relação com a verdade.

Em segundo lugar, nessa maneira de colocar o problema, a verdade – mencionei isso há pouco – não é definida por certo conteúdo de conhecimento que pudesse ser considerado universalmente válido, nem sequer é definida por certo critério formal e universal. A verdade é concebida essencialmente como um sistema de obrigações[39], independente do fato de, deste ou daquele ponto de vista, se poder considerá-la verdadeira ou não. A verdade é antes de tudo um sistema de obrigações. Por consequência, é totalmente indiferente que aquilo que em determinado momento é considerado verdadeiro não o seja mais em [outro]. E pode-se até mesmo admitir este paradoxo[, ou seja:] que a psiquiatria é verdadeira. Quero dizer que, enquanto sistema de obrigações, mesmo a psiquiatria, mesmo a criminologia são analisadas desse ponto de vista como verdadeiras, na medida em que efetivamente os sistemas de obrigações próprios do discurso verdadeiro, próprios da enunciação da verdade, próprios da veridicção, estão efetivamente presentes na raiz desses tipos de discurso. O importante nessa questão da verdade é que certas coisas passam efetivamente por verdadeiras, e que o sujeito deve ou produzi-las pessoalmente, ou aceitá-las, ou submeter-se a elas. Portanto, o que esteve e estará em questão é a verdade como vínculo, a verdade como obrigação, a verdade também como política, e não a verdade como conteúdo de conhecimento nem como estrutura formal do conhecimento.

Em terceiro lugar, quero ressaltar também o seguinte: se todas essas análises se fazem necessariamente através de um material histórico, esse material histórico tem como objetivo mostrar não o quanto a verdade é mutável ou a definição relativa do sujeito, e sim de que modo as subjetividades como experiências de si e dos outros se constituem através das obrigações de verdade, através das ligações do que poderíamos chamar de veridicção. A constituição das experiências de si e dos outros através da história política das veridicções: é isso que tenho tentado fazer até agora.

[Essas mesmas opções de] método ou de ponto de vista eu gostaria agora de aplicar em outra esfera, na esfera do que chamamos – aliás, desde relativamente pouco tempo (menos de dois séculos) – de sexualidade[40]. Essa esfera da sexualidade apresenta, com relação aos temas anteriores, o da loucura, da doença, da morte e do crime, algumas diferenças importantes. A primeira dessas diferenças com relação à loucura, à doença, à morte e ao crime é nossa ambiguidade [diante] dessa esfera da sexualidade. Ao passo que com a loucura, a morte, a doença e o crime temos uma relação fundamentalmente negativa (relação de rejeição) e que a questão da verdade da loucura, da doença, da morte e do crime só é posta a partir dessa rejeição e dessa recusa, o problema da sexualidade é muito diferente, pois, quaisquer que sejam os sistemas de regulação, de desqualificação, de repressão ou mesmo de rejeição a que é exposta, a sexualidade [não é] objeto de uma rejeição sistemática, fundamental e quase constante. Ela é objeto de um jogo sempre complexo de recusa e aceitação, de valorização e desvalorização – primeira diferença, portanto, entre, de um lado, a sexualidade e, do outro, o crime, a doença, a morte e a loucura.

Segunda diferença: é que, no caso da loucura, da doença, da morte e do crime, o essencial do discurso verdadeiro era feito sobre o sujeito, mas do exterior, por outro. É na medida em que não sou louco, é na medida em que o médico enquanto médico não tem de estar doente, é na medida em que não sou um criminoso e aquele que fala do crime não é pessoalmente um criminoso, é nessa medida que podia ser feito um discurso verdadeiro sobre a doença, a loucura, o crime, a morte etc. No caso da sexualidade, como vocês sabem, é de um modo totalmente diferente que um discurso verdadeiro sobre ela foi institucionalizado. E estou me referindo, como aliás voltarei a fazer várias vezes, ao curso do ano anterior sobre o problema do dizer-verdadeiro sobre si mesmo nas sociedades helenísticas e no início do cristianismo[41]. No caso da sexualidade, o discurso verdadeiro foi institucionalizado, pelo menos em parte considerável, como discurso obrigatório do sujeito sobre si mesmo. Isso quer dizer que ele não se organizou a partir de algo que se apresentasse como observação e exame, em função de regras aceitas de objetividade, e sim foi em torno da prática da confissão[a] que o discurso verdadeiro sobre a sexualidade se organizou. Digamos que, a propósito do sexo e do desejo – e é nisso que a história desse problema é totalmente diferente da que diz respeito à loucura, ao crime, à morte etc. –, o discurso verdadeiro se organizou em torno de um discurso de confissão sobre uma parte de nós mesmos que podemos até detestar, ou da qual podemos até nos purificar, mas que apesar disso é indissociável do que somos. Discurso de confissão sobre uma parte indissociável de nós mesmos: é em torno disso que devemos compreender o problema das relações "subjetividade e verdade" a propósito do sexo. Nos casos já citados (loucura, doença, morte, crime etc.), o problema era: qual experiência podemos fazer de nós mesmos e dos outros, a partir do momento em que há alguém que tem o direito de dizer: "Este aqui é louco, você está doente, fulano é um criminoso"? Com a sexualidade, o problema que quero colocar é o seguinte: qual experiência podemos fazer de nós mesmos, que tipo de subjetividade está ligado ao fato de termos sempre a possibilidade e o direito de dizer: "Sim, é verdade, eu desejo"? Em suma, está em causa estudar, nas sociedades que nos dizem respeito e às quais estamos ligados por laços de parentesco cuja solidez será preciso examinar, de que maneira o sujeito foi chamado a manifestar-se e a reconhecer a si mesmo, em seu próprio discurso, como sendo em verdade sujeito de desejo. Mais simplesmente ainda, é [em torno da] história da noção de concupiscência[42], na medida em que foi organizadora da experiência subjetiva da sexualidade, ou melhor, do sexo e das relações sexuais, que desejo fazer girar o curso deste ano[43]. Aí está, portanto, a primeira razão para ter tomado como ponto de partida aquela pequena fábula um pouco boba sobre a boa conduta sexual do elefante.

A segunda razão pela qual escolhi a história do elefante foi por causa do período histórico que desejo estudar a respeito das relações entre verdade e subjetividade. Remontando na história do elefante moral, do elefante-brasão da boa sexualidade, vocês observaram que um ponto me deteve e que insisti um pouco nele: é o momento em que, se seguirmos a linha ascendente do tempo, veremos essa fábula transitar da literatura cristã para a literatura pagã. É esse jogo, essa comunicação entre literatura pagã e literatura cristã que me reteve e me reterá. No *Physiologus*, texto de alegoria cristã sobre os temas da história natural, a fábula do elefante já

---

a. No sentido geral do termo. (N. da T.)

estava completamente cristianizada. Em contrapartida, em Eliano, autor do século II [cujos textos, portanto, não são] muito anteriores ao *Physiologus*, mas que repete toda uma literatura pagã, encontramos a mesma fábula, e também em Plínio etc. Ora, esse trânsito da literatura dos naturalistas pagãos para a literatura cristã coloca um problema histórico interessante. Isso porque, quando lemos a fábula do elefante em são Francisco de Sales, é bem evidente, como ele mesmo diz, que se trata de apresentar um modelo de comportamento sexual para os seres humanos. São Francisco de Sales diz isso, mas Aldrovandi, apesar de naturalista, diz a mesma coisa: o elefante é um documento (*documentum*) para a conduta humana. Ele emprega uma expressão interessante ao dizer que a maneira como o elefante se comporta para com sua fêmea deve dar aos homens uma *idea morum*[44] (uma espécie de modelo de conduta). Ora, esse modelo de boa conduta sexual nós conhecemos bem. E é relativamente fácil reconhecer nesse modelo um tipo de moralidade da qual se atribui ao cristianismo a origem, em certos casos o mérito, mais frequentemente a culpa. Parece que, ao nos narrarem a fábula do elefante, são Francisco de Sales e Aldrovandi nada mais fazem do que, através dessa imagem, nos lembrar os princípios fundamentais de uma ética sexual que eu diria triste, pois obedece a certos princípios que costumam ser atribuídos ao cristianismo e que podemos resumir do seguinte modo.

[Primeiramente:] princípio de sexualidade monogâmica, de conjugalidade indissolúvel. Deve-se ter uma esposa e uma só, deve-se conservá-la ao longo da vida toda, esse vínculo com a esposa não deve ser rompido por nenhum adultério. Essa união supõe entre os dois parceiros um apego muito forte. Em segundo lugar: princípio de rigorosa economia nas relações sexuais, economia que, é claro, se estabelece antes de tudo pela condenação de toda relação sexual exterior ao casamento. Mas, no interior do casamento, vocês podem ver que a fábula do elefante nos indica, segundo Aldrovandi, segundo são Francisco de Sales, a necessidade de uma rarefação voluntária e ponderada. Mesmo com a esposa, não se deve fazer amor não importa como e não importa quando. É necessário um princípio de raridade, um princípio de economia devido à própria temperança do caráter, raridade que deve limitar as relações sexuais à finalidade de procriação (é simplesmente para poder e quando se quiser criar, procriar, que as relações sexuais são permitidas), raridade, por fim, que proíbe tocar na fêmea durante todo o tempo em que estiver gestando. Terceiro princípio que encontramos na fábula do elefante narrada por Aldrovandi e são Francisco de Sales: a regra de isolamento da atividade sexual. As relações de sexo devem estar separadas da existência diária. Os elefantes isolam-se fora de seu lugar familiar, de seu lugar de existência, por razões de pudor ligadas ao fato de que praticar essas relações sexuais é permitido [apenas entre marido e mulher][a] e no segredo que barra todos os olhares vindos do exterior. A relação sexual é algo que se deve esconder, mesmo quando é uma relação legítima entre indivíduos casados. E, por fim, quarto princípio: princípio de purificação. Depois da relação sexual, não é possível retornar para a plena luz do dia e para a sociedade dos outros sem uma ablução, que sugere uma impureza intrínseca do ato e alguma conspurcação da qual é preciso livrar-se.

Temos, portanto, nesse modelo do elefante contado por Aldrovandi e por são Francisco de Sales, uma espécie de descrição da boa sexualidade (como sexualidade matrimonial, monogâmica, necessariamente rara e, apesar de tudo, impura) que costumamos atribuir à moral cristã e à sua tristeza intrínseca. Mas, através da magra história do elefante que lhes contei, vocês podem ver que esse modelo já era veiculado, termo a termo, pelos naturalistas dos séculos I-II de nossa era, sem nenhuma influência cristã. O modelo, o *pattern* sexual do elefante que os autores cristãos nos apresentam estava perfeita e explicitamente formado bem antes do cristianismo. E em consequência disso somos levados a formular a seguinte pergunta: será que o código de moralidade sexual que se atribui ao cristianismo efetivamente lhe pertence de direito? Ou não teria sido criado em outro lugar, mais cedo e pelo que chamamos em geral de paganismo? Vocês me dirão que essa questão de saber se alguns dos princípios fundamentais de nosso código sexual foram formados pelo cristianismo ou antes dele talvez seja, no fundo, bastante fútil. Seria fútil por quê? Primeiro porque, no fim das contas, será assim tão importante saber se e quando este ou aquele elemento de nossa moral foi formado, se nossa moral foi formada em escolas filosóficas dos primeiros séculos antes [e] depois de Cristo, ou simplesmente nos meios cristãos? O problema talvez seja saber o que devemos fazer de nossa moral, muito mais do que saber de onde ela vem. E por causa disso a questão de sua origem poderia ser bem fútil. Poderia ser bastante fútil [também] porque mesmo assim ela tem um ar um tanto ingênuo de responsabilização. Culpa de Voltaire, culpa de Rousseau? Nossa moralidade é culpa do paganismo ou culpa do cristianismo? Poderíamos dizer, [por fim,] que essa questão da origem de nossos códigos morais fundamentais sobre a sexualidade é bastante fútil porque a ideia de que haveria, uma em face da outra, duas unidades perfeitamente constituídas e bem individualizadas (o cristianismo e o paganismo) é evidentemente uma ideia historicamente muito contestável e muito ingênua.

a. M. F. diz: apenas entre casais

Sobre esse último ponto, ou seja, que cristianismo e paganismo não constituem unidades bem formadas, individualidades perfeitamente claras, evidentemente só posso estar de acordo. E vou tentar, fazendo a análise que desenvolverei mais tarde, levar em conta primeiro o fato de o paganismo não ser de modo algum um sistema imóvel, unitário e estável, e também o fato de que, quaisquer que possam ter sido as unificações institucionais ou as sistematizações dogmáticas (devidas à organização do cristianismo como Igreja), seria imprudente falar *do* cristianismo, como se *o* cristianismo existisse. Em todo caso, nos primeiros séculos cristãos é preciso levar em conta toda uma pluralidade de experiências, todas cristãs, mas muito diferentes umas das outras. Entre, de um lado, as correntes encratistas[45] e, depois, as decisões canônicas que possam ter sido tomadas sobre o problema do divórcio e do segundo casamento, vocês têm uma diferença simultaneamente de contexto, de objetivo e de pensamento. Entre os alexandrinos do fim do século II, como Clemente de Alexandria, que repatriam no interior do cristianismo toda uma moral do casamento muito conforme com a que se podia conhecer nos séculos anteriores, e depois os Padres capadócios do século IV, totalmente impregnados de uma nova mística da virgindade, vocês têm ainda todo um mundo etc. O paganismo não pode ser tratado como uma unidade, e o cristianismo talvez menos ainda. Portanto, a questão que tentarei colocar não é a de saber se nossa moral é cristã ou pagã, e sim: quando, como, no interior de quais processos, no interior de quais meios, no interior de quais práticas ou instituições, pagãs ou não, se formaram os principais elementos de nossa moral sexual. Mas o certo é que essa questão de saber quando nossa moral se formou e o que exatamente aconteceu nesse período situado no fim do que chamamos de mundo antigo e [no início] do cristianismo é importante. Não podemos dispensar [esse estudo], se quisermos formular a questão teórica, a questão prática e a questão política da moral, [particularmente] da moral sexual.

Eu diria que, para a maioria das grandes elaborações, das grandes questões teóricas que são formuladas, há sempre uma questão histórica que lhes está associada de modo preferencial. Por exemplo, não creio que atualmente se possa fazer uma reflexão política, qualquer que seja, sem reconhecer que a essa reflexão política é preciso associar certa questão histórica preferencial. [Será:] o que foi a Revolução Francesa? O que aconteceu entre 1789 e 1800? Não pode haver uma reflexão política, por mais teórica que seja, por mais geral que seja, tampouco pode haver uma questão política, por mais atual, contemporânea que seja, que [não inclua], como sua sombra projetada, a questão histórica do que aconteceu no momento da Revolução Francesa. Eu diria a mesma coisa a respeito da teoria da ciência. Não se pode, assim me parece, fazer uma teoria sobre o que é a ciência em geral sem associar-lhe uma questão histórica que, de certo modo, é sua sombra projetada. E a questão histórica que é a sombra projetada da reflexão em geral sobre a ciência é: o que aconteceu quando foi formada a física matemática? O que aconteceu quanto a Kepler, Galileu, Newton etc.? Assim como não pode haver uma reflexão política sem a questão do que foi a Revolução Francesa, não pode haver uma questão teórica sobre a ciência que, de um modo ou de outro, não reassuma a questão do que aconteceu historicamente com, em torno de Kepler, Galileu e Newton.

Pois bem, eu diria a mesma coisa a respeito da moral: toda reflexão moral, por mais teórica, por mais geral que seja, toda questão moral, por mais contemporânea que seja, não pode evitar, me parece, uma questão histórica que lhe está associada, que é sua sombra projetada e que seria: o que aconteceu no primeiro século de nossa era, no ponto de viragem do que chamamos de uma ética pagã e uma moral cristã? Na história de nossa moral, esse problema histórico está associado a toda questão geral ou a toda questão política referente à nossa moral, como a questão da fundação da física matemática está associada a toda reflexão sobre a ciência, como a questão da Revolução Francesa está associada a toda reflexão política.

Portanto, é em torno dessa questão histórica, associada a todo problema de moral, que eu gostaria de focalizar um pouco minhas reflexões sobre "verdade e subjetividade". Vamos parar por aqui e na próxima vez vou esboçar algumas considerações sobre os problemas de método.

*

NOTAS

1. O "modelo do elefante" não é mencionado em um curso anterior de Michel Foucault no Collège de France.
2. "O elefante é apenas um animal grande, mas é o mais digno que vive na Terra e o que tem mais senso; quero contar-vos um aspecto de sua honestidade: ele nunca troca de fêmea e ama ternamente a que escolheu, com a qual, entretanto, só acasala de três em três anos, e isso por cinco dias apenas e tão secretamente que nunca é visto nesse ato; mas é visto no sexto dia, quando, antes de qualquer coisa, vai direto para algum rio, no qual lava inteiramente todo o corpo, por não querer voltar à manada sem antes ter se purificado. Não são belos e honestos humores de tal animal?" (Francisco de Sales, *Introduction à la vie dévote* [1609], III, 39, texto estab. e apr. por Charles Florisoone. Paris, Les Belles Lettres, "Collection des universités de France", 1961, t. II, p. 117 [ed. bras.: *Filoteia ou Introdução à vida devota*, trad. Frei João J. P. de Castro. Petrópolis, RJ, Vozes, 2012]).
3. "Ele [O elefante] incita os casados a não permanecerem afeiçoados às sensualidades e voluptuosidades que segundo sua vocação terão praticado, e sim, passadas estas, lavarem o coração e a afeição, e purificarem-se delas o mais rápido possível, para depois, com toda liberdade de espírito, praticarem as outras ações mais puras e elevadas. Nesse conselho consiste a prática perfeita da excelente doutrina que são Paulo dá aos coríntios" (*ibid.*).

4. *Epístolas aos coríntios*, I, VII, 29.
5. Foucault retomará esse exemplo do elefante-modelo em sua Introdução à *Histoire de la sexualité*, t. II: *L'Usage des plaisirs*. Paris, Gallimard ("Bibliothèque des histoires"), 1984: "Un schéma de comportement", pp. 23-4 [ed. bras.: *História da sexualidade II: O uso dos prazeres*, trad. Maria Thereza da Costa Albuquerque. Rio de Janeiro, Paz e Terra, 2009].
6. Ulisse Aldrovandi (1522-1605) legou uma obra com pretensão enciclopédica nas áreas de botânica, zoologia, mineralogia e medicina. Foi em Bolonha o primeiro professor de história natural. Em *Les Mots et les Choses* [ed. bras.: *As palavras e as coisas*, trad. Salma Tannus Muchail. 9ª ed. São Paulo, Martins Fontes, 2011], M. Foucault utiliza particularmente suas obras para descrever a episteme do Renascimento (referências a seu *Monstruorum historia*, cap. II: "La prose du monde", § "Les quatre similitudes", Paris, Gallimard, "Bibliothèque des sciences humaines", 1964, pp. 32-40).
7. U. Aldrovandi, *De quadrupedibus solidipedibus. Volumen integrum*, cap. IX: "De elephanto" (pp. 418-79), Bononiae, apud Nicolau Thebaldinum, 1649 [1639], p. 418: "In eo [omni vitae tenore] enim excellit elephas, quod a se natura suggerente & morum & virtutum documentum praebeat, quod homines nisi doceantur vix assequi posse videantur."
8. *Ibid*., particularmente a seção: "Coitus. Partus", pp. 454-6.
9. G.-L. L. Buffon, *Histoire naturelle*, in *Œuvres complètes*, t. XV. Paris, Eymery, Fruger et Cie, Libraires, 1829, pp. 60-166.
10. *Ibid*., pp. 74-5.
11. C. Gessner, *Historiae animalium*, lib. I: *De quadrupedibus viviparis* [1551], Francofurti, in bibliopolio H. Laurentii, 1620, pp. 376-403.
12. "Nec adulteria nouere, nec ulla propter foeminas inter se praelia, caeteris animalibus pernicialia: non quia desit illis amoris vis (nam & homines ab eis amatos constat [...]). Ab omni immoderata libidine castissimi sunt. Numquam enim, neque ut construpratores, neque ut item valde lasciui societatem Veneris cum foemina faciunt, sed tamquam generis suecessione carentes, liberis procreandis dant operam sic hi, sua stirps ut ne deficiat, complexu Venereo iunguntur" (*ibid*., p. 382).
13. Alberto Magno, *De animalibus* [1258; ed. Roma, 1478; Veneza, 1495]. Münster, Aschendorff, 1916 e 1920 / Albertus Magnus, *On Animals: A Medieval "Summa Zoologica"*, trad. Kenneth Kitchell, Jr. Baltimore, Md., John Hopkins University Press, 1999.
14. Vincentius Bellovacensis, *Speculum Naturale* [1624], lib. XIC, cap. XLIV. Graz, Akademische Druck- und Verlagsanstalt, 1964, pp. 1406-7 (a primeira parte do *Speculum majius* foi redigida entre 1240 e 1260).
15. O *Physiologus* é um bestiário cristão. Propõe uma interpretação alegórica dos comportamentos dos animais. Redigido em grego, mas rapidamente divulgado no mundo latino, é um dos textos de referência para a Idade Média. Foucault provavelmente utilizava a edição Droz com o texto latino (*Physiologus latinus*, ed. e trad. fr. Francis James Carmody. Paris, Droz, 1939).
16. Particularmente em seu *Hexaéméron* (*Divi Ambrosii Hexaéméron*, c. 389), in *Patrologiae cursus completus omnium SS. Patrum, doctorum scriptorumque ecclesiasticorum sive Latinorum, sive Graecorum, Patrologia Latina*, ed. Jean-Paul Migne, t. 14, 1885; cf., por exemplo, 6, 13, 3.
17. Eustácio, *Ancienne Version latine des neuf homélies sur l'*Hexaéméron *de Basile de Césarée* [*Eustathii in Hexaemeron Basilii Caesareae Cappadociae episcopi latina translatio*], ed. Emmanuel Amand de Mendieta e Stig Yngve Rudberg. Berlim, Akademie Verlag, 1958.
18. Orígenes, *Homélies sur la Genèse* [*In Genesim Homiliae*], trad. fr. Louis Doutreleau. Paris, Éd. du Cerf, 1944.
19. As menções mais antigas ao texto remontam ao século IV (o *Hexaéméron* de santo Ambrósio, o do pseudo-Eustácio, os tratados de Rufino de Aquileia). Mas ele poderia já ser conhecido nos séculos II-III por autores como Orígenes e Justino. Como utiliza um método de interpretação formulado pela escola de Clemente de Alexandria, seguindo Fílon, o texto prova-

velmente foi redigido no século II, no lugar que era então o centro da filosofia e da cultura cristã: Alexandria.

20. Quarenta e nove capítulos na primeira coleção (ed. Offermans, 1966, do leão ao cuco), aos quais se podem acrescentar nove capítulos na segunda (do cavalo-d'água à lebre) e seis na terceira (do lobo ao faisão – ed. Sbordone, 1936).

21. "A mandrágora, cujo nome hebreu (*dudha'im*) tem a mesma raiz que o amor, de fato é justamente a árvore da tentação. Suas virtudes afrodisíacas, sem dúvida necessárias para despertar o ardor do frio e pudico animal, são atestadas por Raquel (*Gênesis*, 30, 14), que se cura de sua esterilidade com a planta de bagas vermelhas ou brancas, também chamadas de 'maçãs do amor'; são mencionadas também pela esposa do *Cântico dos cânticos* (7, 14). Ela é o rosto entrevisto do outro no paraíso, ela cuja raiz parece um rosto humano e que Pitágoras chama de 'antropomorfa' (Teofrasto, *Histoire des plantes*, 9, 8, 8); essa silhueta humana que ela inocentemente apresenta em miniatura torna-a uma panaceia (Dioscórides, *Matéria médica*, 4, 75) e torna-a propícia para curar todas as afecções: 'de qualquer membro de que alguém esteja doente, comer o membro correspondente da planta e ficará melhor', recomenda a santa abadessa Hildegarde (*Plantes*, 56)." (*Physiologos. Le bestiaire des bestiaires*, texto traduzido do grego, prefaciado e comentado por Arnaud Zucker. Grenoble, Éd. Jérôme Million, 2004, p. 234); cf. também J. Bersez, *Les Extraordinaires Pouvoirs et vertus de la mandragore: plante magique de tous les temps...* Vaduz, Éd. du Lion d'or, 1990.

22. "O elefante macho e sua esposa correspondem às figuras de Adão e Eva: quando estavam nas delícias do paraíso, antes de sua transgressão, ainda não conheciam a relação carnal e não tinham sequer a ideia de copular; mas, quando a mulher comeu da árvore, ou seja, das mandrágoras espirituais, e as deu a seu esposo, *então Adão conheceu sua mulher, e ela deu à luz Caim* nas águas da reprovação" (*Physiologos. Le bestiaire des bestiaires*, trad. cit., p. 235; grifado no texto).

23. "Esse animal [o elefante] ignora totalmente o desejo sexual. Quando quer ter uma prole, retira-se para o oriente, perto do paraíso. A fêmea acompanha-o. Existe lá uma árvore que tem o nome de 'mandrágora'. A fêmea prova da árvore primeiro e oferece dela a seu esposo, apoquentando-o até ele também prová-la. Assim que comeu, o macho se aproxima da fêmea e une-se com ela; e imediatamente esta concebe. Quando é chegada a hora em que deve parir, ela se dirige para uma lagoa, na qual entra até a água chegar-lhe às tetas. É então que pare seu filhote, dentro da água. Este sobe-lhe pelas coxas e mama nas tetas da mãe. O elefante macho dá-lhe proteção durante o parto, por causa da serpente, pois a serpente é inimiga do elefante. E, se deparar com uma serpente, ele a pisoteia e a mata" (*ibid.*, p. 234).

24. "Quando queimamos pelos ou ossos desse elefante em algum lugar, nenhum espírito mau se aproxima do local e ali não encontramos nenhum mal" (*ibid., loc. cit.*).

25. Iulius Solinus, *Collectanea rerum memorabilium* (25, 1-15), ed. Theodor Mommsen. Berlim, In aedibus Friderici Nicolai, 1895 [1864].

26. "Venerem ante annos decem feminae, ante quinque mares nesciunt. Biennio coeunt quinis nec amplius in anno diebus, non prius ad gregarium numerum reversuri quam vivis acquis abluantur. Propter feminas numquam dimicant: nulla enim noverunt adulteria" (*ibid.*, 25, 5-6, p. 111).

27. "É muito oportuno dizer como se explica sua continência sexual (*sophrosýnes dè hópos meteilékhasin*). Na cópula, eles [os elefantes] não se aproximam da fêmea com lascívia (*hos hybrízontes*) e como se fossem violentá-la (*hos lágnoi*), e sim como seres que desejam um herdeiro de seu sangue e visam à procriação, a fim de não ser privados de uma prole comum e para deixarem uma descendência" (Eliano, *La Personnalité des animaux*, VIII, 17, ed. e trad. fr. Arnaud Zucker. Paris, Les Belles Lettres, CUF, 2001, t. I, p. 215).

28. "Por isso eles só buscam os prazeres de Afrodite uma única vez na vida, quando a fêmea concordar. Todo elefante, depois de emprenhá-la, não conhece mais sua companheira. Além disso, não copulam sem vergonha e ante os olhos de outrem, e sim num local retirado. Abrigam-se atrás de árvores copadas, de arvoredos compactos ou numa furna profunda onde possam passar totalmente desapercebidos" (*ibid.*).

29. Cf. Plínio, o Velho, *Histoire naturelle*, VIII, 1-11, trad. fr. Alfred Ernout. Paris, Les Belles Lettres, CUF, 1952, pp. 23-34.

30. *Ibid.*, VIII, 5, 13, p. 27.

31. "Não que eles ignorem a força do amor (*amoris vis*)..." (*ibid.*, VIII, 5, 31, p. 28).

32. "Cita-se um elefante que se apaixonou por uma vendedora de coroas de flores; e não julgueis que a tivesse escolhido ao acaso: era a favorita do célebre gramático Aristófanes. Outro se apaixonou por Menandro, jovem siracusano que servia no exército de Ptolomeu, e, quando não o via, manifestava sua tristeza recusando-se a comer" (*ibid.*, VIII, 5, 13-4, pp. 27-8).

33. O rei Juba II da Mauritânia (c. 52 a.C.-23 d.C.) foi um grande erudito. Suas obras sobre a história de Roma, infelizmente perdidas, foram referência para historiadores como Tito Lívio e Plínio, o Velho. Este o cita em várias passagens de sua *História natural*. Cf. J. Lahlou, *Moi, Juba, roi de Mauritanie*. Paris, Éd. Paris-Méditerranée, 1999.

34. Aristóteles, *Histoire des animaux*, VI, 18, 571b-572a, ed. e trad. fr. Pierre Louis. Paris, Les Belles Lettres, CUF, 1969, t. II, p. 103 [trad. bras.: *História dos animais*, trad. Maria de Fátima Sousa e Silva. São Paulo, WMF Martins Fontes, 2014].

35. *Ibid.*, V, 14, 546b, t. II, p. 24.

36. *Ibid.*, V, 3, 540a, t. II, p. 5.

37. "De todos os animais selvagens, o elefante é o mais fácil de domar e domesticar. Pois ele aprende muitas coisas e as compreende, visto que o treinam até mesmo para prosternar-se diante do rei. Tem os sentidos muito desenvolvidos e, além disso, sua faculdade de compreender supera a dos outros animais. Depois de cobrir uma fêmea e emprenhá-la, não toca mais nela" (*ibid.*, IX, 45, 630b, t. III, p. 136).

38. Heródoto, *Histoires*, IV, 191 (sobre os elefantes na Líbia oriental), trad. fr. Philippe Ernest Legrand. Paris, Les Belles Lettres, CUF, 1985, t. IV, p. 193.

39. Sobre a verdade como obrigação, cf. M. Foucault, *Du gouvernement des vivants. Cours au Collège de France, 1979-1980*, ed. por M. Senellart. Paris, EHESS-Gallimard-Seuil (col. "Hautes Études"), 2012, p. 92.

40. "Faz quase 150 anos que um dispositivo complexo está implantado para produzir sobre o sexo discursos verdadeiros: um dispositivo que abarca amplamente a história, visto que vincula a velha injunção da confissão aos métodos da escuta clínica. E foi através desse dispositivo que pôde surgir como verdade do sexo e de seus prazeres algo como a 'sexualidade'" (M. Foucault, *Histoire de la sexualité*, t. I: *La Volonté de savoir*. Paris, Gallimard, "Bibliothèque des histoires", 1976, p. 91 [ed. bras.: *História da sexualidade 1: A vontade de saber*, trad. Maria Thereza da Costa Albuquerque. 2ª ed. Rio de Janeiro, Paz e Terra, 2015]).

41. M. Foucault, *Du gouvernement des vivants*, op. cit.

42. Foucault havia pensado em dedicar o segundo tomo (*La Chair et le Corps*; fragmentos desse manuscrito parcialmente destruído são citados em P. Chevalier, *Michel Foucault et le Christianisme*. Lyon, ENS, 2011, pp. 149-50) dessa primeira *História da sexualidade* anunciada por *A vontade de saber* em 1976 a "uma genealogia da concupiscência através da prática da confissão no cristianismo ocidental e da direção de consciência tal como se desenvolve a partir do concílio de Trento" (D. Defert, "Chronologie", in *Dits et Écrits, 1954-1988*, ed. por D. Defert & F. Ewald, colab. J. Lagrange. Paris, Gallimard, "Bibliothèque des sciences humaines", 1994, 4 vols. [citado *infra: DE*]: t. I, p. 53; reed. em 2 vols., col. "Quarto": vol. I, p. 73 [ed. bras.: "Cronologia", in *Ditos e escritos*, 10 vols. temáticos. Rio de Janeiro, Forense Universitária, 2010-2015, vol. I, trad. Vera Lucia Avellar Ribeiro]). Nas pesquisas posteriores, Foucault fará essa genealogia da concupiscência remontar aos primeiros séculos de nossa era: "para compreender como o indivíduo moderno podia fazer a experiência de si mesmo como sujeito de uma 'sexualidade', era indispensável distinguir anteriormente o modo como, durante séculos, o homem ocidental fora levado a reconhecer-se como sujeito de desejo [...], a lenta formação, durante a Antiguidade, de uma hermenêutica de si" (Introdução a *O uso dos prazeres*, op. cit., pp. 11-2). Como o quarto tomo da *História da sexualidade* tal como realizada nos anos 1980 (*Les Aveux de la chair*) ainda permanece inédito, a respeito da construção e do uso da noção de concupiscência em Foucault podem-se ler: *Les Anormaux. Cours au Collège de France, 1974-1975*, ed.

por V. Marchetti & A. Salomoni. Paris, Gallimard-Seuil (col. "Hautes Études"), 1999, [aulas] de 19 e 26 de fevereiro de 1975, pp. 155-215 [ed. bras.: *Os anormais*, trad. Eduardo Brandão. São Paulo, WMF Martins Fontes, 2014]; "Le combat de la chasteté" (apresentado por Foucault como capítulo extraído de *Les Aveux de la chair*), *DE*, nº 312, ed. 1994, t. IV, pp. 295-308 / "Quarto", vol. II, pp. 1114-27; "Sexualité et solitude" (análise da noção de concupiscência em santo Agostinho), *DE*, nº 295, ed. 1994, t. IV, pp. 168-78 / "Quarto", vol. II, pp. 987-97.

43. Na verdade, como acontece com frequência, em vez disso o movimento da pesquisa levará Foucault a estudar exclusivamente, através do exame das artes de viver do período helenístico e romano, uma problematização nova da sexualidade, do desejo e do casal, que o cristianismo receberá largamente como herança.

44. "Multa sunt, quae ab eo [ab elephante] tamquam a morum idea homines desumere & imitari coacti fuerint" (U. Aldrovandi, *De quadrupedibus solidipedibus*, cap. IX, p. 418).

45. O encratismo (do grego *enkrátes*: continência, domínio de si) foi uma corrente do cristianismo particularmente ascética e rigorista (proibição formal de relações sexuais, de consumo de carne e de bebidas alcoólicas – o vinho é proibido até mesmo para a eucaristia, celebrada com água); surgiu na Síria no século II e assumiu indiscutível importância em Roma nos séculos IV e V, até finalmente ser proscrito por Teodósio I. Segundo Ireneu de Lyon, teria sido fundado no século II por Taciano, o Sírio, discípulo de Justino.

AULA DE 14 DE JANEIRO DE 1981

Retomada da fábula do elefante. – As artes de viver: tipologia e evolução. – Máthesis, meléte, áskesis: relação com os outros, com a verdade e com si mesmo. – Apontamentos sobre os conceitos de "paganismo", "judeocristianismo", "capitalismo" como categorias da autoanálise das sociedades ocidentais. – Problema da preexistência da "moral sexual cristã" no estoicismo.

Eu havia começado este curso, um tanto pretensiosamente intitulado *Subjetividade e verdade*, com a narrativa da fábula do elefante tal como pode ser encontrada nos naturalistas, nos moralistas da Antiguidade e também nos autores cristãos; fábula que apresenta esse simpático animal como modelo da boa conduta sexual (modelo de temperança, de castidade, de pudor etc.). Assim, esse elefante, brasão moral da natureza, [dava] cinco grandes lições à humanidade atenta: primeiramente, princípio de monogamia e de fidelidade conjugal, como quadro geral das relações sexuais; em segundo lugar, no interior desse quadro da monogamia e da fidelidade conjugal, raridade do ato sexual; [em terceiro lugar,] finalização do ato sexual pela reprodução e somente pela reprodução; [em quarto lugar,] necessidade de segredo, de discrição, de pudor (o ato sexual não faz parte da vida diária, habitual, pública, visível); e, por fim, obrigação de purificar-se depois desse ato. Era isso que o elefante narrava para os homens.

Se escolhi essa fabulazinha para introduzir um assunto que tinha pretensões muito diferentes, foi por várias razões. Apontei duas delas na última vez. Por um lado, disse que essa fábula me parecia significativa pela seguinte razão. Este ano, desejo formular essa questão da subjetividade e da verdade como a formulei em estudos anteriores, ou seja, [pegando] um pouco o avesso do problema filosófico clássico, que é: como, em que medida, até que ponto, a que título e sob quais direitos a subjetividade pode fundamentar o conhecimento da verdade? Essa é a questão filosófica clássica. E o problema que pretendo e que já tentei colocar é, de certa forma, inverso. Trata-se de saber qual experiência podemos fazer de nós mesmos, qual campo de subjetividade pode abrir-se para o sujeito por ele mesmo, a partir do momento em que existem de fato, historicamente, diante dele, com relação a ele, determinada verdade, determinado discurso de verdade e determinada obrigação de ligar-se a esse discurso de verdade – seja para aceitá-lo como verdadeiro, seja para ele mesmo produzi-lo como verdadeiro. Quais são, portanto, os efeitos da existência dessa verdade e desse discurso de verdade para a experiência que fazemos de nós mesmos? Qual é nossa relação com a razão e com a loucura, a partir do momento em que existem uma ciência da loucura ou um saber que se pretende verdadeiro sobre a loucura? Qual experiência podemos [então] fazer de nós mesmos, e como podemos fazer a experiência de nossa própria sexualidade, ou como a sexualidade pode ser vista como campo de uma experiência subjetiva, a partir do momento em que existe, a respeito da prática, da atividade sexual, determinado saber que se pretende verdadeiro? Portanto, é esse tipo de questão que quero colocar. Essa era a primeira razão por que eu havia decidido começar pela fábula do elefante.

A segunda razão era [de ordem] histórica. Parece-me que, se quisermos recuperar o menos mal possível a formação dessa experiência da sexualidade, entendida como o modo de relação que pode existir entre a consciência que temos de nós mesmos e o discurso de verdade, há um período historicamente importante, particularmente fecundo, [a saber:] entre o que denominamos cristianismo e paganismo, ou seja, nos últimos séculos da história helenística e romana e nos primeiros séculos da chamada era cristã. É nesse contexto, no interior dessas referências históricas, que quero me posicionar. E a fábula do elefante, [que] transita do discurso dos naturalistas (do tipo Plínio ou Eliano) para o interior do discurso cristão, me parece um ponto a ser olhado minuciosamente para compreendermos essa passagem, compreendermos esse momento.

A terceira razão pela qual decidi começar este curso pela fábula do elefante é uma razão de método. A fábula do elefante, evidentemente, é ao mesmo tempo comum, banal, rasteira, sem muito interesse. Em todo caso, não dá nenhuma das grandes ideias a respeito da teologia, da antropologia, da ética que poderiam fundamentar, no cristianismo ou no pensamento filosófico anterior, a moral sexual. Portanto, nenhuma ideia sobre os grandes princípios fundamentais da moral. Nenhuma ideia, tampouco, como você notaram, sobre o que constituiu, apesar de tudo, o grande sistema de proibições da prática e da vida sexuais em nossas sociedades. Por exemplo, nada sobre a proibição do incesto, nada sobre a homossexualidade, como se a imagem do elefante não pudesse nem mesmo ser maculada por tais menções. Na fábula do elefante temos a forma mais chã, mais medíocre, de uma série de pequenos conselhos (conselhos de vida, regras de conduta).

Estamos aqui, com essa fábula do elefante, num gênero menor, que é o das artes de conduzir-se, das artes de viver, dos conselhos de existência.

Essa literatura, por pouco importante que possa parecer, contém em si um interesse que, penso eu, é bem grande; parece-me que ela deve possibilitar o esclarecimento de alguns dos problemas que quero colocar. Essa literatura sobre o modo de conduzir-se, os modos de vida, as maneiras de ser teve uma amplitude muito grande em toda a Antiguidade, e particularmente naquele período helenístico e romano, naqueles primeiros séculos do cristianismo sobre os quais precisamente quero lhes falar. Essa literatura sobre as artes de viver, sobre a arte de conduzir-se perdurou muito tempo e agora desapareceu. Atualmente ninguém mais ousaria escrever um livro sobre a arte de ser feliz, a arte de não encolerizar-se, a maneira de levar uma vida tranquila ou de alcançar a felicidade etc. O que não quer dizer que mesmo assim os modelos de conduta, numa sociedade como a nossa, não sejam formados, propostos, difundidos, mais ou menos impostos ou absorvidos. Existe sim, em sociedades como as nossas, uma arte da conduta, mas que perdeu absolutamente sua autonomia. Agora só encontramos esses modelos de conduta investidos, embalados no interior, é claro, da grande, grossa, maciça prática pedagógica. É a pedagogia que veicula grande parte dessas instruções de existência. Há também tudo o que podemos chamar de estereótipos sociais, que, por intermédio da literatura, da escrita ou da imagem, dão modelos de bom comportamento. É preciso dizer ainda que o que chamamos de ciências humanas, em qualquer nível de utilização que as tomemos, do mais baixo ao mais alto, também veicula, de modo mais ou menos explícito, esquemas considerados os bons esquemas da existência, os bons modelos de conduta. Mas é um fato que desde os séculos XVII-XVIII, ainda que seja preciso estudar isso um pouco mais de perto, não há mais uma literatura autônoma e específica que, no fundo, tenha como propósito dizer como viver. Mas, nessa fábula do elefante de que eu lhes falava, é evidente que temos ali, reduzido a sua simples expressão, como simples esqueminha anedótico, um pequeno fragmento da arte de viver, da arte de comportar-se.

Quero deter-me nessa noção de arte de viver tal como ela existia, tal como era reconhecida na Antiguidade e, em todo caso, nos primeiros séculos de nossa era. As artes de viver eram na realidade todo um campo, um campo que abrangia objetos totalmente diversos. A arte de viver podia tratar, por exemplo, de certos momentos da existência considerados [tempos fortes][a]. Arte de morrer: como preparar-se para a morte, como pensar nela antecipadamente, como tomar providências para o momento

---

a. M. F. diz: partes importantes

em que morreremos? Como também, no momento em que sentimos a morte chegar, devemos nos comportar, nos apresentar, o que devemos dizer, como devemos ser, nesse momento que é precisamente o da morte? Pode ser também o momento da desgraça, do exílio, da ruína. Arte de viver também, a que consiste em saber apresentar-se, comportar-se, fazer o que é preciso e pensar o que é preciso no momento em que se sofre um luto, em que um ser desaparece; portanto, arte de viver aplicada a esses momentos [particulares] da vida. [É] interessante estudá-los para ver precisamente quais podiam ser, em determinada sociedade ou em uma civilização como essa a que estou me referindo, precisamente os tempos fortes, os momentos essenciais da existência, aqueles por meio dos quais uma existência podia fazer sentido. Morte, exílio, ruína, luto etc. É muito interessante ver essa disseminação, essa repartição dos momentos essenciais da vida.

Algumas fórmulas da arte de viver não dizem respeito a momentos, e sim a atividades, atividades particulares. Por exemplo, vocês têm a arte da retórica, que ensina a atividade que consiste em falar em público – aliás, daqui a pouco vocês verão que na realidade se trata de algo muito diferente e de muito mais que isso. Têm artes ainda mais delimitadas: a famosa arte da memória, que até certo ponto é um elemento da arte da retórica, arte da memória[a] que Yates[1] estudou num livro que evidentemente é preciso ler com muita urgência, embora tenha sido publicado na França há pelo menos quinze anos e poucas pessoas façam referência a ele.

Vocês também têm nessas artes de viver toda uma parte dirigida ao que poderíamos chamar não mais de momentos, não mais desta ou daquela atividade particular, e sim de regime geral da existência. Regime do corpo, é claro, e assim essas artes do corpo coincidem com o que chamamos de medicina. Ou melhor: grande parte da medicina grega e romana estava essencialmente centrada não tanto em dizer como tratar as doenças, e mais em definir uma arte de viver que fosse, de certo modo, uma arte física, corporal, fisiológica, psicológica também, de viver[2]. Regime da alma também: como controlar, dominar as paixões etc. Inúmeros tratados sobre a cólera[3], por exemplo, fazem parte dessa arte de viver considerada um regime geral de existência. Mas, de modo ainda mais amplo, creio que os regimes de vida, alguns deles e até certo ponto todos, mesmo os mais particulares, se referem a determinada concepção que permitiria descrever e definir os diferentes modos de vida a que os indivíduos poderiam desejar ter acesso e os meios para ter acesso a essa vida: vida pública ou

---

a. O manuscrito acrescenta: "é uma técnica muito precisa, mas é também todo um saber, toda uma atitude".

vida privada, vida ativa ou vida de repouso, vida contemplativa etc. Tentarei voltar a isso mais tarde, quando falarmos do cristianismo e da transferência das regras da vida contemplativa para a instituição monástica. Portanto, as artes de viver abrangem afinal uma área muito considerável. Mas creio que ainda precisamos especificar um pouco mais.

Essas artes de viver, que vão desde a arte de enfrentar algo particular na existência até a arte de alcançar determinado modo de vida (geral, completo, definitivo), têm de particular o fato de que se trata menos de através delas ensinar às pessoas como fazerem algo do que ensinar-lhes principalmente como serem, como conseguirem ser. Esquematizando muito e conservando isto a título de hipótese – tudo o que lhes digo aqui não é resultado de um trabalho, e sim uma programação possível para um eventual trabalho –, poderíamos dizer que com o cristianismo – e então isso se torna muito claro no Renascimento –, nessas artes de viver que continuaram a existir até os séculos XVII-XVIII, a ênfase foi recaindo cada vez mais no lado "atividade", no lado "como fazer algo". Se vocês lerem os livros das artes de viver do século XVI, desde Erasmo até os moralistas do século XVII (pois os moralistas do século XVII também são pessoas que escrevem artes de viver), me parece que o problema deles é cada vez mais, de modo cada vez mais acentuado com o passar do tempo, a questão do fazer: como se comportar, como se apresentar, como fazer para adquirir determinada aptidão, que tipo de relação se deve estabelecer com os outros, como aparecer em público, como se portar de modo decente etc. Por exemplo, o estudo específico da arte de morrer é bem significativo dessa evolução. As artes de morrer, que foram tão importantes desde a Antiguidade até o século XVIII, cada vez mais vocês as veem, com o cristianismo, no Renascimento, no século XVII, serem coletâneas de conselhos, manuais, livrinhos práticos a respeito dos gestos, das atitudes, das posturas, das roupas que devem ser usadas, das palavras que devem ser ditas. Trata-se não tanto de saber como ser com relação à morte, como não temê-la, como não lamentar os que estão mortos. Nessas artes de viver, trata-se principalmente, e de modo cada vez mais claro, de definir qual é o bom comportamento diante da morte, ou melhor, qual é o bom comportamento para com os outros a partir do momento em que a morte se torna para si ou para os outros o problema essencial. Portanto, são artes do fazer, artes do comportamento. Mas me parece, e é sobre esse ponto que quero insistir, que as artes de viver da Antiguidade, as que encontramos na época helenística e romana e também no primeiro cristianismo, estão menos centradas na questão do fazer – embora essa questão também seja abordada – do que na questão do ser, da maneira de ser. Nelas o indivíduo não aprende tanto, ou não apenas, a comportar-se, a fazer certos gestos, a estar em conformidade com certo modelo social, e sim aprende a modificar seu ser, a qualificar ou moldar seu ser e a obter determinado tipo de experiência que seja absolutamente específico.

Tomem, por exemplo, o problema da arte da retórica. Em certo sentido, a arte da retórica, é bem verdade, é uma arte muito técnica pela qual se ensina as pessoas a falar. É uma aprendizagem profissional: ensina-se as pessoas a falarem em público, ensina-se quais são os gestos que devem fazer, ensina-se como utilizarem bons argumentos, como fazerem parecer verdadeiro o que é falso, falso o que é verdadeiro etc. Tudo isso são fórmulas técnicas. Mas as artes de retórica, a aprendizagem do retórico, da vida de retórico na Antiguidade, no fim das contas é outra coisa também. É preciso ensinar àquele que deve tornar-se retórico todo um estilo de vida pública, todo um uso da linguagem nas instituições políticas e judiciárias, todo um relacionamento com os outros na vida coletiva, toda uma moral a valorizar nas relações públicas; ele é ensinado a ser um homem público, um homem ligado aos outros numa relação de vida pública, de publicidade, de política, de vida social etc.

Digamos – aqui também: hipótese, esquema, coisa a ser ainda muito aprofundada – que as artes de viver, tais como as vemos desenvolver-se na Antiguidade grega e romana, no início do cristianismo, tratam essencialmente do ser que somos. Dizem respeito, sim, às coisas que podemos fazer, mas essencialmente e sobretudo na medida em que, através das coisas que podemos fazer, das coisas que devemos fazer, dos gestos que devemos realizar, podemos transformar o que somos. Ao passo que, assim me parece, do fim da Idade Média aos séculos XVII-XVIII a evolução das artes de viver [leva-as] cada vez mais a definirem o que é preciso fazer, a gravitarem cada vez mais em torno do que poderíamos chamar, genericamente, esquematicamente, de aprendizagem profissional. A passagem da arte de viver para a formação profissional é evidentemente uma das grandes evoluções que podemos constatar e um dos fatores que levaram ao desaparecimento da arte de viver como gênero autônomo de reflexão e análise.

Essas artes de viver (essencialmente centradas em torno da questão não do como fazer, e sim do como ser) consistem em quê? Aqui também por alto, eu diria o seguinte. Considerada pelo lado de seus objetivos, a arte de viver deve possibilitar a aquisição de certas qualidades, que não são aptidões, que também não são exatamente virtudes no sentido moral que entenderemos em seguida, [mas] que são antes qualidades de ser, qualidades de existência, o que eu chamaria de modalidades de experiência, qualidades que afetam e modificam o próprio ser. A tranquilidade, por exemplo (alcançar a *vita tranquilla*[4]), não é simplesmente certo estilo de comportamento, não é simplesmente uma maneira de reagir minimamente, ou com o máximo controle possível, ante determinado acidente. É isso, é verdade, mas a tranquilidade é outra coisa. A tranquilidade é determinada qualidade de ser, determinada modalidade de experiência que faz com que os eventos que acontecem em volta do indivíduo, que acontecem na existência (acidente favorável, desfavorável etc.) produzam sobre ele o menor efeito possível e lhe permitam conservar sua autonomia e sua independência com relação a eles. A beatitude também é uma qualidade que faz com que o ser, integralmente, não importa o que lhe aconteça, seja feliz[a]. Em resumo, através dessas artes de viver está em causa permitir que o indivíduo adquira um status ontológico que lhe abra uma modalidade de experiência qualificável no que se refere a tranquilidade, felicidade, beatitude etc. Modificação do ser, passagem de um status ontológico para outro, abertura de modalidades de experiência: é isso que está em causa nas artes de viver. Vocês estão vendo que estamos muito longe da aprendizagem de uma aptidão, de um saber-fazer, como poderemos encontrar em seguida. Quanto aos procedimentos pelos quais essas artes de viver podem trazer uma mudança no status ontológico do indivíduo e dar-lhe qualidades de existência, podemos resumi-los dizendo que está em causa, nessas artes de viver, definir o trabalho complexo pelo qual o indivíduo poderá alcançar esse status ontológico da experiência, através de: primeiramente, uma relação com os outros; em segundo lugar, determinada relação com a verdade; em terceiro lugar, determinada relação com si mesmo.

Relação com os outros quer dizer que as artes de viver se aprendem. Aprendem-se por meio de um ensino, por meio de uma escuta (aprendizagem, ensino). Ou seja, nessas artes de viver, a presença do outro, suas palavras, sua autoridade são evidentemente indispensáveis. As artes de viver são passadas e transmitidas, ensinadas e aprendidas dentro e através de determinada relação do mestre com o discípulo. A atividade de direção do mestre para o discípulo, a maneira como ele educa e forma uma conduta são absolutamente indispensáveis e constitutivas da arte de viver. O indivíduo não pode aprender sozinho a arte de viver, não pode ter acesso à arte de viver por seus próprios meios, sem essa relação com o outro, essa relação com a direção, a autoridade do outro, sem essa relação, pelo menos provisória, de poder que o faz submeter-se ao outro e a seu ensino, até atingir o status ontológico que lhe permita desenvolver, por si mesmo e com total autonomia, o modo de experiência a que aspirava. Segundo

---

[a]. O manuscrito menciona um terceiro objetivo dessas artes de viver: a reputação, "a reputação, esse brilho que se irradia a partir da existência e que, mesmo depois da morte, subsiste na memória dos homens".

elemento nessas artes de viver, depois da relação com o outro: a relação com a verdade. Ou seja, toda arte de viver implica que o indivíduo não só a aprenda, mas também, como diríamos em nosso vocabulário, a interiorize. Em todo caso, precisa pensar ele mesmo, refletir em cima, meditar. Precisa acionar um saber, um saber que recebe, é claro, mas que em seguida vai tornar-se uma espécie de referência permanente na existência. Não há arte de viver sem a necessidade de uma retomada periódica do ensino recebido do mestre, retomada periódica que é feita em si mesmo e para si mesmo, refletindo, lembrando os preceitos recebidos, examinando o que acontece tanto em si mesmo como ao redor, lendo livros, recolhendo-se, de modo que esse ensino e a verdade que ele portava se tornem efetivamente nossa própria verdade ou nossa relação permanente e constante com a verdade. Relação com os outros pela aprendizagem, relação com a verdade pela reflexão permanente e, por fim, relação consigo (é o terceiro elemento desse trabalho próprio da arte de viver), que implica toda uma ascese, toda uma série de exercícios. Tentativas de fazer determinada coisa, controle do que fizemos, exame de nós mesmos, exame dos erros que possamos ter cometido nesse dia, exame do que devemos fazer se quisermos chegar a determinado resultado, tentativas progressivas cada vez mais difíceis, até que por fim, através de toda essa série de provas, acabemos por reconhecer que efetivamente alcançamos o status ontológico que buscávamos, que realmente assumimos a qualidade de ser a que visávamos. Tudo isso constitui o elemento da ascese de si, do exercício, do trabalho de si sobre si.

Relação com os outros, ensino: é o que, no vocabulário grego das artes de viver, chamavam de *máthesis*. Relação com a verdade, ou seja, reflexão permanente e continuamente retomada sobre o que foi ensinado e sobre o que se deve considerar verdadeiro: é o que os gregos chamavam de *meléte* (meditação, reflexão sobre). E, por fim, o trabalho de prova, de tentativas sucessivas, progressivas, para vermos em que ponto estamos, se estamos avançando bem: é essa dimensão que os gregos chamavam de *áskesis* (ascese). *Máthesis, meléte, áskesis* são três elementos que vocês vão encontrar [nas artes de viver]. Reportem-se, por exemplo, à terceira das *Conversações* de Epicteto[5], na qual há uma definição do que é a trajetória rumo à sabedoria, ou seja, do que deve ser alguém que aprende essa arte de viver como sábio que a filosofia propõe. Verão que Epicteto lhes apresenta muito regularmente esses três elementos, segundo uma fórmula que é dele, mas que de modo geral é dos estoicos, e podemos dizer [que encontraremos esses elementos] em todas as grandes artes de viver, mesmo que [sua teorização seja principalmente estoica]. *Máthesis, meléte, áskesis*: ensino (*máthesis*), relação com o outro; meditação (*meléte*), relação com a verdade; exercício (*áskesis*), trabalho de si sobre si, relação de si consigo.

Apesar do cunho um pouco rasteiro e comum dos conselhos que oferecem, essas artes de viver constituem mesmo assim uma prática fortemente estruturada, que tem um sentido, uma significação importante e uma arquitetura interna relativamente densa, coerente, rica etc. Quero dizer mais uma palavra a respeito delas. Para designar o que está em questão nessas artes de viver, empreguei várias palavras. Falei de arte de existência, de transformação do ser, de ação de si sobre si. Na verdade, os gregos – não os latinos, mas os gregos – têm uma palavra que designa muito precisamente o que essas artes de conduzir-se devem enfocar. É a palavra *bíos*[6]. Vocês sabem que para um grego há dois verbos – que traduzimos por uma única e mesma palavra: "viver". Vocês têm o verbo *zên*, que quer dizer: ter a propriedade de viver, a qualidade de ser vivo. Os animais efetivamente vivem, nesse sentido de *zên*. Depois vocês têm a palavra *bioûn*, que quer dizer: passar a vida, e que se refere à maneira de viver essa vida, à maneira de levá-la, de conduzi-la, ao modo como ela pode ser qualificada de feliz ou infeliz. O *bíos* é algo que pode ser bom ou mau, enquanto a vida que você leva porque é um ser vivo lhe é simplesmente dada pela natureza. O *bíos* é a vida qualificável, a vida com seus acidentes, com suas necessidades, mas é também a vida tal como podemos fazê-la pessoalmente, decidi-la pessoalmente. O *bíos* é o que nos acontece, é claro, mas pelo ângulo do que fazemos com o que nos acontece. É o curso da existência, mas levando em conta o fato de esse curso estar indissociavelmente ligado à possibilidade de conduzi-lo, de transformá-lo, de direcioná-lo neste ou naquele sentido etc. O *bíos* é o correlativo da possibilidade de modificar sua vida, de modificá-la de modo racional e em função dos princípios da arte de viver. Todas essas artes, todas essas *tékhnai* que os gregos, e os latinos depois deles, desenvolveram tanto, essas artes de viver dizem respeito ao *bíos*, a essa parte da vida que é da esfera de uma técnica possível, de uma transformação refletida e racional. Aliás, para dizer tudo isso eles têm uma palavra, uma expressão que deve ser entendida de modo totalmente literal. Eles chamam essa arte de viver (vocês encontram a expressão em Epicteto, mas a encontrariam também em muitos outros): *tékhne perì bíon* – a *tékhne* que se aplica à vida, a técnica que trata da existência entendida como vida a conduzir, a técnica que permite moldar essa vida[7].

Poderíamos, é claro, dizer que essas artes de viver (*tékhnai perì bíon*) são muito exatamente: biotécnicas. Mas evidentemente a palavra não poderia ser empregada, pois o sentido que agora lhe foi dado nos desloca para algo totalmente diferente[a]. Sendo assim, eu preferiria, para designar o que está em questão nessas artes de viver, em vez do termo "biotécnica" empregar a expressão: técnica do si – ou tecnologia do si, visto que em todas essas práticas estão em causa procedimentos refletidos, elaborados, sistematizados, que são ensinados aos indivíduos de modo que eles possam, pela gestão da própria vida, pelo controle e transformação de si por si, alcançar determinado modo de ser. É esse sentido que devemos dar a essas artes de viver. E, no fundo, a fabulazinha do elefante de que eu lhes falava há pouco é apenas um minúsculo fragmento desse grande gênero de reflexão, de análises, de prescrições, de controle, de elaboração e de mudança das condutas que os latinos e os gregos praticaram com o nome de *tékhnai perì bíon* (técnicas de vida). Quero colocar as questões deste curso a partir dessas técnicas de vida, dessas artes de vida. Elas me servirão de fio condutor, ou melhor, de material básico para tentar colocá-las.

De fato, nessas artes de vida o problema "subjetividade e verdade" é um problema absolutamente central. Como procurei mostrar-lhes, por arte de vida se entende uma técnica pela qual o indivíduo, não sem relação com outrem mas no fim das contas por si mesmo, exercitando a si mesmo e agindo sobre si mesmo, tenta adquirir determinada qualidade de ser, determinado status ontológico, determinada modalidade de experiência. Essa aquisição de uma modalidade de experiência não pode ser feita sem uma ação de si sobre si, uma relação com o outro e uma relação com a verdade. E nesse sentido me parece bastante claro que, estudando um pouco de perto essas artes de viver, certamente poderemos identificar de que maneira, na época helenística e romana, era proposto aos indivíduos determinado modo de ligação entre sua relação de si consigo e com a verdade. Como a verdade, o discurso verdadeiro, a obrigação de reconhecer uma verdade, a necessidade de buscar uma verdade podiam modificar a experiência que os indivíduos tinham de si mesmos? A ligação subjetividade-verdade é particularmente legível nessas artes de viver. Não estou dizendo que seja legível só nelas, [mas nelas] é legível em letras grandes, como através de uma lente de aumento. As artes de viver são essencialmente métodos e procedimentos [destinados a] que os indivíduos, por uma ação sobre si mesmos, modifiquem e transformem a experiência que têm de si mesmos [remetendo-se] a um ensinamento verdadeiro, a uma fala verdadeira, à descoberta ou busca de determinada verdade. Por causa

---

a. O manuscrito apresenta a seguinte explanação: "Biopoética se justificaria porque se trata de fato de uma espécie de fabricação pessoal de sua própria vida (notar que nessas artes frequentemente é posta a questão de saber se determinado ato é belo ou não). Seria possível seguir assim o problema da conduta sexual: a biopoética, em que está em causa a conduta estético-moral da existência individual; a biopoética, em que está em causa a normalização das condutas sexuais em função do que é considerado politicamente exigência de uma população."

disso, as artes de viver me parecem constituir uma documentação particularmente interessante e rica para o problema geral que quero colocar.

[Por outro lado,] é bem evidente que, nessas artes de viver, os problemas do casamento e da atividade sexual constituem elementos muito importantes. [De fato, em primeiro lugar,] o casamento é um dos elementos que é o mais discriminante para repartir, separar, distinguir uns dos outros os diferentes modos de vida. Durante muito tempo – reencontraremos [esse ponto] disposto de outra forma no cristianismo – uma das características que vão distinguir a vida filosófica ou a vida de estudo (o que mais tarde será chamado de vida contemplativa) da vida de todo mundo é precisamente que o sábio, aquele que é chamado para a contemplação da verdade ou para uma relação preferencial com Deus, não tem necessidade do tipo de relação humana que o casamento constitui. Quem é capaz de levar a vida da contemplação pura da verdade é sozinho. No conjunto de prescrições que dizem respeito a todos os modos de vida, evidentemente a questão de saber se o indivíduo deve casar-se ou não é, se não central, pelo menos uma das questões importantes e que não podem ser evitadas. Em segundo lugar, evidentemente a questão das relações sexuais e das atividades sexuais é importante nessa literatura das artes de viver, na medida em que, é claro, o problema da economia dos prazeres, do controle de si, do domínio sobre as paixões, da limitação dos movimentos involuntários pelos quais o indivíduo é levado para isto ou aquilo é muito fundamental, visto que o status ontológico, a modalidade de experiência essencial para os quais são direcionadas todas essas artes de viver é evidentemente o domínio total e perfeito de si mesmo. O problema do domínio de si coloca necessariamente a questão da atividade sexual, da economia dos prazeres e dos diferentes modos de vida[a] [...]. Por todo esse conjunto de razões, a análise dessas artes de viver é uma documentação valiosa, interessante, significativa, e é para ela que vou me dirigir[b] [...].

E agora vamos voltar ao problema histórico que quero colocar, o sugerido pela fábula do elefante que lhes narrei[c]. Temos intuitivamente

a. Passagem quase inaudível. Ouvem-se apenas: contemplação, estudos [...] vida pública
b. Lacuna na gravação. Ouve-se apenas: gerais de proibições
c. O manuscrito apresenta a seguinte explanação: "E, visto que nessa problemática dos gêneros de vida o problema não é: como ser moral, seguir a lei, evitar cometer erros, e sim: como conduzir-se, como estabelecer de si para si uma relação que passe pela obrigação de conhecer a verdade, compreende-se que é aí que mais podemos encontrar a matriz das experiências da sexualidade. A hipótese de trabalho é a seguinte: é verdade que a sexualidade como experiência evidentemente não é independente dos códigos e do sistema de proibições, mas de imediato é preciso lembrar que esses códigos são espantosamente estáveis, contínuos, lentos em se mover. É preciso lembrar ainda que o modo como eles são observados ou transgredidos também parece muito estável e muito repetitivo. Em contrapartida, o ponto de mobilidade histórica, o que sem dúvida muda com mais frequência, o que é mais frágil, são as modalidades da experiência."

consciência das diferenças maciças entre o que chamamos de ética pagã e moral cristã. Toda uma espécie de memória histórica mais ou menos confusa, e sobre cujo status seria necessário indagar, parece indicar-nos que, apesar de tudo, entre a moral pagã e a ética cristã tal como esta se desenvolveu historicamente há uma diferença global, um passo muito difícil de ser dado e que, entretanto, nossas sociedades deram, e parece que deram bem depressa[a]. Temos, portanto, essa espécie de escansão, que nos parece bastante evidente, nos termos de nosso saber familiar, de nossas quase intuições. E depois, assim que olhamos [mais à frente] (a fábula do elefante me interessava e me prendeu justamente por isso), toda uma série de indicações históricas mostra que na verdade a separação, a passagem ou a descontinuidade que nos parecem tão maciçamente evidentes sem dúvida não se apresentaram assim. A história do elefante [é significativa a respeito disso]. São Francisco de Sales, no início do século XVII, [a] apresentava como o tipo da boa moral cristã sobre a sexualidade. [Bastou fazer a história regressiva dessa lição para perceber] que ela já estava formulada absolutamente nos mesmos termos entre pessoas como Plínio, onde é muito possível que são Francisco de Sales tenha ido buscá-la mais ou menos diretamente. Agora é de um pouco disto que seria preciso falar: como estabelecer essa separação, como fazer a cartografia desse "divisor de águas", como dizia Peter Brown[8], entre o que chamamos de cristianismo e o que chamamos de paganismo?[b] [...]

Haveria um estudo interessante a ser feito sobre esse tema historiográfico do paganismo e do cristianismo. Antes de tudo, sobre o modo como se formou esse tema do paganismo, sobre o qual [se impôs a] espécie de evidência histórica de que há uma série de coisas que podemos logicamente, que podemos de modo legítimo, tanto do ponto de vista teórico como do histórico, chamar de paganismo. Na verdade, quando olhamos um pouco o que é posto na categoria de paganismo (do pensamento,

---

a. M. F. acrescenta a seguinte frase: Podemos nos perguntar se o deram depressa, mas não importa

b. Passagem quase inaudível. Ouve-se apenas: Antes de entrar nos detalhes um pouco mais eruditos de tudo isso, mesmo assim eu gostaria – novamente, perdoem o caráter muito programático de tudo isso... mas... problema de... No fundo, o que estou fazendo aqui...

M. F. acrescenta: Vocês sabem que aqui é o único estabelecimento "público", no sentido estrito, que existe na França, já que todo mundo pode vir, sem formalidade de inscrição, sem critério de nível ou o que quer que seja. Fala-se para todo mundo. Falar para todo mundo não é cômodo, apresenta muitos problemas, implica todo um trabalho de ajustamento incerto a um público com fronteiras imprecisas, de modo que me acontece resumir-lhes depressa demais um trabalho relativamente detalhado que foi feito. Também [me] acontece, e é o que vou fazer novamente desta vez, dar uma espécie de programa eventual para um trabalho possível, admitindo que no fim das contas alguns entre vocês estão aqui a fim de receber incitações para um trabalho eventual.

da moral pagãos), encontramos coisas tão incrivelmente diferentes como: a religiosidade pitagórica, as regras jurídico-morais que tinham curso na sociedade romana, a mística neoplatônica, o monoteísmo filosófico e abstrato dos estoicos. Tudo isso é chamado de paganismo. Então, o que é essa ideia de paganismo? De onde ela vem? É muito evidente que o paganismo foi designado como unidade bem cedo. Efetivamente – temos testemunhos disso através do pensamento e das instituições – já no século II, em todo caso no século III de nossa era, o próprio cristianismo é visto em relação conflituosa [ao mesmo tempo] com o paganismo e com as heresias. Toda a leitura da grande literatura heresiológica do século II e principalmente dos séculos III-IV é muito interessante para vermos como se dá a separação, como se constitui, em face da noção de heresia, a noção de paganismo, que evidentemente é muito diferente dela e permite definir toda uma série de coisas que supostamente são exteriores ao cristianismo, não somente a título de erros, mas, por assim dizer, ontologicamente, na medida em que não é de modo algum de cristianismo que se trata. Mas vamos deixar de lado a constituição da noção de paganismo, do campo pagão, nas polêmicas, discussões do primeiro cristianismo. É uma questão complexa, não sou eu que poderei lhes falar dela e não é dela que quero falar aqui. Em contrapartida, seria muito interessante ver como essa noção de paganismo reaparece e como é utilizada, assim parece, a partir da idade clássica (do século XVII e principalmente do século XVIII); como essa noção atua nas análises dos filósofos, dos historiadores, dos historiadores das religiões etc. a partir do século XVIII; como ela se distingue da noção de bárbaro, da noção de infiel, da noção de primitivo; como funcionou de modo maciço ao longo do século XIX; os temas que abrange. O paganismo realmente inclui os estoicos e seu monoteísmo, mas a maneira como se faz funcionar essa noção prova que se liga o paganismo principalmente ao politeísmo [e] ao que se estima terem sido, em certo tipo de civilização, a extrema proximidade, o parentesco, quase a coabitação entre os deuses e os homens. Ao paganismo atribui-se também um privilégio que ele concederia à matéria, ao corpo, a tudo o que é o mundo sensível. Ao paganismo atribui-se uma tolerância ética para com os prazeres e particularmente para com a sexualidade. Ora, todos esses temas que, de modo explícito ou implícito, permeiam, animam, fazem vibrar e cintilar esse tema do paganismo no correr do século XIX têm, com relação à análise que fazemos de nós mesmos e dos outros, um papel muito particular. Isso porque, por um lado, o paganismo foi visto no século XIX como algo absolutamente exterior a nosso mundo, a nosso mundo não pagão, à civilização em que estamos e da qual tentaríamos nos libertar, na medida em que a civilização não pagã, a cultura cristã teriam recoberto um paganismo plural, politeísta, cálido, próximo do divino, aberto ao sensível, tolerante com os prazeres etc. Esse mundo teria sido nosso mundo, [mas] teria sido, pelo cristianismo, recoberto e esquecido. E é para ele que deveríamos tender. [Por outro lado,] vocês têm toda uma maneira de fazer a crítica de nossa própria sociedade, a análise do que somos, do que temos de ser, de programar nossa libertação em função desse tema do paganismo tal como se desenvolveu. O paganismo é o outro e além disso é certo fundo de nós mesmos. E, se queremos voltar ao fundo de nós mesmos, é justamente esse paganismo, esse paganismo absolutamente outro, absolutamente perdido, que devemos reencontrar. O paganismo é para a consciência histórica, para a consciência que temos de nossa história irreversível, um pouco o que a natureza foi a partir do século XVIII com relação à consciência que temos de nossa necessária tecnologia. Sob a técnica, a natureza. Atrás de nossa história, o paganismo. Portanto, seria interessante escrever a história desse tema do paganismo.

Como [complemento] – [e] penso que não poderíamos dissociar os dois estudos –, deveríamos escrever a história do tema que lhe está frente a frente, ou seja, o cristianismo, ou mais exatamente o judeocristianismo. A noção de judeocristianismo é ainda mais paradoxal, surpreendente, que a de paganismo. Pois, se o paganismo abrange, de modo bastante problemático, uma série de coisas extremamente diferentes, a noção de judeocristianismo, que também foi tão importante no século XIX e esteve ligada à noção de paganismo, é ainda mais paradoxal, na medida em que havia sido totalmente impensável durante séculos e milênios. Vamos tomar como marco, como ponto de partida, os primeiros grandes textos antijudaicos e antissemitas que podem ser encontrados na literatura cristã dos séculos IV-V; santo Agostinho é um maravilhoso exemplo deles[9]. Digamos que, desde aquele momento até quase o fim do século XVII, pensar o judeocristianismo – uma espécie de identidade histórica, trans-histórica, meta-histórica entre o judaísmo e o cristianismo – era algo rigorosamente impossível. E depois essa noção se tornou possível. Não só se tornou possível como foi uma das categorias mais frequentemente utilizadas na análise histórica da sociedade ocidental por ela mesma no correr do século XIX. O que aconteceu? É muito interessante ver que essa noção de judeocristianismo, como a de paganismo, sempre serviu intenções críticas – aliás, intenções críticas sempre muito confusas, muito ambíguas, e que seria preciso decifrar. É certo que, entre os historiadores ou os filósofos do século XIX, o acoplamento "judeocristianismo" frequentemente foi uma maneira de desacreditar o cristianismo e de, sem dizê-lo de modo direto demais, fazer o cristianismo portar todas as conotações negativas que se podiam atribuir ao judaísmo. E dizer que no fim das contas o cristianismo era apenas o herdeiro e a continuação até nós de algo que era o destino judeu, a moral judia, a infelicidade judia, a abstração judia, o legalismo judeu funcionou com muita força no século [XIX]ᵃ. Dos textos de Hegel sobre a consciência judia[10] à *Genealogia da moral*[11], vocês têm marcos para a constituição dessa estranha entidade do judeocristianismo. [Mas isso] não quer dizer que essa noção tenha sempre recebido, portado, continuamente valores negativos. Acontece, ao contrário, ela portar valores positivos e ser em nome de uma tradição judeocristã que se fez oposição a essa tradição igualmente fictícia, ou melhor, a esse campo histórico totalmente fictício que foi chamado de paganismo.

Tudo isso para dizer a vocês que o emprego dessas noções ("paganismo", "judeocristianismo") é evidentemente impossível quando se tenta filtrar um pouco e lançar um olhar crítico sobre a história do pensamento no século XIX. São categorias que foram forjadas naquele momento, são categorias que tiveram funções críticas, funções políticas, interessantes, importantes, que merecem ser decifradas. Mas nos dias de hoje não é possível reassumirmos nem a noção de paganismo nem a noção de judeocristianismo. Mais algumas palavras sobre a história desses dois temas. Se fizéssemos a história desse par paganismo-judeocristianismo, seria interessante ver como esse tema foi cruzado com outra grande categoria de autoanálise das sociedades ocidentais: o capitalismo.

Poderíamos dizer que no século XIX se formaram duas grandes categorias de autoanálise das sociedades ocidentais: a categoria socioeconômica com o capitalismo e a categoria sociorreligiosa com o judeocristianismo. É interessante ver como elas atuaram uma com relação à outra; por exemplo, como o socialismo francês – formado, apesar de tudo, essencialmente a partir de uma análise, tão rústica quanto se quiser, se comparada com outras, do problema do capitalismo – muito rapidamente derivou, em seus interesses, em suas contundências polêmicas, concedendo cada vez mais importância à noção de judeocristianismo. E, quando o socialismo francês, por volta dos anos 1860, 1880, 1890, 1895, 1898, foi permeado, se não dominado, pelo antissemitismo[12], era ali a deriva da categoria de autoanálise definida em termos econômicos pelo capitalismo para aquela outra categoria de autoanálise que era a do judeocristianismo. O problema é saber por que foi feita essa deriva, em função de quais razões, no campo ideológico ou no campo social; nisso a trajetória dos alemães foi diferente. Pois, se vocês tomarem o movimento hegeliano ou pós-hegeliano até por volta dos anos 1840-1848, perceberão que entre os jovens

---

a. M. F. diz: "XVIII", mas todos os exemplos dados na frase seguinte se referem ao século XIX.

hegelianos a autoanálise do Ocidente foi feita acima de tudo em relação à análise judeocristã. Como fica a consciência religiosa, qual é o status de nossa consciência religiosa, e em quê essa consciência religiosa pode efetivamente dar conta do que somos? Feuerbach representava exatamente o topo dessa forma de análise centrada em torno das categorias de judeocristianismo, de paganismo[13], e depois a evolução se fez exatamente em sentido inverso do [que ocorreu] entre os franceses. Ou seja, através de Marx e de alguns outros, no socialismo alemão, foram as categorias econômicas, notadamente as do capitalismo, que por fim prevaleceram nessa autoanálise do Ocidente. E é por isso que se pode considerar que no fim do século XIX o maior trabalho de síntese operado no pensamento ocidental para efetuar sua própria autoanálise vocês encontram em Max Weber. Max Weber foi quem precisamente tentou combinar da maneira mais racional possível, e em função de um saber e de uma análise histórica tão positivamente fundamentados quanto possível, as categorias de autoanálise religiosa [e econômica]. Como fica o cristianismo, como fica o judaísmo, como fica a especificidade de nossa civilização religiosa com relação às questões econômicas[14]? E inversamente: como os processos econômicos efetivamente puderam permitir a filtragem, a incrustação, a implantação deste ou daquele tipo de consciência religiosa[15]? Max Weber foi quem tentou entretecer o mais estreitamente possível, numa única e mesma trama de autoanálise, a categoria do judeocristianismo e a categoria do capitalismo como modos de consciência, de análise, de deciframento das sociedades ocidentais.

Tudo isso é um pouco longo. Então vamos deixar de lado paganismo e judeocristianismo, convencendo-nos de que [essas categorias] não fazem parte de uma metodologia histórica, e sim podem, quando muito, ser objeto de um estudo histórico. Indaguemos como fazer essa análise que quero propor-lhes agora, a saber: quais são as transformações, quanto ao que chamamos de moral sexual, que podemos constatar entre um período que a historiografia denominou pagão e um período que a historiografia denominou cristão, acompanhando essas transformações através das artes de viver?

* * *

Então mais dois ou três minutos para varrer todas as questões de método, para na próxima vez podermos abordar o conteúdo mesmo da análise. Digamos – é um fato reconhecido pelos historiadores[a] já há quase um

---

a. O manuscrito especifica: "Desde há quase um século, três momentos. Final do XIX: papel da universidade: moral laica, moral para um Estado; Kulturkampf: Zahn; Epicteto;

século – que a moral sexual atribuída ao cristianismo já havia dado provas de existência perfeitamente claras e bem determinadas antes de o cristianismo espalhar-se, antes mesmo de ele surgir no interior do mundo antigo. Há uma preexistência indiscutível dessa pretensa "moral sexual cristã" no interior do pensamento, da moral ditos pagãos. E essa preexistência costumamos atribuir de modo preferencial aos estoicos e a toda uma série de textos, alguns muito conhecidos, outros um pouco menos, como, por exemplo, os de Sêneca, é claro, mas também de Musônio Rufo, de Hiérocles, de Antípatro etc. Temos absolutamente razão, e todos os exemplos que procurarei mostrar-lhes na próxima vez confirmam essa impressão. É absolutamente verdade que em todo esse assunto das artes de viver e da economia das relações sexuais os estoicos desempenharam um papel fundamental e decisivo.

Apenas duas precauções para esse gênero de análise. Em primeiro lugar, é preciso ressaltar bem que nesses textos se trata sempre do estoicismo tardio. Se vocês tomarem o estoicismo como forma coerente de filosofia nascida, desenvolvida a partir de grandes princípios que são os de Zenão e de Crisipo, correm o risco de errar, na medida em que em Zenão e com muita frequência em Crisipo vocês não encontrarão esses elementos de moral sexual. Eles constituem muito mais uma inflexão, se não um desvio, com relação ao estoicismo primitivo. Paul Veyne dizia que na realidade era uma verdadeira interpolação das morais sexuais no interior da própria doutrina estoica[16].

Em segundo lugar, é preciso ressaltar que muitos autores que não são estoicos, que até mesmo são adversários explícitos dos estoicos, como Plutarco, por exemplo, em suas artes de viver dão exatamente o mesmo tipo de conselho e consequentemente veiculam a mesma moral sexual que os estoicos. Um adversário dos estoicos como Plutarco, dos neopitagóricos como Sêxtio[17], igualmente os cínicos, sobre muitos pontos os epicuristas também dão o mesmo tipo de aplicação de sua arte de viver à questão das relações sexuais e das atividades sexuais. Consequentemente, essas artes de viver que vou estudar são, em grande parte, de origem estoica, mas são textos do estoicismo tardio, infletidos por alguns processos. [Além disso,] haverá alguns e mesmo não poucos textos que não são de origem estoica. Ou seja, no final vamos ver destacar-se determinada arte de levar a vida quanto às relações sexuais que é praticamente comum

---

Bonhöffer. 1930: sábio, santo, herói Stelzenberger: preparação. 1957: Spanneut constata que uma moral estoica preexistente é retomada pelos cristãos; o que lhe permite fundar um 'universalismo cristão', um humanismo cristão, não sobre uma filosofia do conhecimento, da natureza e da ciência de tipo aristotélico (é o que Gilson fizera), e sim sobre uma filosofia moral."

à maioria das escolas filosóficas nos séculos que antecedem ou que iniciam exatamente o que chamamos de nossa era. Na próxima vez vou lhes falar das relações sexuais nas artes de viver no fim da Antiguidade, nos últimos séculos do que chamamos de Antiguidade pagã.

*

NOTAS

1. F. A. Yates, *L'Art de la mémoire*, trad. fr. Daniel Arasse. Paris, Gallimard ("Bibliothèque des histoires"), 1975; *The Art of Memory*. Chicago, Ill., University of Chicago Press, 1966 [ed. bras.: *A arte da memória*, trad. Flávia Bancher. Campinas, SP, Editora da Unicamp, 2007].
2. Sobre essa determinação da medicina como arte de viver, cf. M. Foucault, *Histoire de la sexualité*, t. III: *Le Souci de soi*. Paris, Gallimard ("Bibliothèque des histoires"), 1984, pp. 121-6 [ed. bras.: *História da sexualidade 3: O cuidado de si*, trad. Maria Thereza Costa. 13ª ed. Rio de Janeiro, Paz e Terra, 2004]; cf. também *L'Herméneutique du sujet. Cours au Collège de France, 1981-1982*, ed. por F. Gros. Paris, Gallimard-Seuil (col. "Hautes Études"), 2001, pp. 93-6 [ed. bras.: *A hermenêutica do sujeito*, trad. Márcio Alves da Fonseca e Salma Tannus Muchail. 22ª ed. São Paulo, WMF Martins Fontes, 2010].
3. Cf., por exemplo: Sêneca, *De la colère*, trad. fr. Abel Bourgery, in *Dialogues*, t. I. Paris, Les Belles Lettres, CUF, 1922 [ed. bras.: *Sobre a ira/ Sobre a tranquilidade da alma*, trad. José Eduardo S. Lohner. São Paulo, Penguin/Companhia das Letras, 2014]; Plutarco, *Sur les moyens de réprimer la colère*, trad. fr. Victor Bétolaud, Houilles. Paris, Éd. Manucius, 2008; Filodemo de Gádara, *De ira liber* [*Philodemi De ira liber*], ed. Carolus Wilke, Lipsiae, B. G. Teubner, 1914. Para uma história dos tratados sobre a cólera na época helenístico-romana, Foucault cita em *L'Herméneutique du sujet* (*op. cit.*, p. 358) a obra de Paul Rabbow, *Antike Schriften über Seelenheilung und Seelenleitung auf ihre Quellen untersucht*, Bd. I: *Die Therapie des Zorns*. Leipzig, B. G. Teubner, 1914.
4. Cf. Sêneca, *De tranquillitate*, in *Dialogues*, trad. fr. René Waltz, t. IV. Paris, Les Belles Lettres, CUF, 1970 [ed. bras.: *Sobre a ira/ Sobre a tranquilidade da alma*, trad. José Eduardo S. Lohner. São Paulo, Penguin/Companhia das Letras, 2014].
5. Em vez desta, Foucault sem dúvida está se referindo à quarta conversação do livro I (*Perì prokopés*: sobre o progresso, a marcha para a frente), que efetivamente descreve a trajetória rumo à sabedoria, insistindo tanto nas exigências de ensino (por um mestre ou por livros) quanto na importância dos exercícios e das meditações.
6. Na aula de 25 de março (*infra*, p. 223) Foucault se empenhará em dar uma definição do *bíos* grego, em oposição ao "sujeito" cristão e moderno.
7. "Assim como para o carpinteiro a matéria é a madeira, para o escultor, o bronze, assim também a arte de viver tem como matéria a vida de cada um (*hoútos tês perì bíon tékhnes hýle ho bíos autoû hekástou*)" (Epicteto, *Entretiens*, I, 15, 2, ed. e trad. fr. Joseph Souilhé. Paris, Les Belles Lettres, CUF, 1963, t. I, p. 59).
8. "O que está em jogo [...] não é saber se, em algum lugar entre Marco Aurélio e Constantino – dois imperadores sobre os quais se admite que resumem [...] os polos opostos de um mundo clássico pagão e do fim do Império Romano cristianizado –, atravessou-se o divisor de águas. O que significa, para uma grande sociedade tradicional, cruzar uma linha divisória: esse é o verdadeiro problema" (P. Brown, "Un débat sur le sacré", in *Genèse de l'Antiquité tardive*, trad. fr. Aline Rousselle. Paris, Gallimard, "Bibliothèque des histoires", 1983, p. 22 / *The Making of Late Antiquity*. Cambridge, Mass./Londres, Harvard University Press, 1978). O próprio Peter Brown retoma a expressão "divisor de águas" de uma passagem de W. H. C. Frend: "o divisor de águas entre o mundo antigo e a Idade Média europeia" (*Martyrdom and Persecution in the Early Church*. Oxford, B. Blackwell, 1965, p. 389).

9. Cf. Aurelius Augustinus, *Tractatus adversus Judaeos* (Migne 8, 29-43, PL 42, 5, 1, 64), que entretanto não é um texto antissemita propriamente dito (sobre esse ponto, cf. os estudos de B. Blumenkranz, *Die Judenpredigt Augustins. Ein Beitrag zur Geschichte der judisch--christlichen Beziehungen in den ersten Jahrhunderten*. Basileia, Helbing & Lichtehahn, 1946/ Paris, 1973; e *id.*, "Augustin et les Juifs; Augustin et le judaïsme", *Recherches augustiniennes*, t. I. *Supplément à la Revue des Études augustiniennes*, 1958, pp. 225-41).

10. Esses textos são do chamado período de Frankfurt (1797-1800), reunidos em G. W. F. Hegel, *L'Esprit du christianisme et son destin* [*Der Geist der Christentums und sein Schicksal*, 1798-1800], precedido de "L'Esprit du judaïsme", ed. por Olivier Depré. Paris, Vrin ("Bibliothèque des textes philosophiques"), 2003. Para uma apresentação geral, cf. B. Bourgeois, *Hegel à Francfort. Judaïsme, christianisme, hégélianisme*. Paris, Vrin ("Bibliothèque d'histoire de la philosophie"), 1970; cf. também J. Cohen, *Le Spectre juif de Hegel*. Paris, Galilée, 2005. [As edições citadas nas referências bilbiográficas mencionadas neste curso são as que consultamos; F. G.]

11. F. Nietzsche, *La Généalogie de la morale* [*Zur Genealogie der Moral*, 1887], trad. fr. Henri Albert, *in Œuvres complètes de Frédéric Nietzsche*. Paris, Société du Mercure de France ("Collection d'auteurs étrangers"), 1900[3]; *id., in Œuvres philosophiques complètes*, t. VII, trad. fr. Jean Gratien e Isabelle Hildenbrand. Paris, Gallimard, 1985 [ed. bras.: *Genealogia da moral*, trad. Paulo Cesar de Souza. São Paulo, Companhia das Letras, 1998].

12. Sobre o "social-racismo", ver o fim da aula de 17 de março de 1976; e mais especificamente sobre o antissemitismo, a [aula] de 4 de fevereiro de 1976, *in* M. Foucault, *"Il faut défendre la société". Cours au Collège de France, 1975-1976*, ed. M. Bertani e A. Fontana. Paris, Gallimard-Seuil (col. "Hautes Études"), 1997, pp. 76-7 e 232-4 [ed. bras.: *Em defesa da sociedade*, trad. Maria Ermantina de A. P. Galvão. São Paulo, WMF Martins Fontes, 2010].

13. L. Feuerbach, *L'Essence du christianisme* [*Das Wesen des Christentums*, 1841], trad. fr. Jean-Pierre Osier. Paris, Gallimard (col. "Tel" 216), 1992 [ed. bras.: *A essência do cristianismo*, trad. José da Silva Brandão. 23ª ed. Petrópolis, RJ, Vozes, 2013].

14. M. Weber, *Sociologie de la religion* [*Sociologie der Religion*, 1913], trad. fr. Isabelle Kalinowski. Paris, Flammarion (col. "Champs"), 2013 (1ª ed. 2006).

15. M. Weber, *L'Éthique protestante et l'Esprit du capitalisme* [*Die protestantische Ethik und der Geist des Kapitalismus*, 1905], trad. fr. I. Kalinowski. Paris, Flammarion, 2008 [ed. bras.: *A ética protestante e o "espírito" do capitalismo*, trad. José M. M. de Macedo. 23ª ed. São Paulo, Companhia das Letras, 2013].

16. P. Veyne, "La famille et l'amour sous le Haut-Empire romain", *Annales ESC*, nº 1, 1978 (reproduzido em P. Veyne, *La Société romaine*. Paris, Seuil, 1991).

17. Quinto Sêxtio, o Pai, frequentemente citado por Sêneca em suas *Cartas a Lucílio*, é um filósofo romano (século I a.C.) de inspiração estoico-neopitagórica. Cf. Sêneca, *Cartas a Lucílio*, LXXIII: "Sêxtio brada, mostrando-nos um caminho tão belo: É por ali 'que nos elevamos até os astros'; por ali, pelo caminho do desprendimento; por ali, pelo caminho da moderação; por ali, pelo caminho da coragem" (*Lettres à Lucilius*, trad. fr. Henri Noblot. Paris, Les Belles Lettres, 1957, p. 36 [ed. bras.: *Aprendendo a viver: cartas a Lucílio*, trad. do latim Lúcia Sá Rebello e Ellen I. N. Vranas. Porto Alegre, L&PM, 2008]).

AULA DE 21 DE JANEIRO DE 1981

*A questão das relações entre subjetividade e verdade e o problema do sonho. – A onirocrítica de Artemidoro. – O sistema ético dos atos sexuais através da análise dos sonhos. – Distinção entre sonhos/*enýpnia *e sonhos/*óneiroi[a]. *– Significação econômica e social dos sonhos. – O* continuum sociossexual. *– Relações sexuais conformes com a natureza e com a lei. – Relações sexuais contrárias à lei. – Relações sexuais contrárias à natureza. – Princípio de naturalidade da penetração.*

Vou optar pelo estudo de um texto que trata do sonho. Afinal de contas, é preciso lembrar que, para a questão das relações entre verdade e subjetividade, o sonho evidentemente constitui um ponto estratégico, uma prova preferencial. O sonho (suas imagens fugitivas, ilusórias etc.), como vocês bem sabem – é um princípio que poucas culturas ignoram –, constitui para a verdade uma superfície de afloramento. Mais precisamente ainda, a ilusão pela qual o sujeito é encantado, acorrentado pelo sonho, [e] da qual se liberta por si mesmo no movimento espontâneo do despertar, essa ilusão, na maioria das culturas, supostamente diz a verdade de um sujeito, em todo caso lhe diz uma verdade que, na maior parte do tempo, lhe concerne pessoalmente. Às vezes essa ilusão, pela qual o sujeito é encantado e da qual se liberta pelo despertar, está mesmo encarregada de dizer ao sujeito a verdade do que ele é, a verdade de sua natureza, a verdade de seu estado, também a verdade de seu destino, [visto que] o sonho lhe diz o que ele já é e o que vai ser num tempo que ele ainda não enxerga. Portanto, o sonho como ponto estratégico, prova preferencial na relação verdade-subjetividade, sem dúvida é não uma cons-

---

a. A frase em francês é: "Distinction entre les rêves et les songes." Para designar "sonho" a língua francesa dispõe de dois vocábulos que, nesse sentido, são sinônimos: *rêve* e *songe* (em grego, *enýpnion* e *óneiros*, diz o texto; plurais: *enýpnia* e *óneiroi*). Para fazer a distinção entre ambos, quando necessário, *rêve* foi traduzido por "sonho/*enýpnion*" e *songe*, por "sonho/*óneiros*". Entretanto, o próprio Foucault logo passa a usar indistintamente os termos *rêve* e *songe* para sonho/*óneiros*. (N. da T.)

tante transcultural mas uma ideia, um tema recorrente num número considerável de culturas.

Para o problema que me interessa, evidentemente é apenas no Ocidente que vou me colocar, e pelo ângulo do que é a constituição do saber, um saber com status, pretensão, presunção científicos. E direi que em dois ou três de seus momentos principais o saber ocidental deparou com o problema do sonho, e no momento preciso em que estava em causa redistribuir, reavaliar o dispositivo das relações entre verdade e subjetividade, verdade e sujeito. Assim, quando foi preciso responder à questão: como é possível conceber que a verdade (a verdade verdadeira do mundo, a verdade do objeto) venha para um sujeito? Quando foi preciso colocar a questão de saber como o sujeito pode estar seguro de ter acesso à verdade, como possuir a verdade da verdade, a essa questão, contemporânea da fundação da ciência clássica, só foi possível responder atravessando o problema, a hipoteca e a ameaça do sonho. Foi preciso libertar o sujeito da eventualidade do sonho, foi preciso garantir-lhe que efetivamente não está sonhando quando tem acesso à verdade, ou, em todo caso, que o acesso que tem à verdade não pode ser ameaçado nem comprometido pela eventualidade do sonho. Para que o sujeito, na medida em que é capaz de pensar a verdade, possa tornar-se elemento fundamental no desenvolvimento do saber, para que o sujeito possa ser sujeito de uma *máthesis* (uma *máthesis* que pode valer em toda parte, para todo mundo, uma *máthesis* universal), também é preciso que ele seja libertado do sonho. Problema que não era simplesmente o problema de Descartes, mas do qual Descartes[1] evidentemente dá a expressão mais radical no século XVII. Vocês reencontrarão o problema do sonho, mas com uma forma diferente, na idade crítica, a partir do fim do século XVIII e ao longo de todo o século XIX. Pois, no fim das contas, a questão que foi posta naquele momento – vocês a encontrarão muito implicitamente, é claro, em Kant[2], muito mais em Schopenhauer[3] e muito claramente em Nietzsche[4] – era: mas a verdade da verdade é verdadeira? Não se poderia pensar que a verdade da verdade não é verdadeira, que na raiz da verdade há outra coisa além da própria verdade? E se a verdade só fosse verdadeira tendo como fundo [esse] enraizamento em algo que é como a ilusão e o sonho? E se afinal a verdade fosse apenas um momento de algo que é apenas sonho? E depois vocês reencontram mais uma vez [esse tema da relação entre] subjetividade--verdade e sonho com Freud[5], quando foi posta a questão: como se pode conhecer a verdade do próprio sujeito, o que acontece com a verdade do sujeito, e não seria através do que há de mais manifestamente ilusório no sujeito que é dito o que é a verdade mais secreta do sujeito? De modo que, quando está em causa fundar o acesso do sujeito à verdade, indagar sobre a verdade da verdade ou ainda buscar o que é a verdade do sujeito, de qualquer forma o problema, a temática do sonho reaparecem. Explicitamente ou em surdina, a questão do sonho circulou ao longo de toda a história das relações entre subjetividade e verdade, com momentos particularmente fortes, momentos em que essas relações entre subjetividade e verdade se reorganizavam e modificavam seu dispositivo geral.

Foi por causa do que acredito ser a posição estratégica do sonho quanto a esse problema das relações sujeito-verdade que eu quis começar pelo estudo de um texto que diz respeito ao sonho, texto que obviamente tem a ver com o período que quero estudar, ou seja, o período em que o assim chamado paganismo e o assim chamado cristianismo – evidentemente com todos os pontos de interrogação e todas as aspas que já ressaltei – se encontram, se cruzam, se confrontam, se delimitam e principalmente se encavalam; portanto, um texto que data do século II de nossa era. Esse texto tem também a vantagem de, paradoxalmente, ser o único texto completo que nos resta de um gênero que, entretanto, era familiar para a Antiguidade, e que é a onirocrítica (a interpretação dos sonhos). É o famoso texto de Artemidoro, que foi traduzido por Festugière há alguns anos[6] e que constitui uma espécie de pequeno manual ou, para dizer a verdade, de enciclopédia da interpretação dos sonhos.

A outra razão pela qual decidi começar por esse texto é que[a] o tipo de documento a que pretendo recorrer neste estudo sobre as relações entre subjetividade e verdade é, em suma, o das artes de viver. As artes de viver (artes de regular a própria conduta, artes de tomar conta de si, tecnologias de si, por assim dizer), é justamente isso que deverá constituir o campo de investigação. A onirocrítica, é claro, não é uma arte de viver, a onirocrítica não é exatamente uma arte da conduta. Mas, como vocês verão quando detalharmos um pouco mais, a onirocrítica não é simplesmente uma maneira de decifrar a pequena ou grande parte de verdade que pode se ocultar nas ilusões do sonho; é também certa maneira de definir o que fazer com o sonho, o que fazer, na vigília, com essa parte obscura de nós mesmos que se ilumina à noite. Quando estamos acordados, não podemos não ser os mesmos que éramos quando dormíamos; e o sujeito sonhador que fui, como devo inseri-lo, integrá-lo, dar-lhe sentido e valor em minha vida desperta? A onirocrítica antiga é isto: uma maneira de viver, uma maneira de viver tendo em vista que, durante pelo menos uma parte de nossas noites, somos um sujeito que sonha.

Ainda outra razão pela qual escolhi esse texto de Artemidoro é que o autor, de quem, aliás, sabemos pouca coisa, mesmo assim é alguém sobre

---

a. M. F. acrescenta: como lhes disse na primeira ou segunda vez [cf. *supra*, aula de 14 de janeiro, pp. 25-43].

quem temos dois tipos de informação[7]. A primeira é que ele foi mais ou menos inspirado pelo estoicismo. Certas passagens – algumas, aliás, que teremos de estudar um pouco mais de perto – manifestam seu pertencimento à escola estoica ou, em todo caso, a proximidade em que ele se encontrava com relação a um trabalho filosófico, a uma reflexão filosófica sobre a vida e a moral que pertencem precisamente ao campo que desejo estudar mais particularmente. Além disso, ao mesmo tempo que é filósofo, que está impregnado de filosofia estoica, que efetivamente se apresenta como, no limite, um teórico do sonho, teórico dos fundamentos da onirocrítica, Artemidoro é alguém que traz numerosíssimos elementos do que possivelmente constituía a interpretação tradicional e, de certo modo, popular dos sonhos. Aliás, numa passagem do prefácio ele apresenta do método que empregou para construir essa onirocrítica um relato muito interessante, no qual mostra a si mesmo fazendo em toda a bacia mediterrânea uma verdadeira enquete quase etnológica sobre a onirocrítica, sobre a maneira como interpretavam os sonhos em sua época. Ele diz, para explicar[-se sobre isso]: Quanto a mim, não há livro de onirocrítica que eu não tenha obtido, e isso à custa de grandes e longas pesquisas. Mas, além disso, embora os adivinhos da praça pública geralmente sejam desacreditados e chamados de charlatões, de impostores pelas pessoas sérias, apesar de sua má fama frequentei-os, e isso durante longos anos, concordando em ouvir velhos sonhos e a maneira como eles se realizaram (isto é, como efetivamente manifestaram seu valor prognóstico), e isso na Grécia, na Ásia, na Itália e em numerosas cidades. Não havia, conclui Artemidoro, outro meio de me exercitar nessa disciplina[8]. Assim, temos nesse texto a compilação de uma tradição onirocrítica que certamente era muito antiga e em todo caso muito difundida no século II e, ao mesmo tempo, uma reflexão, uma elaboração de tipo filosófico em torno dessa prática, do sentido que tinha e da maneira como se podia dar-lhe fundamento e justificação. Nessa medida, o texto olha para duas direções com relação ao tempo: por um lado, decerto, muito provavelmente, dá testemunho de algo que é muito antigo e sem dúvida remonta bem longe nos séculos. Portanto, até certo ponto ele pode valer como testemunho de um pensamento ou de uma moral muito mais antigos que os da época em que o autor viveu. Por outro lado, também já representa algo como uma reflexão relativamente moderna com relação a essa tradição, tenta uma reflexão filosófica, estoica, teórica, sobre a moral, sobre os diversos problemas ou aspectos da vida que são evocados através desses sonhos.

Mais outra razão para estudar esse texto é simplesmente porque quatro capítulos inteiros são dedicados aos sonhos com conteúdo sexual[9]. E, na medida em que é a propósito dessa "sexualidade"[a] que pretendo estudar as relações entre subjetividade e verdade, vocês podem compreender que eu queira falar desses capítulos. De fato, esses capítulos constituem, na literatura grega e romana que possuímos hoje, o único documento que nos apresenta um quadro mais ou menos completo dos atos sexuais, das relações sexuais reais, possíveis, imagináveis etc. É uma apresentação sistemática de toda a vida sexual ("sexual" no sentido contemporâneo do termo) em sua forma mais elementar, um quadro dos atos, dos gestos, das relações, e isso num tom relativamente objetivo, na medida em que, para Artemidoro, evidentemente não está em causa praticar uma elisão literária que lhe evitasse dizer as coisas com excessiva crueza. Ele as diz como são; não é uma obra literária. Também não é uma obra de filosofia moral, pelo menos diretamente; voltaremos a isso. Nenhuma indignação, nenhum grito, exceto sobre certos pontos de repulsa. Diz as coisas assim como se apresentam no sonho. O fato de descrever não tanto as condutas reais e mais sua representação sonhada permite-lhe desenvolver com relativa serenidade um quadro relativamente completo, na medida em que se pode ser completo nesse âmbito. Mas a verdade é que, ainda que tenhamos aí um quadro de certo número de sonhos possíveis sobre um número relativamente importante de atos sexuais, será que é um método muito prudente buscar nesse texto um testemunho sobre a ética sexual do século II de nossa era e, eventualmente, de um período anterior – se é que esse texto realmente reflete o que se dizia, o que se pensava não só no século II, mas sem dúvida também numa tradição anterior transmitida de geração em geração?

Na realidade, se escolhi esse texto foi porque, através da análise que ele faz dos sonhos com conteúdo sexual, através dessa interpretação em princípio objetiva (é isto que se pode sonhar/é isto que esses sonhos querem dizer), ele deixa transparecer um sistema apreciativo. Evidentemente, não que haja juízos explícitos formulados por Artemidoro sobre cada um dos atos sexuais que ele menciona porque se pode encontrá-los num sonho. Mas há mesmo assim um sistema interpretativo que aparece de dois modos. Em primeiro lugar, muito simplesmente pelo fato de que um ato sexual sonhado terá para Artemidoro um valor (diagnóstico ou prognóstico) favorável ou desfavorável, dependendo de o ato representado ter um valor moral positivo ou negativo. Em termos claros, seja um ato sexual qualquer: se esse ato sexual for moralmente bom, terá um valor prognóstico favorável (o acontecimento de que ele será o sinal será favorável para o sujeito). Ao contrário, se tiver um valor moral negativo, o acontecimento anunciado será desfavorável. Temos aí um princípio geral da interpretação de Artemidoro, que, aliás, ele não deve ter inventado, e sim

---

a. M. F. especifica: entre aspas

retomado de uma velha tradição. Em todo caso, ele o diz de modo muito claro: É um princípio geral que, [nas] visões de sonho, todos os atos que são conformes com a natureza, com a lei, com o costume, [também] todos os atos que, como ele diz, são "conformes com o tempo" (e com isso quer dizer: adaptados ao momento em que devem ser feitos, conformes com o princípio do *kairós*, da ocasião), todos os que são conformes com os nomes (com isso ele quer dizer: os atos que portam um nome favorável), pois bem, todos esses atos são de bom augúrio. Ao passo que as visões contrárias – portanto, toda representação de algo que não é conforme com a natureza, com a lei, com o costume, com o tempo, com os nomes – são, ao contrário, de valor funesto e sem proveito[10]. Acrescenta, evidentemente, e veremos isso nas análises sobre esses sonhos com conteúdo sexual, que, entretanto, esse não é um princípio universal e que às vezes acontece que a representação de algo que em termos morais é totalmente mau possa, apesar de tudo, à custa de certas circunstâncias suplementares, de dados aditivos, significar, anunciar algo positivo[11]. Mas, em suma, isso é relativamente raro. E a partir do momento em que para Artemidoro o que é moralmente bom anuncia algo que é favorável, basta vermos, quando lemos sua interpretação dos sonhos com conteúdo sexual, quais são os atos sexuais que anunciam algo favorável para o sonhador, e compreenderemos que naquele momento, para Artemidoro, para o universo moral a que pertence, para a tradição que representa, determinado ato sexual seja moralmente bom ou, em todo caso, moralmente aceitável. Portanto, pelo próprio sentido que Artemidoro dá a cada sonho temos a possibilidade de recuperar as distribuições e as hierarquias morais dos atos sexuais de que fala.

A segunda razão que, através dessa análise, [dá acesso a] uma espécie de sistema ético dos atos sexuais é o fato de, independentemente mesmo de seu valor pontual, individual, a maneira como Artemidoro agrupa, classifica os diversos atos sexuais permitir que recuperemos uma espécie de hierarquia de valores ou de distribuição global, em todo caso, valores básicos na atividade sexual. Por exemplo, a divisão[a] que ele faz entre o que é ou não conforme com a lei, ou com a natureza, nos permite reconstituir um pouco, pelo menos de modo global, o sistema de valores morais que são atribuídos ao comportamento sexual. Digamos, em poucas palavras, que o texto de Artemidoro evidentemente não representa de maneira direta nenhum código legal ou moral. Aliás, não há na literatura grega ou romana nenhum código legal ou moral que enquadre globalmente o que chamamos de condutas sexuais. Essa ideia, mesmo essa possibilidade de um código moral geral enquadrando as condutas sexuais só surgirá ([e tarde] na própria história do cristianismo) com os tratados de confissão

---

a. M. F. acrescenta: à qual teremos de voltar

– nem mesmo com os primeiros, e sim com os que veremos se desenvolver e se multiplicar a partir do século XII. Antes disso não há um código geral dos atos sexuais. Portanto, o texto de Artemidoro não é um código legal ou moral. É um documento indireto que, ao mesmo tempo que não tem como projeto fazer a lei [e sim] simplesmente dizer o sentido, dizer a verdade, talvez revele um sistema apreciativo tal como existia na época de Artemidoro, tal como provavelmente também existia muito antes dele, visto que é o reflexo de uma tradição.

Então, como é feita no texto de Artemidoro a interpretação dos sonhos e mais particularmente a interpretação dos sonhos sexuais? De modo geral, Artemidoro distingue duas formas – repito as palavras empregadas na tradução de Festugière – de "visões noturnas" (o que denominamos sonhos), que nos permitem fazer as distinções necessárias. Portanto, duas categorias de visões noturnas. [Primeiramente,] a categoria das *enýpnia*, das coisas que acontecem durante o sono, o que Festugière traduz por "*rêves*"[a], sonhos propriamente ditos. Os sonhos propriamente ditos, por sua vez, traduzem apenas certo estado atual do sujeito, os afetos, as paixões, os estados da alma e do corpo do sujeito sonhador no momento em que está sonhando. Por exemplo, se um sujeito estiver com fome, vai [ter um] sonho que expressará imediatamente a fome que está sentindo. Igualmente se estiver com medo, igualmente se estiver apaixonado. Digamos que essas *enýpnia*, esses sonhos propriamente ditos, têm apenas um valor diagnóstico para desvendar o estado presente e eventualmente o estado passageiro do sujeito que está sonhando[12]. Segunda categoria: são os *óneiroi*, [termo] que Festugière traduz por "*songes*". Os *óneiroi* (os "*songes*") também mostram o que é (*to on*, o ente). Mas dizem não o que é no sentido de um estado passageiro da alma ou do corpo do sujeito, e sim o que está inserido na trama inevitável do tempo, o que é no futuro, o que está inscrito no desenrolar geral da ordem do mundo. Consequentemente, o *to on* se opõe ao que seria o afeto, o estado do sujeito, por mais reais que sejam esse estado ou esse afeto. Na exata medida em que os sonhos/*óneiroi* dizem o ente (*to on*), eles agem sobre a alma, impelem-na para esse futuro que anunciam, na medida, efetivamente, em que o indivíduo e a própria alma fazem parte desse encadeamento geral do mundo. Há como uma espécie de chamado ontológico que é feito pelo sonho, chamado proveniente do próprio mundo e dos elementos de ser que há no mundo, e dirigido à alma. O sonho nada mais é que essa espécie de chamado do ser futuro dirigido à alma à qual ele se anuncia. E esse mecanismo do sonho, do *óneiros* que Artemidoro explica, ele justifica, ou cauciona, se

a. Cf. nota p. 45. (N. da T.)

vocês quiserem, [com] uma série de jogos de palavras que explicam com muita exatidão o que entende por *óneiros*. A palavra *óneiros*, diz ele, vem primeiramente de: *tò òn eírein*. Ou seja, o *óneiros* (o sonho) diz o ente, diz o que é. Em segundo lugar, a palavra "*óneiros*" vem de *oreígnein*, que quer dizer: atrair, chamar, puxar ou impelir. E depois há a palavra *Îros*, que na *Ilíada*, em Homero, designa um mensageiro. O sonho é um mensageiro que puxa a alma dizendo-lhe a verdade, dizendo-lhe aquilo que é[13].

Daí, para a onirocrítica, duas consequências. A primeira forma de visão noturna de que lhes falei (o sonho/*enýpnion*) nada mais é que a tradução do estado da alma e do corpo. Esse *enýpnion* tem principalmente um valor clínico, para nós mesmos e para o médico. Informa de qual mal estamos sofrendo. E em outros autores além de Artemidoro temos exemplos de que esse tipo de análise onirocrítica existiu na Antiguidade. Em Galeno, por exemplo, vocês encontram vários exemplos de diagnósticos clínicos feitos por um médico [graças à] análise de um sonho no sentido de *enýpnion*, na medida em que o sonho é uma tradução imediata de um estado d'alma ou de um estado do corpo do indivíduo[14]. Esse é o primeiro uso clínico. Porém, quando se trata não de um *enýpnion* mas de um *óneiros*, quando se trata, portanto, de algo que anuncia para a alma o ente, a verdade, e que a atrai para a verdade, evidentemente a análise não vai ser feita do mesmo modo. Não é mais uma análise diagnóstica, é uma análise prognóstica. E esse sonho-mensageiro, que se dirige à alma para dizer-lhe aquilo que é, precisa ser decifrado. Para isso há duas possibilidades. Ou o sonho diz tudo claramente e mostra, por assim dizer com o dedo, em imagem direta, o que vai acontecer. É o sonho/*óneiros* dito "teoremático", que no fundo nem mesmo precisa de interpretação. Basta recolhê-lo e lembrar-se dele, sabe-se o que vai acontecer. Mas há muitos outros casos em que esse anúncio daquilo que é, para a alma, é feito por um sonho que não é diretamente a representação do que vai acontecer[a]. Existe apenas uma relação analógica, ou seja, a imagem sonhada se parece com o que vai acontecer[15]. Artemidoro diz isso em termos claros: nesse momento, a interpretação dos sonhos/*óneiroi* consiste tão somente em pôr lado a lado coisas semelhantes (a representação do sonho e o acontecimento a que ele [se refere][b] [...]).

Esse âmbito analógico é muito claro, muito coerente. De modo geral, um sonho sexual está relacionado com quê, qual é o tipo de acontecimento que ele anuncia, qual é o tipo de ente a que se refere? Evidentemente, ao destino individual (saúde, doença, morte), mas esse ainda é o caso mais

a. O manuscrito especifica: "sonho alegórico"
b. Lacuna na gravação. Ouve-se apenas: Artemidoro relaciona os sonhos sexuais

raro. O âmbito de verdade, o âmbito de realidade, o âmbito de ser a que se refere o sonho sexual, o que ele anuncia efetivamente de realidade é essencialmente a vida que diríamos social, a vida política, a vida econômica no sentido antigo do termo. É da gestão de [nossa] própria existência na cidade, na casa, na família ou no corpo político que o sonho sexual fala. Prosperidade ou revés financeiro, sucesso ou insucesso nos assuntos privados ou nos assuntos públicos, êxito ou fracasso na carreira política, aumento dos bens ou, ao contrário, perda, enriquecimento ou empobrecimento da família, casamento honroso ou, ao contrário, casamento pouco vantajoso ou que causaria vergonha, mudança de status social: é de tudo isso que o sonho sexual fala. De modo muito claro, o sonho sexual tem uma significação econômica ou política. Fala da maneira como a vida decorre, tanto no espaço da cidade como no doméstico, da casa, da família. Portanto, projeção do que denominamos sexual[a] sobre o social.

Para explicar isso, evidentemente é preciso levar em conta algumas coisas. Por um lado, [o fato] de que esse é globalmente o estilo de análise de Artemidoro em sua onirocrítica; na verdade, os sonhos sexuais não são os únicos a ter esse valor – têm-no de modo um pouco mais acentuado que os outros, por [uma] razão à qual voltarei. [Por outro lado,] é preciso levar em conta [também] o fato de essa onirocrítica de Artemidoro assumir necessariamente o ponto de vista do homem, do varão adulto, pai de família, do varão que tem uma atividade social, política, econômica. O sonhador, em toda essa onirocrítica de Artemidoro, é sempre o homem adulto, pai de família, responsável etc. Isso obviamente remete ao status da maioria dos discursos sobre o sexo que [adota] o ponto de vista do homem e apenas do homem[16] – característica geral de cultura. Mas isso remete, também e sem dúvida principalmente, ao papel dessas espécies de obras [das quais] a de Artemidoro [é representativa]. Como eu lhes disse ao começar, a onirocrítica não deve ser considerada uma simples curiosidade ou uma simples especulação. Não é uma arte marginal que alguns indivíduos mais ou menos crédulos praticam ou pela qual se deixam seduzir. A onirocrítica é uma prática que deve ajudar e efetivamente ajuda os homens a se conduzirem. O indivíduo compreender seus sonhos, saber por que sonhou e quais são as consequências que deve extrair deles na vida diária, gerir os assuntos da realidade levando em conta, cada um por si, a parte noturna que pertence ao centro de nossa existência, que está inserida nele, é a razão de ser da onirocrítica. Contar seus sonhos, compreender seus sonhos é indispensável para um bom pai de família. Os surrealistas diziam: "Pais, contem seus sonhos para seus filhos!"[17] Pois

a. M. F. acrescenta: teremos de voltar a isso

bem, Artemidoro diria: Pais de família, nunca esqueçais vossos sonhos, não esqueçais de contar vossos sonhos e consultai os que sabem interpretar vossos sonhos, pois só podereis gerir bem vossos negócios com a condição de saberdes muito bem o que sonhastes, por que o sonhastes, o que isso anuncia, o que deveis fazer disso em vossa vida diária. É um livro de pai de família e, obviamente, por causa disso é normal que todos os sonhos, sexuais ou não, também sejam remetidos a essa realidade que é a vida social, política, econômica.

Mas creio que os sonhos sexuais são relacionados com esse âmbito de realidade de modo mais preciso e com mais insistência que os outros. De fato, é muito significativo que, a propósito desses sonhos sexuais e não a propósito dos outros, é claro, Artemidoro ponha em cena um fato linguístico que é bastante claro e evidente, ou seja, a polissemia, a ambiguidade de sentido econômico-sexual de muitas palavras gregas. Em sua análise dos sonhos, Artemidoro ressalta, por exemplo, que *sôma* quer dizer o corpo, corpo com o qual o indivíduo tem relações sexuais, mas *sôma* quer dizer também as riquezas, os bens que ele possui[18]. *Ousía* é a substância. Substância pode querer dizer tanto a própria substância da riqueza, a fortuna que alguém possui, [quanto] a substância fundamental do ser humano, do organismo, a semente (portar uma semente)[19]. *Blábe* quer dizer um prejuízo, tanto um revés de fortuna, uma perda de dinheiro, [quanto] um revés na carreira política. Mas é também o fato de o indivíduo ter sido agredido sexualmente e, de forma mais geral ainda, o fato de ter sido, mais ou menos voluntariamente, passivo numa relação sexual[20]. O *ergastérion* é o ateliê, o local de trabalho, mas é também a casa de prostituição, o bordel[21]. A palavra que designa a imposição, como quando o indivíduo está obrigado a pagar uma dívida àquele de quem é devedor, é a mesma que é empregada para designar o fato de o indivíduo sentir uma necessidade impositiva de fazer amor e, em todo caso, de livrar-se do excesso de esperma que o corpo reteve, conservou em si por tempo demais. O indivíduo se livra dessa dívida como se livra do esperma etc.[22]. E Artemidoro baseia grande parte de sua análise dos sonhos nessa polissemia econômico-sexual própria da língua grega.

Portanto, podemos dizer que através dessa análise de Artemidoro vemos emergir algo que podemos, pelo menos por enquanto, manter a título de hipótese: o que poderíamos chamar de conaturalidade entre o sexual e o social para os gregos. Ter uma relação sexual desta ou daquela forma ou com este ou aquele parceiro e ter uma atividade social no seio da família ou na cidade, adquirir esta ou aquela riqueza, obter este ou aquele proveito, sofrer este ou aquele revés nos assuntos privados ou públicos, para os gregos ou, em todo caso, para toda uma tradição [que] Artemidoro no século II ainda repete, no fundo era quase a mesma coisa. Em todo caso, isso fazia parte da mesma dimensão, pertencia à mesma realidade. Havia como que uma comunicação imediata, uma analogia natural – pois é realmente uma analogia natural que está em causa nesse tipo de interpretação – entre a atividade sexual e a atividade social em geral. Creio que é importante entender isso, na medida em que é muito diferente de uma perspectiva como a nossa, em que, obviamente, na onirocrítica nossa – evidentemente, a que se desenvolveu ao longo do século XX, mas [também] a que já havia começado a se desenvolver antes –, é sempre o social que tende a ser uma metáfora do sexual. E a todo sonho com conteúdo social, falando de revés da sorte, de sucesso político, perguntamos qual verdade sexual ele esconde. Na onirocrítica de Artemidoro é exatamente o contrário. A um sonho sexual se pergunta a verdade política, econômica, sexual que ele diz. Na onirocrítica nossa, essa possibilidade de decodificar em termos sexuais conteúdos sociais do sonho se baseia no postulado de que há uma descontinuidade de natureza entre o sexual ou, em todo caso, o desejo e o social[a]. Foi necessária entre [os sonhos] e seu conteúdo [uma] barragem, foi necessária uma heterogeneidade de princípio e todos os mecanismos de repressão e de conversão para podermos fazer um dizer a verdade do outro. Na onirocrítica grega, ao contrário, estamos lidando com uma espécie de *continuum* entre o social e o sexual, *continuum* no qual a polissemia do vocabulário serve de cambiador permanente. Esse é o contexto geral no qual podemos interrogar o texto de Artemidoro[b].

* * *

a. O manuscrito especifica: "A articulação do social no sexual é pensada ou na forma da lei (a proibição) ou na da instituição (o casamento)."
b. O manuscrito especifica: "Em todo caso e seja como for essa 'continuidade', esse relacionamento entre o sexual e o social, essa interpretação da relação sexual como sucesso ou insucesso social permite que se localize o valor que Artemidoro e a onirocrítica lhe atribuem. A interpretação é ao mesmo tempo uma indicação de valor. O que permite que se utilize essa análise como revelador indireto, mas bastante eficiente, de moral. Digamos: adquirimos o hábito de interrogar as morais em termos de verdade do desejo que elas veiculam e escondem. Com esse texto de Artemidoro, pode-se analisar em termos de moral uma interpretação que é dada como decifração de verdade. O que, a propósito desse texto muito particular, é uma maneira de colocar a mesma questão. Não: qual é a verdade da moral, e sim: qual é a moral da verdade, qual é o querer em que se enraíza a verdade? Ou, mais precisamente: qual é a moral da verdade da moral, em qual querer se enraíza essa busca de interligar o discurso que é encarregado de dizer a lei e o que presumivelmente diz a verdade? Se a genealogia da moral consiste em dizer a verdade de toda moral e se o gaio saber tem a função de libertar a vontade que se obstina na verdade, digamos que está em causa fazer da genealogia da moral um gaio saber."

Então, agora eu gostaria de passar rapidamente para o próprio conteúdo dessa interpretação cujas linhas gerais acabo de dar-lhes. Artemidoro, a propósito dos sonhos com conteúdo sexual, distingue três tipos de sonhos/*óneiroi*. Os sonhos/*óneiroi* que representam atos conformes com a lei; os sonhos/*óneiroi* que representam atos contrários à lei; e, por fim, os sonhos/*óneiroi* que representam atos contrários à natureza[23]. Conformes com a lei, contrários à lei, contrários à natureza: vocês estão vendo de imediato como essa estrutura é obscura. É obscura primeiro porque nenhum dos dois termos (*nómos* e *phýsis*) é explícita ou mesmo implicitamente definido por Artemidoro, nem em si mesmos nem um com relação ao outro. Vocês estão vendo bem que essa maneira de pôr em cena simultaneamente dois critérios para obter uma divisão tripartite não se sustenta. Pode haver: o que é conforme com a lei e contrário à lei, o que é conforme com a natureza e contrário à natureza. Mas desses dois critérios extrair três categorias é logicamente, evidentemente, impossível. A isso se deve acrescentar que algumas coisas conformes com a natureza estão no que é contrário à lei, mas que também há no que é contrário à lei coisas que são contrárias à natureza etc. O texto é muito embaralhado quanto a essa separação *nómos/phýsis*, dando-nos a impressão – à qual, aliás, teremos de voltar – de que na realidade essa separação é ao mesmo tempo bastante importante para constituir o arcabouço geral da distribuição desses atos sexuais e suficientemente pouco importante para não ser necessário defini-los, para também não ser necessário classificar estritamente este ou aquele ato nesta região ou em outra. Portanto, vamos tomar esse material tal como é, ou seja, um pouco confuso, e acompanhar os três capítulos.

Relação conforme com a lei. Qual vai ser a mecânica geral da análise? Lá pelo meio do parágrafo ou do capítulo a respeito dos atos conformes com a lei, Artemidoro dá o princípio geral de sua interpretação. Ele diz: "É preciso considerar as mulheres não conhecidas" (que são vistas num sonho com conteúdo sexual) "como as imagens das atividades que devem caber aos sonhadores."[24] É a aplicação do que eu lhes disse há pouco. [Seja] um ato sexual com um parceiro: deve-se considerar o parceiro em questão como imagem das atividades futuras (familiais, políticas, sociais etc.) do indivíduo. "Portanto, qualquer que seja a mulher e em qualquer condição que ela esteja, é também nessa condição que sua atividade colocará o sonhador."[25] O que fica evidente aqui é que o elemento pertinente para extrair de determinado sonho sua significação vai ser a condição do parceiro. O importante não é o ato sexual em sua natureza, em sua forma, não é tanto o que se vai fazer com [tal] pessoa; é saber quem ela é, qual é sua condição, seu status social, que parceiro, ao mesmo tempo social e também sexual, ela constitui. É a condição do outro que determina a significação prognóstica do sonho. Em função do princípio geral de equivalência, de correspondência, em todo caso, entre valores prognósticos e valores morais, vai ser possível definir o valor moral de um ato sexual não tanto pela forma desse ato sexual, no que ele consiste, mas pela condição da pessoa com a qual se vai executar esse ato sexual. E, aliás, partindo desse princípio podemos perfeitamente reconstruir bem logicamente todo o desenrolar desse primeiro capítulo, que à primeira vista pode parecer confuso e embaralhado. Não é uma análise dos diferentes atos sexuais possíveis, é uma análise das diferentes pessoas com as quais o indivíduo pode ter relações sexuais, em função não do que faz com elas, nem mesmo de seu sexo, mas de sua condição [social]. E assim temos o desenvolvimento seguinte, que podemos reconstituir de modo que não seja arbitrário demais. O primeiro personagem que aparece obviamente é a própria mulher do indivíduo. E sonhar que tem relações sexuais com a própria esposa evidentemente é muito favorável. É muito favorável porque a esposa significa a profissão. A esposa é aquilo em que ou sobre que o indivíduo exerce sua atividade, seus privilégios, seus direitos, é aquilo de que obtém proveito, é aquilo de que obtém bens e, portanto, de que obtém prazer[26]. Essa pequena análise de Artemidoro é muito interessante porque, [por um lado,] o sexual, é claro, remete ao social e, por outro lado, a esposa não é tanto a metáfora do social, é antes um elemento dele, faz parte dele. É na medida em que a mulher faz parte do campo de atividade, do campo de soberania, na medida em que pertence [ao], em que faz parte do exercício dos direitos do indivíduo que sonha ter relações com ela é um sinal favorável. E vocês estão vendo [também] que o prazer decorre do proveito. É porque é proveitoso ter uma esposa, é porque fazer amor com a esposa remete a esse proveito, às vantagens ou aos ganhos sociais, ao valor do status do indivíduo etc., que de tudo isso ele pode obter prazer. Portanto, o social remete ao sexual e a vantagem remete ao prazer. Não porque o sexual ou o prazer sejam o segredo ou a verdade do social e do ganho, e sim porque o sexual e o prazer fazem parte do conjunto constituído pela rede social, pelos direitos do indivíduo, suas vantagens, seus proveitos, seus ganhos. É a título [parcial][a] que a esposa e o prazer que pode obter dela constituem no sonho um elemento prognóstico favorável. Uma coisa importante a ressaltar: pelo menos num caso, sonhar com fazer amor com a esposa não é muito favorável, é quando o indivíduo sonha que a mulher não consente, mostrando com isso que, no real, a fortuna, os bens, os direitos, tudo em que firma sua autoridade corre o risco de escapar-lhe.

a. M. F. diz: de parte

A esposa, portanto, é a personagem primordial e inicial. E em seguida são enumeradas as diversas condições, os diversos lugares em que pode haver relações sexuais. Primeiramente [com] a concubina. De acordo com uma situação bem conhecida na Antiguidade, entre a concubina e a mulher casada há só uma diferença jurídica afinal bem pequena, e Artemidoro diz: Nenhuma diferença entre um sonho que diz respeito à concubina e um sonho que diz respeito à esposa[27]. [Em seguida] vem o *ergastérion*, ou seja, o prostíbulo. Sonhar que se vai a um prostíbulo não é desfavorável demais, mas também não é muito bom. Não é muito bom porque no fim das contas é um pouco desonroso ir a um *ergastérion*: ali se fazem gastos, gasto de dinheiro, é claro, inútil, e também gasto de esperma que não serve para nada; por fim – este é um dos raros elementos um pouco divergentes com relação à análise geral de Artemidoro –, de todo modo não é muito favorável sonhar com esses *ergastéria* porque, quando se olha como é feito um *ergastérion* (ou seja: quartinhos, pequenas cabines separadas umas das outras e justapostas), isso se parece terrivelmente com um cemitério. E, consequentemente, sonhar que se vai a um *ergastérion* bem pode ser um sinal de morte[28]. Esse é um dos raros elementos que não têm a mesma organização que toda a análise de Artemidoro.

Depois do *ergastérion* vem muito naturalmente outro lugar em que se pode praticar a relação sexual facilmente: é a própria casa, a gente da casa, ou seja, os escravos. E sonhar que se tem uma relação sexual com os escravos evidentemente é bom [sinal], porque indica que o sonhador vai poder obter prazer, proveito, bem etc. de suas posses, de seus bens. Indica que suas posses vão se tornar maiores e mais magníficas. Evidentemente, nem é preciso dizer, nenhuma diferença entre o escravo e a escrava. O único problema colocado, no caso em que o pai de família faz amor com um escravo, é saber qual é a posição que [o primeiro] vai ocupar. Se ele for ativo com o escravo, é obviamente um sinal positivo: obtém prazer de suas posses. Mas, se for passivo com o escravo, isso indica que vai sofrer uma *blábe* (dano, agressão sexual, estado de passividade, estado de coerção etc.)[29]. Depois das pessoas da casa vem o círculo geral dos conhecidos e amigos. Se é com uma mulher não casada que se sonha, o sonho é favorável, contanto que ela seja rica. É muito menos favorável quando se sonha que a mulher não é rica. Se for casada, é mau sinal. É mau sinal porque a mulher casada está "em poder de marido": a lei proíbe que outro a possua e, portanto, o sonho com adultério anuncia que o indivíduo vai sofrer as penas [previstas pela] lei sobre o adultério[30]. Vocês estão vendo aí, mais uma vez, a comunicação direta entre o sexual e o social. Por fim, diz Artemidoro, ainda nessas relações conformes com a lei, há o sonho em que o indivíduo sonha que deita com um homem e é passivo com ele.

Nesse caso, duas possibilidades. Ou o sonhador é uma mulher (em todo o texto é a única vez que vemos a mulher aparecer como sujeito possível de sonho), então, se a mulher sonhar que é penetrada por alguém, evidentemente é uma vantagem para a mulher, pois está em sua natureza ser penetrada. Se o sonhador [for um homem, e se] sonhar que deita com um homem [como] passivo, o valor depende do status social de cada um: ser possuído por alguém mais velho e mais rico é evidentemente bom; mas ser possuído por alguém mais jovem e mais pobre é mau[31].

Isso quanto às relações conformes com a lei e, portanto, conformes também com a natureza. Passemos agora às relações não conformes com a lei. Na verdade, os dois capítulos sobre essas relações *parà nómon* (alheias à lei, melhor do que contrárias à lei) são muito estranhamente dedicados a um assunto e um único, como se nessa categoria do contrário à lei houvesse apenas uma possibilidade de relação sexual. E essa relação sexual não conforme com a lei, alheia à lei, é o incesto, e o incesto numa forma extremamente restritiva, visto que se trata do incesto entre pais e filhos: pai, mãe-filho, filha, com um pequeno aditivo de que voltaremos a falar a propósito das relações irmãos-irmãs ou irmão-irmão[32]. Isso parece indicar que o *nómos* a que esses dois capítulos se referem não designa evidentemente as leis particulares da cidade – por exemplo, no capítulo sobre o que é conforme com a lei vocês viram que esteve em causa o adultério, sobre o qual ao mesmo tempo é dito que é condenado pelas leis da cidade. O *nómos* que está em causa aqui não designa as leis da cidade, mas certo princípio geral que separa não exatamente o que chamaríamos de incesto e sim [mais] a relação pais-filhos como tendo um status particular e constituindo uma zona particularmente perigosa ou, pelo menos, a ser identificada e isolada. E sobre esse incesto podemos dizer esquematicamente o seguinte. Como o primeiro capítulo é dedicado essencialmente ao problema do pai, está entendido, afora uma ou duas exceções muito marginais, que a relação entre o pai e um de seus filhos (seja um filho ou uma filha) é sempre negativa. O que é muito interessante, em contrapartida, é que no capítulo seguinte o incesto mãe-filho, longamente desenvolvido (o incesto mãe-filha nem sequer é mencionado; voltaremos a isso daqui a pouco), quase sempre tem uma significação favorável. Primeiro significa, em geral, que o pai vai morrer. Mas, enfim, vamos deixar isso de lado porque justamente não quero edipianizar essa história, ao contrário. Em contrapartida, todas as significações espontaneamente dadas pela própria linguagem, pela própria língua a essa personagem da mãe fazem com que o incesto com a mãe deva ser considerado, quando se sonha com ele, de valor prognóstico favorável. E, segundo o princípio geral de que lhes falei ao começar, se o valor prognóstico é favorável, é porque o valor moral pelo menos não é muito desfavorável. Pois a mãe significa a profissão: portanto, o indivíduo sonhar que deita com a mãe é sinal de que vai obter proveitos em sua profissão. Sonhar que vai deitar com a mãe é sonhar que tem relações positivas com a pátria e que, se tiver uma carreira política, vai ser bem-sucedido. A mãe é a natureza e, portanto, esses sonhos de incesto com a mãe vão garantir ao indivíduo boa saúde e vida longa. A mãe é também a terra e, portanto, se for um camponês, é sinal de que vai ter uma boa colheita. Se estiver processando alguém, é sinal de que vai ganhar seu processo e obter a posse da terra que cobiça. Há só um caso em que o indivíduo sonhar que está dormindo com a mãe não é muito bom: é se ele estiver doente; é sinal de que vai ser lançado na terra-mãe, ou seja, vai morrer. Mas, com exceção desse caso, quase todos os exemplos citados por Artemidoro de sonhos com a mãe são favoráveis, como se afinal houvesse, em toda essa história da sexualidade, algo que não preocupava muito os gregos, e que é a história de Édipo. A história de Édipo não parece tão terrífica quando a lemos através desses documentos. Ora, se vocês virem as alusões, relativamente numerosas na literatura grega, ao sonho com a própria mãe[33], saberão perfeitamente que esse valor positivo do sonho com a mãe é algo que volta com insistência e que, portanto, demandaria talvez alguma reavaliação da interpretação fundamentalmente dramática dada ao incesto mãe-filho a partir da tragédia de Sófocles.

É isso quanto ao que é contrário à lei. [Temos], portanto, um [capítulo sobre o que é] conforme com a natureza, dois capítulos sobre o que é não conforme com a lei e um último capítulo sobre o que é contrário à natureza – *parà phýsin*, isto é, repetindo: contrário, mas principalmente ao lado da natureza, fora da natureza. Na verdade, Artemidoro volta duas vezes a essa noção do fora da natureza, do *parà phýsin*. No capítulo sobre o incesto, e muito exatamente no parágrafo sobre o incesto com a mãe, ele fala de modo bastante curioso sobre o que é natural e não natural nas relações sexuais, como se fosse a propósito da mãe que essa questão se colocasse, e como se fosse a propósito dessa questão da mãe que a diferenciação entre o natural e o não natural devesse ser feita. De fato, nesse parágrafo sobre o incesto com a mãe, Artemidoro diz o seguinte: "Que o capítulo sobre a mãe se apresenta sob aspectos diversos, com muitas partes, e que ele é passível de numerosas divisões escapou a muitos onirocríticos. A união sexual, por si só, não basta para mostrar as coisas significadas, mas, como são diversas as cópulas e as posições dos corpos, é isso que também torna diversas as realizações."[34] Sob essa tradução um tanto fiel e literal, [o sentido] está muito claro: se quisermos extrair a significação de um sonho sexual, devemos levar em conta não apenas com quem fazemos amor, mas a maneira. Enquanto no capítulo sobre o que é conforme com a lei só estavam em questão os parceiros, é a propósito da mãe que a morfologia diferencial do ato sexual vai surgir.

Essa diversidade dos atos sexuais é apresentada da maneira seguinte. Primeiro, a natureza, diz Artemidoro, evidentemente determinou para cada espécie animal um modo de conjunção, e um único. Assim, para o cavalo, o bode, o boi etc., as fêmeas são cobertas por trás. As cobras, as pombas e as doninhas fazem amor com a boca. E, no caso dos peixes, as fêmeas limitam-se a recolher o esperma espalhado na água pelos machos. Quanto aos humanos, eles têm, como cada espécie, determinada posição natural. Essa posição é obviamente a posição face a face, o superposicionamento do homem sobre a mulher etc. Essa forma, diz Artemidoro, foi estabelecida pela natureza, e é ela que efetivamente causa ao homem mais prazer e menos dificuldade. Quanto a todas as outras posições, quaisquer que sejam, é inútil enumerá-las – aliás, Artemidoro faz isso –, são invenções do descomedimento, da intemperança e dos excessos a que a embriaguez leva[35]. Vocês estão vendo, portanto, que essa normalização de determinado tipo de relação sexual não data do cristianismo. Já é algo totalmente assente na tradição grega, helenística e romana. E, ainda nesse mesmo parágrafo que está dentro da [passagem sobre] o incesto com a mãe, é acrescentado, porém, que, entre todas essas coisas que são invenção do descomedimento, da intemperança e dos excessos (tudo o que não é a posição absolutamente normal), há ainda assim um campo que é particularmente mau e cuja significação é sempre funesta, indicando para o futuro um dispêndio inútil, uma perda: são as relações orais. As relações orais, único ponto de indignação manifesta e explícita de Artemidoro em toda essa enumeração, são de temível valor prognóstico e detestável valor moral, porque, diz Artemidoro, depois de tais relações não é mais possível trocar um beijo nem compartilhar uma refeição com a pessoa com quem se teve esse tipo de relação[36]. É isso que Artemidoro diz quanto [ao que é] contra a natureza nesse capítulo sobre o incesto com a mãe.

E depois, no fim do percurso, há um capítulo todo dedicado ao que é contra a natureza. Cinco categorias são consideradas antinaturais por Artemidoro: as relações sexuais com deuses, com animais, com cadáveres, as que se pode ter com si mesmo e as que duas mulheres podem ter entre si[37]. Digamos que as três primeiras categorias são relativamente óbvias; inútil comentar o caráter não natural dessas três primeiras formas de relação. As outras duas são mais interessantes. Por que a união com si mesmo é considerada antinatural? O que é preciso entender primeiro por essa união com si mesmo? Não é de masturbação que se trata – na verdade, houve algumas poucas linhas sobre esse problema no primeiro capítulo (sobre o que era conforme com a lei), em que era dito – o que é bastante estranho e interessante – que de fato acontece um homem sonhar que está se masturbando[38]. O que quer dizer esse sonho? Simplesmente que ele vai ter relações sexuais com um escravo. Pois seu próprio corpo é o significante do que ele possui em sua casa, ou seja, seu escravo[39]. É a única vez que em Artemidoro um sonho sexual é interpretado como tendo um conteúdo sexual. Todos os sonhos sexuais têm uma significação social, mas esse sonho sexual (sonhar que está se masturbando) tem uma significação sexual, como se o fato de masturbar-se não fosse verdadeiramente, em si mesmo, exatamente sexual, [e sim se situasse] na fronteira do sexual e só fosse realmente sexual pelo que significa. Se a isso acrescentarmos que na ética grega clássica a masturbação era considerada uma atividade sem importância – à qual evidentemente os escravos se entregavam, mas nenhum homem livre teria ideia de fazer isso –, vocês veem bem que a relação masturbação-subsexualidade-sexualidade de escravo etc. está muito clara nessa pequena passagem. Portanto, não é a masturbação que está em questão quando Artemidoro fala de união com si mesmo. Ele está designando (os termos gregos mostram isso [de modo muito evidente]) a autopenetração. Ou seja, evidentemente, um ato impossível, mas no qual o elemento essencial é a penetração. Esse ato, [com o qual se pode sonhar,] é antinatural por ser evidentemente impossível. Quanto à união entre mulheres, também é antinatural; isso pode parecer bizarro quando se pensa no que Artemidoro dizia sobre as relações entre homens: mesmo as relações entre pai e filho (mesmo um filho com menos de cinco anos[40]) na descrição de Artemidoro não são consideradas antinaturais. Em contrapartida, duas mulheres, sim, é antinatural. Também nesse caso precisamos reportar-nos à palavra grega. A palavra empregada é *"peraínein"*, ou seja, não é apenas uma relação sexual, erótica, não diferenciada, que está em questão; é de fato uma relação de penetração[41]. Trata-se, portanto, de uma relação cujo caráter antinatural ou paranatural vem do fato de haver, para uma das duas mulheres, imitação do papel do homem e usurpação dessa penetração que é o próprio privilégio do homem.

* * *

De todo esse texto de Artemidoro e de todas suas interpretações, o que podemos destacar esquematicamente? [Por um lado], manifestamente ele não faz uma separação clara entre natural e antinatural. Em contrapartida, são bem evidentes a presença e a efetividade de um campo do que poderíamos chamar de naturalidade. O elemento principal dessa naturalidade é evidentemente a penetração. O órgão sexual masculino, com sua capacidade de penetrar, define a naturalidade universal e constante do ato sexual.

Quando não houver penetração, como na masturbação, pois bem, isso não conta para nada. Em contrapartida, quando há penetração por meios artificiais, não naturais, como entre mulheres, então estamos claramente na ordem do antinatural. Se a penetração pelo órgão masculino é a forma geral da naturalidade, [assim que] há penetração – quer se trate da própria esposa, de um escravo, tudo isso não tem importância –, estamos na naturalidade. Mas isso não impede que esse campo geral da naturalidade que a penetração pelo órgão masculino define conheça uma forma, por assim dizer, perfeitamente e completamente natural, mais intensamente natural ou natural com mais densidade ainda do que todas as outras: é a relação entre o homem e a mulher, em posição deitada, horizontal etc. E em volta, a partir dessa forma que tem efetivamente uma preferência natural, vemos que o restante se desenvolve numa indiferença cada vez maior pela natureza, até o momento em que são duas mulheres que acabam fazendo amor entre si e elas, sim, saem inteiramente da natureza, porque fugiram da lei da penetração ou pelo menos quiseram usurpar-lhe a forma.

Por outro lado, fora desse campo de naturalidade, vocês podem ver que um dos elementos que têm mais influência para modificar o valor de um sonho sexual é o status do parceiro. Também aí, nesse campo da socialidade, há uma organização ao mesmo tempo não sistemática e relativamente clara. Um tipo de relação absolutamente preferencial é a relação com a própria esposa, a esposa aquiescente. Na outra extremidade, há uma região fortemente proibida: a relação incestuosa (principalmente entre o pai e os filhos). E depois, entre a forma preferencial com a esposa aquiescente e a forma altamente negativada da relação pai-filho, vocês têm toda uma multiplicidade de relações mais ou menos aceitáveis, de acordo com o ponto de vista recíproco de cada um, e nas quais os elementos mais importantes são a idade, o status social, a riqueza etc. De modo que, em suma, as relações sexuais aparecem como integradas num jogo de combinações sociais que são mais ou menos válidas, mais ou menos respeitáveis, e nas quais as oposições velho/jovem, ativo/passivo, rico/pobre, em cima/embaixo se combinam para formar algo mais ou menos bom...

Penetração como a forma mais elevada da naturalidade sexual, definição das relações sexuais em função da posição social de cada um: esses dois critérios se combinam muito facilmente na medida em que a penetração é efetivamente o ato sexual que mais diretamente manifesta a posição e o privilégio social do homem que sonha. E se de fato sonha com um ato sexual no qual a penetração é perfeitamente aceitável em função do jogo social dentro do qual ela tem lugar temos aí um sonho favorável. Naturalidade (definida pela penetração) e socialidade (caracterizada essencialmente pela posição social de cada parceiro, por seu papel na sociedade) da sexualidade: esses dois elementos se combinam perfeitamente para formar uma sexualidade que é fundamentalmente, essencialmente, uma sexualidade de pai de família.

Consequentemente, quaisquer que sejam as diferenças fundamentais de código que possam existir entre o que foi chamado de ética pagã e o que será chamado de ética cristã – repetindo, com todas as incertezas que isso comporta –, há duas coisas a destacar. Em primeiro lugar, a ideia de uma sexualidade inteiramente valorizada em torno da relação familial, da posição masculina, da posição do pai de família já existe na ética representada por Artemidoro. Mas – e talvez esta seja a diferença mais importante, em que, sem dúvida, a elaboração pelo pensamento cristão vai desempenhar o papel principal – essa sexualidade é pensada numa espécie de continuidade com a relação social, de modo que relação social e relação sexual são realidades do mesmo tipo, da mesma categoria, fazem parte de uma ética absolutamente contínua. O social e o sexual não são distinguidos. Ter uma boa sexualidade é ter uma sexualidade socialmente reconhecida. Por exemplo, para um pai de família é possível, legítimo, ter uma relação sexual com sua esposa para lhe fazer filhos e depois, logo em seguida, com um jovem escravo. Aos olhos dos gregos, segundo a ética que Artemidoro representa, evidentemente não são duas formas de sexualidade diferentes. O indivíduo que faz isso joga legitimamente com dois aspectos de um mesmo papel social. É o mesmo papel social que o faz ser casado, ser rico, ter uma mulher e querer fazer-lhe filhos para ter herdeiros, e também ter escravos. Ter relações sexuais com a mulher e ter prazer com o escravo fazem parte de um mesmo papel social. A ideia de que sejam duas sexualidades diferentes, articuladas em dois tipos de desejo alheios um ao outro, é [alheia] à tradição, à ética, à forma de pensamento que Artemidoro representa. Nos dois casos, é um prazer sobre o qual não há razões para pensar que fosse diferente num e noutro. Muito mais do que no privilégio do pai de família, é nessa continuidade entre o social e o sexual que atuarão os diversos [fatores] que vão transformar a experiência grega do que chamavam de *aphrodísia* em experiência cristã da carne. Mas esse trabalho de elaboração não é só o cristianismo que faz, e tentarei mostrar a vocês como, dentro da própria filosofia antiga – em todo caso, da filosofia na época helenística e romana, entre os estoicos mas também entre os epicuristas e a maioria dos filósofos –, já começa a elaborar-se essa nova forma de experiência na qual os *aphrodísia* (os prazeres do sexo) serão pensados numa forma nova e com outro tipo de relação com a verdade[a].

a. Há no manuscrito algumas indicações a respeito do casamento, que serão desenvolvidas nas aulas de 4 e 11 de fevereiro: "1/ O casamento: velha discussão que remonta aos séculos

*
NOTAS

1. Vale lembrar que, em sua controvérsia com Michel Foucault a respeito da interpretação de uma passagem das *Meditações*, de Descartes ("Mas como? são loucos...") apresentada em *Folie et Déraison. Histoire de la folie à l'âge classique* (Paris, Plon, 1961), Jacques Derrida tentara mostrar que, se Descartes abandona, como vetor de aprofundamento da dúvida, a hipótese da loucura em proveito da hipótese do sonho, é porque o sonho possibilita uma suspeita ontológica mais radical, e não por causa da exclusão da loucura pela razão clássica, exclusão que o enclausuramento dos loucos nos hospitais gerais, naquele mesmo momento, atestaria. Cf. sobre essa controvérsia o texto de J. Derrida ("Cogito et histoire de la folie", reproduzido em *L'Écriture et la Différence*. Paris, Seuil, 1967 [ed. bras.: *A escritura e a diferença*, trad. Maria Beatriz M. N. da Silva, Pedro L. Lopes e Pérola de Carvalho. 4ª ed. São Paulo, Perspectiva, 2014]) e as respostas de M. Foucault ("Mon corps, ce papier, ce feu", *DE*, II, nº 102, ed. 1994, pp. 245-68 / "Quarto", vol. I, pp. 1113-36 [ed. bras.: "Meu corpo, esse papel, esse fogo", in *Ditos e escritos*, vol. X, trad. Abner Chiquieri. Rio de Janeiro, Forense Universitária, 2014], e "Réponse à Derrida", *DE*, II, nº 104, ed. 1994, pp. 281-95 / "Quarto", vol. I, pp. 1149-63 [ed. bras.: "Resposta a Derrida", in *Ditos e escritos*, vol. I, trad. Vera Lucia Avellar Ribeiro. Rio de Janeiro, Forense Universitária, 2010]).

2. Cf. sobre esse ponto o texto de Kant a respeito da teosofia de E. Swedenborg, *Les Rêves d'un visionnaire éclaircis par les rêves de la métaphysique*, trad. fr. Francis Courtès. Paris, Vrin ("Bibliothèque des textes philosophiques"), 1967 [ed. bras.: "Sonhos de um visionário explicados por sonhos da metafísica", in *Escritos pré-críticos*, trad. Jair Barbosa et al. São Paulo, Editora Unesp, 2005].

3. A. Schopenhauer, *Le Monde comme volonté et comme représentation* [*Die Welt als Wille und Vorstellung*, 1819], trad. fr. Auguste Burdeau, rev. Richard Roos. Paris, PUF, 1966

---

clássicos: o indivíduo deve casar-se? Ora, nesse modo tradicional de formular o debate em torno da questão, dois elementos característicos: (1) estava em causa comparar duas séries de argumentos, pró e contra o casamento; (2) nesses textos, fazia-se uma diferença profunda entre a vida comum e a vida filosófica: se na vida comum a questão do casamento era de pura oportunidade, na vida filosófica ela colocava o problema mais essencial: pode-se filosofar quando se é casado? Ora, nos textos de Musônio Rufo, Sêneca, Epicteto, Antípatro, Hiérocles, aparentemente o casamento é recomendado; mas, olhando mais de perto, a transformação é mais importante em dois pontos: o casamento é definido como *proegoúmenos* ('absoluto', Bonhöffer); [para os] cínicos, o casamento se dá de acordo com as circunstâncias (amor, segundo Epicteto); para os estoicos, ao contrário, é um ato 'absoluto' que de todo modo é preciso realizar. Por quê? Porque ele é útil (*symphéron*) para o indivíduo, para a família, para a cidade. Porque é totalmente necessário. Portanto, é preciso conceber o casamento como [*stoikheîon*]; o elemento da cidade não são os homens, e sim as casas; mas as casas não estão completas (*téleios*) se não houver um casal; daí o fato de o casamento estar na raiz de tudo: cidade, humanidade (Cícero).

2/ Mas disso é extraída uma consequência importante: se o casamento faz parte da natureza humana no que ela tem de racional, o filósofo, na medida em que adota como fim realizar a natureza humana em sua perfeição, deve casar-se; quanto ao homem comum, não há diferença. Ao contrário, casando ele se interessa, mas sem saber bem disso, pelos fins racionais de todo ser humano: o casamento, que era um dos critérios de diferença entre o sábio e o homem comum, torna-se, ao contrário, um dos pontos essenciais pelos quais eles se comunicam.

3/ Mas ao mesmo tempo vemos que o casamento, como parte racional da vida, entra no campo desses exercícios com os quais o indivíduo tenta realizar sua essência racional. A filosofia tem três dimensões, três aspectos: *máthesis, meletân, askeîn*, três formas da prática filosófica que devem ser aplicadas a todos os aspectos da vida filosófica e, portanto, ao casamento. Ele se integra na atividade filosófica. É preciso aprender, é preciso refletir, é preciso exercitar-se na vida matrimonial. O problema não é mais: deve-se? e sim: como?"

[ed. bras.: *O mundo como vontade e como representação*, 2 vols., trad. Jair Barbosa. São Paulo, Editora Unesp, 2015].

4. F. Nietzsche, *Naissance de la tragédie* [*Die Geburt der Tragödie*, 1872], trad. fr. Geneviève Bianquis. Paris, Gallimard, 1940 [ed. bras.: *O nascimento da tragédia*, trad. Jaco Guinsburg. São Paulo, Companhia de Bolso, 2007].

5. S. Freud, *L'Interprétation des rêves* [*Die Traumdeutung*, 1900], trad. fr. Ignace Meyerson, rev. Denise Berger. Paris, PUF, 1967 [ed. bras.: *A interpretação dos sonhos*, trad. Walderedo I. de Oliveira. Rio de Janeiro, Imago, 2001].

6. Artemidoro, *La Clef des songes. Onirocriticon*, trad. fr. André Jean Festugière. Paris, Vrin, 1975 [ed. bras.: *Sobre a interpretação dos sonhos: oneirocrítica*, trad. Eliana Aguiar. Rio de Janeiro, Zahar, 2009]. O estudo desse texto constitui o primeiro capítulo de *Le Souci de soi*: "Rêver de ses plaisirs", *op. cit.*, pp. 15-50.

7. Em sua introdução, A. J. Festugière atesta que "o que sabemos dele só nos é indicado por sua obra" (*La Clef des songes*, trad. cit., p. 9). Artemidoro de Éfeso nasceu na Lídia no século II d.C., na cidadezinha de Daldis, onde Apolo Mistes era reverenciado. Esse deus é que o teria incitado a compor seu livro, para cuja criação o autor teria se obrigado a numerosas viagens e múltiplas pesquisas "para ser tão completo e instrutivo quanto possível" (*ibid.*).

8. Reproduzimos aqui a tradução exata de A. J. Festugière: "Quanto a mim, não só não há livro de onirocrítica que não tenha adquirido, desenvolvendo grande pesquisa com essa finalidade, mas também, embora os adivinhos da praça pública sejam grandemente desacreditados, eles que as pessoas que assumem um ar grave e que franzem o sobrolho tacham de charlatães, impostores e bufões, desprezando esse descrédito mantive comércio com eles um grande número de anos, aceitando escutar velhos sonhos e sua realização, tanto na Grécia nas cidades e nas panegírias como na Ásia e na Itália, e nas ilhas mais importantes e populosas; isso porque não havia outro meio de estar bem exercitado nessa disciplina" (*ibid.*, p. 16).

9. Na verdade são três capítulos: 78, 79 e 80 do livro I (*ibid.*, pp. 84-93).

10. "Ora, é um princípio geral que todas as visões de sonho conformes com a *natureza* ou com a *lei* ou com o *costume* ou com a *arte* ou com os *nomes* ou com o *tempo* são de bom augúrio, que todas as visões contrárias são funestas e sem proveito" (*ibid.*, IV, 2, p. 222). Note-se, porém, que no "capítulo sobre as relações sexuais" Artemidoro anuncia uma divisão mais sumária: "trataremos primeiro das relações conformes com a natureza, com a lei e com o costume, depois, das relações contrárias à lei e, em terceiro lugar, das relações contrárias à natureza" (*ibid.*, I, 78, pp. 84-5; destacado no texto).

11. "Lembra-te porém de que esse princípio não é absolutamente universal e se aplica só na maioria dos casos. Pois há muitas coisas vistas que redundam num bom final, embora não sigam a natureza nem nenhum dos outros dados fundamentais enquanto contrárias ao que se faz na vida real" (*ibid.*, IV, 2, p. 222).

12. "A visão do sonho/*óneiros* difere do sonho/*enýpnion* por isto: que acontece a uma significar o futuro, à outra a realidade presente. Vais compreendê-lo mais claramente assim. Alguns de nossos afetos estão dispostos, por natureza, a acompanhar a alma em seu percurso, a pôr-se junto dela e assim suscitar sonhos. Por exemplo, o apaixonado necessariamente sonha que está com o objeto amado, e também o esfaimado sonha que está comendo, o sedento, que está bebendo, além disso também aquele que está repleto de comida sonha que está vomitando ou sufocando. Portanto, é possível ter esses sonhos/*enýpnia* porque os afetos já são sua base e esses sonhos, em si, não comportam um anúncio do futuro e sim uma lembrança das realidades presentes. Sendo assim as coisas, podes ter sonhos que dizem respeito apenas ao corpo, ou sonhos que dizem respeito apenas à alma, ou sonhos que dizem respeito conjuntamente ao corpo e à alma" (*ibid.*, I, 1, p. 19).

13. "Já a visão do sonho/*óneiros* não só influi como 'sonho *durante o sono*', no sentido de que leva a estar atento ao anúncio do que vai vir, mas também, *depois do sono*, fazendo passar ao ato os empreendimentos, é naturalmente própria para excitar e pôr em movimento (*oreínein*) a alma, sendo o próprio nome *óneiros* aplicado a ela, já no início, por causa disso, ou então porque ela 'enuncia', o que significa 'diz', 'o que é' (*tò òn eírei*), segundo as palavras do

poeta: '*Eu digo o que é verídico*' (*Od.* 11, 137). E ao mendigo as pessoas de Ítaca davam o nome de Iros, '*porque em seus percursos ele transmitia as mensagens quando assim lhe haviam ordenado*' (*Od.* 18, 7)" (*ibid.*, I, 1, p. 20; destacado no texto).

14. Galeno, *De dignotione ex Insomniis*, em *Claudii Galeni Opera omnia*, org. Karl Gottlob Kühn. Leipzig, C. Cnobloch 1821-1833, 22 vols.: cf. vol. VI, pp. 832-4.

15. "Entre os sonhos/*óneiroi*, uns são *teoremáticos* e os outros, alegóricos. São teoremáticos aqueles cuja realização tem total semelhança com o que mostraram. Por exemplo, um navegador sonhou que naufragava e foi o que lhe aconteceu [...]. Alegóricos, em contrapartida, são os sonhos/*óneiroi* que significam certas coisas por meio de outras coisas: nesses sonhos, é a alma que, segundo certas leis naturais, dá a entender obscuramente um acontecimento" (Artemidoro, *La Clef des songes*, I, 2, p. 20).

16. Sobre esse ponto, cf. também *L'Usage des plaisirs*, a propósito da moral antiga: "É uma moral de homens: uma moral pensada, escrita, ensinada por homens e destinada a homens, evidentemente livres" (*op. cit.*, p. 29).

17. Declaração exibida em um dos dez "volantes surrealistas", folhetos impressos em dezembro de 1924 para o Bureau de recherches surréalistes.

18. "É evidente que aquela que oferece seu corpo a alguém deve fornecer-lhe também o que possui" (Artemidoro, *La Clef des songes*, I, 78, p. 86). Cf. o comentário de A. J. Festugière em sua nota sobre essa frase: "As 'coisas relativas ao corpo' (*tà perì tò sôma*) são aqui as *khrémata*, as riquezas, os bens" (*ibid.*).

19. "Se o pai for pobre, fará suas secreções no filho no sentido de que o enviará ao mestre-escola e pagará a este seu salário; se o pai que vir esse sonho for rico, fará suas perdas de substância (*eis autòn apousías poiésetai*) no filho no sentido de que lhe fará grandes doações e lhe transferirá sua fortuna por contrato" (*ibid.*, I, 78, p. 87). Cf. o comentário de A. J. Festugière em sua nota sobre essa frase: "*ousía* = fortuna [...] o sonho das 'secreções' para um pai rico significa que ele fará, por doações a seu filho, grandes perdas de fortuna" (*ibid.*).

20. "No caso de um amigo, se o penetrardes, ele conceberá ódio por vós, pois antes de tudo terá sido violado por vós (*blabénti*)" (*ibid.*, I, 78, p. 88).

21. "Conheço um que sonhou que, tendo entrado num bordel, não conseguiu sair; e morreu poucos dias depois, tendo esse sonho se realizado para ele de modo exato: é que chamamos o bordel, assim como o cemitério, de 'lugar comunitário'" (*ibid.*, I, 78, p. 85). A. J. Festugière, na nota sobre essa passagem, lembra que *ergastérion*, além de "casa de prostituição", "bordel", significa também: cubículo onde é exercido um comércio modesto ou um ofício artesanal (*ibid.*, *loc. cit.*).

22. Trata-se do termo grego "*anankaîon*". "Se a mulher for mais rica que o homem, deverá saldar muitas dívidas para seu marido; e, se viver em casamento com um escravo, deverá, contribuindo por sua vez [com] dinheiro, libertar seu marido, e assim o 'impositor' do marido – é o nome que se dá ao membro viril –, ou seja, a imposição que o pressionava, terá sido liberado de toda dificuldade" (*ibid.*, I, 79, p. 91).

23. *Ibid.*, I, 78, pp. 84-5.
24. *Ibid.*, I, 78, p. 86.
25. *Ibid.*, *loc. cit.*

26. "Ter comércio sexual com a própria mulher, se ela se prestar de bom grado e aquiescente e sem resistência a esse comércio, é igualmente bom para todos, pois a mulher é ou o ofício do sonhador ou a profissão da qual obtém suas alegrias ou que preside e comanda, como faz com sua mulher. Portanto, esse sonho indica o ganho que se pode esperar do ofício e da profissão: pois os homens obtêm prazer do ato sexual e obtêm prazer também de seus ganhos. Por outro lado, se a mulher resistir e não se entregar, isso indica o oposto" (*ibid.*, I, 78, p. 85).

27. "Mesma interpretação no caso da amante" (*ibid.*, *loc. cit.*).

28. "Ter um comércio sexual com as prostitutas estabelecidas nos bordéis indica uma leve vergonha e uma pequena despesa: pois aproximar-se dessas mulheres implica juntamente vergonha e despesa. É bom para toda espécie de empreendimento, pois alguns chamam essas mulheres de 'trabalhadoras' e elas se entregam sem nada recusar. Deveríamos considerar bom

também, depois de entrar num bordel, conseguir sair dele, pois não conseguir sair é mau. Sei de um que sonhou que, tendo entrado num bordel, não conseguiu sair, e morreu poucos dias depois, tendo esse sonho se realizado para ele de modo exato: é que o bordel, assim como o cemitério, é chamado de 'lugar comunitário', e nele se faz um grande desperdício de espermas humanos. Portanto, é com razão que o bordel está associado à morte" (*ibid.*, *loc.*, *cit.*).

29. "Ter comércio sexual com seu escravo ou escrava é bom, pois os escravos são posses do sonhador. Por isso, indica que o sonhador obtém prazer de suas posses e que é provável que elas aumentem e se tornem mais suntuosas. Em contrapartida, ser penetrado por um serviçal não é bom: implica desprezo e dano da parte do servo" (*ibid.*, I, 78, p. 86).

30. "Ter comércio sexual com uma mulher que seja conhecida e próxima, quando esse sonho for visto em estado de tensão erótica e de desejo pela mulher, não prediz nada, por causa da tensão do desejo. Se o sonhador não estiver com desejo pela mulher, é bom quando a mulher é rica: de qualquer modo, haverá de fato algum sucesso vantajoso junto da mulher ou graças à mulher que ele viu. Pois é evidente que aquela que oferece seu corpo a alguém deve fornecer-lhe o que possui [...]. Mas penetrar uma mulher legalmente casada, em poder de marido, não é bom, por causa da lei: de fato, quaisquer que sejam os castigos a que a lei submete aquele que foi pego em flagrante delito de adultério, é a esses mesmos castigos que esse sonho conduz também" (*ibid.*, *loc. cit.*).

31. "Quanto a ser penetrado por algum conhecido, por um lado, para uma mulher é vantagem, não importa quem a penetre. Por outro lado, para um homem, se for penetrado por um mais rico e mais velho, é bom, pois de pessoas assim habitualmente se recebe; mas, se for por um mais jovem e que seja pobre, é mau, pois para pessoas assim habitualmente se dá uma parte do que se tem" (*ibid.*, *loc. cit.*).

32. *Ibid.*, I, 78-79, pp. 87-92.

33. Cf. sobre esse ponto F. Héritier-Augé, "L'inceste dans les textes de la Grèce classique et post-classique", *Mètis. Anthropologie des mondes grecs anciens*, vols. 9-10, 1994, pp. 99-115.

34. Artemidoro, *La Clef des songes*, I, 79, pp. 88-9.

35. *Ibid.*, I, 79, p. 91.

36. *Ibid.*, I, 79, pp. 91-2.

37. *Ibid.*, I, 80, pp. 92-3.

38. *Ibid.*, I, 78, p. 86.

39. "Sonhe-se que se põe em ereção o próprio membro com a mão e se penetrará um escravo ou uma escrava, porque as mãos levadas ao membro estiveram a serviço desse membro" (*ibid.*, *loc. cit.*).

40. *Ibid.*, I, 78, p. 87.

41. *Ibid.*, I, 80, p. 92. Cf. a nota de A. J. Festugière: "o grego mantém *peraínein, peraínesthai* ('penetrar' e o inverso), como no caso do homem: trata-se da tríbade".

AULA DE 28 DE JANEIRO DE 1981

Percepção ética dos aphrodísia. – *Princípio de isomorfismo sociossexual e princípio de atividade.* – *Valorização do casamento e definição do adultério.* – *Experiência moderna da sexualidade: localização da sexualidade e separação dos sexos.* – *A penetração como atividade natural e não relacional.* – *Desqualificação do prazer passivo.* – *Paradoxo do conquistador afeminado.* – *Problematização da relação com rapazes.* – *A erótica pedagógica dessexualizada.*

[a]Desse texto de Artemidoro, que, portanto, é uma onirocrítica (um método de interpretação dos sonhos) e que dedica três capítulos aos sonhos com conteúdo sexual, o que podemos destacar? Não se trata de encontrar num texto como esse, ao mesmo tempo porque não é possível e porque não seria de bom método, a maneira como os gregos teriam codificado – à maneira deles – um campo que, por sua vez, seria absolutamente comum, transcultural, trans-histórico, e que seria o campo da sexualidade. Nesse texto de Artemidoro não devemos procurar a distribuição em bem ou mal, permitido ou proibido, recomendado ou barrado, de certa matéria-prima que, por sua vez, seria ao mesmo tempo indiferente e universal e que seria a sexualidade. Nesse texto de Artemidoro quero tentar mostrar a vocês algo um pouco diferente: o que eu denominaria a percepção ética que caracteriza uma experiência bem especificamente grega, greco--romana, helenística e romana, para a qual os gregos tinham uma palavra precisa: *aphrodísia*. Em seu texto, Artemidoro diz que os sonhos com conteúdo sexual dizem respeito às *synousíai aphrodísion*, ou seja, às reu-

---

a. A aula começa nestes termos: Eu gostaria de voltar hoje àquele texto de Artemidoro de que lhes falei na última vez, porque tenho a impressão de que fui um pouco confuso, insuficientemente preciso, de que não ajustei com exatidão o foco, pelo menos no fim da aula da semana passada. Quero voltar a ele porque creio que isso é importante, por razões de método e também para a articulação do conjunto de coisas que quero propor-lhes este ano. Então, me desculpem se houver um pouco de repetição, mas mais uma vez é através de uma óptica um pouco mais precisa que tentarei dizer novamente aquelas coisas, antes de passar o mais rápido possível para a sequência.

niões, às conjunções que têm a ver com essas coisas que chamarei, assim mesmo e por falta de melhor por enquanto, os *aphrodísia*, retomando a própria palavra grega. Portanto, percepção ética própria da experiência grega dos *aphrodísia*. Não [vou tentar] definir agora essa noção de *aphrodísia*, pela boa razão de ela ser o próprio foco de interesse da análise. É seu sentido que devemos tentar evidenciar, para distingui-la de duas outras experiências (a ser definidas por oposição a esta): a experiência cristã da carne e a experiência moderna da sexualidade. Experiência dos *aphrodísia*, experiência da carne, experiência da sexualidade: creio que estão aí não três campos de objetos separados, mas três modos de experiência, ou seja, três modalidades de relacionamento de si consigo na relação que podemos ter com certo campo de objetos que diz respeito ao sexo.

Quanto à noção de percepção ética, visto que se trata de extrair do texto a percepção ética própria da experiência grega dos *aphrodísia*, é isto que quero lhes dizer sobre ela. Em seu método de interpretação dos sonhos, Artemidoro não faz um julgamento diretamente positivo ou negativo sobre os diversos atos sexuais. Não diz: Isto está certo, isto não está certo. Seu problema é saber como, a partir de um sonho com conteúdo sexual, é possível determinar-lhe o valor prognóstico, isto é, saber se esse sonho prenuncia algo favorável ou desfavorável. Está em causa, portanto, mostrar não o valor moral direto do ato, e sim seu valor prognóstico, valor que deve ser entendido como significação do acontecimento futuro e, ao mesmo tempo, significação do valor desse acontecimento (ele é favorável ou desfavorável?). Consequentemente, vocês podem ver que a análise de Artemidoro, quando trata dos atos sexuais representados em sonho, tem como objetivo elaborar o conteúdo desses sonhos tentando captar, fazer aparecerem, fazer surgirem os elementos, as características que precisamente podem ser significativas desses valores favoráveis ou desfavoráveis dos acontecimentos por vir. Consequentemente, trata-se de extrair os elementos, as características que são parentes do mal, da infelicidade, do infortúnio. Em suma, na própria natureza desse ato sexual representado, nos componentes fundamentais desse ato sexual sonhado, o que o liga aos valores negativos que são anunciados assim? O que Artemidoro faz surgir espontaneamente no próprio movimento de sua análise, sem que, é claro, seja esse o objetivo em si dessa análise, não é, portanto, um código, um quadro das proibições e das coisas permitidas; são antes os mecanismos gerais que determinam a formação dos juízos positivos ou negativos, das avaliações mais ou menos favoráveis ou desfavoráveis que se podiam fazer usualmente sobre determinado ato sexual. De certa forma, o que podemos extrair desse texto de Artemidoro é a formação do sistema apreciativo dos atos sexuais, e não um catálogo das proibições e autorizações.

Trata-se da formação dos mecanismos apreciativos, e é isso que entendo por "princípios fundamentais da percepção ética desses *aphrodísia*". Quais são os grandes mecanismos formadores do sistema apreciativo acionados para determinar espontaneamente se um ato sexual é mais ou menos bom, mais ou menos mau, de valor mais ou menos favorável, em si mesmo e em seu alcance diagnóstico? Quais são esses princípios?

[Voltando] um pouco ao que eu disse na última vez, creio que podemos extrair do texto de Artemidoro dois princípios, que são os principais, os mais fundamentais, [dessa] percepção ética dos *aphrodísia*. Novamente, lembro a vocês que esse texto data do século II, foi escrito por alguém que até certo ponto era um erudito, um filósofo manifestamente inspirado nos estoicos. Mas lembro também que esse texto de Artemidoro foi composto – ele mesmo explica isso – a partir do e, de certo modo, no fluxo de toda uma tradição colhida nos livros (ele diz que leu muitos) e também de uma tradição oral (percorreu as cidades, os mercados, as esquinas do mundo mediterrâneo para entender os decifradores de sonhos e os profetizadores do futuro)[1]. E foi no fluxo de toda essa tradição repensada filosoficamente que Artemidoro elaborou sua onirocrítica. Por isso podemos, através desse texto, destacar os princípios de uma percepção ética que é a de Artemidoro, mas também, sem dúvida, muito mais amplamente a de uma cultura da qual ele é ao mesmo tempo herdeiro e testemunha.

Essa percepção ética dos *aphrodísia* obedece a um primeiro princípio que chamarei de princípio de isomorfismo. O que quero dizer é isto. Nos sonhos, como vocês estão lembrados, os atos sexuais têm um valor prognóstico para acontecimentos que são essencialmente acontecimentos da vida social. E insisti sobre o fato de que na análise de Artemidoro essa projeção do sexual sobre o social não acontece porque o sexual seja, por assim dizer, o símbolo do social. Entre o sexual e o social não há um código simbólico. Se o sexual remete ao social, é porque eles estão na continuidade um do outro. Os atos sexuais com que podemos sonhar têm, no fundo, a mesma natureza, a mesma substância, e precisamos ir mais longe: a mesma forma que as relações sociais, os atos sociais, os acontecimentos sociais a que vão se referir.

É sobre esse ponto que quero insistir agora. É preciso compreender bem que – na perspectiva de Artemidoro e, me parece, na percepção ética que ele atesta – as relações sexuais são, de certo modo, as formas físicas, corporais, intensas das relações sociais propriamente ditas. Estão diretamente intrincadas nelas e são como que seu ponto importante de intensificação. Em primeiro lugar, não devemos esquecer que, nessa categoria geral dos *aphrodísia* de que os gregos falam, os atos sexuais são designados por algumas palavras, como *homilía, synousía, symploké*. Mas o que querem dizer essas palavras? *Homilía* é antes de tudo uma reunião, uma assembleia, um encontro com alguém. É o comércio que se pode ter com alguém. *Synousía* é estar com, ser próximo de, viver com – e pode designar também uma reunião, uma assembleia. *Symploké* é o entrelaçamento de duas coisas, ou melhor, de dois indivíduos, é o combate, a luta, é esse intrincamento dos corpos num confronto físico. Em resumo, a maioria das palavras que designam o ato sexual, a conjunção sexual, tem antes de tudo, fundamentalmente, uma significação social. Mas, evidentemente, isso não é o essencial.

Para Artemidoro, está em causa extrair dos diferentes componentes de um ato sexual o que tem valor prognóstico de acontecimentos favoráveis ou desfavoráveis. Quando analisa esses atos sexuais, a maneira como os decompõe mostra o que poderíamos chamar de uma dramaticidade social que é como que intrínseca ao ato sexual. Quando Artemidoro descreve um ato sexual que prognostica algo favorável e, portanto, pertencente ao âmbito do "principalmente bom", mostra-o como sendo uma iniciativa tomada por alguém, um trabalho que alguém se dá. Descreve-o também como um dispêndio, um dispêndio que é empreendido por aquele que faz o ato sexual, e um dispêndio que assume a forma muito precisa dessa parte de si mesmo, de seu ser, de seu corpo, de sua substância de que o indivíduo se separa, que emite, que projeta para o exterior, de que se despossui para disso tirar um proveito, proveito que é o prazer ou a descendência que resultará. Nesse sentido, o ato sexual é um investimento. Obviamente, é também um ato de posse, um ato pelo qual o indivíduo se apropria de algo, pelo qual marca os direitos que tem sobre alguém. O ato sexual é definido também como uma imposição, imposição que é feita ao outro (ao parceiro), ou ainda imposição interior que nos força a cometer esse ato. E por imposição devemos entender uma imposição jurídico-econômica do mesmo tipo – o vocabulário empregado é o mesmo – que aquela a que alguém é submetido porque está endividado[2]. O indivíduo tem para com si mesmo uma dívida que é obrigado a pagar, porque é impelido pela necessidade do ato sexual, ou então faz o outro pagar a dívida obrigando-o a ter uma relação sexual consigo. Portanto, há toda uma dramaticidade social que, de certo modo, constitui a própria trama desse ato. Essa dramaticidade social desenrola-se também num teatro e com personagens socialmente marcados, entre parceiros cujo valor social é absolutamente essencial para apreciar a significação prognóstica e o valor do ato em si. Em Artemidoro esse teatro sexual é constituído essencialmente de jovens e velhos, de ricos e pobres, de homens ou mulheres livres, de homens ou mulheres escravos. Os elementos do cenário social não se desvanecem no ato sexual em proveito de corpos, em proveito de anatomias que só tenham como regra de conveniência seu pudor. Os parceiros sexuais são e permanecem até o fim personagens sociais e, portanto, o juízo que vai ser feito sobre esses atos sexuais é indissociável da marcação social dos indivíduos que neles estão envolvidos.

Então, o problema agora é saber em quê esses atos sexuais são indissociáveis da marcação social. Aqui precisamos analisar as coisas um pouco mais de perto. Nessa percepção ética de que Artemidoro dá provas, um ato sexual terá um valor positivo na medida em que prolongar ou reproduzir, em seus entrelaçamentos, em seus intrincamentos, em suas *symplokaí*, o mesmo modelo de relacionamento que aquele que liga, no campo social inteiro, os indivíduos envolvidos. O valor do relacionamento posto em prática na *symploké* (no entrelaçamento sexual) é deduzido ou definido a partir do valor do relacionamento entre esses dois mesmos indivíduos no campo social inteiro. Diremos, portanto, que, se houver efetivamente essa continuidade e esse isomorfismo entre a relação sexual e a relação social, o ato poderá ser considerado principalmente bom. Em contrapartida, será considerado principalmente mau, será moralmente desqualificado se inverter, derrubar, conturbar as relações sociais de que faz parte, ou, mais simplesmente, se afastar-se, desviar-se ou divergir delas. Portanto, nesse campo dos *aphrodísia* a verdadeira separação evidentemente não é a da homo- ou da heterossexualidade: é o problema do iso- e do heteromorfismo sociossexual. O caráter fundamental do princípio de isomorfismo produz nesse campo dos *aphrodísia*, na percepção ética dos *aphrodísia*, toda uma série de efeitos que seria interessante analisar. Quero destacar apenas dois ou três.

Primeiramente, imaginemos um homem adulto, poderoso, rico, virtuoso, repleto de qualidades morais, intelectuais etc. Ele tem com um rapaz relações nas quais esse homem vai, por um lado, fazer o dispêndio constituído pelo ato sexual em sua atividade mesma. Vai fazer também aquele outro dispêndio que será a atenção que vai dar ao rapaz, os cuidados que lhe prestar, eventualmente os presentes que lhe [oferecer]. E nesse momento sua relação sexual, graças a todo esse conjunto de cuidados, atenção, presentes, vigilância etc., será efetivamente isomorfa à relação social que na cidade grega todo adulto deve ter para com os mais jovens, visto que deve auxiliá-los, servir-lhes de modelo, ser, de certo modo, seu patrono, seu mestre de virtude, seu mestre de cidadania, seu mestre político etc. Temos uma relação de tipo isomorfo. Em contrapartida, se tomarmos um homem rico, poderoso etc., mas que é passivo com seu escravo, ou seja, que vai ter uma relação sexual na qual estará, para com seu escravo, não na posição social do senhor que ele é, mas, ao contrário, na posição inferior do escravo que ele não é e, portanto, colocando e convidando seu escravo a assumir uma posição de superioridade que não é a que o escravo tem na sociedade, a relação será heteromorfa. Portanto, temos aí muito claramente essa separação entre o isomorfismo e o heteromorfismo. A primeira conduta é boa, a segunda é má. [Assim,] vocês estão vendo que a grande linha divisória não é a da homo- ou da heterossexualidade, é a do iso- e do heteromorfismo sociossexual.

A segunda consequência desse princípio fundamental de isomorfismo é que o casamento e o relacionamento sexual entre marido e mulher é o tipo mesmo de relacionamento isomorfo. De fato, no relacionamento conjugal o marido faz valer seus direitos, exerce sua superioridade, toma posse do que possui precisamente, dispende-se, obtém proveito (um prazer, uma descendência), está acima etc. A sexualidade matrimonial, o tipo de relação sexual que um homem e uma mulher podem ter como cônjuges, esposo e esposa, essa relação é exatamente isomorfa ao relacionamento social definido pelo casamento. Mas ao mesmo tempo vocês estão vendo, e este é um ponto importante, que essa altíssima valorização do casamento, que o coloca na frente, no topo de todos os isomorfismos possíveis, não constitui em absoluto um princípio de localização exclusiva da relação sexual no casamento. Essa evolução (esse princípio de que a relação sexual só é efetivamente legítima e aceitável dentro do casamento) vemos desenvolver-se já na filosofia contemporânea de Artemidoro e mais tarde, obviamente, no cristianismo. Em todo caso, nas sociedades posteriores ela se tornará fundamental. Mas não é de modo algum esse papel que o casamento desempenha na organização dos *aphrodísia* gregos. O casamento é valorizado, mas não como o único lugar possível em que a relação sexual possa ocorrer. É apenas a forma mais perfeita desse isomorfismo que é um dos princípios fundamentais dos mecanismos de apreciação do ato sexual. E é a partir dessa forma que poderemos ver outras formas de isomorfismo degradado, até o heteromorfismo completo.

Daí uma definição muito interessante e muito importante do adultério, ou melhor, [um aspecto] muito significativo da maneira como as relações extramatrimoniais são apreciadas. Visto que o casamento nada mais é (o que já não está mau) que a forma mais alta de isomorfismo sociossexual, vocês compreendem que as relações extramatrimoniais, em si mesmas, não sejam condenadas. Entretanto, vários casos podem apresentar-se. Por exemplo, quando alguém que é casado tem relações sexuais com sua serva e a agarra num canto de um corredor, é evidente que se trata de uma relação sexual perfeitamente isomorfa, visto que o senhor, ao fazer isso com sua serva ou escrava, nada mais faz que pôr em prática, na relação física que tem com ela, o mesmo tipo de relação social que tem no restante da existência. Portanto, o que nós chamaríamos de "enganar a mulher" com a serva não pode ser considerado um adultério e indiscutivelmente nem um ato grave. Não é um adultério, visto que a definição de adultério é muito mais precisa que isso – de qualquer forma, se a relação sexual com [a própria] mulher é valorizada, não é como [a única], e sim simplesmente como a melhor possível. Não é um ato que em si mesmo seja condenável, visto que, repito, ele reproduz relações sociais no interior do próprio ato sexual. Em contrapartida, quando o mesmo indivíduo casado tem uma relação sexual com a mulher do vizinho, essa relação é heteromorfa e é um adultério. Em primeiro lugar porque o adultério não é definido pelo fato de um dos cônjuges enganar o outro, mas pelo fato de um homem possuir a mulher do outro ou de uma mulher casada ter relações sexuais com um homem que não é seu marido. Essa definição jurídica do adultério permite determinar a partir de qual momento há culpa legal. Mas ao mesmo tempo há uma culpa moral, e esse ato é mal julgado, considerado [mau] independente mesmo da consideração propriamente legal, simplesmente porque fazer amor com a mulher do vizinho está em contradição com o tipo de relação social validada na sociedade. O indivíduo está usurpando os direitos do vizinho, tomando-lhe seus bens, atacando sua soberania ou, em todo caso, a autoridade que exerce. E, por isso, é um ato não só legalmente proibido e, aliás, legalmente punido, mas é também um ato moralmente mau, tipicamente heteromorfo, ao passo que ter relações com a serva não pode ser mau, já que é um ato isomorfo.

Digamos, portanto, que numa percepção ética que conhecemos bem, pois é a que temos ou pelo menos a que nossas sociedades, nossa cultura nos transmitiram, nessa percepção ética que nos é familiar os elementos fundamentais são [os seguintes]. Primeiramente a questão do que poderíamos chamar de localização: onde as relações sexuais legítimas estão localizadas? Desde muito tempo – a partir do cristianismo, sem dúvida, mas mesmo antes, na moral filosófica de que lhes falarei em breve –, a essa questão da localização responde-se: as relações sexuais legítimas devem estar localizadas no casamento e exclusivamente no casamento. Em segundo lugar, na percepção ética que temos e que é característica dessa experiência que chamarei de "sexualidade", a outra questão fundamental é a da separação biológica, anatomofisiológica dos sexos. Oposição, portanto, entre as localizações permitidas e as proibidas do ato sexual, com o casamento como grande critério diferenciador, e distinção entre homo- e heterossexualidade.

Na percepção ética que Artemidoro atesta, vocês podem ver bem que as questões são inteiramente diferentes: não há localização, mas uma hierarquia de isomorfismos. Não se trata de uma separação entre homo- e heterossexualidade, [e sim] de toda uma gradação de isomorfismos e de limiares de heteromorfismos que vão tornar certos atos absolutamente condenáveis. Portanto, é uma organização totalmente diferente.

Para encerrar este capítulo do [isomorfismo[a]], quero insistir no seguinte. Nesse esquema que podemos dizer moderno: localização da sexualidade e separação dos sexos, a presença, o mecanismo, a forma, o efeito mesmo desses princípios de localização do ato sexual e de separação dos sexos assumem muito naturalmente a forma jurídica, ou quase jurídica, da lei, uma lei que, por um lado, separa o sexo permitido (o outro) e o sexo proibido (o seu próprio) e, [por outro lado], separa o parceiro permitido (ou seja, o cônjuge) e proíbe todos os outros. O princípio de localização e o princípio de separação dos sexos têm a forma mesma da lei, ainda que não sejam leis jurídicas, ou seja, reproduzidas no interior de um código explícito e reforçadas com punições. Mesmo que não seja no interior de um código jurídico que esses mecanismos atuam, a distribuição entre parceiro permitido e parceiro proibido, a organização que separa de todos os outros o lugar em que o indivíduo pode fazer amor ou a instituição em cujo interior pode ter relações sexuais, tudo isso assume a forma efetiva da lei. Portanto, é uma forma jurídica, mesmo que não haja um mecanismo judiciário para validá-la ou para valorizá-la. Ao contrário, nesse esquema helênico dos *aphrodísia* de que Artemidoro nos dá um exemplo, a valorização dos atos sexuais não obedece de modo algum, em seus princípios, à forma da lei. É um princípio de perfeição, de adequação, um princípio de hierarquização em torno de uma forma considerada a mais perfeita. É toda uma gradação, toda uma repartição de atos possíveis, cada um dos quais tem efetivamente seu valor, ou aos quais se pode atribuir um valor a partir desses princípios, mas sem que haja essa forma jurídica da lei. Vocês me dirão, porém, que Artemidoro emprega várias vezes e mesmo organiza toda uma parte de sua análise em torno dessa noção de *nómos*. Ele diz: Há atos que são conformes com a lei e outros que não são conformes com a lei. Mas é preciso não esquecer que a noção grega de *nómos* não corresponde somente, exclusivamente e mesmo não corresponde fundamentalmente à forma jurídica da lei tal como a conhecemos. O *nómos* é também, é fundamentalmente, um modo de repartição e um modo de distribuição. E nessa medida podemos dizer efetivamente que o princípio de isomorfismo que acabo de analisar é realmente um *nómos* – *nómos* como princípio de repartição dos atos sexuais, e não como lei jurídica, separação entre o permitido e o proibido. É isso quanto ao princípio de isomorfismo, que é o primeiro princípio organizado desse campo dos *aphrodísia*, princípio organizador da percepção ética, o primeiro meca-

---

a. M. F. diz: heteromorfismo

nismo que permite formar os juízos, as apreciações que podem ser feitos sobre os atos sexuais.

Segundo princípio, após o do isomorfismo: é o que chamarei de princípio de atividade[a]. O ato sexual não é simplesmente relacionado por Artemidoro com um campo social: é relacionado também com um âmbito de naturalidade. Artemidoro não reparte simplesmente os atos sexuais em função do que é conforme ou não conforme com o *nómos*; também coloca a questão do que é conforme com ou contrário à natureza, ou, em todo caso, do que é fora da natureza, visto que *parà phýsin* quer dizer: o que está ao lado da natureza, fora da natureza, mais ainda do que aquilo que é exatamente contrário a ela. Em todo caso, precisamos nos deter um pouco nesse problema. Quando tentamos ver qual é para Artemidoro [o essencial] dessa naturalidade, obviamente encontramos a atividade do varão, ou seja, a penetração. A penetração sexual é a regra interna de naturalidade que vai permitir a separação dos atos sexuais em naturais e não naturais. Mas esse problema da penetração demanda algum esclarecimento. De fato, a penetração a que se refere Artemidoro – e da qual ele faz um elemento tão determinante a respeito da naturalidade dos atos sexuais – não é pensada por Artemidoro como sendo uma relação com dois termos, uma relação entre quem penetra e quem é penetrado. Nem mesmo é exatamente uma relação entre um indivíduo ativo e outro que seria passivo. Se de fato fosse uma relação com dois termos, seria preciso dar uma atenção se não igual pelo menos bastante grande, mesmo que fosse hierarquizada, aos dois elementos em relação; seria preciso fazer a análise dos *aphrodísia* tanto pelo lado de quem é passivo, penetrado, recebe etc. quanto pelo lado do outro; seria preciso que os dois parceiros fossem integrados nesse campo. Mas na verdade, por razões técnicas (*La Clef des songes*[b], como vocês estão lembrados, é um livro de pai de família, em que está em causa ajudar o indivíduo a gerir sua vida através dos sonhos), mas [também], de modo geral, em Artemidoro e em toda a tradição que ele representa, a percepção ética dos *aphrodísia* é inteiramente comandada pelo ponto de vista do indivíduo ativo. No limite, em contradição – tentarei mostrar-lhes como [essa contradição] faz funcionar todo o sistema – com o que eu dizia há pouco a propósito do princípio de isomorfismo e da importância das relações sociais, quanto à naturalidade a cena sexual tem um único personagem. O princípio de isomorfismo implica, é claro, a pluralidade ou pelo menos a dualidade dos personagens e a mar-

---

a. M. F. acrescenta: também aqui volto ao que já lhes disse, desculpem-me por essas repetições

b. Cf. aula de 21 de janeiro, nota 6, p. 66. (N. da T.)

cação social destes até no ato sexual. Em contrapartida, o critério de naturalidade só concerne, só põe em jogo, só destaca um único personagem: aquele que é ativo. A penetração não é um processo que ocorre entre dois indivíduos. É essencialmente[a] a atividade de *um* sujeito e a atividade *do* sujeito. E é como atividade do sujeito que ela constitui o núcleo central e natural de todos os atos sexuais (de todos os *aphrodísia*). Precisamos elucidar um pouco mais e ver como essa atividade de certo modo unitária, única, não relacional do sujeito constitui a própria essência do ato sexual.

[Em primeiro lugar,] no texto de Artemidoro vemos muito claramente esse princípio de atividade do sujeito funcionar como critério único de naturalidade do ato sexual pela indiferença totalmente notável que Artemidoro manifesta a respeito do que será chamado mais tarde – e que será tão importante em toda a ética ou moral sexual, [na] decodificação dos atos sexuais do cristianismo – o vaso natural. Vocês sabem muito bem que na concepção dita "cristã"[b] o problema do vaso natural é muito importante. De fato, nessa concepção cristã a penetração pelo varão obviamente é ainda e sempre o elemento essencial de toda a análise do ato sexual. Realmente, é sempre do ponto de vista do varão, pelo ângulo do privilégio do varão que tudo será analisado. Mas esse ato do varão implica que ele seja codificado de duas maneiras. Por um lado, do ponto de vista do sujeito, como ato do varão enquanto tal. Mas há também uma lei que poderíamos chamar de lei do objeto. O ato de penetração, característico da sexualidade ou do ato sexual, deve efetivamente realizar-se de determinada maneira, com um objeto específico que é o órgão sexual feminino. Portanto, essa teoria pretensamente cristã do vaso natural é uma teoria com dois elementos: a naturalidade do ato sexual comporta dois pontos de ancoragem, no lado do sujeito (o varão), obviamente, e no lado do objeto (a mulher, o vaso natural – esse elemento correlativo é indispensável para a boa naturalidade do ato sexual). Nessa perspectiva cristã os atos sexuais serão qualificados ou desqualificados dependendo de a penetração ser feita como deve ser, ou seja, dependendo de o elemento penetrante ser realmente posto em relação com o elemento a ser penetrado. Ora, o que é muito evidente no texto de Artemidoro, na maneira como analisa os sonhos e mostra como são apreciados, é que ele obviamente fala da penetração (ela é essencial), mas só uma única vez fala do elemento correlativo, do ponto de chegada, do lugar de ancoragem, do lugar a ser penetrado. Só fala dele uma única vez e a propósito do lugar que é abominável para o ato sexual e que é a boca[3]. A boca é proibida, por causa de

---

a. M. F. acrescenta: é preciso insistir nisso, porque é capital
b. M. F. explica: aqui também coloco entre aspas, e teremos de voltar a tudo isso

suas duas funções (a alimentação e o discurso). Mas, com exceção desse lugar proibido, Artemidoro não diz rigorosamente nada sobre a maneira como deve decorrer a penetração, quer se trate de uma mulher ou de um rapaz. Ele é muito explícito, é muito detalhado, parece preocupar-se muito a respeito da posição dos parceiros: sentados, em pé, numa cama, de cócoras etc., na medida em que, de certa forma, essas posições são a representação, a atualização, a dramatização de relações sociais. Então, por causa disso, a posição é importante. Mas, em contrapartida, [ele não se interessa pelo] lugar, natural ou não, onde vai ser feita a penetração, tanto para as mulheres como para os rapazes. Ora, essa indiferença a respeito do lugar da penetração é muito inteligível quando se compreende que nessa percepção ética dos *aphrodísia* não está em causa uma relação entre dois elementos. Ela é atividade de um sujeito, e de um único.

Outra consequência – [estou extrapolando] – é que, se é verdade que a naturalidade do ato sexual está nessa atividade de penetração e não numa relação entre penetrante e penetrado, torna-se muito difícil situar com exatidão o parceiro nessa ética. Há necessariamente uma vagueza, toda uma série de incertezas sobre a maneira como o papel do parceiro vai ser estimado, apreciado. Primeiro, é claro, é preciso que haja parceiros. Mas como eles vão aparecer? Essencialmente nas três categorias [que figuram] regularmente nos textos. O parceiro pode ser uma mulher, um rapaz, escravos. Essa trilogia é constante; vocês a encontram, por exemplo, no juramento de Hipócrates: o médico deve [prometer] nunca, numa casa aonde for chamado na qualidade de médico, entrar tendo como objetivo fazer amor ali com uma mulher, um rapaz ou escravos[4]. Essa trilogia mulher-rapaz-escravo(a), essas três categorias de indivíduos são os correlativos naturais da penetração. A mulher, é claro, correlativo natural por sua anatomia, pelas disposições de seu corpo, eventualmente por sua beleza, pela delicadeza e suavidade de seu corpo, por sua inferioridade sob todos os pontos de vista (social, intelectual, físico etc.). O rapaz também é objeto natural dessa atividade de penetração, é seu correlativo, porque também ele é frágil, também ele é belo, igualmente porque precisa ser formado por outro alguém. Quanto aos escravos, são o correlativo natural dessa atividade de penetração simplesmente porque são escravos. Mas correlativo natural não quer de modo algum dizer que pertençam ao mesmo campo de naturalidade do indivíduo masculino que penetra. Estão, de certo modo, nas margens externas dessa naturalidade. E não podem não estar nas margens externas, visto que essa naturalidade é definida pela atividade do sujeito. A naturalidade do ato sexual não é um acoplamento entre atividade e passividade. A naturalidade é a atividade. E, portanto, o personagem passivo é muito naturalmente o correlativo, mas o correlativo no limite externo dessa naturalidade. Digamos ainda que, como objetos ou como correlativos da atividade de penetração, eles pertencem à naturalidade, mas como sujeitos em si mesmos eles lhe escapam[a].

Essa posição instável dos objetos da penetração (mulher, rapaz, escravo) como correlativos de uma atividade natural se expressa, é claro, por algumas consequências, essencialmente pela desconfiança a respeito do prazer deles. De fato, esses elementos correlativos da atividade de penetração evidentemente não participam do ato sexual propriamente dito, visto que este é definido em sua naturalidade pela atividade. Participam como? Pelo fato de darem, voluntariamente ou não, seus corpos. Participam também, e este é o ponto delicado, até certo ponto enquanto sujeitos, mas simplesmente enquanto sujeitos de prazer. Ora, visto que todo o campo dos *aphrodísia* é regulado, normado pelo princípio da atividade, o que é ter prazer, e ter prazer na passividade? O prazer é uma experiência do sujeito. Só há prazer porque há sujeito, mas a naturalidade dos *aphrodísia* implica que o único sujeito que pode ser reconhecido, o único sujeito que é pertinente, o único sujeito que é ao mesmo tempo sujeito dos *aphrodísia* e de uma moral eventual evidentemente é aquele que é ativo. A mulher, o rapaz – vamos deixar de lado o escravo, porque de qualquer modo ele não apresenta problema – pertencem a esse sistema enquanto objetos da penetração. Mas, a partir do momento em que sentem prazer, ou seja, em que há o risco de se manifestarem como sujeitos, nesse momento eles inquietam o sistema e tornam-se elementos problemáticos, sobre os quais vai ser preciso refletir, sobre os quais vai ser preciso construir toda uma ética. Toda uma ética que essencialmente tem a função de desqualificar o prazer da mulher ou o prazer do rapaz, na medida em que esses prazeres seriam o que os reintroduziria como sujeitos no interior de um campo de *aphrodísia* em que o único sujeito reconhecível, válido e legítimo é o da atividade. O prazer da passividade é evidentemente aquilo pelo qual todo o sistema corre o risco de escapar a si mesmo e desfazer-se, é o que o torna instável ou metaestável. Daí a extraordinária desconfiança de toda a ética grega a propósito do prazer do rapaz e da mulher, essa ideia de que o prazer da mulher é algo indefinível, algo incontrolável, ou seja, sobre o qual o sujeito não pode ter domínio. É algo que necessariamente transporta a mulher, de certo modo, para uma naturalidade antinatural. O prazer da mulher é uma voragem. É por natureza que a mulher sente prazer, mas é da natureza da mulher sair de sua própria natureza, do que foi previsto para ela pela natureza, e perder-se na pior devassidão. A mulher é natu-

---

a. Passagem quase inaudível. Ouve-se apenas: E podemos dizer que até um [...] sexual numa concepção e numa percepção como esta...

ralmente excessiva, o prazer da mulher é naturalmente excessivo, e por causa disso ele está exatamente na [junção] entre a natureza e a antinatureza. A mulher está afixada na natureza como correlativo da penetração do varão. Está afixada na natureza também porque nessa penetração ela sente prazer. Mas a natureza desse prazer é arrastar para fora da natureza, para todos os excessos possíveis, que são os da devassidão. O prazer da mulher é, nela, o princípio do excesso. O prazer é ao mesmo tempo o que marca a mulher como elemento no sistema natural comandado pela atividade do varão e o que perpetuamente a faz escapar. Quanto ao problema do prazer do rapaz, teremos de voltar a ele daqui a pouco, mas podemos dizer que, se a mulher é marcada pelo fato de seu prazer ser indefinido e, portanto, fazê-la escapar continuamente, o rapaz, por sua vez, só será um rapaz correto se não sentir prazer no ato de penetração, que, entretanto, para o sujeito ativo é tão natural impor-lhe. Um rapaz bem-educado não sente prazer. E sobre isso remeto vocês ao livro de Dover[5], que fala da ética grega dos séculos V-IV, mas tudo indica que na época de Artemidoro o mesmo tipo de princípio organizador da percepção ética ainda seja válido e atue.

Por fim, última consequência desse princípio de atividade: se efetivamente os *aphrodísia* são comandados pelo princípio de uma atividade não relacional, a essa atividade não relacional do varão podem e devem ser impostas as mesmas regras morais, as mesmas regras éticas que são impostas a toda atividade (a toda atividade social, familial, a toda atividade para com os outros, os homens, os deuses etc.). Ou seja, o homem, em sua atividade sexual, deve ser comedido. Por mais soberanamente que sua autoridade se exerça sobre os outros, o homem, como sujeito de uma atividade que não é relacional mas poderia ser absoluta, sem código relacional, vai encontrar como princípio limitativo dessa atividade a soberania que deve exercer sobre si mesmo. Soberano sobre os outros, ele desenvolve sua atividade num campo que não é limitado por um código físico, anatômico etc. que diga: "É isto que deves fazer, é até aqui que deves ir." Em contrapartida, essa atividade, visto que é apenas uma atividade do próprio sujeito, é limitada do interior pelo domínio que o indivíduo deve exercer sobre si. E, ante o prazer com vocação perigosamente ilimitada que é característico da mulher, o sujeito ativo deve, ao contrário, manifestar por si mesmo uma regra de medida. E essa medida tem como efeito principal que o prazer que o varão vai sentir não será, como na mulher, como no rapaz devasso, um princípio de arrebatamento que o faça escapar de si mesmo. O prazer estará, de certo modo, inserido no interior da atividade, será a justa contraparte da atividade do varão. O prazer, segundo um princípio característico do pensamento filosófico grego, aliás, não será mais que a contraparte ou o efeito imediato da atividade desenvolvida[6], do trabalho que o sujeito se deu para fazer o que está fazendo, desse dispêndio de si mesmo. Nesse comedimento, esse prazer medido, em vez de ser um princípio de passividade que arrebate para o infinito do antinatural, vai permanecer inserido no interior de uma atividade comedida, medida pelo próprio sujeito graças à soberania que exerce sobre si mesmo. E, se o varão em sua atividade deixar desencadear-se nele um prazer que o arraste indefinidamente para prazeres sempre novos, o que acontece? Obviamente vai tornar-se afeminado. Ou seja, quanto mais ele desenvolver sua atividade sem limites, mais o prazer que deveria ser o correlativo comedido de uma atividade medida vai, ao contrário, atuar como princípio motor impulsionando essa atividade e fazendo o sujeito perder sua própria soberania, e mais o varão [então] se assemelhará àqueles que são seus correlativos naturais (mulher ou rapaz devasso) e será, como eles, um indivíduo arrebatado pela lei do prazer. Portanto, vocês podem compreender por que, de modo muito constante, é muito importante perceber em todos os textos gregos e latinos – isso vai durar até quase o meio da Idade Média –, vocês veem sempre o indivíduo conquistador de mulheres ou de rapazes definido como afeminado. É afeminado porque anda atrás de mulheres, porque anda atrás de rapazes, eventualmente porque ele mesmo é passivo e gosta de ser passivo na relação [sexual]. Isso quer dizer simplesmente que, como uma mulher, o motor de seu comportamento é o princípio do indefinido do prazer, e não o princípio da atividade comedida. Há nessa avidez pelo prazer sexual uma espécie de passivação da atividade pela incapacidade de medi-la, pela incapacidade de governá-la, pela incapacidade de ser senhor dela. Alguns psicanalistas, creio eu – enfim, ouvi dizer –, indagam sobre a homossexualidade de Don Juan e se perguntam qual é então a relação de Don Juan com a feminidade[7]. Mas já há muito tempo os gregos disseram: Don Juan é feminino porque anda atrás de mulheres e porque a lei de seu prazer, comandando uma atividade indefinida e não senhora de si, é absolutamente característica do que é o próprio objeto da atividade, e não característica do sujeito da atividade. Quando você é sujeito da atividade, isso quer dizer que vai poder ser senhor dela. A partir do momento em que essa atividade lhe escapa, você se torna semelhante [a, ou melhor,] você se torna o correlativo dessa atividade: você é uma mulher, ou um ser afeminado[8], ou um Don Juan.

* * *

Mais algumas palavras, se vocês me derem cinco ou seis minutos. Para resumir tudo isso, podemos dizer que o esquema que organiza a percepção ética dos atos sexuais (dos *aphrodísia*) comporta uma atividade não relacional de um sujeito, atividade em si não relacional, mas que apesar disso se exerce num conjunto de relações sociais às quais deve ajustar-se e permanecer tão isomorfa quanto possível, se quiser permanecer medida, dominada. Atividade não relacional isomorfa a relações sociais: esse é o âmago e o paradoxo dessa concepção, dessa percepção ética a partir da qual os diferentes atos sexuais vão ser estimados [e] não, repito, constituídos num quadro hierárquico preciso em que se possa dizer: "Isto é melhor que aquilo, isto é proibido, isto é barrado." Poucas culturas algum dia tentaram codificar desse modo os atos sexuais. O cristianismo tentou em determinado momento e em determinado contexto, e de um modo que, aliás, estava longe de ser completo. Não há nada parecido na Grécia nem entre os romanos. Em contrapartida, creio que é possível, e é o que eu queria fazer, mostrar quais são os mecanismos formadores a partir dos quais, diante de um ato sexual presente num sonho ou na vida, não importa, se vai dizer: "Sim, é principalmente bom" ou: "é principalmente mau".

A partir do momento em que temos esse sistema, em que há uma atividade não relacional no interior de um campo de relações sociais às quais essa atividade deve permanecer isomorfa como princípio de sua própria medida, a partir desse momento podemos compreender duas coisas. A primeira, evidentemente, é que, se há um elemento do qual não é preciso falar, é o casamento. Não que o casamento não seja importante, não que não seja valorizado, mas ele não causa problema algum, visto que o casamento é precisamente uma situação socialmente definida, uma forma de relacionamento social institucionalizada que coloca o marido e a mulher em determinado tipo de relação mútua, e as relações sexuais que têm lugar no interior dessa relação são naturalmente isomorfas a essa forma social. O casamento não constitui problema, o que não quer dizer que não seja importante na vida grega, o que não quer dizer que não seja valorizado.

Em contrapartida, há outra forma que, ela sim, constitui problema (e que aparentemente é muito próxima do casamento e poderia ser simétrica a ele, como o vaso decorativo no outro lado da lareira): é a relação homem-rapaz. A hipótese que quero aventar é que, se os gregos falaram tão alto das relações homens-rapazes, evidentemente é porque eram toleradas. Mas, se entre os gregos fossem simplesmente toleradas, se o que caracterizava essa relação homens-rapazes fosse simplesmente o fato de ser reconhecida, aceita etc., eu diria que, no limite, aconteceria com ela como com o casamento: não se teria falado tanto a seu respeito. E se falaram tanto, e se os gregos foram pelo menos tão apaixonados pela questão dessa relação quanto por essa relação propriamente dita, talvez fosse porque ela causasse problema. É mais o caráter problemático dessa relação homem-rapaz do que sua aceitação que me parece merecer destaque. Por que a relação homem-rapaz foi realmente um quebra-cabeça para os gregos, uma perpétua incitação a refletir, a pensar, a discutir, a falar? Repito, não é porque o rapaz era um correlativo natural da atividade sexual. [De outro modo,] isso não causaria problema, não se falaria disso. Na verdade, o que causa problema é que, como correlativo de uma atividade sexual, o rapaz está na mesma posição que a mulher, ou seja, é apenas objeto. Ele não é e não pode ser sujeito. Mas, mesmo assim, há no rapaz algo que faz com que ele não possa ser assimilado nem a um escravo nem a uma mulher. É que um dia ou outro ele vai se tornar sujeito. Vai tornar-se sujeito social, sujeito nas relações sociais, vai tornar-se sujeito sexual, sujeito nas relações sexuais. De modo que o problema vai se colocar da maneira seguinte. Em primeiro lugar, vamos ter uma relação homem-rapaz que será moralmente válida, se for isomorfa a relações sociais, ou seja, se entre homem e rapaz houver não simplesmente uma relação sexual nua mas [também] uma relação social de pedagogia, de exemplificação, de auxílio, de apoio etc., que corresponde ao princípio de isomorfismo de que lhes falei. Em segundo lugar, essa relação homem-rapaz será válida se efetivamente aquele que é sujeito dever ser sujeito, ou seja, é claro, se é o homem adulto ou o homem mais velho que é ativo. A situação inversa seria incompatível. Portanto, temos nessa relação a atuação do princípio de isomorfismo e do princípio de atividade: nenhum problema.

Exceto que, visto que o rapaz um dia deve tornar-se sujeito, como devem tratá-lo, que status podem dar-lhe, será que podem contentar-se em dizer apenas: "Por enquanto ele não é sujeito e depois, um dia, vai mudar de status"? Não é possível dizer isso. Por quê? Mas, precisamente, porque a relação social que, em nome do princípio de isomorfismo, deve enquadrar a relação puramente sexual, ou melhor, deve enquadrar a atividade do varão, [a qual] campo [pertence ela]? Ao das relações pedagógicas, ao conjunto de ações pelas quais o mais velho auxilia o mais novo a tornar-se o que deve ser, isto é, precisamente sujeito social. Ensinam-no a viver, ensinam-no a tornar-se cidadão, dão-lhe conhecimentos, dão-lhe exemplo de coragem, exemplo de virtude etc. Procuram transformá-lo em sujeito. [Ao mesmo tempo,] a relação social deve justificar, servir de suporte, de entorno para uma relação sexual na qual precisamente o rapaz não é sujeito. Portanto, a propósito do rapaz há uma tensão entre os dois princípios, tensão que não encontramos a propósito da mulher. A relação social do casamento assegura um isomorfismo para as relações sexuais, ou dá o contexto ao qual as relações sexuais devem ser isomorfas, mas a mulher nunca se tornará sujeito. Em contrapartida, a pedagogia implica uma relação social e uma atividade social em torno do rapaz as quais o transformam em sujeito. E no centro dessa relação pedagógica [decorre] uma atividade sexual na qual o rapaz não é sujeito. Daí a contradição, daí a tensão entre as duas e daí o fato de não se poder aceitar essa relação como algo imediato. Os gregos, no limite, não a aceitaram. Não a aceitaram porque não podiam aceitá-la, porque no interior do sistema, no interior desse jogo entre os dois grandes princípios de organização, de percepção ética, [esses] princípios [se revelavam] incompatíveis, tendiam para dois objetivos diferentes.

Daí a necessidade de todo um reajustamento para tornar isso aceitável e fazê-lo resistir. Daí a necessidade, primeiramente, de fazer surgir outro elemento, que não é nem o do isomorfismo nem o da atividade, e que é o da erótica. O éros é precisamente esse sentimento, ou melhor, esse tipo de relação que vai somar-se às duas outras para tentar fazê-las resistir juntas. O que é o éros? É precisamente aquele sentimento, aquela atitude, aquela maneira de ser que vai fazer com que, até nessa atividade sexual, se leve em conta o outro enquanto está se tornando sujeito. Esse levar em conta o outro enquanto se torna sujeito, no próprio interior dessa atividade sexual dissimétrica, não relacional, é o que vai fazê-la coexistir, fazê-la funcionar com a relação social de pedagogia à qual, em princípio, a relação sexual deveria ser isomorfa. A partir do momento em que a atividade sexual do sujeito ativo vai ser trabalhada do interior, comandada, regida pelo princípio da erótica, será totalmente normal que essa atividade sexual, através de seu sacrifício mesmo ou pelas regras que [ela] vai se impor, venha ajustar-se à forma da pedagogia, ao princípio ao qual essa relação homem-rapaz deve ser isomorfa. O éros, portanto, será atenção ao outro, vigilância, devoção, sacrifício, eventualmente sacrifício até a própria morte (o bom soldado é aquele que aceita morrer para que seu jovem amigo se torne, também ele, sujeito virtuoso e bom soldado). O éros será também um *corpus* de obrigações muito precisas, envolvendo toda uma arte de conduzir-se, ou melhor, uma arte complexa de conduzir-se ao conduzir o outro.

Essa arte de conduzir-se ao conduzir o outro, esse éros como atenção, vigilância para com o outro, tem um objetivo muito difícil: tornar o que chamarei de "dissimetria afrodisíaca", por natureza indiferente ao outro, isomorfa a uma relação pedagógica que deve precisamente fazer o outro surgir como sujeito no campo social. Evidentemente, esse objetivo é muito difícil. Implica muitos esforços da parte de cada um. Implica também, no campo da cultura grega, um imenso trabalho de reflexão sobre o que são os prazeres, o éros, a pedagogia. Implica também afastar desse relacionamento, tão rigorosamente quanto possível, o indefinido e os perigos do prazer. Daí o tema, que já encontramos, [segundo o qual] o rapazinho não deve ter prazer, daí o tema de que o prazer do adulto, do mais velho, deve ser limitado por uma série muito estrita de obrigações. Mesmo, no limite, o éros comportaria a renúncia do mais velho a toda atividade sexual referente ao mais jovem. De tal modo que esse famoso amor homossexual, como se diz a propósito dos gregos, em vez de ser o lugar da tolerância, foi o lugar em que se elaborou do modo mais visível, dentro da cultura grega, o princípio da renúncia à atividade sexual. Renúncia à atividade sexual, mas ao mesmo tempo, é claro, espaço cada vez mais considerável concedido ao jogo da verdade, na medida em que a verdade que o adulto transmite ao rapaz na relação pedagógica vai pouco a pouco fazer do rapaz um sujeito. É porque ao amar alguém o indivíduo lhe ensina a verdade que ele o faz aceder pouco a pouco ao status de sujeito. Amar alguém até a verdade, amá-lo até que ele mesmo se torne sujeito de conhecimento e, portanto, enquanto sujeito de conhecimento escape de pleno direito a essa mesma relação que foi estabelecida dentro da pedagogia, e escape ao status de correlativo de uma atividade sexual dissimétrica, é o que na linguagem platônica se chama "emprenhar um rapaz"[9]. Sob a vulgaridade dessa comparação está em causa fazer [entender] que o rapaz, no interior dessa relação complexa, tão tensa, tão difícil de compreender, tão difícil de aceitar, tão difícil de pensar, mesmo para os gregos, se torna sujeito da verdade e que, quando tiver dado à luz a verdade, será sujeito pleno e integral, sujeito com relação ao conhecimento, sujeito no interior do campo social.

Temos aí os elementos com os quais agora deveremos trabalhar. É a propósito dessa forma de relação sexual entre homem e rapaz, e não a propósito do casamento, que vamos encontrar três elementos que precisamos destacar. Em primeiro lugar, a ideia de que, nos *aphrodísia* e na maneira de conduzir-se a propósito desses *aphrodísia*, é necessário que haja uma verdadeira tecnologia do si, isto é, um acesso do indivíduo ao status de sujeito. Em segundo lugar, a obrigação de dizer a verdade. Tecnologia de si e obrigação de dizer a verdade aparecem, portanto. Aparecem, é claro, nessa relação homem-rapaz, [mas] o problema da tecnologia do si não diz respeito ao sujeito da atividade sexual; diz respeito ao outro. É uma tecnologia do si com relação ao outro, é determinada maneira de fazer o outro ter acesso ao status de sujeito. E o problema da verdade não é de modo algum o problema da verdade que o indivíduo compreenda por si mesmo sobre si mesmo quanto a seus próprios prazeres. É a verdade que transmite ao outro na relação pedagógica.

É evidente que, quando os *aphrodísia* estiverem ligados a uma arte de conduzir-se na qual a tecnologia do si disser respeito a si mesmo e na qual a obrigação da verdade não for mais aquela que consiste em transmitir a verdade a outrem, e sim em descobri-la em si, estaremos num regime inteiramente diferente do regime dos *aphrodísia*. Desejo explicar-lhes essa passagem de uma tecnologia do si com relação ao outro para uma tecnologia de si sobre si. Desejo explicar-lhes também a passagem de uma obrigação de verdade entendida como dever pedagógico para uma obrigação de verdade como descoberta da verdade em si. Essa dupla transformação – na próxima vez tentarei mostrar-lhes como –, em vez de dever ser atribuída inteira e exclusivamente ao cristianismo, já foi preparada numa filosofia antiga contemporânea do texto de Artemidoro. É isso, obrigado.

*

NOTAS

1. Artemidoro, *La Clef des songes*, trad. fr. Festugière, *op. cit.*, Dedicatória, p. 16.
2. Cf. *supra*, aula de 21 de janeiro, p. 67, n. 22.
3. Artemidoro, *La Clef des songes*, I, 79, pp. 91-2.
4. "Em qualquer casa onde eu entrar, entrarei para utilidade dos doentes, preservando-me de todo malfeito voluntário e corruptor, principalmente da sedução das mulheres e dos rapazes, livres ou escravos" ("Serment", VI, 631, trad. fr. Émile Littré, *in* Hipócrates de Cós, *De l'art médical*, ed. Danielle Gourevitch. Paris, LGF, 1994, p. 83).
5. K. J. Dover, *Homosexualité grecque*, trad. fr. Suzanne Saïd. Grenoble, Éd. La Pensée sauvage, 1980 / *Greek Homosexuality*. Cambridge, Mass., Harvard University Press, 1978.
6. Pode-se reconhecer aí a determinação do prazer para Aristóteles em sua *Ética a Nicômaco*, X, 1174 b4.
7. W. Stekel, *Onanisme et Homosexualité. La parapathie homosexuelle*, trad. fr. Paul-Émile Morhardt. Paris, Gallimard (col. "Psychologie"), 1951, cap. "L'homosexualité latente, les masques de l'homosexualité, l'âge critique, Don Juan et Casanova" / *Onanie und Homosexualität: die homosexuelle Parapathie*. Berlim-Viena, Urban & Schwarzenberg, 1917, 1923².
8. Sobre o personagem do *effeminatus*, cf. *L'Usage des plaisirs*, *op. cit.*, pp. 24-6.
9. A expressão como tal aparece em *Fedro* para descrever uma relação impura e selvagem: "[Aquele que não é recentemente iniciado na verdade] entregando-se ao prazer age como um quadrúpede, dedica-se a cobrir e emprenhar (*tetrápodos nómon baínein epikheireî kaì paidosporeîn*) e, familiarizando-se com o descomedimento, não tem receio nem vergonha de perseguir um prazer contra a natureza" (*Phèdre*, 250e, *in* Platão, *Œuvres complètes*, t. IV, 3ª parte, trad. fr. Léon Robin. Paris, Les Belles Lettres, 1970 [1ª ed. 1929], p. 44 [ed. bras.: *Fedro*, trad. Carlos Alberto Nunes. Belém, EDUFPA, 2001]). Plutarco retoma livremente esse trecho em uma passagem do *Diálogo sobre o amor* muito desfavorável ao amor por rapazes: "Quando eles [os rapazes], por libertinagem e inversão, concordam, segundo os termos de Platão, 'em deixar-se cobrir e emprenhar (*bainesthai kai paidoporeisthai*) à moda dos quadrúpedes', contrariando a natureza, essa é uma complacência absolutamente 'desaprazível' e ignóbil" (Plutarco, *Dialogue sur l'amour*, *in Œuvres morales*, t. X, ed. e trad. fr. Robert Flacelière. Paris, Les Belles Lettres, CUF, 1980, p. 55 [ed. bras.: *Obras morais. Diálogo sobre o amor/ Relatos de amor*, trad. Carlos A. Martins de Jesus. São Paulo, Annablume, 2011]). Em *O banquete* (discurso de Diotima), Platão, para descrever um relacionamento pedagógico purificado e sem relação carnal, dirá, mais elegantemente, "parto no belo" (*tíktein en toî kaloî*, 206c). Sobre essa erótica ascética platônica, cf. cap. "Le véritable amour", em *L'Usage des plaisirs*, *op. cit.*, pp. 251-69.

AULA DE 4 DE FEVEREIRO DE 1981

Processo de valorização e ilusão de código. – Experiência da carne e codificação. – A nova ética sexual dos filósofos: supervalorização do casamento e desvalorização do prazer. – Vantagens e inconvenientes comparados do casamento. – O indivíduo deve casar-se quando é filósofo? – Resposta negativa dos cínicos e dos epicuristas. – O dever de casamento entre os estoicos. – A exceção de casamento para o filósofo na catástase atual, segundo Epicteto.

Podemos ver, portanto, que dois princípios fundamentais comandam, entre os gregos, a percepção do que eles mesmos chamam de *aphrodísia*. Em todo caso, é o que eu havia tentado extrair da leitura do texto de Artemidoro. É preciso ficar bem entendido que esses dois princípios não são elementos de código, não são leis de proibição, não são interdições. Esses dois princípios são processos de apreciação que permitem julgar de acordo com uma escala graduada, estimar mais ou menos aproximativamente o valor ou o não valor, o valor maior ou menor de determinado ato sexual, de determinado tipo de relação física, de conjunção física, tais como podem apresentar-se tanto na realidade quanto no sonho, [na] representação onírica. Esses dois princípios de apreciação eram: primeiramente, o princípio de isomorfismo, que pretende que uma conjunção sexual, uma relação física seja tanto melhor quanto mais for conforme com as regras e os princípios que dirigem as relações sociais (em contrapartida, quanto mais se afastar deles, mais corre o risco de ser mal julgada); [em segundo lugar,] o princípio de atividade, que faz com que apenas a posição do sujeito ativo seja realmente admissível, aceitável, válida, ou seja, passível de receber um valor positivo na relação sexual.

Ao isolar esses dois princípios, ao tentar destacá-los da análise de Artemidoro, no fundo eu estava procurando duas coisas. Primeiramente, procurava um benefício de método, visto que, tomando o esquema de uma sexualidade trans-histórica, ou seja, universal, geral, comum a todas as culturas e civilizações, e tentando identificar quais são os códigos de proibição que pesam sobre elas, me parece que não conseguimos compreender exatamente o que acontece ou a maneira como, numa civilização como a grega, helenística ou romana, são apreciados, são julgados, são avaliados os atos sexuais. Parece-me que nessa grade "sexualidade-proibição", "sexualidade-repressão", deixamos escapar, em todo caso não podemos explicar toda essa série de graduações mais ou menos finas e sutis de que Artemidoro nos havia dado um exemplo. Também não podemos compreender toda uma série de paradoxos que irrompem ou diretamente no texto de Artemidoro ou, de modo mais geral, na maneira como os gregos apreciam os atos sexuais, esses paradoxos que dizem respeito às relações entre homens e mulheres, entre atividade e passividade, esses paradoxos [também][a] que dizem respeito à relação entre homens e rapazes – ao fato de a relação homem-rapaz ser em si mesma aceita, mas apesar disso a passividade do rapaz não poder sê-lo. Tudo isso me parece difícil de compreender se nos servirmos da análise tradicional em relação a proibição e tolerância. Ao contrário, parece-me que esses paradoxos se tornam muito mais inteligíveis a partir do ponto de vista que procurei utilizar na última vez.

Pequeno parêntese de método. Parece-me que existe em todas as análises desse tipo uma tendência tradicional para supor como dado fundamental algo que seria um código, isto é, a articulação mais ou menos sistemática de faixas de comportamentos rigorosamente proibidos [a partir] de grandes proibições e faixas de comportamentos tolerados. Em geral, supõe-se um código fundamental e depois se [tenta] explicar em seguida todo o restante, ou seja, as graduações, as semitolerâncias, as avaliações mais ou menos contínuas, as coisas um pouco aceitas, um pouco rejeitadas. Tenta-se explicá-las com relação a esse código tido como fundamental, e então analisá-las como espécies de conciliações, de ajustes, de adaptações, de atenuações que tornem o sistema mais ou menos viável, mais ou menos aceitável etc. Quero fazer o inverso e colocar a nuance antes da proibição, a graduação antes do limite, o *continuum* antes da transgressão. Quero mostrar quais são os processos ativos, permanentes, contínuos de valorização que organizam uma percepção graduada das coisas – processos ativos, contínuos e permanentes de valorização que servem de suporte, em certos pontos de sua organização, para algumas grandes proibições que, elas sim, são claras, nítidas e categóricas. Mas me parece que as grandes formas de proibição nítidas, claras e categóricas no fundo são apenas os casos-limite, os pontos extremos de algo que é um verdadeiro princípio

---

a. M. F. acrescenta: insisti muito nisso, porque é um dos pontos evidentemente delicados do problema

de organização da percepção e da valorização. E esses princípios não são princípios negativos de proibição, e sim princípios positivos de valorização. Em suma, estaria em causa, sempre do ponto de vista metodológico, nos livrarmos do que poderíamos chamar de ilusão de código ou miragem jurídica, que funciona tradicionalmente nesse tipo de análise. Para nessas análises sermos vítimas de uma ilusão de código há algumas razões, e muito precisamente uma razão histórica que é fácil identificar. É que de fato estamos vivendo, já vivemos, em todo caso durante séculos (genericamente a partir do período que se situa na Idade Média, entre os séculos VIII e XII), numa sociedade em que se organizou uma codificação muito intensa da atividade sexual. Desde os primeiros penitenciais dos séculos VII-VIII até a grande organização da confissão[a] auricular no século XII e depois tudo o que veio a seguir, é verdade que, em nossa sociedade, assistimos a uma codificação muito forte da atividade sexual, codificação que sem dúvida é única na história das civilizações[1]. Essa civilização (cristã, ocidental, europeia, moderna, como vocês quiserem, não importa) é sem dúvida a única a ter tentado codificar as relações sexuais praticamente em toda parte e a todo propósito: codificação dos atos, codificação das relações, codificação dos pensamentos, codificação dos desejos e das tentações, codificação no casamento e fora do casamento, codificação em torno da extraordinária, da imensa família de incestos que foi definida na alta Idade Média[2], codificação em torno do limite suposto, buscado, nunca bem estabelecido, mas sempre apontado, do antinatural, codificação que é feita na forma de comandos religiosos, que é feita na forma da legislação civil, que é feita também na forma da normatividade médica. É verdade que desenvolvemos uma formidável atividade codificadora em torno da sexualidade.

Mas, por um lado, não será esse um fenômeno totalmente isolado, particular, próprio de determinada fase de nossa história e que, portanto, seria totalmente ilegítimo querer aplicar a outras formas de sociedade e a outros períodos de nossa história? Por outro lado, essa codificação mesma, precisamente por ser singular, não deverá ser explicada a partir de outra coisa (não explicar o código pelo código, não explicar a codificação pela lei com "L" maiúsculo ou minúsculo)? Será que, ao contrário, não se deve inverter a questão? E, em vez de indagar como a psique individual pôde interiorizar códigos prévios que lhe foram impostos de cima, não seria melhor indagar qual experiência foi definida, proposta, prescrita para os sujeitos e levou-os a fazer determinada experiência de si mesmos a partir da qual precisamente a codificação de sua conduta, de seus atos, de seus pensamentos se tornou possível, legítima e, na visão deles, quase eviden-

a. No sentido eclesiástico do termo. (N. da T.)

te? Em outras palavras, talvez seja a partir da experiência cristã da carne – de sua própria forma, da maneira como o sujeito se relacionou com si mesmo através dessa experiência – que podemos sem dúvida compreender a lógica da codificação que o cristianismo apresentou e a maneira como essa codificação foi efetivamente aceita. Talvez seja a partir da definição da sexualidade, repetindo, não como campo trans-histórico, e sim como forma de experiência particular a uma sociedade como a nossa[3], que poderíamos compreender a codificação moderna, médico-jurídica, em cujo interior efetivamente estamos presos.

Em todo caso, quanto a essa experiência greco-romana dos *aphrodísia*, quando olhamos para o que aconteceu durante o período grego, helenístico e romano, [podemos constatar] a que ponto os elementos de código são pouco numerosos e rudimentares. Código legislativo brando, ao qual se faz uma alusão sorridente e que é a proibição do adultério, evidentemente todos sabendo bem que essa proibição é fictícia. Proibição, embora com nuances bastante diferentes, do [incesto] pais-filhos, novamente com a diferença pai/mãe, que parece bastante sensível[4]. Uma espécie de tabu, de horror a respeito da relação oral[5]. Mas, com exceção desses poucos pontos básicos, vocês puderam ver que a maioria dos elementos que permitem diferenciar o valor dos atos sexuais não corresponde a algo como [a] articulação fundamental de um código. E então, se os elementos de código, se os elementos de proibição absoluta e rigorosa são pouco numerosos, dispersos e aparentemente bastante incoerentes, em contrapartida os grandes princípios formadores das apreciações são fortes, vigorosos e bem claramente legíveis. É esta, portanto, a razão de método: dissipar a ilusão de código, a miragem jurídica. Foi por isso que, ao começar esta aula, insisti nas formas, nos princípios reguladores e organizadores da percepção ética dos *aphrodísia*.

A segunda razão pela qual decidi insistir um pouco nesse texto de Artemidoro e no sentido que podíamos dar-lhe é que evidentemente ele me serve de ponto de partida para a análise. Se de fato quisermos compreender o que aconteceu no mundo antigo, antes mesmo da difusão do cristianismo, se quisermos compreender o que alguns historiadores, mais ou menos explicitamente, consideram "a"[a] preparação da moral cristã, se quisermos compreender esse movimento que às vezes foi visto como uma lenta ascensão da moral cristã, pagã, rumo ao ideal rigoroso e puro do cristianismo, penso que não devemos procurar no lado do que seria uma transformação do código ou uma substituição de um código por outro. Os filósofos, estoicos ou não estoicos, os moralistas, os diretores de consciên-

a. M. F. especifica: entre aspas

cia, toda aquela gente que interpelava as pessoas sobre sua vida cotidiana não procuraram edificar um novo código. Em contrapartida, modificaram a percepção ética. Mais exatamente, no interior ou ao lado dessa percepção ética geral[a], fizeram nascer, surgir, até certo ponto inventaram uma nova percepção que não substituiu totalmente a outra, mas se justapôs a ela e se impôs a certo número de pessoas, de círculos, de grupos sociais, no interior de determinada classe ou de determinada camada social. Foi essa nova percepção, repetindo, não universal, mas mesmo assim totalmente fixada no campo social greco-romano, que o cristianismo encontrou diante de si e foi a que retomou.

Então, para que a continuidade fique bem clara, quero indicar esquematicamente, por alto[b], a evolução, a transformação que em seguida estudarei um pouco mais detalhadamente. Direi o seguinte. Parece-me que a nova percepção ética que os filósofos, moralistas, diretores de consciência elaboraram, que o cristianismo encontrou, reassumiu, mas em seguida transformará só mais tarde, pode ser definida, caracterizada a partir precisamente das transformações introduzidas nos dois princípios organizadores de que lhes falei na última vez[6] (princípio de isomorfismo e princípio de atividade). Por um lado, esses "filósofos"[c] questionaram o princípio do isomorfismo sociossexual. Questionaram-no, em todo caso modificaram-no profundamente, simplesmente pelo que chamarei – provisoriamente, porque vai ser necessário pôr um conteúdo mais preciso nisso – de supervalorização do casamento. Não se trata absolutamente de dizer que antes desse período, desses textos, dessa corrente filosófica que podemos situar nos séculos que precedem imediatamente a difusão do cristianismo o casamento não era valorizado. Ao contrário, procurei mostrar-lhes como ele era altamente valorizado dentro mesmo e por causa desse princípio de isomorfismo. Mas esses filósofos, esses moralistas, através das artes de conduta que vão propor, dão ao casamento, parece-me, um lugar tal, uma importância tão fundamental e principalmente um valor tão específico – específico do casamento e só do casamento – que o casamento estará, de certa forma, isolado no interior das relações sociais. Certamente, não [que ele esteja em] ruptura ou [em] oposição com a relação social, mas terá no interior do campo social uma posição e um papel tão específicos que daquilo que é válido nas relações sociais não poderemos deduzir o que é

---

    a. M. F. acrescenta: cujos princípios gerais procurei apresentar-lhes na última vez [cf. *supra*, aula de 28 de janeiro, pp. 69-70].

    b. M. F. acrescenta: porque vamos ter de retomar isso em várias aulas e vai haver uma interrupção dentro de quinze dias, que não é por minha causa, é por causa de problemas de sala

    c. M. F. especifica: estou dizendo "filósofos", voltaremos um pouco a isso, ponham entre aspas

válido no casamento. Em outras palavras, o casamento se tornará por si mesmo seu próprio critério de valor. E, assim sendo, o que acontecer no casamento (as relações sexuais, as relações físicas entre marido e mulher) não terá como lei e princípio de valorização as formas gerais de relacionamento social às quais devem ser isomorfos. O casamento terá de definir ele mesmo a lei e o princípio de valorização sexual dos atos físicos que nele acontecem. Caberá ao casamento, e não ao campo social todo, fazer a lei da valorização dos atos sexuais no casamento, dar o princípio desta. Essa quase ruptura, esse isolamento, em todo caso essa especificação do casamento dentro do campo social vai questionar o princípio geral de isomorfismo. E, assim sendo, o princípio de *continuum* sociossexual de que lhes falei, coroado pela relação conjugal no casamento, vai ser substituído por um princípio de localização exclusiva da relação sexual na conjugalidade. E, em vez de colocar a regra de que uma relação sexual não deve ser alheia às relações sociais em cujo interior se insere, vamos ver surgir o princípio – novo, fundamental para o restante da história – de que agora todas as relações sociais devem estar isentas de toda contaminação por uma relação sexual, qualquer que seja. Portanto, purificação do campo social no que diz respeito às relações sexuais – com exceção do relacionamento matrimonial, que deve ter, mas só ele, o privilégio ou o encargo da relação sexual. Localização da atividade sexual no casamento, [daí em diante] considerado não tanto como o ponto de convergência de todo um campo de relações sociais, e sim como uma unidade específica, singular, geograficamente, por assim dizer, institucional e moralmente isolada: é esse um dos primeiros grandes resultados, uma das primeiras grandes transformações operadas pelas artes de conduta e no interior delas.

Segunda modificação da qual quero lhes falar com mais detalhes: a modificação do que chamei de princípio de atividade. Esse princípio de atividade pretendia que o único prazer aceitável fosse o do sujeito ativo. Esse prazer devia estar, de certo modo, incluído, engastado no interior de uma atividade da qual era a contraparte e a recompensa. Esse princípio pretendia também que o prazer do outro (daquele que era o correlativo dessa atividade) ou não contasse para nada ou então fosse considerado um elemento perigoso, que apresentava o risco de arrastar passivamente os sujeitos passivos para o âmbito indefinido da devassidão, do antinatural etc. Nas artes de viver, nas artes de conduzir-se que os filósofos e os moralistas dos séculos que antecedem imediatamente o cristianismo desenvolveram, essa descontinuidade, essa dissimetria – entre o prazer de atividade que se encontra e é aceitável no sujeito ativo e o prazer de passividade do qual não se sabe o que fazer e que deve ser eliminado ou é considerado perigoso – vai ser questionada. Daí em diante, nas artes filosóficas da conduta, todo prazer, qualquer que seja, mesmo o do sujeito ativo, apresenta por natureza o risco e o perigo de fazer o sujeito escapar do domínio que exerce sobre si. Daí em diante, o prazer será considerado a marca, no íntimo de todo sujeito, mesmo que ativo, de uma passividade perigosa. Consequentemente, a ideia de um prazer inteiramente localizado, incluído em (e, portanto, legitimado por) uma atividade é recolocada em jogo pelo tema filosófico [seguinte]: em todo prazer há uma lei ou um princípio de passividade que [faz de] toda atividade, a partir do momento em que é conduzida pelo prazer, uma manifestação e expressão de uma passividade fundamental. E, consequentemente, ao passo que o princípio da ética sexual, como era o caso no tipo de percepção de que lhes falei na última vez[7], [era] só aceitar o prazer em forma de atividade, agora o problema vai ser definir condições de atividade tais que a passividade, intrínseca ao prazer, não possa ter domínio sobre ele. Em outras palavras, vai ser preciso direcionar-se para um ponto ideal em que o ato sexual, para evitar toda e qualquer passividade, esteja livre daquele prazer que era aceito, tolerado, que até mesmo era valorizado, na medida em que era um prazer de atividade. Daí em diante vemos despontar a ideia de um ato sexual cujo valor estará vinculado ao fato de estar desvinculado do prazer.

Então, para resumir esse novo esquema, direi que nas artes de viver filosóficas – das quais temos testemunhos para o século I a.C. e principalmente para os séculos I e II d.C., repetindo, é esse período que me interessa – encontramos em primeiro lugar uma supervalorização do casamento que rompe o princípio de continuidade sociossexual e que, portanto, vai definir o casamento como lugar único da relação física legítima. E, em segundo lugar, vemos uma desvalorização do prazer que estabelece, a propósito desse prazer, um *continuum* de passividade e prescreve a tarefa indefinida de elisão do prazer fora do ato sexual, elisão talvez inacessível, mas que mesmo assim deve ser tão perfeita, tão completa quanto for possível. Disso conseguimos muito facilmente isolar [o essencial] do que pode ser considerado uma nova ética sexual. Essa valorização do casamento como lugar único da relação sexual legítima nos leva à ideia de que só pode haver relação sexual se for conjugal. E a transformação do princípio de atividade em crítica do prazer como passividade nos conduz à ideia de um ato sexual hedonicamente neutralizado. Uma relação física, sexual, unicamente conjugal e hedonicamente neutralizada: vocês estão vendo que nos aproximamos a passos de gigante, se ouso dizer, do modelo do elefante de que lhes falei ao começar. Chegamos a ele, portanto, e de modo muito lógico, muito inteligível, a partir do momento em que tentamos compreender como as artes de conduta, as tecnologias de conduta, as tecnologias do si vêm trabalhar o campo de uma percepção ética.

Parece-me que essa linha de inteligibilidade é muito mais clara e explica muito mais coisas do que a análise a partir do jogo dos códigos e de sua substituição. É isso, por alto, o que eu gostaria de fazer nas próximas duas ou três aulas.

Passemos então a estudar esses dois pontos e vejamos se afinal esse esquema bate com a realidade. Primeiramente, portanto, vamos estudar como o princípio de isomorfismo sociossexual se transformou: como ele foi questionado, como, de certo modo, foi trabalhado do interior pelo tema da supervalorização do casamento e como, por fim, ele se subverteu para tornar-se o princípio de uma descontinuidade entre o casamento como lugar legítimo de relação sexual e depois todas as outras relações sociais. Supervalorização do casamento: coisas bem conhecidas, pelas quais vou passar muito rapidamente, mas que preciso mencionar para o bom andamento da exposição. Na filosofia grega, ou pelo menos em todas aquelas formas de reflexão moral sobre a vida diária dos homens, a questão do casamento foi um lugar-comum de que encontramos traços em um período muito longo. Encontramos essa questão do casamento nos exercícios de retórica, nas diatribes – ou seja, naquelas espécies de discussões públicas ou em círculo fechado em que o filósofo deve responder a perguntas que o auditório lhe faz. Ela é encontrada nos preceitos de vida, nos diálogos mais ou menos teóricos, como o de Plutarco sobre o amor etc. Portanto, é encontrada em diversas formas e durante um período muito longo, desde o *Econômico* de Xenofonte, desde o segundo livro do *Econômico* do pseudo-Aristóteles até os autores cristãos do fim do século IV: Gregório de Nissa[8], João Crisóstomo[9] ainda retomarão a questão do casamento, com o mesmo tipo de argumento, o mesmo tipo de consideração que podiam [ser lidos] quatro, cinco séculos antes. Portanto, através de todos esses autores – de Xenofonte a João Crisóstomo, passando por Plutarco, por Musônio Rufo, por Epicteto, pelo rétor Libânio[10] etc. – é sempre essa mesma questão que está em causa, com a mesma forma ou em todo caso com os mesmos temas. Quero primeiro repassar muito rapidamente esses temas tradicionais da questão do casamento e depois ver como, no interior de determinada corrente filosófica ou em todo caso no contexto de determinados tratados sobre o casamento, vemos a questão transformar-se.

Forma geral dessa temática, em primeiro lugar. O que é característico nessa temática multissecular do casamento (quatro, cinco, seis séculos) é a questão perpetuamente formulada não ser: "O que é o casamento?", nem mesmo exatamente: "Como é preciso conduzir-se no casamento?" Não se coloca a questão do que ele é por natureza. Também não se coloca exatamente a questão de saber o que se deve fazer no interior. Coloca-se a questão *ei gamêteon*, "Deve-se casar?". Ou seja, a questão do casamento é posta em termos de escolha entre o status de indivíduo casado e o status de indivíduo não casado. E essa questão *ei gametéon* (deve-se casar?) se subdivide muito naturalmente em duas, dá lugar a dois tipos de discussão, de argumentação. Primeiramente, quais são as vantagens e os inconvenientes comparados do casamento? E depois, segunda questão, mais precisa e mais particular: pode-se e deve-se casar quando se quer abraçar essa forma de existência muito particular que é a existência filosófica? Pode-se casar e ao mesmo tempo levar uma vida de sabedoria? Esses dois âmbitos de questões (vantagens e inconvenientes do casamento; deve-se ou pode-se casar quando se é filósofo) evidentemente são temas que interferem uns com os outros, mas que podemos distinguir.

[Primeiramente,] quais são as vantagens e os inconvenientes do casamento que podem nos determinar, impelir ou inclinar a escolhermos o status de indivíduo casado ou, ao contrário, recusá-lo? Vou lembrar-lhes muito esquematicamente coisas que vocês sem dúvida conhecem. Nessa literatura, repetitiva, um pouco cansativa, multissecular e da qual ainda nos resta um número razoável de testemunhos, a propósito das vantagens do casamento, em geral – este é um esquema que lhes proponho, que não segue os desdobramentos retóricos, aliás frequentemente obrigatórios nesses tratados – as coisas estão divididas [da maneira seguinte]. [Em primeiro lugar]: o casamento é necessário? Em segundo lugar: o casamento é útil? Em terceiro lugar: o casamento é bom? Digamos que, reconstruindo de nosso ponto de vista essa literatura, as vantagens do casamento podem ser agrupadas em torno de quatro grandes temas. Primeiramente, o casamento permite que o indivíduo administre bem sua casa. Divisão de tarefas: as tarefas de gestão interna da casa é a mulher; tudo o que, ao contrário, diz respeito ao exterior, às relações com o mundo, ao contexto social etc. é o homem. O casamento é indispensável se este quiser supervisionar bem seus criados, principalmente quando o senhor da casa estiver ausente. O que aconteceria se a mulher não estivesse lá para substituí-lo? Portanto, o casamento é útil, vantajoso para ele administrar bem sua casa. Em segundo lugar, o casamento assegura ao homem, quando volta para casa à noite, descanso após a agitação do dia, consolo quando tem aborrecimentos e dificuldades na vida pública. O casamento também lhe assegura cuidado físico, cuidado médico, quando está doente e quando fica velho – o que acontece quando a mulher fica velha e doente é menos claro. Em terceiro lugar, o casamento oferece ao homem a possibilidade, é claro, de uma descendência, descendência que é importante para o nome do homem, para a família da qual ele é ao mesmo tempo representante e continuador. O nascimento de filhos é importante também para o peso, a extensão social do indivíduo na sociedade. Qual seria o lugar de um indivíduo, como seria considerado por seus concidadãos, que respeito teriam por ele se fosse celibatário e sem filhos? E, afinal, filhos são úteis também para a velhice, quando o homem precisará de ajuda e apoio. Por fim, quarto item sobre as vantagens do casamento: o casamento é útil, vantajoso não só para o indivíduo, mas também para os outros. Para a cidade principalmente, pois o casamento permite que o homem forneça à cidade, por sua descendência, braços para defendê-la e famílias que, ao longo das gerações, permitirão que a cidade sobreviva a si mesma. Isso tudo não é muito novo nem muito interessante.

Os inconvenientes do casamento, nessa literatura, correspondem termo a termo às vantagens que acabo de mencionar. A mulher ajuda o homem a administrar a casa, é bem verdade. Mas quantos transtornos, dificuldades financeiras, preocupações suplementares por causa da mulher! Ela deve apoiar o homem, consolá-lo, cuidar dele, é bem verdade. Mas há as brigas, há as recriminações por dinheiro, há as mentiras. E depois, de vez em quando, a mulher morre. Filhos são úteis, mas custam caro, trazem preocupações. Às vezes também morrem, mesmo tendo-se gastado para criá-los. E na velhice é mais comum serem duros do que serem ternos, serem negligentes do que se preocuparem com os pais. E, se é verdade que é útil para a cidade fornecer-lhe filhos, é muito frequente os filhos causarem ao pai de família grande vergonha perante seus concidadãos. Tudo isso faz com que, em face das vantagens do casamento, vocês estão vendo quantos inconvenientes existem. Estão vendo também que isso tudo não vai muito longe em matéria de profundidade filosófica.

A outra vertente da questão *ei gametéon* [é]: pode-se casar quando se é filósofo? Essa questão, ao mesmo tempo que mistura o tipo de argumentos que acabo [de enunciar], mesmo assim é mais interessante. Ela se apresenta do modo seguinte. Também aqui vou ser esquemático. Quando o indivíduo quer ser filósofo, quando quer abraçar a vida de sabedoria, pode o casamento ser compatível com uma autonomia, uma autonomia que precisamente deve ser ao mesmo tempo o objetivo e a forma da existência filosófica? Autonomia implica domínio de si, domínio sobre as paixões, domínio sobre todos os movimentos da alma que possam ser provocados por incidentes externos. Autonomia é também independência material, social, moral com relação aos outros, com relação às exigências sociais, mesmo às regras dessa sociedade. E, por fim, autonomia é a preocupação apenas em conduzir-se de acordo com a razão, ou seja, de acordo com os juízos verdadeiros que o indivíduo aprendeu a formar. Nessas condições, se a existência filosófica é assim definida por tal autonomia (domínio de si, independência com relação aos outros; o raciocínio justo, a opinião reta como única regra de conduta), é possível realmente, em tais condições, ser casado? Um filósofo casado não seria algo contraditório? Voltem ao texto de Epicteto, que nesse ponto de sua explanação nada mais é que repetição de argumentos muito clássicos. Mesmo assim, a propósito do filósofo ele diz: Como se pode conceber um filósofo que precise cumprir certo número de deveres para com seu sogro, que tem serviços a prestar aos outros parentes de sua mulher e à própria mulher, que, portanto, não pode exercer sua profissão, que é obrigado a tornar-se uma espécie de enfermeiro? É preciso uma panela onde esquentará água para seu filho a fim de dar-lhe banho. É preciso lã para sua mulher quando ela tiver filho. Será preciso azeite, um catre, uma taça e toda uma série de outras ocupações e distrações. Aí está ele no meio de seus filhos. Que tempo livre tem esse que está acorrentado assim a seus deveres privados? Não tem de fornecer roupas para os filhos? Não tem de mandá-los ao mestre-escola com suas tabuinhas, seus estiletes e, além disso, ter uma cama pronta para eles[11]? Uma vida como essa evidentemente não é compatível com o princípio de autonomia.

Mas, em contrapartida, o não casamento é compatível com uma verdadeira filosofia? Pois, no fundo – e esse tema vai se acentuando cada vez mais a partir do momento em que o papel do filósofo é visto como o de dar regras de conduta –, quando alguém deve dar regras de conduta para os indivíduos, quando deve formar jovens para a existência que deverá ser a deles na sociedade, quando deverá dizer a verdade não só em seu discurso mas também em sua vida, quando deverá ser princípio de manifestação da verdade pela palavra e pelo exemplo, quando deverá ser a manifestação da verdade no meio da sociedade (em sua vida, em seu corpo, em sua existência, no que diz, em sua maneira de ser etc.), será que pode não ser casado, quando dirá precisamente às pessoas que educa que elas devem casar? Quando disser que é importante para o indivíduo sentir-se ligado a seus compatriotas, quando disser que é um dever para o indivíduo viver em conformidade com as regras gerais da sociedade, sentir-se irmão dos outros homens, nesse momento poderá ele viver solitariamente e, portanto, permanecer indiferente às necessidades, às exigências da sociedade humana em geral ou da pátria em particular e, portanto, não participar da renovação das gerações etc.?

Em outras palavras, entre os filósofos o problema do casamento está ligado a algo muito importante, que é o problema da verdade. Se, nessa perspectiva geral que estou lembrando a vocês e que, repito, foi multissecular, o filósofo se encontra numa situação, numa posição crítica com relação à ética do casamento, é na medida em que ele é sujeito de verdade. É sujeito de verdade em dois sentidos. Por um lado, tem de conhecer a verdade, sua atividade é a *theoría*. Nessa medida, tudo o que pode desviá-lo da pureza dessa *theoría*, da eternidade do objeto que ele contempla e das condições que lhe permitem justamente perceber com toda clareza esse objeto eterno, portanto, tudo o que possa embaralhar sua visão e perturbá-lo nessa relação preferencial, fundamental, estável com a verdade, tudo isso deve ser excluído. Portanto, o casamento deve ser excluído. Desse ponto de vista, enquanto sujeito de verdade, ele não pode casar-se. Mas, por outro lado, na medida em que é sujeito de verdade (ou seja, na medida em que ensina a verdade, em que é mestre de verdade) por sua palavra, seu exemplo, sua vida, pela conformidade entre sua palavra e sua vida, o casamento é para ele tão implicado e necessário quanto para qualquer outro. Problema do dizer-verdadeiro e problema do ser-casado, problema daquele que tem como status manifestar a verdade, problema do status do casamento e do celibato com relação a esse status de manifestação da verdade. Vemos aí, de modo bastante claro, uma das primeiras grandes [expressões] desse problema que desejo tratar em todas estas aulas, [ou seja], o problema da relação entre a manifestação da verdade como dever e a ética individual, essencialmente aplicada ao problema das relações sexuais através do casamento, ou não[a]. [...]

Na vida comum, o homem é ativo no campo social. É essa atividade no campo social que o autoriza no casamento – casamento que está no topo dessa pirâmide das relações sociais – a ser também sexualmente ativo. Ao contrário, o filósofo é aquele cuja atividade no campo social consiste não em ser ativo, mas em ser um "indivíduo teórico"; dirão mais tarde: em ser contemplativo. A partir do momento em que sua atividade é ser um indivíduo teórico, ou seja, relacionar-se com a verdade, então pode ele efetivamente ser casado? Ele está em posição contraditória com relação ao homem comum, cuja atividade, por sua vez, o autoriza a ser ativo no casamento. Distorção, portanto, entre o filósofo e o homem comum quanto a esse princípio de atividade, visto que a teoria é a atividade do filósofo. Ao mesmo tempo, vocês estão vendo uma espécie de aproximação, de simetria e de analogia entre a posição do filósofo e a posição do rapaz (de que lhes falei na última vez). De fato, vocês estão lembrados que nesse campo dos *aphrodísia* o rapaz se encontra numa posição que também é crítica, visto que, por um lado, ele é objeto de um desejo, mas terá de tornar-se sujeito ativo, aprender adequadamente, corretamente, ou seja, pelo caminho da verdade, a tornar-se sujeito social. E precisamente porque terá de tornar-se sujeito pela *paideía*, pelo ensino da verdade, não pode ser realmente, plenamente, totalmente, objeto de prazer, como o é a mulher, por exemplo. Não pode identificar-se com esse papel de objeto de

---

a. Lacuna na gravação. Ouve-se apenas: ... diferente daquela do homem comum

prazer. Precisa ser arrancado dele ou ser protegido dele, e é nesse momento que se coloca o princípio ascético: a relação com o rapaz deve ser uma relação de amor, mas não deve ser uma relação sexual.

O filósofo encontra-se numa posição relativamente próxima, em todo caso numa posição crítica a respeito dos *aphrodísia*, visto que é enquanto sujeito de verdade que ele não pode ser sujeito de atividade no campo social. Tendo de tornar-se sujeito pela verdade, o menino, o rapaz não pode ser objeto no campo dos *aphrodísia*. O filósofo, na medida em que já é ou quer tornar-se sujeito de verdade, não pode ser sujeito de atividade no campo dos *aphrodísia*. Consequentemente, o filósofo e o rapaz, pela própria lógica do sistema, acabam sendo vistos no interior desse campo como indivíduos críticos, indivíduos problemáticos, tão problemáticos que se é obrigado a afastá-los dele, dar-lhes um status à parte, libertá-los, de certo modo, proibir-lhes [o acesso] – ou recomendar-lhes o não acesso – a esse campo dos *aphrodísia* (recomendar ao filósofo que não seja casado, pedir ao rapaz que não tenha relações físicas com aquele a quem ama).

Assim, com essa questão das vantagens e inconvenientes do casamento, com a questão precisa e específica do casamento do filósofo, vemos aparecer muito claramente o problema da verdade. Então agora, como precisamente na literatura filosófica esse princípio de percepção vai ser reelaborado e transformado, a tal ponto que a partir dos séculos I-II a questão da atividade sexual do filósofo, [da] proximidade entre o filósofo e o rapaz etc. se desvanecerá em proveito de outra: como efetivamente se conduzir filosoficamente no interior do casamento? E, ao passo que durante séculos o grande ponto crítico terá sido, segundo um texto famoso: como *philosophikôs paiderasteîn*[12], como "amar rapazes filosoficamente"?, o problema, tal como vai aparecer – repito, não em todo o campo da sociedade romana, imperial, mas pelo menos em certo grupo –, problema totalmente novo e na verdade totalmente paradoxal se nos colocarmos do ponto de vista anterior, será: como ser casado filosoficamente, como ter filosoficamente relações sexuais com a esposa?

Essa transformação acontece como? Repito, são textos, é uma corrente, é um movimento. Não se trata em absoluto de dizer que é uma transformação social geral, e sim são elaboradas artes de conduta em cujo interior vemos essa transformação dos princípios da percepção ética. Esses textos são principalmente textos estoicos dos séculos I-II – essencialmente de Musônio Rufo, mestre de Epicteto, do próprio Epicteto e de Hiérocles, estoico do século II. Mas é um tanto arbitrário isolar esses textos. Em primeiro lugar porque podemos ver a transformação começar antes, e ela se prolongará em seguida. E [além disso] há muitos autores, aos quais, aliás, vou me referir, como Plutarco, que não são estoicos e nos quais [se opera] o mesmo tipo de transformação. Agora vamos nos centrar primeiro nesses textos estoicos. Creio que essa supervalorização do casamento, que, portanto, vai questionar o princípio de isomorfismo, se dá, resumindo um tanto esquematicamente as coisas, de três ou quatro modos – pelo menos três; na próxima vez lhes direi se há um quarto. Em primeiro lugar, o casamento é definido nos textos estoicos, essencialmente em Epicteto[13] e Hiérocles[14], como algo que eles chamam de *proegoúmenon*, palavra que pertence a um vocabulário estoico relativamente técnico. Em Musônio Rufo não a encontramos, mas praticamente a ideia já está lá. O casamento ser *proegoúmenon* quer dizer o quê? Bonhöffer[15], o grande especialista nos estoicos do início do século[a], disse que o que era *proegoúmenon* era um dever absoluto. Tradução um pouco forte, enfática demais, que Pohlenz retifica dizendo que um ato *proegoúmenon* é um ato *prinzipiell*[16]. Bréhier traduz dizendo que é um ato "principal"[17]. Poderíamos dizer – tudo isso é um pouco uma questão de convenções – que o ato considerado *proegoúmenon* é um ato primordial, de grande importância etc. Concretamente, o que isso quer dizer? No texto de Hiérocles dizendo que o casamento é *proegoúmenon*, vemos que *proegoúmenon* (primordial) se opõe a algo diferente, que é um ato *katà perístasin*, isto é, um ato que seria feito de acordo com as circunstâncias. O texto de Hiérocles diz muito precisamente o seguinte: A vida *metà gámou* (com casamento) é *proegoúmenos* (primordial). A vida *áneu gynaikós* (sem mulher), por sua vez, é *katà perístasin*[18] (da ordem das circunstâncias, da conjuntura). A mesma oposição entre *proegoúmenos* e *katà perístasin* é encontrada em Epicteto[19]. Ele diz que, entre os diferentes atos, alguns são primordiais e outros, ao contrário, só devem ser feitos, realizados "em caso de circunstâncias". Para compreendermos o que os estoicos querem dizer com essa oposição geral entre o que é *proegoúmenon* e o que é *katà perístasin* e para vermos como a aplicam ao casamento, temos de nos reportar ao contexto e precisamente às formas de pensamento, às formas de análise a que se opõem. Diógenes Laércio[20], citando um texto de Epicuro extraído dos *Casos incertos* e outro extraído de *Sobre a natureza*, diz o seguinte: O sábio casará e terá filhos, mas somente *katà perístasin bíou*, "dependendo das circunstâncias da vida". Esse texto de Epicuro foi contestado. Vários editores tentaram substituí-lo pelo texto que diria um pouco o contrário e que seria: O sábio não se casará e não terá filhos – o que, de fato, vai coincidir melhor com uma citação de Clemente de Alexandria, nos *Stromata*, em que é dito que, para Epicuro e para Demócrito, o casamento

---

a. Adolf Friedrich Bonhöffer, 1858-1919.

deve ser rejeitado, tanto por causa de seus dissabores como porque desvia das coisas *anangkaioterôn*[21] (as mais necessárias). Mas na verdade – Bollack em sua edição de Epicuro mostra-o bem – não precisamos substituir o texto de Diógenes Laércio por outro texto que seria negativo[22]. O pensamento de Epicuro é perfeitamente claro: o casamento só é realizado *katà perístasin bíou*, dependendo das circunstâncias da vida, estando entendido que, de modo geral, de fato o sábio não se casará. Não se casará, exceto se determinada circunstância requerer [o casamento], torná-lo necessário ou torná-lo útil. Encontramos a mesma postura entre os estoicos. No *De finibus*, segundo Cícero: Alguns cínicos dizem que o sábio adota o casamento em certos casos que podem apresentar-se (*si qui forte casus inciderit*: se a ocasião se apresentar). E diz que essa opinião não é a opinião universal dos cínicos e que, para outros, não se deve casar nunca, quaisquer que sejam as circunstâncias. Em todo caso, segundo Cícero, haveria pelo menos alguns cínicos [que diziam]: O casamento dos filósofos deve ser rejeitado, exceto em caso de circunstâncias[23]. E de fato é bem essa postura dos cínicos que Epicteto reflete nas *Conversações*, quando menciona o caso do cínico Crates: Crates, que não gostava muito do casamento, que era mesmo profundamente hostil ao casamento, tão hostil ao casamento que, quando um filho seu chegou à idade da puberdade, levou-o a um prostíbulo, dizendo-lhe: É com estas mulheres que deves ter relação, e com nenhuma outra[24]. Mas a verdade é que esse mesmo Crates que era tão hostil ao casamento tinha se casado. Tinha se casado, diz Epicteto, por causa das circunstâncias, e as circunstâncias eram que havia uma mulher que o amava, amava Crates. E essa mulher era outra Crates, ou seja, era tão filósofa quanto ele[25]. Diógenes Laércio, no livro VI, nos conta quem era ela. Era Hipárquia, Hipárquia que, diz Diógenes Laércio, concordara em compartilhar da vida de Crates. E assim vemos uma coisa que é importante, porque vamos vê-la subverter-se entre os estoicos. A própria Hipárquia era filósofa, aceitava levar a mesma vida que o filósofo, aceitava, portanto, a *koinonía* (a comunidade de existência[26]). De modo que vemos, entre os cínicos, essa ideia de que o casamento é de fato algo de valor negativo, [mas] que pode haver uma ou mais circunstâncias nas quais o indivíduo pode casar-se. Pelo menos uma circunstância é quando a mulher aceita a *koinonía* ou quando é possível estabelecer uma *koinonía* com a mulher. Entre os estoicos, a *koinonía* não é uma circunstância particular que permita o casamento. É a própria essência do casamento – e com isso as coisas se inverterão. Em todo caso, é esse o contexto no qual os estoicos vão desenvolver sua análise.

Digamos que os epicuristas e os cínicos expressam um juízo negativo sobre o casamento. O balanço é claramente a favor das desvantagens do casamento, exceto *perístasis* (exceto circunstância). Então é precisamente essa ideia que os estoicos vão subverter e inverter, dizendo que o casamento – e é aí que eles introduzem este termo – é *proegoúmenos*. Os estoicos querem precisamente inverter a relação entre a possibilidade do casamento e a circunstância. Algo que é *proegoúmenos* é algo que devemos fazer, não incondicionalmente, seja como for etc., [e sim] em toda a medida do possível, algo que precisamos cumprir, salvo, é claro, circunstância excepcional que nos impeça. Portanto, um ato *proegoúmenos* deve ser feito prioritariamente, ser feito de modo primordial, porque tem uma importância, um valor muito grande, exceto, evidentemente, circunstância extraordinária. Em contrapartida, por um ato que não for *proegoúmenos* só nos decidiremos se efetivamente as circunstâncias impelirem para ele ou se prestarem a ele. Portanto, é assim que devemos compreender a postura estoica. Voltemos aos textos. Hiérocles, por exemplo, diz, invertendo termo a termo a proposição cínica ou epicurista: A vida *aneu gynaikou* (a vida sem mulher, o celibato) deve ser escolhida *katà perístasin* (se as circunstâncias assim impuserem). Mas, exceto se houver obstáculo, é preciso casar-se, a vida *metà gámou* (com o casamento) é *proegoúmenos*. Portanto, é essa inversão da relação de circunstâncias, é a reversão do efeito de circunstância que é característica da postura dos estoicos.

Essa inversão da tese do casamento por circunstâncias é evidentemente um pouco mais complexa em Epicteto. Vocês sabem que Epicteto não dá exatamente as mesmas regras de conduta para os homens de bem que levam uma vida pública e para o filósofo no sentido estrito, o filósofo que prega e milita, o filósofo profissional que ele chama de cínico. Mas, é claro, com cínico ele não quer dizer exatamente a doutrina cínica, e sim determinada maneira de ser, maneira de viver, maneira de profissionalizar a filosofia e fazer dela seu campo próprio de atividade. Vejamos o caso do homem de bem que leva uma vida pública. Nesse primeiro caso, não há problema. Como mais tarde Hiérocles, Epicteto [afirma que]: O homem de bem [deve] casar-se. Nas *Conversações*, ele diz, contra os epicuristas que recusam ao homem de bem o casamento e a procriação: "Vives numa capital: deves exercer um cargo, te absteres dos bens de outrem, nenhuma outra mulher que não a tua deve parecer-te bela, nenhum rapaz te parecerá belo."[27] Vamos deixar de lado o problema das outras mulheres e do rapaz. O texto prova bem que esse homem é considerado casado. Isso faz parte de sua vida e, aliás, um pouco adiante nessa mesma conversação, Epicteto enumera as coisas consideradas *proegoúmena*: *politeuesthai* (ser cidadão, levar vida de cidadão), *gamein* (casar-se), *paidopoieisthai* (gerar filhos), *theon sébein* (honrar o deus), *goneôn epimeleisthai* (honrar os pais)²⁸. Tudo isso faz parte da lista dos *proegoúmena* e, para o homem de bem, nenhum problema.

Para o filósofo profissional, por causa da questão da verdade, vou insistir nisso um pouco mais, a postura de Epicteto é diferente e um pouco mais elaborada. Essa análise está em *Conversações*, III, 22. Esse filósofo profissional, esse que dedicou a vida à filosofia ele chama de "o cínico". Mas, repito, não se trata aí da representação de um filósofo que defenda especificamente a doutrina cínica. Por "cínico" Epicteto entende aquele que leva vida cínica, aquele que vive como cínico. O que ele chama de *to kynizein* (o viver cinicamente), independentemente do conteúdo preciso da doutrina cínica, deve ser a condição de vida do filósofo. E esse "ser cínico", esse "viver cinicamente" quer dizer: ser senhor de si, ser um batedor da verdade²⁹. Aquele que vive cinicamente, enquanto batedor da verdade deve lançar um olhar crítico sobre a realidade. Deve interpelar os homens, o real, e dizer: Conduzis-vos bem? É preciso que as coisas sejam efetivamente como são³⁰? Por fim, o cínico, aquele que vive cinicamente, ou seja, o militante filósofo, é alguém que, diz ele, é sem cidade, sem vestimentas, sem casa, sem mulher, sem filhos, sem pátria³¹. E por quê? Pois bem, diz Epicteto, porque é o mensageiro dos deuses (ou do deus, ou do divino, como vocês quiserem)³². É ele que serve de intermediário entre este mundo aqui e aquele princípio universal de racionalidade, de ordem e de sabedoria do qual ele, de certo modo, é o representante na terra. Nessas condições, se esse filósofo, que vive cinicamente, que pratica o *kynizein*, deve ser "sem casamento", então, diz o objetor (trata-se de uma diatribe), o casamento, os filhos não [fariam parte] das coisas de que o cínico deve encarregar-se, diz o texto, *proegoúmenos* (de modo primordial)³³? O filósofo, que dá aula para os outros, não deve, também ele, assumir o encargo do matrimônio e dos filhos? E então a resposta de Epicteto é muito interessante, com relação a essa postura do estoicismo tardio sobre o casamento. Epicteto diz: Se estivéssemos numa cidade de sábios (*sophôn pólis*), é claro que deveríamos casar. Por que deveríamos casar, mesmo sendo filósofos? Simplesmente porque não teríamos necessidade de *kynizein*, não precisaríamos ser o enunciador, o mensageiro da verdade, visto que estaríamos na verdade. Não teríamos de interpelar o real e criticá-lo, visto que o real seria conforme com a razão. Consequentemente, nesse momento nada impedirá (*ouden kôlusei*) o filósofo de casar-se e de gerar filhosª [...].

Ele até acrescenta, para mostrar como essa cidade dos sábios será maravilhosa, que o próprio sogro será um filósofo³⁴. Portanto, nessa cidade

---

a. Lacuna na gravação. Ouve-se apenas: ... sua mulher e seus filhos [...] que havia desposado uma mulher porque era outra ele mesmo

de sábios o casamento do filósofo não constitui um problema. Vocês me dirão: mas mesmo assim não há uma contradição nesse texto de Epicteto? Ou bem esse texto quer dizer que não haverá cínicos. Não será preciso *kynizein*, diz ele. Portanto, sem cínicos. E depois ele parece dizer, ao mesmo tempo, que todo mundo será cínico. Na verdade, Epicteto quer dizer as duas coisas ao mesmo tempo. Visto que todo mundo terá alcançado essa sabedoria que o cínico representa, não haverá mais necessidade, para o cínico, de destacar todos os aspectos negativos, críticos, provocadores, de sua existência. O indivíduo estará numa cidade onde poderá ser casado e ao mesmo tempo ser tão sábio quanto um cínico. É isso que ele quer dizer. Não deve o filósofo casar-se *proegoúmenos* (primordialmente)? Primeiro elemento de resposta: Na cidade dos sábios, é claro que ele deverá casar. Mas no estado atual do mundo – e Epicteto emprega a noção de catástase, termo estoico que, como vocês sabem, terá na concepção cristã um papel muito importante –, nessa catástase atual que, diz Epicteto – novamente uma noção muito importante para a sequência –, é uma batalha, nesse estado de coisas em que estamos em guerra, lutamos contra quê? Contra o mal, contra a mentira, contra a ilusão etc. Nessa catástase que atualmente é uma batalha, como poderia o cínico desempenhar seu papel próprio, isto é, ser mensageiro dos deuses e batedor da verdade, se deixar-se invadir pelas preocupações, se estiver preso entre a gritaria de sua mulher e as reclamações dos filhos[35]? E aí reencontramos a enumeração dos inconvenientes do casamento dos quais lhes falei há pouco. É inconcebível que alguém que é mensageiro dos deuses, que deve dizer a verdade aos homens, que, portanto, deve exercer uma função de guia e, de certo modo, de pai da humanidade inteira venha, por assim dizer, "localizar" essa função no interior de um casamento e com relação a crianças nascidas de sua própria mulher. Todas essas funções [ligadas ao] casamento o papel universal e crítico do filósofo impede-o de assumir para si mesmo[36]. De modo que, como vocês veem, Epicteto não quer de modo algum dizer que o casamento não é algo *proegoúmenon*. Ao contrário, ele diz: É, de qualquer modo e seja como for, algo *proegoúmenon*. Na catástase atual, alguém que não seja filósofo, alguém que queira ter uma vida boa, uma vida conforme com a razão, deverá casar-se. Quanto ao filósofo, que deverá casar-se e que evidentemente se casará quando o mundo for conforme com a razão, atualmente, de certo modo, é obrigado a suspender seu casamento. Por que é obrigado a suspendê-lo? Por causa dessa circunstância que é o estado atual do mundo, a catástase atual, a batalha em que estamos. O mau estado do mundo é aquela famosa *perístasis* que, no caso do filósofo, é a circunstância, a conjuntura que faz com que ele não deva casar-se. O casamento, portanto, é um ato primordial que o homem público deve efetivamente realizar, exceto circunstâncias particulares a ele. Mas – e aí o texto é interessante para a própria definição da filosofia – o filósofo, por oposição ao homem público, é aquele para quem o mundo atual todo é apenas uma circunstância. Enquanto o homem comum é alguém que vive no mundo, em cujo interior algumas circunstâncias poderiam impedi-lo de casar, o filósofo, por sua vez, é aquele para quem a catástase é uma perístase, para quem o mundo atual é uma circunstância. E é por causa dessa circunstância que ele, de certo modo, assume essa circunstância com relação à qual se situa como crítico, como enunciador da verdade, como mensageiro do deus, é por causa disso que ele não deve casar. Na verdade, encontramos aí todo um núcleo de ideias que, primeiro em Orígenes, mas em seguida, evidentemente, em todo o cristianismo, vai ter um destino particular. O pastor, porque é o pastor, [não deve] ser casado e deixar-se prender nas preocupações da vida diária. Ele é o pai de todos os homens, essa é sua família, esse é seu casamento. E nessa catástase atual – e antes do que Orígenes chamará de apocatástase, ou seja, o retorno de tudo – o celibato evidentemente é absolutamente imposto[37]. A diferença é que essa ideia de uma catástase como perístase, de um estado do mundo como circunstância da qual o filósofo deve se [distanciar] para modificá-la, será elaborada na [abordagem] cristã através de uma concepção da virgindade da qual teremos de falar em seguida.

Vou parar aqui [a propósito] dessa concepção estoica do casamento como sendo *proegoúmenos*. No estado perfeito [e racional] do mundo, de todo modo o casamento deverá ser efetuado. O casamento não é, como entre os epicuristas ou os cínicos, algo que se faz circunstancialmente, não é um ato circunstancial. O casamento deve ser cumprido, exceto circunstância particular para um indivíduo comum, [exceto] essa circunstância que é o estado do mundo para o filósofo. Ou seja, de todo modo o casamento é detentor, em si mesmo, de valor: não recebe seu valor de uma circunstância particular (tese estoica, tese cínica). Não é do exterior, por um efeito de conjuntura, que o casamento vale. O casamento vale em si mesmo, com a ressalva de se definirem em seguida as circunstâncias particulares ou a circunstância geral que eventualmente vão fazer com que o homem comum ou o filósofo possa, deva suspender seu casamento até que sejam estabelecidas ou restabelecidas as condições nas quais poderá realizar com sua mulher aquela *koinonía* que é a natureza e a essência do casamento. São esses temas que tentarei desenvolver na próxima vez.

*
NOTAS

1. "A implantação preferencial da confissão nas práticas penais inseriu-se, de modo geral, numa espécie de grande juridificação da sociedade e da cultura ocidentais na Idade Média, juridificação que é perceptível [...] nas instituições, nas práticas, nas representações próprias do cristianismo" (*Mal faire, dire vrai. Fonctions de l'aveu en justice*, ed. por F. Brion e B. E. Harcourt. Louvain-Chicago, Presses universitaires de Louvain-University of Chicago Press, 2012, aula de 13 de maio de 1981 e aula de 20 de maio, p. 201). Cf. também *Les Anormaux, op. cit.*, aula de 19 de fevereiro de 1981 e aula de 26 de fevereiro, pp. 171-2: "Antes do concílio de Trento, ou seja, no período da penitência 'escolástica', entre os séculos XII e XIV, a confissão da sexualidade [...] era essencialmente comandada pelas formas jurídicas: o que perguntavam ao penitente quando o interrogavam, ou o que ele tinha a dizer se falava espontaneamente, eram as faltas contra certas regras sexuais." Numa entrevista de 23 de outubro de 1980 Foucault afirma: "O sexo é coisa que nada tem a ver com a lei, e vice-versa. O fato de a diferenciação sexual, a preferência sexual, a atividade sexual poder ser assunto de legislação, na minha opinião, é algo que não se pode admitir. Em todo caso, eu gostaria de saber se é possível colocar esse princípio na base de um novo código penal" ("Débat sur 'Vérité et subjectivité'", in *L'Origine de l'herméneutique de soi. Conférences prononcées à Dartmouth College, 1980*, ed. por H.-P. Fruchaud e D. Lorenzini. Paris, Vrin, col. "Philosophie du présent / Foucault inédit", 2013, p. 114).

2. "As proibições [do incesto] que constam do Código Civil estão historicamente relacionadas com as prescrições do direito canônico. Após as invasões bárbaras e durante a Idade Média, as pessoas da mesma família que viviam juntas formavam um grupo muito extenso. A Igreja preocupou-se em facilitar a fusão de diferentes grupos familiais e adotou medidas muito restritivas sobre o casamento entre parentes próximos, acrescentando a elas proibições referentes ao parentesco espiritual, como o que existe entre o padrinho ou a madrinha e seu afilhado ou afilhada" (J.-D. De Lannoy e P. Feyereisen, *L'Inceste*. Paris, PUF, 1992, p. 8).

3. "Teríamos muita dificuldade para encontrar entre os gregos (e entre os latinos, aliás) uma noção semelhante à de 'sexualidade' e de 'carne'. Quero dizer: uma noção que se refira a uma entidade única e que permita agrupar, como sendo da mesma natureza, derivando de uma mesma origem ou pondo em ação o mesmo tipo de causalidade, fenômenos diversos e aparentemente distantes um do outro: comportamentos, mas também sensações, imagens, desejos, instintos, paixões" (*L'Usage des plaisirs, op. cit.*, pp. 43-4).

4. Cf. sobre esse ponto as apreciações diferenciadas dos sonhos de incesto em Artemidoro, *La Clef des songes*, I, 78-79, trad. fr. Festugière, *op. cit.*, pp. 87-92. Cf. também o que diz C. Vatin em *Recherches sur le mariage et la condition de la femme mariée à l'époque hellénistique*. Paris, Éd. de Boccard, 1970, pp. 4, 7, 58-62, 87-90, 178.

5. Esse "horror" pode ser lido em Artemidoro em *La Clef des songes*, I, 79, pp. 91-2. Será o mesmo nos autores cristãos (Lactâncio, *Instituições divinas*, VI, 23).

6. Cf. *supra*, aula de 28 de janeiro, pp. 71 ss.

7. Cf. *ibid.*, pp. 70-1.

8. Gregório de Nissa, *Traité de la virginité*, trad. fr. Michel Aubineau. Paris, Éd. du Cerf ("Sources chrétiennes" 119), 1966 (cf. principalmente o capítulo II, sobre as vantagens e os inconvenientes comparados da virgindade e do casamento).

9. Cf. as três *Homilias sobre o casamento*, de João Crisóstomo, e também a Homilia XX sobre a *Epístola aos efésios*.

10. Libânio, "Ei gametéon", in *Progymnasmata / Libanius' Progymnasmata: Model Exercises in Greek Prose Composition and Rhetoric*, trad. Craig A. Gibson. Atlanta, Ga., Society of Biblical Literature, 2008, pp. 511-9.

11. Epicteto, *Entretiens*, III, 22, 70-75, trad. fr. Souilhé, *op. cit.*, pp. 80-1.

12. Mais exatamente, Platão emprega a expressão "*paiderasteîn metà philosophías*" (*Fedro*, 249a).

13. "E o casamento (*gámos*), os filhos, perguntou o jovem, são encargos que o cínico deve assumir como um dever capital (*proegoúmenos*)?" (Epicteto, *Entretiens*, III, 22, 67, *op. cit.*, p. 79).

14. "Casar-se é preferível (*proegoúmenon*); portanto, é para nós um imperativo, se nenhuma circunstância vier opor-se." É a tradução que, em *Le Souci de soi* (*op. cit.*, p. 183), Foucault propõe para o texto grego: "*proegoúmenón esti tò gamein* [...] *eî ge mé tis perístasis empodón*" (Estobeu, *Florilegium*, 22, ed. A. Meinecke. Leipzig, Teubner, 1860-1863, t. III, p. 7). Mas as indicações do curso sugerem que se traduza *proegoúmenon* por "prioritário" ou mesmo "de primeiro dever".

15. "Die *proêgoumena* [...] sind die absoluten Pflichten" (A. F. Bonhöffer, *Epictet und die Stoa. Untersuchungen zur stoischen Philosophie* [1890]. Faksimile-Neudruck der Ausgabe Stuttgart-Bad Cannstatt, F. Fromann Verlag, 1968, p. 38); cf. também: *id.*, *Ethik des stoikers Epictet*. Stuttgart, Verlag von Ferdinand Enke, 1894, p. 210.

16. "Das Ziel sei, alles, was in den eigenen Kräften stehe, dauernd und unverbrüchlich zu tun, um das, was primär [*proêgoumenôs*] unserer Natur entspricht, zu erlangen" (M. Pohlenz, *Die Stoa. Geschichte einer geistigen Bewegung*. Göttingen, Vandenhoeck und Ruprecht, 1948-1949, vol. I, p. 188).

17. "Numa obra cinzelada o que há de melhor, a prata ou a arte do cinzelador? A substância da mão é carne, mas o principal (*proegoúmena*) é a obra das mãos [...]. Assim, no homem, não devemos conceder nossa estima à matéria que é a carne e sim às ações principais (*proegoúmena*)" (Epicteto, *Entretiens*, III, 7, 24-25, trad. fr. Émile Bréhier, *in Les Stoïciens*, ed. É. Bréhier. Paris, Gallimard, "Bibliothèque de la Pléiade", p. 977).

18. O texto grego é: "hôs toê sophoê proegoúmenos mén estin ho metà gámou bíos, ho d'áneu gynaikòs katà perístasin" (Estobeu, *Florilegium*, *op. cit.*, p. 7).

19. "Há ações que realizamos porque têm um valor em si (*proegoúmenos práttetai*); outras, de acordo com suas relações (*tà dé katà perístasin*)" (Epicteto, *Entretiens*, III, 14, 7, trad. fr. Souilhé, *op. cit.*, p. 50).

20. "Entretanto é possível que ele, o homem sábio, tome esposa e faça filhos, como diz Epicuro em *Casos incertos* e nos livros *Sobre a natureza*. Mas se casará dependendo da situação em que se encontrar em determinado momento de sua vida" (Diógenes Laércio, X, 119, trad. fr. Jean Bollack, *in* J. Bollack, ed., *La Pensée du plaisir, Épicure: textes moraux, commentaires*. Paris, Minuit, 1975, p. 27).

21. "Demócrito repudia o casamento e a procriação, por causa dos muitos aborrecimentos e distrações que os acompanham e que desviam de ocupações mais necessárias (*apò tôn anankaiotéron*). Epicuro pensa do mesmo modo, e todos os que colocam o bem na voluptuosidade, na tranquilidade e na ausência de sofrimento" (Clemente de Alexandria, *Les Stromates*, Estrômato II, XXIII, 138, 3-4, ed. e trad. fr. Claude Mondésert. Paris, Éd. du Cerf, col. "Sources chrétiennes" 38, 1954, p. 139).

22. "O texto, tal como é transmitido, não está em contradição com o de Clemente" (trad. fr. J. Bollack, em J. Bollack, ed., *La Pensée du plaisir, Épicure*, *op. cit.*, p. 40).

23. "Aliás, com relação à regra dos cínicos e seu gênero de vida, há estoicos que dizem que isso está nas atribuições do sábio, se por acaso acontecer que haja motivo para agir desse modo (*si qui ejus modi forte casus inciderit, ut id faciendum sit*); segundo os outros, ele não deve de modo algum fazê-lo" (Cícero, *Des termes extrêmes des biens et des maux*, III, XX, 68, ed. e trad. fr. Jules Martha. Paris, Les Belles Lettres, 2003 [1ª ed. 1930], t. II, p. 45).

24. Diógenes Laércio, *Vies et Doctrines des philosophes illustres*, VI, 88, trad. fr. Marie-Odile Goulet-Cazé. Paris, Le Livre de Poche ("La Pochothèque"), 1999, p. 754 [ed. 1962: *Vies, doctrines et sentences des philosophes illustres*, in *Les Stoïciens*, *op. cit. supra*, nota 17].

25. "Tu me falas de uma circunstância particular (*perístasén moi légeis*) em que o amor intervejo e me citas uma mulher que era outra Crates" (Epicteto, *Entretiens*, III, 22, 76, trad. fr. Souilhé, *op. cit.*, p. 81).

26. Diógenes Laércio, *Vies et Doctrines des philosophes illustres*, VI, 96, trad. fr. Goulet-Cazé, *op. cit.*, pp. 760-1.

27. Epicteto, *Entretiens*, III, 7, 21, trad. fr. Souilhé, *op. cit.*, pp. 29-30.
28. *Ibid.*, III, 7, 26, p. 30.
29. "Na realidade, o cínico é para os homens um batedor do que lhes é favorável e do que lhes é hostil. E ele deve primeiro explorar com exatidão e depois voltar anunciando a verdade" (*ibid.*, III, 22, 24-25, p. 73).
30. "Ele deve ser capaz, se a ocasião apresentar-se, de subir à cena trágica para repetir o discurso de Sócrates: 'Ai! homens, para onde vos deixais levar? Que estais fazendo, infelizes?'" (*ibid.*, III, 22, 26, p. 73).
31. "Olhai para mim, sou sem abrigo, sem recursos, sem escravos. Durmo no chão. Não tenho mulher, nem filhos, nem palácio de governador, mas somente a terra e o céu e um manto velho" (*ibid.*, III, 22, 47-48, p. 77).
32. "Ele [o cínico] deve saber que também foi enviado aos homens por Zeus na qualidade de mensageiro" (*ibid.*, III, 22, 23, p. 72).
33. "E o casamento, e os filhos, perguntou o jovem, são encargos que o cínico deve assumir como um dever capital (*proegoúmenos*)?" (*ibid.*, III, 22, 67, p. 79).
34. "Se me deres uma cidade de sábios, diz Epicteto (*an moi sophôn, éphe, doîs pólin*), é bem possível que ninguém adotará facilmente a profissão de cínico (*to kynizein*). De fato, com que objetivo alguém abraçaria esse tipo de vida? Mas suponhamos que sim: então, nada impedirá que o cínico se case e tenha filhos. De fato, sua mulher será outro ele mesmo, assim como seu sogro, e seus filhos serão criados da mesma maneira" (*ibid.*, III, 22, 67-68, pp. 79-80).
35. "Mas, no estado atual das coisas, quando nos encontramos, por assim dizer, em plena batalha, acaso não é preciso que o cínico permaneça livre de tudo o que poderia distraí-lo, integralmente a serviço de Deus, em condições de misturar-se com os homens sem estar acorrentado por deveres privados, sem estar envolvido em relações sociais às quais não poderá furtar-se se quiser salvaguardar seu papel de homem de bem e que não poderá manter sem destruir em si o mensageiro, o batedor, o arauto dos deuses?" (*ibid.*, III, 22, 69-70, p. 80).
36. "Deves observar, de fato, que ele precisa cumprir certos deveres para com seu sogro, precisa prestar favores aos outros parentes de sua mulher, também à sua mulher: enfim, ei-lo afastado de sua profissão e reduzido ao papel de enfermeiro ou de provedor. Para não falar do resto, precisa de uma panela onde aquecerá água para seu filho, a fim de dar-lhe banho; de lã para sua mulher, quando ela tiver filho, bem como de azeite, um catre, uma taça (eis que o pequeno mobiliário vai aumentando); e as outras ocupações e as distrações... O que me resta então daquele famoso rei que se dedica sem reserva aos assuntos públicos?" (*ibid.*, III, 22, 71-72, p. 80).
37. Cf. Orígenes, *Traité des principes*, trad. fr. Henri Crouzel e Manlio Simonetti. Paris, Éd. du Cerf (col. "Sources chrétiennes"), 1978-1984; *id.*, *Homélies sur le Lévitique*, ed. e trad. fr. Marcel Borret. Paris, Éd. du Cerf (col. "Sources chrétiennes" 286 e 287), 1981, 2 vols. Cf. também H. Crouzel, *Virginité et Mariage selon Origène*. Paris-Bruges, Desclée De Brouwer, 1963.

AULA DE 11 DE FEVEREIRO DE 1981

O caráter katà phýsin *do casamento. – O* Econômico, *de Xenofonte: estudo do discurso de Iscômaco a sua jovem esposa. – As finalidades clássicas do casamento. – Naturalidade do casamento segundo Musônio Rufo. – O desejo de comunidade. – Casal e rebanho: as duas modalidades do ser social segundo Hiérocles. – Relação com a esposa e com o amigo em Aristóteles: intensidades diferenciais. – A forma do vínculo conjugal: unidade orgânica.*

[a]Na semana passada eu havia começado a estudar um pouco a maneira como é questionada a percepção tradicional dos *aphrodísia* entre os gregos, não de modo global e geral em toda a cultura helenística ou romana, mas em alguns tratados (tratados de conduta, tratados filosóficos) que se apresentam como artes de viver e que na maioria, aliás, sem exclusão, são inspirados mais ou menos diretamente pelos estoicos. Procurei mostrar a vocês [que] podíamos abordar esse questionamento da percepção tradicional dos *aphrodísia* vendo como os dois grandes princípios que organizavam e regiam essa percepção (o princípio de isomorfismo sociossexual e o princípio de atividade do sujeito) haviam sido progressivamente desarticulados. Procurei [principalmente] estudar primeiro a desarticulação do primeiro princípio, o princípio de isomorfismo sociossexual; desarticulação que se devia acima de tudo ao que poderíamos chamar de insularização (isolamento por um lado e supervalorização pelo outro) do casamento. No final, essa insularização, esse isolamento e essa supervalorização do casamento fazem e fizeram o casamento já não ser, já não poder ser considerado o ponto mais alto de um sistema de valorização dos atos sexuais [de acordo com] sua maior ou menor conformidade com as relações sociais; através dessa insularização, ele se tornava e tendia a

---

a. M. F. começa sua aula indicando que, por razões de logística internas do Collège de France, não fará a sessão de 18 de fevereiro: Eles precisam desta sala e acho que não caberíamos em outra; então, como é preciso honrar um dos cofundadores da anatomia patológica, vamos adiar a próxima aula para a semana seguinte. Portanto: férias na semana que vem.

tornar-se o único lugar legítimo da atividade sexual. Procurei mostrar-lhes, na última vez, como se começava a ver essa insularização do casamento, que faz dele o único lugar possível das relações sexuais legítimas, formar-se através da noção tipicamente estoica de ato *proegoúmenon*, que deve ser considerado primordial. O casamento, portanto, é um ato primordial.

Dizer que para os estoicos o ato do casamento é um ato primordial [significa], obviamente, que o casamento é um comportamento, uma conduta conforme com a natureza (*katà phýsin*). É neste ponto que agora quero me deter um pouco. O casamento ser primordial porque fundamentado em natureza é, em certo sentido, uma concepção totalmente tradicional. Mas o que quero [indicar] é qual sentido muito preciso os estoicos, e os que se inspiram mais ou menos diretamente neles, dão a essa ideia de o casamento ser fundamentado em natureza. A fundamentação em natureza do casamento nos estoicos, nos que se inspiram neles em todos aqueles tratados de conduta dos dois primeiros séculos [é muito diferente] do que tradicionalmente se podia dizer a propósito do casamento como uma conduta natural, inserida na natureza.

Para marcar bem essa diferença entre a fundamentação em natureza do casamento nos estoicos e a justificação do casamento como conduta natural em autores anteriores, vou tomar como referência um texto de Xenofonte – bem anterior, portanto, ao período de que estou tratando, bem anterior a esses tratados de que lhes falo agora –, no sétimo capítulo do *Econômico*. Esse texto é interessante porque dele vamos encontrar ecos, diretos ou indiretos, voluntários ou involuntários, explícitos ou implícitos, através enfim de toda uma longa literatura. Vamos reencontrar algo dele nos estoicos e vocês verão também que Crisóstomo, no início do século V – se tivermos tempo de chegar até lá –, numa das três *Homilias* que dedicou ao casamento na época em que era arcebispo de Constantinopla, retoma os mesmos temas e a mesma forma[1]. De fato, esse texto de Xenofonte trata de um discurso que Iscômaco, um jovem casado, em todo caso recentemente casado, faz para sua mulher. [Encontraremos] várias vezes esse tipo de discurso para a esposa jovem; em todo caso em são João Crisóstomo praticamente oito séculos depois, e será interessante comparar os dois textos. Hoje vamos nos limitar a falar do texto de Xenofonte[2]. Portanto, Iscômaco fala para sua jovem mulher. Iscômaco nos diz que desposou sua mulher quando ela tinha quinze anos, mas que logo nos primeiros momentos do casamento evitou dirigir-lhe a palavra, ou pelo menos fazer-lhe um discurso em que lhe dissesse em que consistia seu casamento, em que devia consistir e por que diabos a desposara. Ela só tinha quinze anos e, portanto, ele não podia fazer-lhe esse discurso. Espera, diz ele, até estar ambientada, espera até ser capaz de conversar e de manter uma conversação³. E ao cabo desse tempo – sobre cuja extensão ele não insiste, não dá detalhes –, quando ela já estava ambientada, quando se tornou capaz de conversar, ele lhe faz um discurso e lhe diz: Por que casei contigo, por que te escolhi e por que, inversamente, reciprocamente, teus pais te deram a mim? Pois bem, diz Iscômaco a sua jovem esposa, não foi porque tu e eu tivéssemos alguma dificuldade para..., os tradutores dizem: "deitar", "ir para a cama juntos"⁴. Devemos entender não tanto uma liberdade sexual que tivesse sido dada à jovem tanto quanto ao homem antes do casamento. Devemos entender simplesmente que não havia dificuldade, nem para ela nem para ele, em encontrar uma cama aonde irem deitar, ou seja: em suma, encontrar alguém com quem pudessem casar – se é que o casamento não devia ser outra coisa além [do fato de] irem para a cama juntos. Em contrapartida, o casamento que eles contraíram e para o qual se escolheram mutuamente, ou melhor, para o qual os pais da mulher escolheram o jovem e o jovem escolheu a mulher, era outra coisa e muito mais que [o fato de] ir para a cama juntos. Eu e teus pais, diz Iscômaco, refletimos "sobre o melhor associado que poderíamos juntar a nós para nossa casa e nossos filhos"⁵. "Quanto aos filhos, se a divindade um dia nos der filhos, então pensaremos no meio de criá-los o melhor que pudermos; também é de nosso interesse comum encontrar os melhores aliados possíveis e sustentáculos para alimentar-nos em nossa velhice; por enquanto" o que está em questão ainda não são os filhos, "é somente esta casa que nos é comum"⁶.

Assim, podemos ver muito claramente quais são os dois objetivos do casamento e as duas razões pelas quais ele e ela foram escolhidos para se casarem. Os dois objetivos são: por um lado, os filhos, que devem servir de amparo e sustento para os pais quando estes ficarem velhos; [por outro lado,] a casa. E um pouco adiante, desenvolvendo esse mesmo tema, Iscômaco diz ainda, generalizando as razões pelas quais o casamento é uma necessidade ou em todo caso uma oportunidade a ser aproveitada: "Os deuses procederam a um exame profundo antes de escolherem esse casal que chamamos de macho e fêmea, precisamente para o maior proveito da comunidade (*koinonía*) destes. Primeiramente, a fim de impedir o desaparecimento das raças animais, esse casal se une para procriar; em seguida, essa união lhes permite, pelo menos aos humanos, garantir para si sustentáculos para alimentarem sua velhice."⁷ Esses sustentáculos para alimentarem a velhice são obviamente os filhos, que são chamados de *geroboskoí*: alimentadores de velhos, nutrizes de velhos. "Por fim, os homens não vivem ao ar livre, como o gado, e precisam" de um abrigo, "um teto (*stégos*)."⁸ Vocês estão vendo, também aí, como Xenofonte apresenta os objetivos do casamento e a razão desse casamento. Assim, os deuses formaram os casais para proveito da comunidade (*koinonía*). E como se define essa comunidade? Define-se de três modos. Primeiramente, trata-se da procriação, que permitirá que o gênero humano se desenvolva. Em segundo lugar, trata-se precisamente do nascimento de filhos que suportarão a pequena comunidade que eles constituem com os pais e da qual terão de tornar-se sustentáculo. E depois, por fim, trata-se de uma casa.

E, a partir dessa teoria geral dos fins do casamento, Xenofonte, através do discurso que atribui a Iscômaco, define a responsabilidade de cada um dos dois sexos nessa casa, nessa comunidade, nesse círculo doméstico que eles constituem. Trata-se particularmente, para o homem, de trabalhar fora de casa, trabalhar nos campos, trabalhar nas propriedades, ocupar-se da vida com seus concidadãos[9]. E depois, para a mulher – seu corpo está constituído para isso –, vai se tratar de alimentar os filhos e de permanecer em casa para tomar conta das provisões[10]. E o texto se encerra com uma comparação totalmente clássica com a colmeia[11]. O gênero humano é como uma colmeia em que cada um está encarregado de certo número de papéis, de funções, de tarefas para o maior bem da comunidade. Portanto, nessa análise que Xenofonte propõe, o casal homem-mulher mostra-se totalmente fundamentado em natureza. São os deuses que, depois de refletirem longamente, decidiram dividir o gênero humano em dois sexos e acasalar os homens e as mulheres. Mas vocês estão vendo que essa fundamentação em natureza define o casal humano em função de objetivos e fins que são: o gênero humano em geral, a preservação da cidade, o nascimento de filhos que servirão de sustentáculo para os pais. Estão em questão também a gestão dos bens, sua conservação e seu aumento. Digamos que todos os fins do casamento são fins transitivos nos quais o próprio casal [não é] por si mesmo [seu] próprio fim. O casal só se justifica na medida em que está em causa outra coisa que não ele mesmo (a cidade, os filhos, os bens etc.).

Nos textos sobre os quais quero lhes falar agora, a maioria escritos nos dois primeiros séculos de nossa era e inspirados mais ou menos diretamente pelos estoicos, nessas artes de viver mais tardias, nessas considerações sobre o casamento que encontramos nesse período, o casal, ao contrário, tem uma natureza bem particular, absolutamente específica, irredutível a qualquer outra. O casamento, de certo modo, dá origem a um casal intransitivo que, pelo menos em parte, é finalizado por si mesmo. Mais precisamente, hoje quero mostrar a vocês três coisas. Em primeiro lugar, que nessa concepção do casamento [segundo] essas artes de viver dos dois primeiros séculos o casal tem um lugar definido na ordem natural, pelo plano racional da natureza. Em outras palavras, a vida a dois não é finalizada por algo diferente dela mesma, a vida a dois é em si mesma um dos objetivos da natureza. Em segundo lugar, nesses mesmos textos a relação estabelecida entre o marido e a mulher, a relação de casal no casamento é uma relação absolutamente específica, irredutível a qualquer outra e heteromorfa ao campo geral das relações sociais. Por fim, em terceiro lugar, nesses textos a função do casamento com relação à cidade – pois obviamente o casamento deve ter uma utilidade exterior ao casal, uma utilidade relacionada com a cidade, eventualmente com o gênero humano – é diferente, porém, da que foi definida nos textos anteriores, no de Xenofonte, por exemplo.

Portanto, primeira coisa: lugar singular da relação dual, da relação de casal no plano da natureza. E aqui vou me referir, para compará-lo tão estritamente quanto possível com o texto de Xenofonte, a um texto de Musônio Rufo, aquele estoico que viveu no primeiro século de nossa era e que escreveu alguns tratados sobre o casamento, sobre a vida de casal e cujos fragmentos foram conservados em Estobeu[12]. Então, em um desses tratados, aquele sobre a questão de saber se o casamento é um inconveniente (um *empódion*) para a vida filosófica, temos a passagem seguinte, que até certo ponto – é difícil saber se de modo muito explícito ou não – retoma, se refere [ao] e talvez cite, pelo menos implicitamente, o texto de Xenofonte de que lhes falei há pouco. Nessa passagem, Musônio Rufo explica que evidentemente o casamento não poderia, em hipótese alguma, ser um obstáculo para a atividade filosófica, pela excelente razão de o casamento ser conforme com a natureza. Ele é *katà phýsin*[13]. Aliás, é o que a própria natureza mostra. De modo muito claro, a natureza ter desejado o casamento está provado pelo fato de que essa natureza justamente dividiu o gênero humano em dois sexos, mas que, no mesmo momento em que o dividia em dois sexos, implantava, inseria, vertia no coração de cada um dos dois sexos uma fascinação, uma atração pelo outro. É essa fascinação, essa atração que, permitindo a conjunção física, possibilita o nascimento dos filhos. E, a partir do momento em que os filhos nascem, assim trazendo regularmente novas gerações, a espécie, a raça, o *génos* torna-se perpétuo[14]. Essa perpetuidade do gênero humano, da raça, que é uma consequência dessa atração mútua entre os sexos e, portanto, da separação dos sexos, mostra bem que os homens não são feitos simplesmente para viverem para si mesmos, [e sim] que, até mesmo em sua atividade sexual, [devem] preocupar-se com os outros. Estão interligados por esse jogo de serviços e obrigações que assim se transmite através do casamento, pela e através da série de gerações.

E muito naturalmente [esse tipo] de análise, que vai da ideia de uma divisão natural dos sexos até a sequência de gerações que constitui um gênero humano em que os indivíduos estão interligados, leva à metáfora das abelhas, à metáfora da colmeia que encontramos também em Xenofonte[15]. A espécie humana, diz Musônio Rufo, deve ser considerada uma colmeia. Sabemos bem que uma abelha isolada e que não viver em colmeia não pode atender a suas próprias necessidades e morre. Pois bem, o indivíduo humano também morreria se fosse separado dos outros, se ficasse entregue a si mesmo, se fosse obrigado a atender a suas próprias necessidades[16]. Como vocês veem, temos aí, desde essa ideia de uma separação dos sexos até a metáfora da colmeia, algo que parece totalmente tradicional e [parece] enquadrar-se exatamente numa temática que já vimos em Xenofonte.

Entretanto, creio que na verdade, quando olhamos um pouco mais de perto, há várias grandes diferenças entre o texto de Xenofonte e o de Musônio Rufo. Não vou me deter, é claro, no status particular, que vocês conhecem bem, que os estoicos atribuem ao gênero humano. A colmeia humana de que falam os estoicos[17] tem um status muito diferente, um valor muito diferente, uma força muito diferente, implica muitas outras obrigações, em todo caso um tipo de obrigação diferente das que a colmeia de Xenofonte implicava. Mas não é nisso que quero insistir, é na passagem sobre a atração de um sexo pelo outro e na espécie de mecanismo por meio do qual a natureza, depois de dividir em dois (macho e fêmea) a espécie humana, uniu os homens e as mulheres por meio dessa atração certa[18]. De fato, Musônio Rufo diz nessa passagem que, depois de separar os dois sexos na espécie humana, a natureza implantou em cada um deles um desejo, desejo ávido (uma *epithymía*, um *póthos*) que ele diz ser forte, vigoroso. Portanto, forte desejo, forte apetite mútuo de um sexo pelo outro. Mas será exatamente apetite mútuo de um sexo pelo outro? Na verdade, se acompanharmos seu texto, Musônio Rufo não diz que é apetite de um sexo pelo outro. Diz que é o apetite e o desejo – vou citar os termos em grego, vamos explicá-los em seguida – por *homilía* e por *koinonía*. [Com esse] desejo por *homilía* e *koinonía*, diz Musônio Rufo, a natureza mostra que quis que os dois sexos *syneînai* e *syzêin*[19]. Então vamos ver essas palavras. Desejo por *homilía*. *Homilía* quer dizer relação física e quase sempre designa a relação sexual, a conjunção dos dois corpos. Desejo também por *koinonía*. *Koinonía* quer dizer algo diferente. É a comunidade, comunidade de vida, comunidade de existência. E, tendo implantado no coração dos homens e das mulheres um desejo por essa aproximação física e por essa comunidade de existência, a natureza mostrou, portanto, que queria que os seres humanos *syneînai* (pratiquem o ato sexual; *syneînai* [implica] quase sempre uma referência ao ato sexual) e *syzêin* (vivam juntos). Vocês estão vendo, portanto, que a vontade da natureza, manifestada pela separação dos sexos e depois por sua aproximação, essa vontade da natureza [indica] que ela tem simultaneamente duas metas, dois objetivos. [Ela quer] a relação física (*homilía*), quer que os seres humanos pratiquem o ato sexual (*syneînai*). Mas quer também e ao mesmo tempo, a partir de um mesmo desejo ou como objetivo de um mesmo desejo, uma comunidade de existência. Os seres humanos são feitos para *syzein*: viverem juntos. São feitos para constituir uma *koinonía*: uma comunidade a dois, uma vida juntos a dois. Vocês estão vendo, portanto, que temos um duplo objetivo da natureza, ou, ainda, que o vínculo que une entre si o homem e a mulher a partir e através da diferença dos sexos, esse mesmo vínculo tem duas vertentes: uma que diz respeito à aproximação física e a outra que diz respeito à comunidade de existência. E, continuando a explanação, Musônio Rufo acrescenta o seguinte: A natureza, ao atrair um para [o outro] os dois sexos que separou, quis que esses dois sexos *tà pròs tòn bíon alléloin symmekhanâsthai* (organizem juntos e reciprocamente os assuntos de sua vida). Essa organização simultânea e recíproca das coisas da vida tem como objetivo duas coisas: ter filhos e fazer a raça ser eterna[20].

Nesse grande movimento que vai desde a separação dos sexos e de seu desejo recíproco até a constituição do gênero humano, nesse grande movimento que Xenofonte já descrevia e que Musônio Rufo também reproduz, vocês estão vendo que o relacionamento dual, o relacionamento a dois tem um lugar muito mais importante, muito mais consistente em Musônio Rufo do que em Xenofonte. Em Xenofonte o relacionamento dual é apenas uma espécie de passagem que é necessário atravessar para poder ir da separação dos sexos para a constituição da família, [para] a constituição da cidade. Não há uma permanência teórica, não há uma focalização ética em torno desse casal constituído pelo homem e pela mulher, que é necessário, que é fundamentado em natureza, mas que não tem um interesse intrínseco, porque não constitui, em si mesmo, uma finalidade. Nada mais é que uma etapa. Em Musônio Rufo, ao contrário, o momento do relacionamento dual é um momento forte, que não é definido simplesmente pela existência de uma aproximação sexual, que não é definido simplesmente pela complementaridade física ou eventualmente pela complementaridade econômica entre o homem e a mulher. Trata-se, na verdade, de uma conjugalidade de existência que diz respeito a *tà pròs tòn bíon* (todas as coisas referentes à vida). E a *epithymía*, o desejo de um sexo pelo outro é tanto o desejo de um corpo por outro quanto o desejo de uma existência pela outra. Ou melhor, não é simplesmente o desejo de uma aproximação entre dois corpos, é o desejo de uma comunidade de existência. A natureza quis que o desejo de aproximação dos corpos fosse, em si mesmo e ao mesmo tempo, um desejo de comunidade de existência.

Esse tema, [perceptível] quando olhamos um pouco mais de perto o texto de Musônio Rufo, aparece ainda mais claramente numa passagem de outro tratado sobre o casamento, um pouco mais tardio, o de Hiérocles. De fato, nesse tratado de Hiérocles[a] há uma passagem bastante significativa sobre a importância da relação dual no plano da natureza. Hiérocles utiliza, e nesse caso diretamente, conceitos que são os conceitos, as noções dos naturalistas. Em seu *Perì gámou*, seu tratado sobre o casamento, ele diz que a natureza fez dos seres humanos seres *synagelastikoí*, ou seja, seres que vivem em bando, seres que vivem em grupo, em multidão[21]. A ideia de que certos animais, certos seres vivos estão destinados pela natureza a viver em bando era uma ideia que encontrávamos entre os naturalistas. Aristóteles emprega a palavra e a usa a propósito dos peixes: Os peixes são feitos para viver em bando, para viver em multidão[22]. E [reencontraremos] a mesma expressão mais tarde em outros textos, por exemplo, em Porfírio no *De abstinentia*[23]. Portanto, os homens pertencem a essa categoria de animais que vivem em bando, em rebanho, em multidão. Mas, diz Hiérocles, a natureza não só quis que os homens vivessem em bando, quis também que os homens vivessem, [segundo] a expressão [que] ele emprega, *syndyastikoí*, isto é, que vivessem a dois, que vivessem como casal, que vivessem em pares[24]. São animais sindiásticos e não simplesmente animais de rebanho. O adjetivo *syndyastikós* é uma palavra relativamente rara. Em contrapartida, *syndyázein*, "viver a dois", é uma expressão muito mais frequente, que vocês encontram, por exemplo, em Aristóteles na *História dos animais*[25], em Xenofonte[26], novamente em Aristóteles na *Ética a Nicômaco*[27]. E essa expressão *syndyázein* (ou ainda o substantivo *syndyasmós*: ligação entre dois elementos) designa ao mesmo tempo, ou melhor, pode designar o acasalamento propriamente dito, o vínculo sexual, ou também qualquer união entre dois elementos. Portanto, a palavra *syndyastikós*, aqui empregada por Hiérocles, refere-se a esse vínculo a dois que comporta tanto a relação sexual como o ato de relacionar dois elementos.

Quando Hiérocles diz que os seres humanos são *synagelastikoí* (destinados a viver em bando), mas que também são destinados a viver a dois, vocês podem ver bem que ele está designando a simultaneidade de duas formas de socialidade, inseridas no homem pela natureza. Uma socialidade de multidão, uma socialidade de bando, uma socialidade que, me permitam, eu diria plural – é esta que faz o homem estar destinado a viver em sociedade, estar destinado a viver na cidade, estar destinado também a

---

a. M. F. acrescenta: do qual já lhes falei na última vez [cf. *supra*, aula de 4 de fevereiro, p. 102].

fazer parte da humanidade inteira. Mas ao mesmo tempo e, de certa forma, por uma espécie de bifurcação que caracteriza [sua] natureza, o homem está destinado a uma socialidade de casal, a uma socialidade dual: a que ele vai realizar não mais na cidade, não mais no gênero humano em geral, e sim com sua mulher. E essa socialidade do casal, inserida pela natureza no homem, inserida pelo mesmo motivo e ao mesmo tempo, mas de modo bem especificado e que a diferencia da socialidade plural, da socialidade de bando, essa socialidade de casal, muito precisa e muito particular, tem quais objetivos, pergunta Hiérocles, quais fins? Tem como fim primeiramente gerar filhos, mas também levar até o fim uma vida *eustathés*, uma vida firme, sólida, uma vida que se sustenta bem nos pés, uma vida bem equilibrada[28]. Vocês estão vendo, portanto, as duas dualidades que se encaixam uma na outra na análise de Hiérocles. Primeiramente, a natureza colocou duas inclinações para dois tipos de socialidade diferentes: a inclinação para a socialidade plural e a inclinação para a socialidade dual. E essa socialidade dual tem dois objetivos: por um lado, gerar filhos, e com isso se chega à socialidade plural, visto que é através desses filhos que o gênero humano vai poder desenvolver-se e constituir--se; e [por outro lado] levar até o fim uma vida bem equilibrada. Nisso o fim do casal se acha precisamente colocado na vida do casal, temos uma autofinalização da vida do casal que é definida por este objetivo: levar até o fim (é a *diexagogé*) uma vida que seja sólida, firme, bem equilibrada. É a existência em comum.

Resumindo, se compararmos o texto de Hiérocles com o texto de Musônio Rufo que citei há pouco, veremos que Musônio Rufo retoma, de certo modo, o quadro estabelecido por Xenofonte e tenta descrever o movimento que vai desde a separação dos sexos pela natureza até o gênero humano, e nesse itinerário, nesse desenvolvimento, dá um lugar particular para o casal. Mas o coloca em série entre a separação dos sexos e a constituição do gênero humano. Já Hiérocles faz uma análise um pouco diferente. Ouso dizer que ele não monta a coisa em série: monta-a em paralelo e mostra como há na natureza duas coisas, duas tendências que se justapõem: uma para o dual e a outra para o plural, uma para o casal [e] a outra para a sociedade humana em geral, seja a cidade ou o gênero humano.

Evidentemente, à análise que lhes proponho desse texto de Hiérocles seria possível fazer algumas objeções, e principalmente lembrar que no fim das contas Hiérocles não foi o primeiro a dizer que o gênero humano é destinado a viver a dois. Vocês vão encontrar essa tese, vão encontrar a própria expressão em Aristóteles, vão encontrá-la precisamente duas vezes. Primeiramente em *Política*, em segundo lugar na *Ética a Nicômaco*. Em *Política* (livro I, capítulo 2), Aristóteles diz que é necessário para o homem e para a mulher *syndyazesthai*, estarem ligados um ao outro, pois um não pode viver sem o outro[29]. E, de modo ainda mais explícito, ainda mais insistente, na *Ética a Nicômaco* (livro 8, capítulo 12) há um texto importante e célebre no qual Aristóteles diz que o homem é um ser mais *syndyastikós* do que *politikós*, mais sindiástico do que político, ou seja, mais inclinado a viver a dois do que a viver no interior de um corpo político, no interior da *pólis*[30]. Ele é feito mais para o casal do que para a cidade. Se Aristóteles diz isso, não estará dizendo as coisas ainda mais claramente do que Hiérocles ou Musônio Rufo? Então não encontramos em Aristóteles, muito antes desses tratados de conduta a que me refiro, já exatamente a mesma ideia? A comparação entre Aristóteles e os textos de que lhes falo é muito significativa e mostra bem, apesar de tudo, a especificidade desse tipo de pensamento [expresso] nos tratados de vida, tratados de casamento etc. dos dois primeiros séculos de nossa era. Vamos tomar sucessivamente os dois textos de Aristóteles.

Em *Política*, bem no começo, o texto insiste bastante na necessidade da relação dual. Mas, quando Aristóteles diz, nessa passagem, que o homem é feito para viver a dois, logo explica quais são as relações duais absolutamente indispensáveis para a existência humana. Ele diz: Para que o homem possa viver, é preciso essa relação dual, esse *syndyasmós* que é a relação homem-mulher, mas é preciso também a relação dual entre o senhor e o escravo[31]. O homem está necessariamente ligado a duas relações duais, só pode viver no interior dessas duas relações duais, e é a coexistência dessas duas relações duais (homem-mulher, senhor-escravo) que acaba constituindo a família, que acaba constituindo a casa (*oîkos*). A primeira relação dual, a relação homem-mulher, possibilita ao indivíduo reproduzir-se. A relação entre o senhor e o escravo, por sua vez, possibilita produzir. E é a conjunção dessas duas relações que faz a casa ser uma unidade econômica e ao mesmo tempo poder inserir-se no interior de uma cidade à qual fornece as gerações seguintes, os braços para defendê-la etc.[32]. Portanto, vocês estão vendo que em Aristóteles a necessidade de uma relação dual não é de modo algum definida pela necessidade de uma comunidade de existência entre homem e mulher. É, no ponto de partida do conjunto de relações sociais, a necessidade de ter comércio com uma pessoa, uma pessoa que, quanto à reprodução, é a mulher [e] quanto à produção é o escravo. Portanto, não é em absoluto o mesmo tipo de especificidade que em Hiérocles ou Musônio Rufo.

Quanto à passagem da *Ética a Nicômaco*, no capítulo 12 do livro VIII, também aí creio que, apesar da interessante formulação: o homem é destinado a ser sindiástico, mais ainda do que político, não encontramos o mesmo tipo de análise que nos estoicos ou, de modo geral, nos moralistas dos dois primeiros séculos. Esse livro VIII da *Ética a Nicômaco* é inteiramente dedicado ao problema da amizade. E o capítulo 12, por sua vez, é dedicado a uma espécie de descrição comparativa dos laços de amizade, para saber quais são os mais fortes. E vocês sabem que Aristóteles distingue [entre] os laços de amizade: os que se estabelecem entre camaradas, a *philía hetairiké*, a amizade de companheirismo, da qual ele dá como exemplo a amizade que pode unir concidadãos numa unidade política como a cidade, ou a que pode unir os membros de uma mesma tribo, ou ainda os membros de uma mesma tripulação num navio; essas amizades se baseiam em algo que é do tipo do acordo explícito ou implícito – o que ele chama de *homología*[33]. E a essa amizade de camaradagem, de companheirismo, ele opõe a amizade que, por sua vez, se baseia na relação de parentesco, a amizade *syngeniké*, que, diz ele, deriva, em todas suas formas, de uma relação fundamental: a que liga os pais aos filhos. É claro, diz Aristóteles, que esse segundo tipo de amizade (que se baseia nas relações de parentesco) é evidentemente muito mais forte que o que implica apenas relações de companheirismo. E, visto que todas derivam mais ou menos da relação pai-filho, nas relações de amizade ligadas ao parentesco é essa relação pai-filho que contém em si mesma a maior força de ligação e a amizade mais sólida e mais vigorosa. Portanto, é entre pais e filhos que haverá mais amizade. E aliás, diz ele, não é somente "entre" pais e filhos, mas antes de pai para filho que encontraremos a amizade mais vigorosa[34]. Pois frequentemente acontece de os filhos não manifestarem para com seus pais muita amizade e reconhecimento, ao passo que os pais veem nos filhos uma parte deles mesmos[35]. E, como reconhecem nos filhos uma parte deles mesmos, é evidente que essa ligação é a mais forte de todas. Com essa relação pai-filho e com essa amizade dos pais pelos filhos ele compara os outros tipos de amizade que podem existir entre irmãos, entre primos, [ou] as comunidades de amizade constituídas através da comunidade de educação etc. E finalmente, no fim do capítulo, chega ao problema da relação entre o marido e a mulher, sobre a qual deixa bem claro que não é nem um companheirismo (não é do tipo *hetairiké*) nem tampouco uma relação de parentesco. Entre as duas, sem dúvida ele dá à amizade entre o homem e a mulher um lugar importante e uma força bastante grande; mas na frase que tratamos de compreender, ao dizer que o homem é mais sindiástico que político, ele quer dizer simplesmente que, entre as relações de amizade fundamentadas no parentesco e as relações que são apenas da ordem do companheirismo, a relação entre homem e mulher é mais forte do que a relação de puro companheirismo ou do que a que pode estabelecer-se entre concidadãos. "Ele é mais sindiástico que político" [significa]: o vínculo entre o homem e a mulher será um vínculo mais forte, um vínculo que liga o indivíduo mais do que os que podem existir entre os diversos cidadãos de uma mesma cidade ou os diversos membros de uma tribo. Portanto, para Aristóteles, vocês podem ver que a *philía* entre os esposos é algo que é natural, não há dúvida, algo que é forte, mas que faz parte de uma tipologia geral da amizade. Entre todas as relações de amizade que podem ligar os indivíduos, desde as relações de família até as relações de cidadania, Aristóteles [situa] as relações entre homem e mulher a meio caminho, por assim dizer, com certa força, certa intensidade, mas não lhes atribui o lugar fundamental, o lugar absolutamente constituinte [que ocupam] nos textos estoicos posteriores, o lugar que os estoicos, sob o Império, atribuem ao casamento e à vida de casal, à vida a dois, no plano da natureza, [quando dizem que] a natureza quis não só a conjunção dos sexos, mas também a vida a dois.

Especificidade dessa relação dual, portanto. O segundo ponto, sobre o qual quero insistir agora, é a forma mesma dessa relação dual. Parece-me que, também aqui, os textos a que me refiro dão da relação interna do casal uma descrição, propõem uma análise muito diferente das que podíamos encontrar antes. Vamos retomar justamente aquele texto de Aristóteles de que lhes falava há pouco – o da *Ética a Nicômaco* a propósito das relações de *philía* (de amizade). Aristóteles diz que a relação de *philía* entre homem e mulher é intensa, é forte, inclina o homem para a mulher e a mulher para o homem [muito] mais que as relações de companheirismo ou de concidadania. E explica por que essa relação entre homem e mulher é particularmente intensa, mais intensa que as relações políticas. Se essa relação é tão forte, diz ele, é primeiramente porque é útil, porque o homem e a mulher podem prestar-se continuamente um auxílio mútuo, porque podem dividir entre si os trabalhos referentes à casa. Dessa utilidade na divisão dos trabalhos, na ajuda mútua, resulta um prazer, um prazer que se deve ao fato de a atividade exercida ser uma atividade útil. Esse prazer, aliás, pode ainda ser reforçado se os dois parceiros forem virtuosos. A isso se soma ainda o fato de que do casal nascem filhos e esses filhos constituem uma ligação suplementar. Por isso, diz Aristóteles, podemos ver bem que é natural o homem e a mulher, os seres humanos, serem mais sindiásticos do que políticos, mais inclinados a se ligarem dois a dois do que a se ligarem com a totalidade de cidadãos que constitui uma cidade. Nessa análise de Aristóteles, no fundo não encontramos nada muito diferente dos elementos do debate tradicional de que lhes falei na última vez. É sempre nas vantagens do casamento que se situa a razão pela qual casar--se é interessante, é bom. É por razões de utilidade que a razão tende para ele. E que essa relação de casamento é do mesmo tipo que a relação política, mesmo sendo mais forte que os laços propriamente políticos, que ela é, em sua própria natureza, a mesma coisa, é o que prova o fim do capítulo, em que Aristóteles diz que a justiça deve reinar entre o homem e a mulher[36]. O mesmo tipo de regulação que preside as relações entre os cidadãos deve presidir as relações entre o homem e a mulher. Para Aristóteles, portanto, sem dúvida há mais força no vínculo homem-mulher, marido--mulher do que no vínculo entre concidadãos, mas não uma diferença de natureza. Vamos nos voltar para os tratados de que quero lhes falar agora. Parece-me que neles temos a descrição de uma forma de vínculo totalmente diferente e que nos introduz no princípio de heteromorfismo da relação homem-mulher em comparação com as outras relações sociais.

[Sobre esse ponto, os textos de Musônio Rufo são muito explícitos.] [No] tratado sobre o casamento como impedimento eventual de filosofar, Musônio Rufo retoma esse tema das relações, dos relacionamentos, da comparação entre o casamento e a amizade. Musônio Rufo não nega de modo algum que a relação de casamento implique amizade. Até certo ponto, até mesmo faz dessa relação conjugal uma forma de amizade. Mas imediatamente especifica: Nenhum amigo pode ser [tão] caro a seu amigo quanto uma mulher é cara a seu marido e quanto o marido é caro à sua mulher, pois a mulher está sempre presente no coração do marido. Ela é *kathatýmios*. E algumas coisas provam que esse vínculo é mais forte que todos os laços de amizade; por exemplo, a tristeza que a ausência do cônjuge provoca para seu cônjuge[37]. A ausência do marido para a mulher, a ausência da mulher para o marido provocam uma tristeza muito mais forte do que a que se pode sentir quando um amigo se vai. Assim também a presença da mulher para o marido, a presença do marido para a mulher provocam uma alegria infinitamente mais forte do que nas relações habituais de companheirismo. E como exemplo dessa força muito particular das relações conjugais ele cita a história de Admeto e Alceste, que vai ser um dos lugares-comuns de toda essa literatura sobre o casamento. Alceste, como vocês sabem, aceita morrer em lugar do marido, quando os próprios pais do marido se recusaram a fazer esse sacrifício[38]. Apenas a mulher é capaz de sacrificar a si mesma pela vida do esposo, o que mostra bem que a relação de amizade entre o homem e a mulher, o marido e sua esposa, é muito mais forte não só do que as relações de companheirismo, mas também do que as relações entre pais e filhos[39]. Tem-se a impressão de que também aqui esse texto de Musônio Rufo responde, explícita ou implicitamente, ao texto de Aristóteles de que lhes falei há pouco. Quando Aristóteles, na *Ética a Nicômaco*, diz que de qualquer modo todas as relações, comparadas com a que liga os pais aos filhos, são muito menos fortes, Musônio Rufo inverte a análise e mostra, ao contrário, que as relações de casamento são as mais fortes, mais fortes até mesmo do que as que ligam os filhos aos pais. Os pais nunca se sacrificariam pelos filhos como Alceste se sacrificou por Admeto.

Para explicar a força que tem esse vínculo do casamento, por oposição a todas as relações de *philía*, precisamos pôr na cabeça que no fundo, para os estoicos, a relação de casamento está no limite extremo da relação de amizade. Ela é simultaneamente uma efetuação desta e é ao mesmo tempo algo diferente por sua natureza. É por natureza algo diferente da amizade e ao mesmo tempo é o modelo de todas as relações de amizade, o ponto a partir do qual todas as outras relações de amizade devem ordenar-se[a]. Efetivamente, o que é a relação conjugal e em que consiste ela, em sua forma íntima e interior?

Em primeiro lugar, diferentemente das relações de amizade, a relação conjugal implica uma unidade orgânica. Um texto de Antípatro, um pouco anterior ao período de que lhes falo, diz isso muito claramente[40]. Antípatro, um estoico que pertence ao período do médio estoicismo, diz o seguinte: Frequentemente objetamos ao casamento o fato de, a partir do momento em que alguém vive a dois, ou seja, não está sozinho com si mesmo, forçosamente haver dificuldades, conflitos, oposições. A dualidade, como a pluralidade, é mais difícil de ser administrada do que a unidade. Mas, diz Antípatro, esse argumento é totalmente insuficiente e falso, pela excelente razão de entre um marido e uma mulher não estar em causa a ligação entre dois elementos separados. Acaso diríamos, por exemplo, que é melhor ter uma mão em vez de duas, ou ter só um dedo em vez de vários? O mesmo acontece com o casamento. O casamento não é a justaposição de dois indivíduos diferentes. Ele possibilita a constituição de um único corpo e nesse único corpo há obviamente uma pluralidade de membros. Evidentemente, mais vale ter duas pernas do que só uma. E, diz Antípatro, no limite até mesmo seria bom ter toda uma série de pernas, seria ainda melhor do que ter apenas uma ou mesmo duas. É do mesmo modo que devemos conceber o casamento. A dualidade de elementos no casamento é como a dualidade de elementos no interior do organismo: isso o aperfeiçoa, isso não constitui um princípio de conflito, uma deficiência ou um obstáculo.

---

a. O manuscrito dá as seguintes explicações: "Precisamos nos deter neste último texto por duas razões: os sentimentos mobilizados (sabemos que na amizade dois sentimentos eram essenciais e formavam uma tensão intensa: *homonoia* (igualdade), *eúnoia* (benevolência). Temos aqui: a *kedosýne* (não simplesmente 'estar bem-disposto', e sim ocupar-se um do outro), mais do que a *homónoia*. Permanecemos no contexto da *philía*, em sua forma geral. Platão? A parelha do *Fedro* que, também ela, caminha para a catástrofe, quando um cavalo vai para cima e o outro, para baixo. Sem dúvida não há um eco direto, mas a oposição das duas imagens é importante. Em todo caso, se o casamento ainda coloca em jogo uma forma de *philía*, esta não é mais de modo algum homogênea a essas relações de interesse que encontramos entre amigos."

Segunda série de temas que encontramos nos estoicos: essa unidade, de certo modo orgânica, constituída pelo casamento, não diz respeito simplesmente aos corpos, não diz respeito só aos bens, mas também diz respeito às almas. O que o casamento deve constituir é uma comunidade de corpo e alma. Esse tema [está presente] em Antípatro e em Musônio Rufo. Muito explicitamente, Musônio Rufo diz: Em qual outra relação de amizade poderíamos dizer que tudo (os bens, o corpo e a alma) é comum como no casamento[41]? E também Hiérocles diz, em seu tratado *Perì gámou*: No casamento tudo é comum, até os corpos e, mais ainda que os corpos, até as almas[42].

Em terceiro lugar, essa unidade orgânica que diz respeito simultaneamente aos corpos e às almas não deve ser compreendida simplesmente como a existência, entre dois indivíduos, de um vínculo particularmente forte que acabe por uni-los. Trata-se na realidade – e aqui os textos são importantes – de uma verdadeira física do casamento, que põe em jogo uma relação que os estoicos conhecem bem, pois a utilizam em seu tratado teórico sobre a física e a ordem do mundo. Eles dizem que o casamento não deve ser compreendido como uma justaposição, é claro, mas também nem mesmo como uma mistura de elementos heterogêneos que permaneçam, até certo ponto, heterogêneos entre si. [O casamento está no âmbito] de um tipo de mistura bem conhecido na física deles e que faz com que os elementos que o compõem estejam inteiramente fundidos um no outro. Antípatro, ainda no estoicismo médio, distinguia dois tipos de mistura[43]. O que ele chama de *míksis*: mistura de elementos que permanecem distintos, [como], por exemplo, quando pegamos dois punhados de pedregulhos e misturamos um com o outro. A essa *míksis* se opõe o que ele, seguindo a doutrina estoica tradicional, chama de *krâsis*: fusão integral de substâncias que se misturam inteiramente entre si, como dois líquidos que misturamos (água e vinho). É o que os estoicos chamam de *di'hólon krâsis*, a mistura completa, a fusão total[44]. Essa ideia de que o casamento é uma *krâsis*, de que há uma *krase*[a] matrimonial que constitui uma forma de união, um tipo de vínculo absolutamente irredutível a todos os outros vocês encontram nos estoicos; também a encontram em alguém como Plutarco, que é hostil aos estoicos em muitos pontos, mas que retoma alguns de seus temas, particularmente a propósito do casamento e da moral conjugal. Uma passagem importante está no parágrafo 34 dos *Praecepta conjugalia*, na qual Plutarco diz que existem três tipos de mistura possíveis. Podemos ter a mistura *ek diestóton*, ou seja, a partir de elementos separados.

---

a. Em vez de utilizar o termo francês "crase", Foucault optou pela grafia "*krase*"; a tradução segue o mesmo procedimento. (N. da T.)

É essa mistura que, por exemplo, constitui um exército. Num exército, toda uma série de indivíduos permanecem separados uns dos outros, evidentemente, mas a maneira como são reunidos e como se constitui uma unidade a partir desses indivíduos é determinado tipo de mistura. Em segundo lugar, vocês podem ter uma mistura que é feita, por exemplo, quando constroem uma casa ou um barco. Também aí vocês pegam elementos separados uns dos outros, combinam-nos entre si, ajustam-nos; é a mistura *ek synaptoménon*, na qual os elementos ao mesmo tempo permanecem separados, mas ainda assim constituem uma unidade, uma unidade física. E não é possível retirar um desses elementos sem destruir a unidade que produzem. Afinal de contas, pode-se matar um soldado num exército e nem por isso o exército é destruído. Tirem a viga mestra da casa: a casa desmorona, mas a viga mestra continua a manter sua própria unidade. Em contrapartida, há um terceiro tipo de mistura, o mesmo que permite constituir os animais [ou os] organismos. É a mistura produzida pelos indivíduos, pelos seres *henoména*, absolutamente unitários. Essas três misturas podem servir de modelo para os três tipos de casamento. Quando alguém se casa unicamente pelos prazeres do corpo, pelos prazeres da cama, essa é uma unidade, uma mistura que não é mais sólida, não é mais unitária que a de um exército. Os indivíduos se reúnem e em seguida se separam. O segundo tipo de casamento, de acordo com o segundo modelo de mistura, é o casamento que o indivíduo faz quando procura como objetivo apenas os bens ou mesmo apenas os filhos. Temos aí então a unidade cujo modelo é apresentado pela casa ou pelo barco, ou seja, de fato, quando alguém se casa [por] razões econômicas (aumentar seus bens, misturar seus bens com os de outrem), ou quando se casa unicamente para ter filhos e para continuação do nome ou da cidade, constitui realmente uma unidade, como a de uma casa ou de um barco. De fato, não se pode desfazer essa unidade. Se a unidade desse casamento fosse desfeita, os bens seriam separados novamente, a família constituída com os filhos também se dissociaria. Portanto, esse casamento é obrigado a se manter assim, como numa casa ou num barco. Mas, diz ele, a verdadeira forma do casamento, a forma do melhor casamento possível, segue o terceiro modelo, aquele que vemos na natureza animada quando todos os elementos vêm reunir-se para formar um indivíduo e um animal. Essa mistura é a *krâsis*, a *di'hólon krâsis*. Em seguida não é mais possível fazer a separação entre os elementos assim constituídos, não há mais a autonomia e a individualidade de cada um dos dois elementos[45]. No bom casamento pelo modelo da *krâsis*, o homem e a mulher não podem mais ser separados um do outro, porque formam enfim uma única substância. *Di'hólon krâsis* é o tipo de relação que encontramos no casamento.

Essa definição do vínculo do casamento como *krase*, como uma mistura substancial total, vocês vão encontrar em muitos textos estoicos. Vão encontrá-la em Plutarco em várias passagens e particularmente no famoso *Diálogo sobre o amor*, no qual são contrapostos o amor por rapazes e o amor por mulheres – ou melhor, o amor por rapazes e o amor matrimonial[a]. [A propósito] desse amor matrimonial, Plutarco, que por sua vez opta contra o amor por rapazes, retoma a expressão *di'hólon krâsis*[46] e diz: No casamento é preciso considerar que há uma mistura total, uma mistura substancial (*di'hólon krâsis*), e não algo que siga o modelo de Epicuro quando, falando dos átomos que permanecem separados uns dos outros, Epicuro define entre eles apenas formas de atração e repulsão. O marido e a mulher não devem ser concebidos como átomos epicúrios interligados por algo como uma atração; é preciso considerá-los água e vinho que se misturam para constituir um único e mesmo líquido. Quando se compara essa ideia de um casamento como *krase* substancial que mistura totalmente, inteiramente, dois elementos, a ponto de serem indissociáveis, vocês percebem que na verdade se passou para uma definição [muito diferente] do casamento. Quando vocês leem o texto de Xenofonte com o qual comecei[47], o texto de Aristóteles na *Ética a Nicômaco* de que também lhes falei[48], a propósito das relações de amizade entre homem e mulher, qualquer que seja a naturalidade que Xenofonte ou Aristóteles tenham atribuído ao casamento, qualquer que seja o valor que tenham atribuído a essa relação, qualquer que seja a força que lhe reconheçam em comparação com qualquer outra, qualquer que seja até mesmo o lugar singular que dão a esse casamento no conjunto de relações sociais, vocês podem ver bem que, primeiramente, tanto para Xenofonte como para Aristóteles, a relação de casamento, em sua natureza intrínseca, ainda que seja implicada pela natureza, não é diferente de outro tipo de relação. Continuamos numa economia de vantagens e desvantagens, continuamos numa economia de interesses em comum, estamos numa economia de adaptações mútuas. Como dizia Aristóteles, estamos ainda e sempre no regime do *díkaios*, do justo e do injusto, estamos numa relação política. E Aristóteles diz isso explicitamente: A relação, o poder que o homem exerce sobre a mulher é um poder político. Portanto, trata-se realmente do regime de isomorfismo do casamento relativamente às outras relações sociais. Digamos ainda que tanto para Xenofonte como para Aristóteles o casamento obviamente é bom, o casamento obviamente é natural, mas não tem uma natureza específica.

---

a. M. F. acrescenta: voltaremos a isso na próxima vez [cf. *infra*, aula de 25 de fevereiro, p. 134].

Já nos textos de que lhes falo e que, repito, são todos de inspiração estoica – [textos de] estoicos estritos, como Antípatro, Hiérocles, Musônio Rufo, mas também de homens que não são estoicos, como Plutarco –, vocês podem ver, ao contrário, que o casamento é um tipo de relacionamento que não só é natural (*katà phýsin*, todo mundo está de acordo quanto a isso), mas também tem uma natureza específica. Tem uma natureza específica porque o tipo de relacionamento praticado no interior do casamento é irredutível aos relacionamentos sociais que podem ser encontrados no interior da cidade ou, evidentemente, no interior do gênero humano. É outro tipo de relacionamento, outra forma de relacionamento, outra natureza de relacionamento. Não estamos mais no regime de economia das vantagens, já estamos numa física de fusão das existências. O casamento faz parte de uma física de fusão das existências e, mais simplesmente, de uma economia geral das relações sociais. Isso marca a ruptura do casamento relativamente às outras relações sociais, marca o início do heteromorfismo que vai caracterizar o casamento no conjunto de relações sociais, heteromorfismo de que o cristianismo fará o uso que tentaremos ver em seguida, mas sobre o qual é preciso mostrar bem que já foi perfeitamente formulado, perfeitamente marcado, perfeitamente recortado nos tratados de conduta de que lhes falei.

Então faltaria ainda – farei isso daqui a quinze dias, muito rapidamente – falar um pouco do papel dessa relação conjugal na cidade e mostrar qual função de célula elementar ela desempenha[a].

*

NOTAS

1. *Homélies sur le mariage*, in João Crisóstomo, *Œuvres complètes*, t. IV das *Homélies*. Bar-le-Duc, L. Guérin & Cie éditeurs, 1864.
2. Cf. a análise desse texto de Xenofonte em *L'Usage des plaisirs*, *op. cit.*, cap. "La maisonnée d'Ischomaque", pp. 169-83.
3. Xenofonte, Économique, VII, 5, ed. e trad. fr. Pierre Chantraine. Paris, Les Belles Lettres, CUF, 1949, p. 59 [ed. bras.: *Econômico*, trad. Anna Lia A. de A. Prado. São Paulo, Martins Fontes, 1999].

---

a. Lacuna na gravação. Ouve-se apenas: ... e depois então vou lhes falar da outra desarticulação do princípio que regula a percepção...

O manuscrito conclui do seguinte modo: "Função da vida a dois: essa unidade constitui o elemento básico da cidade. Também aqui estamos muito próximos de temas muito antigos: a ideia de que é preciso ter filhos para que a cidade se renove; a ideia de que a cidade se compõe não diretamente de indivíduos e sim de casas (cf. o início de *Política*: 'a primeira comunidade é formada de famílias para atendimento das necessidades', I, 2). Na verdade as teses estoicas são diferentes. Quanto às casas: consumadas pelo vínculo conjugal (Antípatro). O *oîkos* aristotélico é uma unidade econômica. O *oîkos* estoico é uma unidade da conjugalidade."

4. *Ibid.*, trad. fr. P. Chantraine.
5. Xenofonte, *Économique*, VII, 11, trad. fr. P. Chantraine, pp. 60-1.
6. *Ibid.*, VII, 12, p. 61.
7. *Ibid.*, VII, 18-19, p. 62.
8. *Ibid.*, VII, 19, p. 62. (Sobre esse ponto preciso, cf. *L'Usage des plaisirs*, pp. 174-5.)
9. *Ibid.*, VII, 20, 22-23, 30, pp. 62-4.
10. "Ela [a divindade] concedeu ao corpo da mulher poder alimentar os recém-nascidos [...], também encarregou a mulher de tomar conta das provisões" (*ibid.*, VII, 24-25, p. 63).
11. *Ibid.*, VII, 32-34, pp. 64-5.
12. Esses fragmentos foram reunidos em *Reliquiae*, ed. Otto Hense. Leipzig, B. G. Teubner ("Bibliotheca scriptorum Graecorum et Romanorum" 145), 1905. A. J. Festugière apresentou uma tradução deles em *Télès et Musonius: Prédications*. Paris, Vrin ("Bibliothèque des textes philosophiques"), 1978. Foucault não utiliza essa edição. É bem verdade que ela não dá o texto grego.
13. "Seguramente o filósofo é o mestre, penso eu, e o guia dos homens em tudo que convém ao homem de acordo com a natureza (*katà phýsin*); e é manifestamente de acordo com a natureza (*katà phýsin*), se jamais algo o foi, o fato de casar-se" (*Reliquiae*, XIV, ed. cit., p. 70; *Prédications*, XIV, 2, *op. cit.*, p. 98); cf. *L'Usage des plaisirs, op. cit.*, pp. 179-80.
14. "Pois, afinal, por que o demiurgo do homem primeiramente dividiu em dois nossa raça (*génos*), em seguida fez no ser humano dois tipos de partes sexuais, uma para a mulher e outra para o varão, em seguida implantou em cada um dos dois sexos um violento desejo (*epithymían iskhyrán*) de comércio e de comunidade de vida (*tês th'homilías kaì tês koinonías*) com o outro sexo e misturou no coração de um e do outro uma forte paixão (*póthon iskhyrón*) de um pelo outro, do varão pela mulher, da mulher pelo varão? Acaso não é evidente que ele quis que os dois se unissem (*syneînai*), vivessem em comum (*syzên*), se associassem para organizar a vida (*tà pròs tòn bíon alléloin symmekhanâsthai*), procriassem juntos e criassem filhos, para que nossa raça fosse eterna (*tò génos hemôn aídion eí*)?" (*Prédications*, XIV, 2-3, p. 98; *Reliquiae*, XIV, pp. 71-2.)
15. Xenofonte, *Économique,* VII, 32-34, *op. cit.*, pp. 64-5.
16. "Se, em contrapartida, concordares que a natureza humana se assemelha principalmente à abelha, que não pode viver sozinha porque morre se ficar isolada, mas que convive, colabora e compartilha sua obra com as vizinhas, visando a uma mesma obra conjunta dos animais de sua espécie [...], nesse caso cada qual deve ocupar-se de sua cidade e fazer da família o fundamento da cidade" (*Prédications*, XIV, 5, p. 99).
17. Cf. principalmente Marco Aurélio, *Pensées*, VI, 54: "O que não é útil para o enxame também não é útil para a abelha" (trad. fr. Émile Bréhier, in *Les Stoïciens, op. cit.*, p. 1188). A imagem da abelha como animal gregário por excelência provém de Aristóteles (*Política*, I, II, 10) e é muito difundida na época helenístico-romana. Ver o fragmento de Fílon de Alexandria (atribuído a Crisipo), em *Veterum Stoicorum Fragmenta* (t. II, 733), ed. H. von Arnim. Lipsiae, B. G. Teubner, 1903; e Cícero, *Les Devoirs*, I, 157, trad. fr. Maurice Testard. Paris, Les Belles Lettres (col. Budé), 1965, p. 188 [ed. bras.: *Dos deveres*, trad. Angélica Chiapeta. São Paulo, Martins Fontes, 1999]: "E, assim como os enxames de abelhas não se associam para construir favos de mel, e sim, sendo sociais por natureza, constroem favos, assim também – e ainda muito mais – os homens, por estarem associados pela natureza, praticam a engenhosidade da ação e do pensamento." Cf. sobre esse ponto J.-L. Labarrière, *La Condition animale. Études sur Aristote et les stoïciens*. Louvain-la-Neuve, Peeters, 2005, pp. 35 ss.
18. Sobre esse mesmo assunto, cf. *Le Souci de soi, op. cit.*, p. 179.
19. Cf. cit. *supra*, nota 16.
20. Cf. cit. *supra*, nota 14.
21. Estobeu, *Florilegium*, 22, *op. cit.*, p. 7; cf. também *Le Souci de soi, op. cit.*, p. 180.
22. Aristóteles, *História dos animais*, IX, 2, 610b: "entre os peixes, uns se reúnem em bandos e são amigos (*hoi mèn synagelázontai met'allélon kaì phíloi eisín*), outros não se agrupam e são inimigos". Aristóteles especifica também, a propósito de "numerosas espécies de

peixes", que eles "vivem em bandos (*agelaîa*)" e "têm um instinto social (*politiká*)" (*Histoire des animaux*, I, 1, 488a, trad. fr. Louis, *op. cit.*, p. 5).

23. "Todos sabem quanto respeito pela justiça para com o outro se vê entre os animais que vivem em sociedade (*tà synagelastiká*)" (Porfírio, *De l'abstinence*, III, 11, 1, trad. fr. Jean Bouffartigue e Michel Patillon. Paris, Les Belles Lettres, CUF, 1979, p. 166).

24. Estobeu, *Florilegium*, 22, p. 8 (Foucault traduz por "conjugais" em *Le Souci de soi*, *op. cit.*, p. 180).

25. Cf. por exemplo *Histoire des animaux*, V, 1, 538b-539b, *op. cit.*, pp. 1-3.

26. "No inverno, no verão, no outono os caminhos geralmente são retos, mas na primavera, entrelaçados; pois o animal se acasala (*syndyázetai*) em todas as épocas, sem dúvida, mas principalmente nessa estação" (Xenofonte, *L'Art de la chasse*, ed. e trad. fr. Édouard Delebecque. Paris, Les Belles Lettres, CUF, 1970).

27. Na *Ética a Nicômaco*, porém, esse verbo tem uma significação mais abstrata: "acoplamento" mal ajustado das características da prodigalidade (1121a) ou das "qualidades acidentais" (o agradável e o útil) no caso da amizade (1157a), ou mesmo "soma" aritmética (1131b).

28. O texto grego é o seguinte: "*Légo dè tèn paidon génesin kaì bíou diexagogên eustathoûs*" (Estobeu, *Florilegium*, p. 8).

29. "A primeira união necessária é a de dois seres (*anánke dè prôton syndyázesthai*) que são incapazes de existir um sem o outro: é o caso do macho e da fêmea para a procriação" (Aristóteles, *Política*, I, 2, 1252a, ed. e trad. fr. Jules Tricot. Paris, Vrin, 2005, pp. 24-5).

30. "O homem, de fato, está inclinado pela natureza a viver em casal, mais ainda do que a viver em cidade (*ánthropos gàr teî phýsei syndyastikòn mâllon è politikón*)" (Aristóteles, *L'Éthique à Nicomaque*, 1162a 16, ed. e trad. fr. René Antoine Gauthier e Jean-Yves Jolif. Louvain-la-Neuve, Peeters-Nauwelaerts, 2002, cap. XII, p. 241).

31. Foi a natureza que distinguiu a fêmea e o escravo" (Aristóteles, *Politique*, I, 2, 1252b, trad. fr. Tricot, *op. cit.*, p. 25).

32. "As duas comunidades que acabamos de ver [homem-mulher, senhor-escravo] são a família [...]. Por outro lado, a primeira comunidade formada de várias famílias [...] é a aldeia [...]. Por fim, a comunidade formada de várias aldeias é a cidade" (*ibid.*, p. 27).

33. "Em suma, é a comunidade de interesse que, como já dissemos, é o fundamento de toda amizade (*en koinonía pâsa philía estín*). Entretanto, poderíamos excetuar dessa regra a amizade entre os membros de uma mesma família e a dos amigos de infância (*tén te syngenikén kaì tèn hetairikén*). São antes amizades entre concidadãos, entre membros de uma mesma tribo, entre companheiros de navegação etc., que se assemelham às amizades comunitárias (*koinonikaîs*), pois salta aos olhos que se baseiam numa espécie de contrato (*kath'homologían*)" (*L'Éthique à Nicomaque*, 1161b, trad. fr. Gauthier e Jolif, *op. cit.*, p. 239). Por essa citação se compreende que Aristóteles se empenha principalmente em distinguir, de um lado, a amizade familial ou dos amigos de infância e, do outro, a amizade comunitária que supõe "uma espécie de contrato" (*homología*) e está fundamentada numa "comunidade de interesse".

34. "Se salta aos olhos que a amizade entre membros de uma família se divide entre várias espécies, não é menos evidente que ela decorre inteiramente da amizade dos pais por seus filhos" (*ibid.*, 1161b 16, p. 239).

35. "De fato, os pais amam seus filhos porque, de certo modo, estes fazem parte deles mesmos, ao passo que os filhos amam seus pais porque deles obtêm sua origem" (*ibid.*, 1161b 18, p. 239).

36. "Indagar qual deve ser na vida em comum a conduta do marido para com a mulher [...] equivale manifestamente a indagar qual conduta, em tal caso, é justa" (*ibid.*, 1162a 30, pp. 241-2).

37. Não poderíamos encontrar associação (*koinonía*) mais necessária e mais agradável que aquela entre o homem e a mulher. Qual companheiro é tão salutar para seu companheiro como uma esposa desejada para aquele que a desposou (*hos gynè katathýmios toî gegamekóti*)? Qual irmão para seu irmão? Qual filho para seus pais? Qual ausente é tão lamentado quanto um

marido por sua mulher, uma mulher por seu marido? De quem a presença poderia mais aliviar a tristeza ou aumentar a alegria ou sanar um infortúnio? Em qual caso se estima que tudo seja em comum (*koinà eînai pánta*), corpos e almas e bens, se não for no caso do marido e da mulher? É por isso que todos os homens estimam que o amor do marido e da mulher é o mais valioso de todos" (*Prédications*, XIV, 7-8, p. 99; *Reliquiae*, XIV, p. 74). Cf. também *L'Usage des plaisirs, op. cit.*, p. 188.

38. Essa história é reproduzida por Eurípedes em sua tragédia *Alceste* (*Alceste*, trad. fr. Louis Méridier, in *Tragédies*, t. I. Paris, Les Belles Lettres, 2003).

39. *Prédications*, XIV, 8, p. 100; *Reliquiae*, XIV, pp. 74-5.

40. Reproduzido em Estobeu, *Florilegium*, 25, pp. 11-5.

41. "Em quais casos se estima que tudo seja comum (*koinonías*), corpos e almas e bens, se não for no caso do marido e da mulher?" (*Prédications*, XIV, 7, p. 99; *Reliquiae*, XIV, p. 73).

42. Estobeu, *Florilegium*, 24, pp. 8-10.

43. *Ibid.*, 25, pp. 11-5. Cf. sobre o mesmo ponto *Le Souci de soi, op. cit.*, p. 190.

44. O texto grego recuperado por Estobeu é o seguinte: "hai mèn gàr állai philíai è *philostorgíai* eoíkasi taîs tôn ospríon é tinon állon paraplesíon katà tàs parathéseis míxesin, hai d'andròs kai gynaikòs taîs di'hólon krásesin, hos oînos hýdati kaì toûto éti mèn mísgetai di'hólon" (*Florilegium*, 25, p. 12); sobre o mesmo ponto, cf. *Le Souci de soi, op. cit.*, p. 190.

45. "Entre os corpos, os filósofos dizem que uns são compostos de elementos distintos (*ek diestóton*), como uma frota ou um exército; outros, de partes juntadas (*ek synaptoménon*), como uma casa ou um navio; outros, por fim, formam um todo de uma única natureza (*tà d'henoména kaì symphyê*), como é o caso de cada ser vivo. É aproximadamente assim que, no casamento, a união de pessoas que se amam forma um todo de uma única natureza: a de pessoas que se desposam pelo dote ou por filhos é composta de partes juntadas; a de pessoas que não fazem mais que dormir juntas, de elementos distintos, e delas poderíamos pensar que moram juntas, mas não vivem juntas. Ao contrário, assim como os físicos dizem sobre os líquidos que há fusão de todos seus elementos (*di'hólon genésthai tèn krâsin*), é preciso que entre os esposos se confundam entre si corpos, bens, amigos e relações" (Plutarco, *Œuvres morales*, t. II: *Préceptes de mariage*, 34, 142e-143a, trad. fr. Robert Klaerr. Paris, Les Belles Lettres, 1985, p. 158).

46. "Pois o que chamamos de 'união integral' é verdadeiramente o caso dos esposos que se amam (*haûtê gar estin hos alethôs he di'hólon legoméne krâsis, he tôn erónton*)" (Plutarco, *Dialogue sur l'amour*, 769e, trad. fr. Flacelière, *op. cit.*, p. 103).

47. Cf. *supra*, pp. 112 ss.

48. Cf. *supra*, pp. 124 ss.

AULA DE 25 DE FEVEREIRO DE 1981

A nova economia dos aphrodísia. *– Desconfiança tradicional ante a atividade sexual: as restrições religiosas. – Dupla relação da sexualidade: de simetria com a morte, de incompatibilidade com a verdade. – Atividade sexual e vida filosófica. – Descrição médica do ato sexual. – Comparação entre o ato sexual e a crise de epilepsia. – Transformação cristã do triângulo morte-verdade-sexo. – Consequências da conjugalização do prazer sexual nos dois primeiros séculos de nossa era, nos textos filosóficos: simetria homem-mulher; objetivação da sexualidade matrimonial.*

Hoje eu gostaria de continuar o estudo de alguns daqueles textos que tirei de filósofos dos dois primeiros séculos que precederam o cristianismo. Mais do que filósofos moralistas, eu deveria dizer: diretores de consciência. Ou mesmo, na medida em que a noção de consciência sem dúvida não se aplica ao que eles pensavam, nem ao que faziam, nem ao âmbito a que se referiam, seria preciso dizer: mestres de vida, diretores de conduta, diretores ou mestres de existência, [o] que era uma boa parte dos filósofos naquele momento. Procurei mostrar-lhes na última vez[1] a maneira como aqueles mestres de vida, aqueles diretores de conduta, estoicos a maioria, mas não todos, valorizaram o casamento. Com isso é preciso entender, por um lado, que eles apresentaram o casamento como uma regra geral de existência, uma regra que devia ser aplicada não só ao comum dos mortais, é claro, ao comum dos cidadãos, mas até mesmo aos filósofos. E, por outro lado, eles valorizaram o casamento no sentido de terem apresentado, analisado essa regra geral do casamento como implicando um tipo de relacionamento muito particular e muito específico. A relação matrimonial era algo específico na ordem da natureza, específico entre as relações sociais de amizade, específico na medida em que o casamento presumivelmente formava, criava, fazia aparecer, fazia surgir uma realidade singular que se devia à fusão de dois seres. Era aquela famosa noção da *krâsis*, da *krase*ª conjugal que une num ser novo e único os dois cônjuges. É essa, portanto, a valorização do casamento tal como aparece através dos textos.

Agora quero retomar o mesmo tipo de texto, com algumas variantes, e também alguns outros, [a fim de] analisar o que poderíamos chamar de nova economia dos prazeres sexuais, nova economia dos *aphrodísia*. Nesses textos vemos, por um lado, uma atitude cada vez mais desconfiada, prudente, econômica, restritiva a respeito dos prazeres sexuais, dos *aphrodísia*. Porém, mais ainda que essa atitude de desconfiança, quero mostrar-lhes principalmente o que poderíamos chamar de conjugalização dos prazeres sexuais, conjugalização dos *aphrodísia* de duas formas. Por um lado, a localização dos *aphrodísia*, do ato sexual legítimo, no interior da instituição matrimonial e mais ainda: no interior mesmo da relação individual dos dois cônjuges. E, por outro lado, a codificação desses atos sexuais, não só em função da forma jurídica ou institucional do casamento, mas também em função mesmo dessa relação individual. Consequentemente, indexação do prazer sexual legítimo à forma específica da relação conjugal. Creio que temos aí, na história dos [modos]ᵇ de reflexão, de análise, de regulamentação da atividade sexual, um momento que é particularmente importante.

Primeiramente, então, nessa nova economia dos prazeres sexuais, dos *aphrodísia*, quero falar-lhes do que poderíamos chamar de nova desconfiança ou certa forma de desconfiança a respeito desses prazeres sexuais, atitude que, segundo parece, se torna cada vez mais acentuada nos séculos que precedem o desenvolvimento do cristianismo. Quando digo que essa atitude de desconfiança se acentua cada vez mais no período helenístico e romano, não quero de modo algum dizer que tenha existido, [num período] determinado da civilização grega, um momento em que os atos sexuais, os *aphrodísia*, tenham recebido de pleno direito uma valorização positiva e que tenha sido aceita posteriormente. Na verdade, em todas as civilizações, em todas as sociedades que conhecemos, há e sempre houve alguns traços e características que mostram qual é o sistema de economia restritiva que diz respeito aos *aphrodísia*. O problema é saber como essa economia restritiva dos *aphrodísia* se manifesta e se organiza na Grécia. Nesse caso, na medida em que se trata de uma rápida visão geral do que poderíamos chamar de Grécia clássica, forçosamente serei muito rápido. Entretanto, quero insistir em alguns aspectos. E vou tomar sucessivamente as três formas em cujo interior essa economia dos *aphrodísia* foi pensada e, até certo ponto, foi regulamentada e codificada. Primeiramente no interior das práticas religiosas, em segundo lugar no interior da prática e da vida filosóficas, em terceiro lugar no interior da medicina.

a. Cf. nota p. 125. (N. da T.)
b. M. F. diz: formas

Primeiramente, vou lembrar as proibições rituais, as proibições cultuais que vigoraram na Grécia clássica, na Grécia arcaica também, e que tendiam a estabelecer uma barreira, um limite, uma fronteira relativamente estrita entre a atividade sexual e a vida religiosa. Vocês conhecem, por exemplo, as obrigações de virgindade que o culto de certas deusas implicava: a virgindade das sacerdotisas do Artemision[2], a virgindade das vestais em Roma. Conhecem também a obrigação de abstinências de longa duração que o serviço de um deus implicava. Para ter certeza de que seus acólitos eram abstinentes, estes eram escolhidos entre crianças ou entre mulheres idosas. Obrigação também de abstinência temporária, tanto para o desenrolar da cerimônia como muito simplesmente para a visita ritual ao templo. Ninguém podia visitar um templo se houvesse mantido relações sexuais imediatamente antes dessa visita. Alguns textos legislativos são totalmente explícitos. Uma lei de Cirene[3], por exemplo, diz que um indivíduo não pode praticar sacrifícios se houver feito amor durante o dia. Em contrapartida, se houver feito amor durante a noite, no dia seguinte tem direito de sacrificar. Esses temas persistirão durante muito tempo. Em *Conversas à mesa*, de Plutarco (livro III, conversação 6), vocês encontram essa ideia de que mais vale fazer amor à noite que de manhã, porque, se alguém houver feito amor de manhã, não pode prestar culto aos deuses, ao passo que, se houver feito amor mais tarde, a noite passou e, de certo modo, estendeu sua cortina entre a atividade sexual e a atividade religiosa[4]. Portanto, dependendo da modalidade, que é diferente de um culto para outro, da região e da época, a relação com os deuses implica um corte radical quanto ao ato sexual.

Sobre essas coisas, conhecidas e que, repito, estou só indicando de muito longe, quero fazer duas observações. Primeiramente, nessas obrigações ou restrições a respeito dos *aphrodísia*, quanto aos atos rituais e cultuais, uma coisa me parece importante. É que, de certo modo, os *aphrodísia* estão em posição simétrica com a morte e o cadáver. Duas grandes proibições protegem as atividades cultuais: por um lado, precisamente o ato sexual e, por outro, o contato com um cadáver. Haver tocado num cadáver, haver estado sob o mesmo teto que ele, haver visto frente a frente um cadáver ou ainda haver tido uma relação sexual (à qual se ligam também a menstruação, os nascimentos, os abortos), todas essas coisas, tanto umas como outras, são elementos, acontecimentos, encontros que impedem os que deles participaram de empreender uma atividade religiosa. Num dicionário tardio que data do século V, o de Hesíquio de Alexandria, a purificação é definida assim: purificar-se é lavar-se de todo contato *apò nekroû kaì apò aphrodísion* (de cadáver e dos *aphrodísia*)[5]. Portanto, posição simétrica, posição de analogia da morte, dos mortos e da relação sexual. O segundo elemento cultural dos *aphrodísia* a ser destacado é que a regra de abstinência, a necessidade de purificação diz respeito, de modo totalmente particular, à manifestação da verdade. Ou seja, o dizer-verdadeiro na ordem da religião, o dizer-verdadeiro profético, por exemplo, passa por uma abstinência sexual acentuada, contínua, definitiva. O deus de Delfos ou o de Dodona[6] só podiam falar por intermédio de uma virgem. A abstenção de relações sexuais precisa ser total para que a voz do deus possa ser ouvida, mediatizada por esse corpo, esse corpo que deve estar isento de toda relação sexual. O que é verdade em caráter definitivo para a profecia é verdade em caráter episódico quando está em causa ouvir ou ver a verdade, quando a solicitamos de um deus numa circunstância particular. Por exemplo, no templo de Epidauro, quando vamos ao templo e pedimos ao deus que nos envie um sonho que nos dirá nosso futuro, o destino que nos espera ou a doença de que estamos sofrendo, se quisermos receber esse sonho que diz a verdade, se quisermos obter do deus que ele nos fale ou nos apareça, ou em todo caso nos envie a mensagem que poderá ajudar-nos e esclarecer-nos, precisamos ter nos abstido de relações sexuais e precisamos ter nos purificado[7]. Essa ideia de que a verdade vinda do deus só pode chegar ao homem com a condição de este ter se purificado de toda relação sexual é uma ideia importante. É uma ideia tradicional, que, aliás, não encontramos somente na religião grega, é uma ideia que ainda durará muito tempo – vocês têm testemunhos, por exemplo, de Tibulo[8] e de Ovídio[9] que mostram que, ainda então, alguém que queira obter dos deuses algum sinal ou alguma indicação quanto a seu futuro deve abster-se de relações sexuais. Digamos, para resumir isso, que do ponto de vista religioso os *aphrodísia*, por um lado, estão numa relação de proximidade ou de simetria ou de analogia com a morte e, por [outro lado], são incompatíveis com a manifestação da verdade.

Vamos tomar agora, ainda e sempre numa rápida visão geral, a propósito da Grécia clássica, a tradição filosófica, mais exatamente a tradição do que é chamado de *bíos theoretikós*, a vida teórica. O prazer sexual aparece como incompatível com, ou pelo menos perigoso para a vida teórica, ou seja, a vida que se devota, se dedica à busca, apreensão e contemplação da verdade. Evidentemente, vamos encontrar a primeira manifestação – em todo caso a mais clamorosa, a mais resoluta, a mais radical – dessa incompatibilidade em Pitágoras e nos pitagóricos. À pergunta: "Quando se deve fazer amor?" Pitágoras respondia: "Farás amor quando quiseres prejudicar a ti mesmo."[10] No pitagorismo, ou nessa tradição pouco conhecida, não muito precisa, pelo menos para nós, simultaneamente do orfismo e do pitagorismo, a contemplação da verdade ser incompatível com a atividade sexual é facilmente dedutível de alguns temas: o corpo considerado prisão na qual a alma está enclausurada[11]; o corpo considerado uma impureza que macula com seu contato a alma presa nele[12]; o corpo que é matéria, matéria destinada à morte e que, portanto, pode arrastar em sua mortalidade uma alma que, por sua vez, está destinada à imortalidade. Consequentemente, para que a alma possa ser libertada, para que possa receber a luz da verdade, para que mesmo ela possa, através de seus sonhos à noite, receber os sinais dessa outra vida, é preciso que se purifique abstendo-se de toda relação sexual[13]. O que os pitagóricos disseram sobre esse ponto em seu vocabulário, em sua metafísica ou, digamos, em sua religiosidade geral [foi] retomado em contextos teóricos muito diferentes. Em todo filósofo grego, qualquer que seja, toda vida filosófica implica uma atitude de restrição, de desconfiança a respeito do prazer sexual.

Obviamente, as atitudes são diferentes. Não só as atitudes são diferentes, mas também as consequências práticas são diferentes. Por exemplo, [ante a] *enkráteia* socrática, o domínio sobre o prazer, vocês têm a *enkráteia* cínica, que, ao contrário, consiste em o indivíduo, de certo modo, livrar-se o mais rápido possível de seu prazer. É a história de Crates, que nem sequer tinha tempo de esperar uma prostituta para obter seu prazer sexual. Obtinha-o de si mesmo e de sua própria mão, pois enfim ficava livre dele mais depressa[14]. É, por exemplo, a recusa total de Antístenes, que, por sua vez, não quer em hipótese alguma que o filósofo ceda de nenhum modo ao desejo sexual e se entregue a seu prazer[15]. É a atitude epicurista, um pouco diferente, mas que não é mais favorável que essas à atividade e ao prazer sexuais[16]. Epicuro admite que o filósofo se entregue ao prazer sexual, mas com uma condição, ou melhor, com um conjunto de condições[17]. Por um lado, essa relação sexual [não deve estar] de modo algum ligada aos movimentos, desejos e representações vazias do amor – portanto, relação sexual sem amor. E [por outro lado] é preciso que essa relação sexual não provoque nenhuma perturbação, nenhuma consequência negativa e seja apenas um prazer de satisfação de uma necessidade, uma necessidade que nunca é considerada necessária, mas que não deixa de ser natural. Portanto, de todo modo, quaisquer que sejam as atitudes e as consequências práticas, é sempre uma atitude muito restritiva ante o prazer sexual que encontramos nas diferentes formas e fórmulas da vida teórica.

É muito fácil extrairmos a formulação geral dessa desconfiança, suas razões universalmente aceitas pelos filósofos. [Em primeiro lugar,] o prazer sexual é um prazer violento que se apossa do corpo inteiro, sacode-o, arrastando a vontade para além mesmo do que ela desejaria. Em segundo lugar, o prazer sexual é um prazer passageiro, precário, que é intenso por um momento e em seguida se inverte em fadiga, esgotamento, tristeza, arrependimento etc. Em suma, o prazer sexual é um prazer que em nossos termos de hoje qualificaríamos de "paroxístico" e que, nessa medida, se opõe a uma vida filosófica, a um *bíos theoretikós* que tem como função, como objeto, precisamente a ausência de perturbações, a permanência de determinada qualidade de existência caracterizada ou pela sabedoria, ou pelo autodomínio, ou pela felicidade. E, por fim, o *bíos theoretikós* caracteriza-se por uma apreensão da verdade que a violência paroxística e a cegueira dos prazeres do amor só podem impedir. Portanto, a vida teórica, que na concepção grega é oposta à vida política pelo fato de esta ser uma vida de ócio, opõe-se à vida de prazeres pela *enkráteia*. As três vidas (vida teórica, vida de prazeres, vida política) distribuem-se do seguinte modo: a vida teórica opõe-se à vida política pelo ócio; a vida teórica opõe-se pela *enkráteia* (o domínio) à vida de prazeres, cujo único objeto, se não único pelo menos principal, exemplar, é o prazer sexual. A vida teórica é uma vida não de inatividade, e sim de atividade, atividade que se exerce sobre si mesma e tem como principal função alcançar o domínio de todos esses movimentos involuntários do prazer dos quais os *aphrodísia* são o exemplo mais manifesto e, ao mesmo tempo, mais perigoso[18]. Também aqui, queiram desculpar o caráter muito alusivo de tudo isto, mas vocês estão vendo que podemos dizer, sem deformar demais a verdade, mesmo esquematizando-a muito, que na concepção grega, desde o pitagorismo até a época na qual quero me situar em seguida, vida teórica e atividade sexual são fundamentalmente incompatíveis, sejam quais forem os meios--termos que possamos encontrar entre uma e outra.

Agora, em terceiro lugar, o ponto de vista médico[19]. No *Tratado sobre a geração*, de Hipócrates, nesse texto hipocrático temos, nas primeiras linhas, uma descrição do ato sexual[20]. Essa descrição é feita da seguinte maneira. O autor hipocrático explica que no ato sexual a fricção do sexo provoca um aquecimento. Esse aquecimento do sexo propriamente dito se transmite para os líquidos e os humores que estão ao redor do sexo. O aquecimento desses líquidos provoca, como em todo líquido que é aquecido ou agitado, uma espuma. E é esse líquido espumoso, ou melhor, a espuma desse líquido que na ejaculação sai violentamente e assim causa o prazer[21]. Esse modelo do prazer, manifestamente inteiramente viril, é transposto sem alteração pelo autor do *Tratado sobre a geração* ao prazer feminino, que também, apesar de dependente do primeiro, segue a mesma mecânica. No coito, a matriz é agitada. Os humores que cercam a matriz também são agitados e aquecidos, tornam-se espumosos e também se espalham, causando o prazer e liberando essa substância, essa matéria espermática feminina que, misturada com a matéria espermática masculina, resultará no embrião[22]. É esse, portanto, o esquema de que fala o *Tratado sobre a geração*, de Hipócrates. Nesse esquema geral do prazer sexual, o que é interessante e que, aliás, o autor hipocrático enfatiza, é que nessa mecânica do prazer é o corpo inteiro que se vê afetado. É afetado inteiramente e também é afetado essencialmente. Inteiramente no sentido de que, se é verdade que o líquido inicialmente aquecido pela agitação e fricção do sexo é de fato o que cerca a região do sexo, o baixo-ventre, a região lombar etc., não é menos verdade, diz Hipócrates, que todas as veias que estão ali e [que] chegam ao sexo por intermédio da medula e dos lombos na realidade provêm do corpo inteiro. E o calor que se apossa dessa região e invade aquela região não demora a estender-se para o corpo inteiro. E, partindo do sexo, é o corpo inteiro, em conjunto, que por intermédio de sua rede venosa entra em calor, entra em ebulição. E consequentemente são todos os humores do corpo que assim se tornam espumosos, de modo que o esperma que acaba jorrando é na realidade produzido pela totalidade do corpo. Isso explica duas coisas. A primeira, é claro, é que o filho vai se assemelhar aos pais, visto que é do corpo inteiro dos pais que provêm os diversos elementos, que provém a matéria que vai formar o embrião[23]. [A segunda é] o grande esgotamento do indivíduo após o ato amoroso, visto que foi seu corpo inteiro que produziu a pequena quantidade de esperma que lhe proporciona seu prazer[24].

Portanto, o ato sexual concerne ao corpo inteiro. Concerne-lhe também essencialmente, na medida em que não são partes quaisquer dos humores e do sangue que formam assim a espuma espermática, e sim são partes que Hipócrates diz serem as mais gordas, as mais vivas, as mais fortes. E consequentemente [são] elas que, isoladas pela agitação, ficando espumosas e sendo violentamente expulsas, vão destacar-se do corpo, de modo que no ato sexual o corpo vai perder o que tem de mais vivo e mais forte. De certo modo, ele próprio se divide em dois. Em todo caso, são-lhe arrancados os princípios mais essenciais de sua existência. Isso explica que o esperma seja capaz de criar outro embrião [e] que, por sua ejaculação, esgote o corpo inteiro, mas [também] que o indivíduo seja levado quase ao limiar de sua própria morte no prazer sexual que sente.

Macróbio afirma que Hipócrates comparou o ato sexual com a epilepsia[25]. Na verdade, nos textos hipocráticos não se encontra essa metáfora. Em contrapartida, segundo Galeno, que cita Sabino (vocês encontram essa citação nos terceiros comentários ao primeiro livro de *Epidemias*, parágrafo 4), parece que foi Demócrito que comparou o ato sexual com a epilepsia[26]. Em todo caso, uma coisa é certa: essa metáfora, a comparação do ato sexual com a epilepsia, passa a ser um tema médico, um tema fisiológico, um tema moral também, muito comuns na Antiguidade clássica e pós-clássica. Um médico como Rufo, por exemplo, dirá mais tarde, a propósito dos atos sexuais: "Devemos desfrutar o mais raramente possível os prazeres venéreos (*aphrodísia*)[27]; eles não são favoráveis nem para a saúde geral nem para os raciocínios da alma e, muito ao contrário, tiram-lhe o vigor. Primeiramente, os movimentos violentos que acompanham o coito são da família do espasmo; em seguida, o resfriamento que o sucede retarda e entorpece o pensamento."[28] Do mesmo modo, Célio Aureliano comparará termo a termo a epilepsia e o ato sexual e mostrará que em ambos os casos vemos os mesmos movimentos, embora as contrações sejam diferentes, a mesma respiração ofegante e o mesmo suor, o mesmo revirar dos olhos, o rubor do rosto, que em seguida são sucedidos pela palidez e pela fraqueza geral do corpo[29]. E mesmo onde a metáfora da epilepsia não for explícita, há na maioria dos médicos pelo menos um uso permanente e implícito desse parentesco, dessa analogia epilepsia-ato sexual[30]. Daí a ideia, por exemplo, [de que] a epilepsia infantil acaba curada no momento da puberdade ou pelo primeiro coito – vocês encontram isso em Plínio[31], encontram isso em Escribônio Largo[32]. Havia até mesmo médicos que pretendiam curar a epilepsia pelo coito. Areteu se indigna [ou] em todo caso não parece defender a prática que atribui a alguns médicos, que incitavam as crianças a praticarem o coito para poderem curá-las da epilepsia[33]. Aliás, a mesma relação entre epilepsia e ato sexual [é comprometida pela] tese contrária, que consistia em dizer que era absolutamente necessário evitar praticar o coito quando se era epilético, pois precisamente o coito, o ato venéreo frequentemente provocava epilepsia, devido a sua identidade de natureza – é a tese que vocês encontram em Galeno[34], em Celso[35], em Paulo de Égina[36], em Alexandre de Tralles[37] etc. Essa comparação médica entre a epilepsia e o ato sexual me parece importante. Não vou me deter, é claro, nas conotações religiosas [às vezes associadas] à epilepsia, que também, como o ato sexual, torna impuro o indivíduo. No *Corpus hippocraticum*, em VI, 352-362, há alusão às necessidades de purificação do indivíduo quando ele teve uma crise epilética[38]. E o mesmo Hipócrates dizia que, se o epilético pressentisse a aproximação de um acesso e de uma crise, devia isolar-se fora de locais públicos e esconder a cabeça[39]. Segundo Apuleio, não convinha comer à mesa de um epilético[40].

Portanto, temos realmente, para a epilepsia e para o ato sexual, algumas proibições de ordem ritual e religiosa; mas não é nisso que quero insistir. Se insisti nesse relacionamento do ato sexual com a epilepsia pelos médicos, foi pela seguinte razão. É que a epilepsia tal como eles a descrevem apresenta três características importantes. Em primeiro lugar, a epilepsia é constituída de movimentos violentos e involuntários. Em segundo lugar, a epilepsia implica perda da consciência, obscurecimento do pensamento, perda de memória e esquecimento. E por fim, em terceiro lugar, a epilepsia leva a um esgotamento total do corpo, a ponto de se poder julgar, depois de uma crise de epilepsia, que o indivíduo está morto. Portanto, na epilepsia o movimento involuntário, a violência da convulsão, a morte aparente e o obscurecimento do pensamento são três elementos que encontramos também no ato sexual.

O ato sexual, através dessa metáfora da epilepsia, revela três características já [presentes] ou nas proibições religiosas ou no pensamento filosófico – [ou melhor,] no ideal de vida filosófico –, a saber: em primeiro lugar, o ato sexual, por sua natureza, é parente próximo da morte, há algo que o aproxima [da], que o liga à morte; em segundo lugar, o ato sexual é incompatível com o pensamento, incompatível com a memória, incompatível com toda e qualquer relação com a verdade. Parentesco com a morte, exclusão da verdade: é [através disso] que na Grécia clássica [se] manifesta uma atitude de desconfiança fundamental a respeito da sexualidade. Em todo caso, na religião, na reflexão filosófica, no saber médico são esses dois elementos (parentesco com a morte, exclusão da verdade) que encontramos constantemente. Insisti nesses elementos por duas razões. A primeira é que, repito, não se deve procurar atrás do cristianismo, no mito de uma Grécia clássica, certa idade de ouro da liberdade sexual na qual fosse valorizado o que em seguida foi desvalorizado pelo cristianismo ou por essa famosa e fictícia tradição judaico-cristã ocasionalmente invocada. Na Grécia clássica, portanto, [percebemos] no interior desses diferentes planos de reflexão ou dessas diferentes codificações da ação e da vida uma desconfiança fundamental a respeito dos atos sexuais. Em segundo lugar, se insisti nisso, não foi simplesmente para mostrar o que poderíamos ter adivinhado sem insistir mais: essa desconfiança, essa codificação, essa regulamentação etc. Se insisti, foi porque vemos aparecer claramente, tanto na medicina como na filosofia e na religião, uma espécie de triângulo sexo-morte-verdade.

* * *

Esse triângulo vamos reencontrar justamente na experiência cristã da carne. Mas – é o que quero tentar mostrar-lhes nas próximas aulas – a organização mesma desse triângulo não é idêntica na experiência grega dos *aphrodísia* e na experiência cristã da carne. É absolutamente verdade que na experiência cristã da carne o ato sexual vai ser considerado aparentado, de certo modo, com a morte, como na experiência grega dos *aphrodísia*. Também é absolutamente verdade que na experiência cristã da carne a atividade sexual vai ser considerada incompatível com a relação com a verdade. Entretanto, há uma diferença fundamental; na realidade, toda uma série de diferenças, mas a mais importante é [a seguinte]. O que diferencia a experiência cristã da carne da experiência grega dos *aphrodísia* não é que o sexo seja ainda mais desvalorizado que na cultura grega, não é que o sexo esteja mais profundamente enraizado no campo da morte. O que mudou foi a relação com a verdade. Entre os gregos, a atividade sexual (os *aphrodísia*) tornava o indivíduo incapaz, se não definitivamente pelo menos temporariamente, de ter acesso à verdade. Isso entre os gregos, e também entre os cristãos, mas com uma modificação fundamental. Se é verdade que entre os cristãos, na experiência cristã da carne, a relação sexual é exclusiva do acesso à verdade e se, portanto, é necessário purificar-se de tudo que diz respeito ao ato sexual para poder ter acesso à verdade, entre os cristãos essa purificação, necessária para poder ter acesso à verdade, implica que cada indivíduo estabeleça para si mesmo determinada relação de verdade que lhe permita descobrir em si mesmo tudo o que possa revelar a presença secreta de um desejo sexual, de uma relação com a sexualidade, de uma relação com tudo que diz respeito ao sexo. Ou seja, se o indivíduo quiser ter acesso à verdade e se, para poder ter acesso a essa verdade, quiser purificar-se, precisa, previamente e como procedimento indispensável para a purificação, estabelecer uma relação específica de verdade que é a relação específica de verdade com o que ele é. O sujeito precisa saber o que ele é. Preciso saber o que sou e o que acontece em mim com meu desejo sexual, se quiser primeiramente purificar-me e, em segundo lugar, por meio dessa purificação, ter acesso à verdade do ser. A verdade do que sou é necessária para a purificação que me permitirá ter acesso à verdade do que é. A manifestação da verdade em mim mesmo, a manifestação da verdade que operarei por mim mesmo, para mim mesmo e em mim mesmo: é isso que me permitirá libertar-me desse vínculo com o desejo sexual que me impediu de ter acesso à verdade. Consequentemente, obrigação de dizer a verdade sobre si mesmo, de descobrir a verdade de si e de sua própria impureza: é isso que enfim, por intermédio da purificação, vai me dar acesso à verdade.

Consequentemente, a relação, relativamente simples, de incompatibilidade entre relação sexual e verdade que encontramos na experiência grega dos *aphrodísia* se vê complicada ou pelo menos se vê desdobrada. Ou seja, não estará mais em causa, na experiência cristã da carne, afirmar que o ato sexual, o desejo sexual, é incompatível com a verdade. Será preciso descobrir tecnicamente os meios de reconhecer em si a verdade mesma de seus desejos, para em seguida poder ter acesso a essa verdade que me é prometida pelo desaparecimento de toda conexão de minha existência com o prazer e o desejo sexuais. Assim foi o cristianismo, que introduziu, como questão fundamental na relação com a verdade, esta questão:

o que acontece com a verdade de minha concupiscência? Ou, como diríamos em nosso vocabulário, o que acontece com a verdade de meu desejo? De modo que[a] não foi o cristianismo que fez a relação sexual, a atividade sexual, o prazer sexual, o ato sexual caírem para o lado do impuro. Os gregos já haviam definido com máxima clareza a relação entre o ato sexual, a impureza e a morte. Não foi o cristianismo que tornou incompatíveis a atividade sexual e a relação com a verdade. Os gregos já haviam estabelecido isso. Mas foi o cristianismo que, de certo modo, cindiu ou desdobrou o problema da relação sexual com a verdade e, nesse desdobramento, mostrou a questão da verdade do desejo como aquela que o indivíduo precisava responder previamente para poder ter acesso, mais além de todo desejo sexual, à verdade mesma. E foi assim que se viu tecida no cristianismo essa relação entre a subjetividade e a verdade a propósito do desejo, que é tão característica não só do cristianismo, mas de toda nossa civilização e de todo nosso modo de pensar. Subjetividade, verdade e desejo: é isso que vemos tecido, do modo que acabo de dizer-lhes, quando passamos da experiência grega dos *aphrodísia* para a experiência cristã da carne. Mas isso é o movimento global, é o ponto de chegada que procurarei mostrar-lhes no fim desta série de aulas[b]. [...]

Esse movimento vai ser feito precisamente por intermédio desses mestres de vida, desses diretores de existência que não pertencem ao cristianismo, e sim muito mais às escolas filosóficas (essencialmente estoicas, mas não unicamente) da época helenística e da época imperial. E é aí que encontramos o problema da conjugalização da relação sexual. Tudo o que eu lhes disse até agora, portanto, era para mostrar-lhes que mesmo na Grécia clássica, que tão facilmente passa por ter sido receptiva e tolerante para com os prazeres sexuais, vários elementos [dão prova de] uma atitude muito desconfiada, desconfiada pelas razões que acabo de dizer-lhes: exclusão da verdade, proximidade com a morte. O que os textos de filosofia moral, os textos de conduta de existência dos dois séculos que precedem o cristianismo mostraram foi, em primeiro lugar, uma intensificação dessa atitude desconfiada. Sobre essa intensificação vou passar bem rapidamente, apenas indicando nos textos médicos um desenvolvimento muito manifesto, muito claro, de todas as precauções que pedem às pessoas que sigam quando se trata de definir o regime dos atos sexuais. Muito manifestamente, os médicos consideram-no cada vez mais perigoso e só devendo realizar-se à custa de condições tanto meticulosas como nu-

---

a. M. F. acrescenta: e esse é o sentido geral que eu gostaria de dar ao curso deste ano
b. Lacuna na gravação. Ouve-se apenas: ... do esquema simples da exclusão entre relação sexual e acesso à verdade para esse esquema desdobrado que é o da experiência cristã...

merosas. Um texto de Rufo de Éfeso, por exemplo, diz o seguinte: "O ato venéreo é um ato natural. Nenhuma das coisas naturais é prejudicial."[41] Mas esse ato, se for efetuado "de modo imoderado, prolongado demais, despropositadamente, pode tornar-se prejudicial, principalmente para os que são fracos do sistema nervoso, do peito, dos rins, do flanco, da virilha ou dos pés. Eis os indícios pelos quais se reconhecerá o mal" provocado pelo ato sexual. "Toda força humana diminui com o uso que dela fazemos; ora, a força é o calor natural que existe em nós. Em consequência" dos atos sexuais, "as digestões não são boas naqueles que se entregam [em excesso] ao coito; tornam-se pálidos, a visão e a audição alteram-se, nenhum sentido conserva sua força. Perdem a memória, contraem um tremor (convulsivo), têm dores articulares, principalmente no lado. Uns se tornam nefríticos, outros adquirem uma doença da bexiga, outros mais ficam com a boca cheia de aftas, sofrem dos dentes e sentem a garganta inflamada."[42] Todas essas coisas não pertencem de modo algum, como chegaram a dizer, a uma atitude ou um movimento de pensamento que fosse próprio do século XVIII ou do pensamento ocidental, capitalista etc. Tudo isso [se encontra] nos médicos dos séculos I e II de nossa era. Desconfiança médica cada vez mais acentuada[43].

Em segundo lugar, também a intensificação, é claro, do tema da incompatibilidade entre a atividade sexual e o pensamento filosófico. Indico-lhes, também aqui são só indicações, o famoso texto do *Hortensius* de Cícero – digo famoso porque esse texto será utilizado no *Contra Julianum* por santo Agostinho –, em que Cícero diz o seguinte: "Acaso o que a volúpia produz com excessiva frequência não é a ruína da saúde [...]? Quanto mais violentos forem esses movimentos, mais são inimigos da filosofia [...]. Acaso entregar-se a essa volúpia, rainha de todas as outras, não é assumir uma impotência radical para cultivar o espírito, desenvolver a razão e alimentar pensamentos sérios? Não é essa voragem que incessantemente, noite e dia, tende a produzir em todos nossos sentidos essas violentas comoções" (temos aí a metáfora sub-reptícia da epilepsia) "cujo segredo pertence às voluptuosidades levadas ao extremo? Que homem sábio não preferiria que a natureza nos tivesse recusado todas essas volúpias, quaisquer que sejam?"[44] Ser libertado do sexo, ser libertado do prazer e do desejo do sexo é o que todo homem razoável deveria desejar, na exata medida em que o uso da razão é absolutamente incompatível com esse gênero de atividade. E essa linha da exclusão total e radical da atividade sexual na e pela atividade filosófica faz surgirem, no período de que lhes falo, aqueles filósofos completamente ascéticos, aqueles filósofos que renunciaram totalmente à atividade sexual, dos quais vocês podem ver pelo menos o perfil no cínico representado por Epicteto em *Con-*

versações e dos quais têm um exemplo em Apolônio de Tiana, sobre quem Filóstrato disse, no livro I, capítulo 13, de seu *Vida*: "como Pitágoras era elogiado por haver dito que só se devia ter relações com a própria esposa, ele [Apolônio] afirmou que esse preceito de Pitágoras dizia respeito aos outros, mas que ele próprio nunca se casaria e nunca teria relações carnais [...], mesmo em sua primeira juventude, não foi vencido por essa paixão: jovem e em pleno vigor físico, conseguiu triunfar sobre essa força de loucura e dominá-la"[45]. Vocês estão vendo: intensificação da desconfiança médica para com as relações sexuais, intensificação também do tema de que quem quiser levar uma vida filosófica, quem quiser levar uma vida plena e integral deve renunciar à atividade sexual.

Mas não é principalmente disso que quero lhes falar; é de outra coisa, outro [elemento] que afinal me parece muito mais importante e que é a conjugalização do ato sexual, a qual assume dois [grandes] aspectos. Em primeiro lugar, nos textos de que lhes falo (esses textos de regras de vida, artes de conduta etc., os dos estoicos, mas também os de Pitágoras), essa localização do ato sexual [tem a seguinte significação]: na percepção ética tradicional, a que Artemidoro utilizava em seu *Onirocrítica*, vimos que o ato sexual tinha sua melhor forma possível e seu máximo de valor quando ocorria no casamento. Nessa percepção, portanto, não havia uma liberdade total para o ato sexual. Era mesmo no casamento que ele era o máximo e o melhor. Mas o que vemos nessas artes de conduta dos séculos I-II é, primeiramente, que só no interior do casamento poderá haver ato sexual legítimo[a]. Musônio Rufo, por exemplo, diz o seguinte: Os homens que não forem devassos e que não forem imorais devem considerar que somente são legítimas as relações sexuais que ocorrem dentro do casamento. Toda relação sexual fora do casamento, e qualquer que seja o parceiro, homem ou mulher, rapaz ou moça etc., será condenada pela única razão de não ocorrer dentro do casamento[46]. É a tese de Musônio Rufo, estoico do início da época imperial, mestre de Sêneca. E é essa afirmação que os estoicos depois dele retomarão, não só os estoicos, mas também os movimentos neopitagóricos, também alguém como Plutarco.

Em segundo lugar, não só essas relações sexuais podem apenas ocorrer dentro do casamento, mas também, mais precisamente, vai haver, e isso pela primeira vez, uma condenação simétrica dos dois tipos de adultério. Vocês sabem muito bem que, na concepção clássica[b], se o adultério da mulher era considerado imoral, o do homem não o era do mesmo

---

a. O manuscrito especifica aqui: "nas primeiras grandes seitas filosóficas que se formaram na Grécia (orfismo, pitagorismo) encontramos temas semelhantes".

b. M. F. acrescenta: mencionei isso quando falamos dela [cf. *supra*, aula de 21 de janeiro, p. 59, e aula de 28 de janeiro, pp. 74-5].

modo. O adultério da mulher era imoral, necessariamente desqualificado, na medida em que, estando colocada sob o poder do marido e, de certo modo, fazendo parte dos bens de que ele podia dispor legitimamente, a mulher, caso se entregasse a outro, ia contra essa estrutura jurídico-social que constituía o arcabouço geral não só do casamento, mas também da economia dos prazeres. Em contrapartida, o marido, por sua vez, se é verdade que o melhor ato sexual possível que podia fazer era o que cometia com sua mulher, podia dispor também de seus outros bens, ainda que o melhor de seus bens fosse sua mulher. E, portanto, podia perfeitamente dormir com uma prostituta, cuja profissão era essa, ou ainda com uma mulher livre e *a fortiori*, é claro, com um escravo ou uma escrava. Isso fazia absolutamente parte da moral corrente e aceita – novamente, voltem ao que dissemos a propósito de Musônio Rufo. Nessa categoria de textos que procuram construir um novo esquema de comportamento sexual, o adultério do marido vai ser concebido como condenável simetricamente com o da mulher. São as mesmas razões que tornam condenáveis o adultério do homem e o adultério da mulher. [Sobre esse ponto] temos um texto de Musônio Rufo. [Ele] não é realmente o primeiro [a defender essa tese], visto que no texto do pseudo-Aristóteles (aquele texto do *Econômico* que atribuíram a Aristóteles, mas que não é de Aristóteles) vamos encontrar um argumento desse tipo; mas é a única formulação tão antiga que temos[47]. Assim, temos a primeira formulação desse tipo no pseudo-Aristóteles, sem dúvida por volta do século III [a.C.]. Depois não [vamos encontrar] nenhuma outra formulação desse tipo, estabelecendo uma simetria entre as duas formas de adultério, antes da de Musônio Rufo e também de outros, a partir, portanto, dos séculos I-II [d.C]. O argumento de Musônio Rufo é interessante. Ele diz: Muitas pessoas toleram que um homem casado tenha relações, se não com uma mulher qualquer, pelo menos com uma escrava. Temos aí a situação típica do homem casado cuja mulher evidentemente não tem direito de cometer adultério. Quanto a ele, é claro, tem direito de ter relações sexuais com sua mulher, mas também com seus outros bens e, portanto, com sua escrava. Musônio Rufo indaga se essa situação é aceitável. Não, conclui. Um homem casado não pode ter relação [com outra], mesmo que seja uma escrava que lhe pertence. E por quê? Pois bem, [prossegue ele]: Acaso esse mesmo homem aceitaria que sua mulher, casada [com ele], tenha relações com um escravo? Evidentemente não. Se não admite isso para sua mulher, não pode admiti-lo para si mesmo[48]. Argumento muito interessante. Primeiro porque assim se estabelece uma igualdade não só jurídica, mas também moral entre o homem e a mulher; tudo o que vincula a mulher deve vincular do mesmo modo o homem. E essas relações de simetria, essas relações de obrigação análogas e cruzadas de que lhes falei na última vez a propósito do casamento vamos encontrar aplicadas aqui. As obrigações do homem [casado] são as mesmas que as da mulher casada. Mas nos argumentos de Musônio Rufo há mais isto: se havia algo muito vil e mesmo horrível, era uma mulher casada ter relações com um escravo; era o perfeito exemplo da passividade da relação sexual, passividade que subvertia inteiramente a ordem das relações sociais. A ideia de que o prazer que o homem tem com uma escrava é tão condenável, tão moralmente inaceitável, quanto o prazer que uma mulher casada tem com um escravo [indica] bem que o prazer do homem é em si mesmo considerado tão perigoso, tão mau (é tão desqualificado) quanto o da mulher. No nível moral, o prazer do homem é do mesmo tipo que o prazer da mulher, não há diferença de natureza entre um e outro. No argumento de Musônio Rufo, portanto, vocês encontram ao mesmo tempo uma espécie de elevação jurídica ou jurídico-moral da mulher para o nível do homem. Eles estão ligados pelos mesmos vínculos, o que o homem pode exigir da mulher a mulher pode exigir do homem. Elevação jurídica da mulher para o nível do homem, mas, inversamente, rebaixamento do prazer do homem para o nível do prazer da mulher; os dois prazeres não valem um mais que o outro. [O homem e a mulher] estão no mesmo nível como indivíduos, mas igualmente seu prazer está no mesmo nível. É o homem que faz a norma jurídica da existência, é a mulher que faz a norma moral do prazer. É por isso que nesse tipo de argumentação a mulher se eleva e o homem se vê rebaixado. Portanto, podemos dizer que há conjugalização no sentido de a relação sexual fora do casamento ser proibida – proibida para a mulher, proibida para o homem e proibida para o homem não só com uma estranha, mas até mesmo com [uma mulher] tão próxima dele e tão dependente de seu poder quanto uma escrava. Esse é um dos aspectos da conjugalização da relação sexual.

Mas há outro aspecto e que é ainda mais importante, pelo menos para este meu propósito. É que, através dessa conjugalização, dessa localização do ato sexual dentro do casamento, vai ser desenvolvida uma codificação. Surgirá todo um conjunto de prescrições referentes ao comportamento sexual no casamento. Não só é preciso que o ato sexual ocorra dentro do casamento, mas também é preciso que ocorra de determinado modo, tomando-se certas precauções, seguindo-se certas regras ou normas, precisamente porque ele ocorre dentro do casamento. E quais são essas regulamentações, quais são essas codificações? A primeira é que no casamento o ato sexual não deve ser indexado ao prazer. Nunca é para seu prazer que o indivíduo deve ter relações sexuais no interior do casamento. O *hedoné*, o prazer, não é um fim. E é esse princípio que dá sentido à frase de Sêneca[49], que vamos encontrar também em Plutarco[50] e que vai ser indefinidamente repetido pelo cristianismo: na relação sexual com [a esposa], nunca se deve considerá-la uma amante. Entre o tipo de relação sexual que o indivíduo tem com uma amante e o tipo de relação sexual que tem com sua mulher deve haver uma diferença profunda, uma diferença fundamental, uma diferença de natureza.

Essa exclusão do prazer como fim na atividade sexual assume diversas formas. A primeira, é claro, que é óbvia, que é tradicional, é a repetição da velha finalidade do casamento que vocês já encontravam em Platão[51], em Aristóteles[52], em todos os filósofos gregos: se alguém se casa é para gerar filhos. A *paidopoiía* é o fim do casamento e, portanto, [se torna] também o fim do ato sexual. Ao passo que o ato sexual tal como era definido anteriormente (enquanto não estava localizado dentro do casamento) tinha como fim, como definição, o prazer, aqui vemos [a ideia] de que a *paidopoiía*, que era o fim do casamento, se torna o fim do [próprio] ato sexual. A *paidopoiía* (fazer filhos) era a razão de se casar – vocês encontram isso em Platão, encontram isso em Aristóteles. O ato sexual era apenas o instrumento, pois em si mesmo era feito, quando o indivíduo o praticava, para chegar ao prazer. Gerar filhos era a consequência natural, não era o fim que buscavam, exceto entre os cidadãos ideais da cidade platônica. Agora, com os estoicos, [surge] a ideia de que um indivíduo qualquer, tendo relações sexuais com a mulher, não deve, quando tem essas relações, ter em vista o prazer, e sim deve ter em vista esse fim, que é o fim do próprio casamento. Em outras palavras: superposição da finalidade do casamento e da finalidade do ato sexual, que é o nascimento de filhos.

Em segundo lugar – isso também será muito importante para a história do pensamento cristão –, a fabricação de filhos, o nascimento de filhos não é o único objetivo do ato sexual. Deve ser também a formação e o desenvolvimento de um vínculo afetivo entre o marido e a mulher. Esse tema, esboçado nos estoicos, é longamente desenvolvido por Plutarco no diálogo *Sobre o amor*, que diz o seguinte: "a união física com uma esposa é fonte de amizade (*philía*), como uma participação conjunta em grandes mistérios. A volúpia (*hedoné*) é de curta duração, mas é como o germe a partir do qual crescem dia a dia entre os esposos o respeito mútuo (*timé*), a complacência (*kháris*)" (a boa vontade que um tem para com o outro), "a afeição (*agápesis*) e a confiança (*pístis*)"[53]. Em outras palavras, diferentemente dos estoicos, que eliminam totalmente o prazer como fim na relação sexual com a esposa, Plutarco abre-lhe um espaço. De certo modo, abre-lhe um espaço natural e indispensável, como se, apesar de tudo, não fosse possível o indivíduo não ter um pouco de prazer quando tem uma relação sexual com a mulher. Mas esse prazer não deve ser considerado [um] fim. É simplesmente um momento totalmente episódico e de curta duração que deve levar ao estabelecimento de toda uma rede de relações (respeito, complacência, afeição, confiança etc.) que vai constituir a trama real da união matrimonial. E é nesse sentido que Plutarco dá uma interpretação muito significativa e interessante de uma antiga legislação que atribuíam a Sólon. A lei de Sólon – verdadeira ou falsa, não importa, em todo caso Plutarco a considera uma legislação de Sólon – era que todo homem ateniense casado devia ter relações sexuais com a mulher pelo menos três vezes por mês[54]. Pois bem, diz Plutarco, a razão não é que se tratava de gerar filhos, pois não era possível gerar três filhos por mês, e sim que era preciso, com isso, reforçar regularmente e revigorar regularmente os laços de afeição que unem o marido e a mulher. Portanto, o prazer sexual se acha ou eliminado radicalmente pelos estoicos ou então subordinado, na qualidade de puro instrumento ou de puro intermediário, a objetivos que são a procriação de filhos, a descendência e a constituição, a reconstituição, o revigoramento do vínculo entre os esposos.

A partir daí aparecem alguns elementos que até então nunca haviam aparecido na moral sexual ou mesmo nas concepções e teorias do casamento. É, se não toda uma regulamentação, pelo menos todo um conjunto de prescrições sobre a maneira como o indivíduo deve ter relações sexuais com a mulher. Em primeiro lugar, regra de pudor. Plutarco critica explicitamente um texto, situado em [Heródoto], em que [Heródoto][a], narrando a história de Candaules e Giges[55], dizia: Ao tirar a túnica toda mulher perde o pudor. Pois bem, diz Plutarco, entre marido e mulher não deve ser assim[56]. Quando uma mulher tira a túnica diante do marido ou quando o marido manda a mulher tirar a túnica, ela imediatamente deve estar revestida de uma túnica ainda mais espessa, que é a de seu pudor. Em segundo lugar, diz Plutarco, evidentemente o indivíduo nunca deve fazer amor com a mulher durante o dia, o que efetivamente era uma proibição bastante comum na Grécia. Não só não deve fazer amor de dia como também não deve fazê-lo à noite com uma lâmpada acesa. Por quê? Porque as imagens do corpo da mulher poderiam inserir-se no espírito e na memória do marido. Ele poderia pensar novamente nelas durante o dia e ter permanentemente para com sua mulher uma atitude de desejo que não é adequada quando se trata de sua própria mulher. E por fim encontramos, ainda em Plutarco, uma coisa também muito interessante porque vai ter um longo futuro no cristianismo, e que é a questão da atitude da mulher ante o desejo do marido. Como deve ela aceder ao desejo do marido? Deve aceitar tudo que ele quiser? Deve eventualmente solicitá-lo? Qual deve ser a medida da reserva e da complacência que ela deve ter para com o

---

a. M. F. diz: Xenofonte

marido? Sobre isso Plutarco não dá muitas outras indicações além desta: por um lado, ela não deve ter a iniciativa, cabe ao marido tomar a iniciativa, ela deve esperar; [por outro lado,] não deve ter uma atitude rude que afaste o marido.

Dez séculos, doze séculos depois, teremos o enorme edifício da codificação das relações conjugais entre o homem e a mulher na casuística cristã. Mas isso é outra coisa. Em todo caso, nestes textos de que estou lhes falando temos o próprio núcleo desse tipo de problema. Estamos muito longe daquela complexa codificação que [se instaurará] na Idade Média, mas já existe nestes textos toda uma série de recomendações que, pela primeira vez, tomam a relação sexual marido-mulher como objeto de análise, e isso de dois modos. Em primeiro lugar, faz-se da relação sexual marido e mulher a expressão, o elemento ou uma peça no interior de uma relação mais geral que deve ser uma relação de amor, uma relação de éros. Esse éros, que até então havia caracterizado na ética grega ou as relações do homem com um rapaz ou as relações do homem com uma moça, uma mulher, mas simplesmente como objetos de desejo, agora deve ter seu lugar, seu lugar preferencial, bem mais: seu único lugar legítimo, no interior do casamento. Há erotização das relações de casamento – o que, penso eu, é o primeiro elemento a ser destacado[a].

Em segundo lugar, essa problematização da relação sexual entre homem e mulher como relação de éros vai trazer como resultado que o conjunto de atos, gestos, atitudes, sentimentos que constituem a trama, os elementos fundamentais dessa relação, passará a ser objeto de análise, objeto de reflexão, objeto de codificação. Em outras palavras, por um lado a erotização e, por outro, a codificação das relações sexuais entre homem e mulher caminham juntas. Essa conjugalização dos atos sexuais vai, pela primeira vez, trazer a análise em termos simultaneamente de moral e de verdade das relações sexuais entre marido e mulher, entre cônjuges. A questão da verdade do que são e devem ser essas relações começa a ser posta nesse momento. E assim vocês veem o grande tema da exclusão da relação sexual e da verdade começar a vacilar, a desagregar-se, a deslocar-se um pouco. Na concepção clássica dos *aphrodísia*, onde havia relação sexual não podia haver relação com a verdade. Na concepção tradicional do amor pederástico, a transmissão da verdade do filósofo para o menino só podia ocorrer se o filósofo renunciasse ao ato sexual. Onde havia relação

---

a. O manuscrito acrescenta: "Daí o interesse por uma questão tradicional: a comparação entre os dois amores, questão antiga, mas que se reestrutura. Outrora o amor por rapazes era o foco de uma elaboração teórica. O problema era saber como pensá-lo, diferenciando-o da relação com mulheres: éros. Agora o amor por mulheres é o foco da interrogação, o ponto crítico. E é relacionando-o com o amor por rapazes que se vai indagar sobre o amor por mulheres."

sexual não podia haver relação de verdade; onde havia relação de verdade não podia haver relação sexual. [Agora] vocês começam a ver as coisas se deslocarem um pouco. O ato sexual conjugaliza-se, aloja-se no interior da relação marido-mulher. O ato sexual, em sua legitimidade e em sua validade, é indexado a essas relações entre homem e mulher, essas relações legais, essas relações jurídicas, essas relações formais, mas também às relações afetivas que devem unir o homem e a mulher e fazer do casal uma realidade nova, com o ato sexual vindo, consequentemente, alojar-se no interior dessa problemática das relações afetivas homem-mulher. O ato sexual começa não a tornar-se [mais] compatível com o exercício do pensamento filosófico, e sim a tornar-se objeto de análise para a filosofia, objeto de análise para um discurso de verdade. A incompatibilidade verdade/ato sexual é mantida no nível do sujeito que exerce essa atividade sexual ou essa atividade filosófica. Mas, em contrapartida, quanto aos objetos, ou seja, na ordem dos campos de objetos a analisar, o ato sexual começa a tornar-se, em sua própria natureza e no que ele deve ser para ser legitimado, objeto de conhecimento, objeto de verdade. E é assim que temos aí, nessa conjugalização do casamento, o germe ou o elemento inicial do que será, no pensamento cristão, a grande questão, a questão de santo Agostinho, mas que ainda é nossa questão: "O que acontece em verdade com nosso desejo?"[a] É isso, obrigado.

*

NOTAS

1. Cf. *supra*, aula de 11 de fevereiro, pp. 124 ss.
2. Artemision é o templo de Ártemis em Éfeso. Foi um dos santuários mais importantes da deusa da caça.
3. Foucault provavelmente se refere às "Leis Sagradas" de Cirene, descobertas por Silvio Ferri em 1922 (cf. "La *lex cathartica* di Cirene", *Notiziario archeologico*, IV, 1927, pp. 93 ss.). Cf. também *Supplementum Epigraphicum Graecum*, IX, nº 72, 1944, p. 34.
4. "Sempre evitaremos ir às festas dos deuses ou preparar um sacrifício se antes disso houvermos acabado de realizar tal ato [relação sexual]. Portanto, convém colocar entre ambos um intervalo suficiente, para despertarmos purificados" (Plutarco, *Propos de table*, III, 6, 655d, in *Œuvres morales*, t. IX-I, trad. fr. François Furhmann. Paris, Les Belles Lettres, CUF, 1972, p. 135).

---

a. O manuscrito encerra a aula com a seguinte explanação: "É essa questão do sujeito de desejo que vai permear o Ocidente de Tertuliano a Freud. Mas faltaria mostrar como no cristianismo se elaboraram tanto a subjetivação dos *aphrodísia* como a objetivação do sujeito do desejo. Assim aparece no Ocidente o sujeito de desejo como objeto de conhecimento. Passou-se da problemática antiga: como não me deixar arrebatar pelo movimento do desejo que me leva e me prende ao prazer? para esta outra problemática: como me revelar, para mim mesmo e para meus próximos, como sujeito de desejo?"

5. "*Hagneúein: kathareúein apò te aphrodísion* q. A (Eur. Hipp. 655) *kaì apò nekroû*", alpha. 644.1-2, Hesychius Lexicogr., *Lexicon* (A - O) (4085: 002) "*Hesychii Alexandrini lexicon*, vol. 1-2", ed. Latte, K. Copenhagem, Munksgaard, 1, 1953; 2, 1966.

6. Outro grande sítio oracular situado em Épiro, menos conhecido que Delfos, onde oficiavam as sacerdotisas de Apolo, porém mais antigo que este. Era dedicado a Zeus.

7. O santuário de Epidauro (em Argólida, no Peloponeso), dedicado ao deus Esculápio, é um dos templos "terapêuticos" mais importantes da Grécia antiga. O doente, antes de entregar--se à "incubação" (o sono no interior do templo, durante o qual o deus presumivelmente o curaria), devia submeter-se a longos rituais de purificação: banhos, inspiração de perfumes e de incenso etc. Sobre os ritos sagrados de purificação na Grécia antiga, cf. W. Burkert, *La Religion grecque à l'époque archaïque et classique* [1977], trad. fr. Pierre Bonnechere. Paris, Éd. A. & J. Picard, 2011, pp. 115-7. Cf. Platão, *Les Lois*, VI, 783e-784-b, *in Œuvres complètes*, t. XI, 2ª parte, trad. fr. Édouard des Places. Paris, Les Belles Lettres, CUF, 1951, pp. 152-3.

8. "E vós, longe daqui, eu vos ordeno, afastai-vos dos altares, vós a quem na noite passada Vênus trouxe o prazer; a castidade agrada aos deuses" (Tibulo, *Élégies*, livro II, I, ed. e trad. fr. Max Ponchot. Paris, Les Belles Lettres, CUF, 1968, p. 85).

9. "Foi assim que eles jantaram e que se entregaram ao sono, repousando separadamente em leitos postos lado a lado; a razão disso é que preparavam um sacrifício em honra do inventor da uva (*et positis juxta secubere toris, causa: repertori vitis pia sacra parabant, quae facerent pura*)" (Ovídio, *Les Fastes*, II, versos 328-30, ed. e trad. fr. Robert Schilling. Paris, Les Belles Lettres, 1992, t. I, p. 41).

10. Diógenes Laércio, *Vies et Doctrines des philosophes illustres*, VIII, 9, *op. cit.*, p. 948.

11. A comparação entre o corpo (*sôma*) e o túmulo (*sêma*) é relatada por Platão em *Crátilo*, 400c (sobre essa passagem, cf. *L'Herméneutique du sujet*, *op. cit.*, p. 175).

12. Sobre esse ponto, cf. a aula de 10 de março de 1971 sobre a conspurcação e o orfismo (*Leçons sur la volonté de savoir. Cours au Collège de France, 1970-1971*, ed. por Daniel Defert. Paris, Gallimard-Seuil, col. "Hautes Études", 2011, pp. 161-74 [ed. bras.: *Aulas sobre a vontade de saber*, trad. Rosemary Costhek Abílio. São Paulo, WMF Martins Fontes, 2014]). Em sua edição do curso, Daniel Defert remete a L. Moulinier, "Le Pur et l'Impur dans la pensée et la sensibilité des Grecs jusqu'à la fin du IVe siècle av. J.-C." (exemplar de tese). Paris, Sorbonne, 1950.

13. Sobre "a preparação purificadora para os sonhos", cf. *L'Herméneutique du sujet*, *op. cit.*, p. 48.

14. "Um dia, segundo dizem, ele havia combinado com uma cortesã que ela iria à sua casa; como ela tardasse, ele se livrou de seu esperma friccionando o sexo com a mão, e depois mandou embora a cortesã, que chegara nesse meio-tempo, dizendo que sua mão havia antecipado o canto de himeneu" (fr. 197 de Diógenes na edição Giannantoni, 1990, t. II, relatado por Galeno, em *De loc. affect.* VI, 15), citado por M.-O. Goulet-Cazé, em "Le cynisme ancien et la sexualité", *Clio. Femmes, genre, histoire*, nº 22, 2005, pp. 17-35.

15. "Ele [Antístenes] não parava de repetir: 'Possa eu ficar louco em vez de sentir prazer!'" (Diógenes Laércio, *Vies et Doctrines des philosophes illustres*, VI, 3, *op. cit.*, p. 682).

16. Cf. a declaração de Galeno em seu *Peri aphrodísion*: "Segundo Epicuro, o coito nunca é favorável à saúde" (*in Œuvres d'Oribase*, ed. e trad. fr. Charles Daremberg. Paris, Imprimerie nationale, t. I, 1851, p. 536).

17. Não é nem a incessante sucessão de bebedeiras e de festins de prazer, nem os prazeres que obtemos dos rapazes e das mulheres, nem os que os peixes e todas as outras iguarias proporcionam [...]; ao contrário, é um raciocínio sóbrio, que busca o conhecimento exato das razões de cada escolha e de cada recusa e rejeita as opiniões que permitem que a mais intensa perturbação se apose das almas" (Epicuro, *Lettre à Ménécée*, 132, *in Les Épicuriens*, trad. fr. Daniel Delattre, Joëlle Delattre-Biencourt e José Kany-Turpin. Paris, Gallimard, "Bibliothèque de la Pléiade", 2010, p. 48). "A supressão dos olhares [sensuais], das relações íntimas e da vida em comum liberta da paixão amorosa", "[...] a respeito do prazer sexual: se não invertes as leis e não atacas os bons costumes em vigor, se não causas tristeza a algum de teus próximos, não

extenuas tua carne e não consomes as coisas necessárias para a vida, exerce então, como queres, a escolha que é tua. Entretanto, é impossível não ser detido por pelo menos uma dessas exigências. Pois o prazer sexual nunca é proveitoso: já está muito bom que não cause danos" (Epicuro, *Sentences vaticanes*, 18 e 51, *in Les Épicuriens*, *op. cit.*, pp. 64 e 69). Cf. também Lucrécio, *De la nature*, livro IV, 1058-1287, ed. e trad. fr. Alfred Ernout. Paris, Les Belles Lettres, CUF, 1985 [1ª ed. 1923], t. II, pp. 42-50; "Evitar o amor não é privar-se dos prazeres de Vênus; ao contrário, é colher-lhes os proveitos sem seu preço" (*ibid.*, livro IV, 1073-1075, p. 43).

18. Foucault desenvolverá em sua aula de 25 de março esse tema das "três vidas", estudando a apresentação deste por Pitágoras numa passagem relatada por Diógenes Laércio.

19. Para outra apresentação, cf. *L'Usage des plaisirs*, *op. cit.*, pp. 143-6.

20. Hipócrates, *De la génération*, *in Œuvres complètes*, t. XI., trad. fr. Robert Joly. Paris, Les Belles Lettres, CUF, 1970; sobre esse texto, cf. também *L'Usage des plaisirs*, *op. cit.*, pp. 142-7.

21. "A lei governa tudo; quanto ao esperma do homem, ele vem de todo o humor que existe no corpo; e é sua parte mais forte que se separa dele. A prova de que é a parte mais forte que se separa é que depois do coito ficamos fracos por havermos ejaculado uma quantidade tão pequena. Eis o que acontece. Veias e nervos vão do corpo inteiro para o sexo; quando este é friccionado, aquecido, enchido, sobrevém-lhe um prurido, o que proporciona a todo o corpo prazer e calor. Pelo atrito do sexo e pelo movimento que fazemos, o humor se aquece no corpo, torna-se fluido, agita-se por causa do movimento e espuma, como espumam todos os fluidos agitados. Assim também no homem se separa do humor espumante a parte mais forte e mais gorda, que chega à medula espinal" (Hipócrates, *De la génération*, I, 1-2, *op. cit.*, p. 44).

22. *Ibid.*, IV-V, pp. 46-8.

23. *Ibid.*, VIII, pp. 49-50.

24. *Ibid.*, I, 1, p. 45.

25. "Hipócrates, aquele homem de um saber divino, pensava que a ação venérea era uma espécie de doença horrível que chamamos de mal comicial. Eis suas palavras: 'O coito é uma pequena epilepsia (*tèn synousían eînai mikràn epilepsían*)'" (Macróbio, *Saturnales*, II, 8, *in Œuvres complètes*, dir. M. [Désiré] Nisard. Paris, Firmin-Didot, "Collection des auteurs latins avec la traduction en français", 1875); encontra-se o mesmo enunciado em Aulo Gélio, *Noites áticas*, XIX, 2.

26. Essa citação de Sabino por Galeno constitui o fragmento 68 B 32 de Demócrito (H. Diels e W. Kranz, *Die Fragmente der Vorsokratiker*. Berlim, Weidmann, 1954[6] [1903]).

27. O texto grego diz: "*aphrodisíon dè spaniotále he khrêsis ésto*".

28. Rufo de Éfeso, *Œuvres. Fragments extraits d'Aétius*, 75, *in Œuvres d'Oribase*, t. I, livro VI, trad. fr. Daremberg, pp. 370-1. Parece ter sido essa edição de C. Daremberg que Foucault utilizou para reunir as principais teses sobre a relação entre epilepsia e sexualidade na Antiguidade; sobre esse ponto, cf. *Le Souci de soi*, *op. cit.*, pp. 39-40.

29. Célio Aureliano, *On Acute Diseases and on Chronic Diseases*, ed. e trad. Israel E. Drabkin. Chicago, Ill., The University of Chicago Press, 1950 (Foucault, em *Le Souci de soi*, *op. cit.*, p. 135, remete a *Maladies chroniques*, I, 4, p. 314).

30. Sobre esse ponto, cf. a obra de O. Temkin que ainda é referência, *The Falling Sickness. A History of Epilepsy from the Greeks to the Beginnings of Modern Neurology* [1945]. Baltimore-Londres, John Hopkins University Press, 1994, pp. 31-2. Cf. também o excelente artigo de P. Chiron, "Les représentations de l'épilepsie dans l'Antiquité gréco-latine", *in Épilepsie, connaissance du cerveau et société*, dir. Jean-Paul Amann *et al.* Quebec, Presses de l'Université Laval (col. "Bioéthique critique"), 2006, bem como as observações de Foucault em *L'Usage des plaisirs*, p. 142.

31. "Várias espécies de doença desaparecem no primeiro coito ou por ocasião das primeiras regras; e, se isso não acontecer, tais doenças se tornam crônicas, principalmente a epilepsia" (Plínio, o Velho, *Histoire naturelle*, XXVIII, 10, trad. fr. Ernout, *op. cit.*, p. 34).

32. Escribônio Largo, *Compositiones*, 18, ed. Georgius Helmreich, Lipsiae, In aedibus B. G. Teubneri, 1887.

33. Areteu da Capadócia, *Traité des signes, des causes et de la cure des maladies aigües et chroniques*, livro I: *De la cure des maladies chroniques*, I, 4: "De la cure de l'épilepsie", trad. fr. M. L. Renaud. Paris, E. Lagny, 1834, p. 388.

34. Galeno, *Des lieux affectés*, V, 6, citado por C. Daremberg, *Œuvres d'Oribase*, p. 668, e por O. Temkin, *The Falling Sickness, op. cit.*, p. 32. Para uma apresentação completa da doutrina da epilepsia em Galeno, cf. O. Temkin, *ibid.*, pp. 60-4.

35. É verdade que Celso (III, 23) recomenda a continência para prevenir as crises de epilepsia. Dito isso, nele se encontra também a ideia (mencionada pelo próprio Foucault algumas frases antes) de um possível desaparecimento da epilepsia com as primeiras relações sexuais. Cf. *Traité de la médecine*, III, 23: "Uma doença das mais conhecidas é a que chamam de mal comicial ou alto mal. Quem é atingido por ele cai subitamente, solta espuma pela boca e depois, ao cabo de certo tempo, volta a si e se levanta sem ajuda. Os homens estão mais sujeitos a essa afecção do que as mulheres. Em geral ela é de longa duração e, sem abreviar a vida, prolonga-se até a morte; entretanto, quando recente, pode matar o doente. Frequentemente também, quando os remédios fracassaram, os rapazes devem a cura aos primeiros prazeres do amor e as moças, ao início da menstruação" (em Celso, *Œuvres complètes*, dir. M. [Désiré] Nisard. Paris, Firmin-Didot, "Collection des auteurs latins avec la traduction en français", 1846). Para uma edição mais recente, cf. Aulo Cornélio Celso, *De medicina*, ed. e trad. ing. W. G. Spencer. Londres, Heinemann; Cambridge, Mass., Harvard University Press, 3 vols., 1935-38.

36. Paulo de Égina, *Libri*, III, 13 (ed. J. L. Heilberg, Leipzig-Berlim, B. G. Teubner, 2 vols., 1921-1924), citado por O. Temkin, *The Falling Sickness*, p. 32 (sobre a designação do útero como causa de epilepsia nas mulheres grávidas) e C. Daremberg, *Œuvres d'Oribase, op. cit.*, p. 668.

37. Alexander von Tralles, I, 15, Original-Text und Übersetzung nebst einer einleitenden Abhandlung. Ein Beitrag zur *Geschichte der Medizin*, ed. Theodor Puschmann, I. Bd., Viena, 1878; reimpr. Amsterdã, 1963.

38. "Então eles recorrem às purificações e aos encantamentos, cometendo assim uma ação muito sacrílega e muito ímpia, pelo menos em minha opinião. De fato, purificam os que estão tomados pela doença com sangue e outras coisas semelhantes, como se fossem pessoas portadoras de uma conspurcação, ou perseguidas por um demônio vingador, ou enfeitiçadas por humanos, ou autoras de um ato sacrílego" (Hipócrates, *La Maladie sacrée*, I, 12 (VI 363), ed. e trad. fr. Jacques Jouanna. Paris, Les Belles Lettres, CUF, 2003, pp. 8-9).

39. Hipócrates, *ibid.*, I, *op. cit.*, p. 22.

40. "Os escravos, seus camaradas [...] estão aqui, na maioria. Todos podem dizer-vos por que, ao verem Thallus, cuidam de cuspir, por que ninguém ousa comer com ele no mesmo prato, beber na mesma taça" (Apuleio, *Apologie*, XLIV, ed. e trad. fr. Paul Valette. Paris, Les Belles Lettres, CUF, 1960, p. 54).

41. Rufo de Éfeso, *Œuvres. Fragments extraits d'Aétius*, 60, trad. fr. Daremberg, *op. cit.*, p. 318. O texto grego diz: "*physikón mèn érgon he synousía estí. Oudèn dè tôn physikôn blaberón*".

42. *Ibid., loc. cit.*

43. Os objetos e formas dessa maior desconfiança médica estão expostos em *Le Souci de soi, op. cit.*, pp. 126-69.

44. Santo Agostinho *Contre Julien, défenseur du pélagianisme*, livro IV, 72, trad. fr. Abbé Burleraux, in *Œuvres complètes de saint Augustin*, traduzidas para o francês pela primeira vez, dir. M. Raulx. Bar-le-Duc, L. Guérin & Cie, editores, 1869.

45. Filóstrato, *Vie d'Apollonios de Tyane*, I, 13, *in Romans grecs & latins*, ed. e trad. fr. Pierre Grimal. Paris, Gallimard ("Bibliothèque de la Pléiade"), 1958, pp. 1041-2.

46. "Aqueles que não forem devassos nem viciosos precisam ver as relações sexuais dentro do casamento como as únicas justas e que visam à procriação de filhos, porque são as únicas legítimas [...]. Nenhum homem temperante concordaria em deitar-se com uma cortesã nem com uma mulher livre fora do casamento nem, por Zeus, com seu escravo" (Musônio

Rufo, XII, 2-3, *Prédications, op. cit.*, p. 95; *Reliquiae, op. cit.*, pp. 63-4); cf. também *Le Souci de soi, op. cit.*, p. 197.

47. Aristóteles, *Économique*, livro III, caps. 2-3, ed. e trad. fr. B. A. von Groningen e André Wartelle. Paris, Les Belles Lettres, CUF, 1960, pp. 39-44; sobre esse ponto preciso, cf. *Le Souci de soi, op. cit.*, p. 203; para uma visão mais geral desse texto atribuído a Aristóteles, cf. *L'Usage des plaisirs, op. cit.*, pp. 193-200.

48. "Se a alguém parecer que não é desonroso nem desonesto para um senhor dormir com sua escrava, sobretudo se acaso for viúva, que ele reflita sobre a impressão que teria se uma senhora dormisse com seu escravo. Acaso a coisa não lhe pareceria intolerável, não só se uma mulher que tenha marido legítimo deixasse seu escravo aproximar-se dela, mas também se o fizesse não tendo marido? Entretanto, ninguém, penso eu, julgará os homens piores que as mulheres nem menos capazes de disciplinar seus desejos" (Musônio Rufo, *Prédications*, XII, 8, *op. cit.*, p. 95; *Reliquiae*, XII, *op. cit.*, p. 66). Cf. também *Le Souci de soi, op. cit.*, p. 201.

49. Foucault faz alusão aqui a uma passagem de *Contra Joviniano*, de são Jerônimo (I, 49), na qual Jerônimo evoca livremente um tratado, perdido, de Sêneca sobre o casamento (mencionando também, no início do parágrafo, os de Aristóteles e de Plutarco): "Todo amor pela mulher de outro é escandaloso. Igualmente o é também o amor excessivo pela sua própria. Um homem sábio deve amar sua mulher com discernimento e não com paixão e, consequentemente, controlar seus desejos e não deixar-se impelir para a cópula. Nada é mais imundo que amar a própria mulher como uma amante." Reproduzimos aqui a tradução francesa de P. Ariès em seu artigo "L'amour dans le mariage" (*Communications*, nº 35, *Sexualités occidentales. Contribution à l'histoire et à la sociologie de la sexualité*, 1982, pp. 116-22). Esse volume trazia, no mesmo dossiê, o que Foucault apresenta como "um trecho do terceiro volume de *Histoire de la sexualité*" (*Les Aveux de la chair*), "Le combat de la chasteté" (pp. 15-25), bem como um artigo de P. Veyne sobre "L'homosexualité à Rome" (pp. 26-33).

50. Plutarco, *Préceptes de mariage*, 16-17, 140b-c, trad. fr. Klaerr, *op. cit.*, pp. 151-2.

51. Cf. Platão, *Les Lois*, VI, 783e-784b, *loc. cit. supra*, p. 171, nota 7.

52. "A primeira união (*syndyazesthaî*) necessária é a de dois seres que são incapazes de existir um sem o outro; é o caso do macho e da fêmea visando à procriação (*geneseôs eneken*)" (Aristóteles, *Politique*, I, 4, 1252ª, *op. cit.*, pp. 24-5).

53. Plutarco, *Dialogue sur l'amour*, 769a, *op. cit.*, p. 100.

54. *Ibid.*, p. 101.

55. Para essa narrativa, cf. Heródoto, *Histórias*, I, 7-14, *op. cit.*

56. "Heródoto errou ao dizer que a mulher se desfaz do pudor ao mesmo tempo que da túnica; ao contrário, a que for sábia então reveste em troca o pudor e, para os esposos, o pudor é garantia do máximo amor recíproco" (Plutarco, *Préceptes de mariage*, 10, *op. cit.*, p. 49).

AULA DE 4 DE MARÇO DE 1981

As três grandes transformações da ética sexual nos primeiros séculos de nossa era. – Um texto-testemunho: o Erotikós *de Plutarco. – Especificidade da experiência cristã. – Plano do* Diálogo sobre o amor. *– A situação de comédia. – O lugar do rapaz: central e em posição de passividade. – Retrato de Ismenodora como mulher pederasta. – Ruptura dos princípios clássicos da ética dos* aphrodísia. *– Transferência para o interior do casamento dos benefícios da relação pederástica. – Defesa do amor por rapazes: não natural e sem prazer. – Condição de aceitabilidade da pederastia: a doutrina dos dois amores. – Estabelecimento por Plutarco de uma corrente única do amor. – Desqualificação final do amor por rapazes. – A doce aquiescência da mulher ao marido.*

Percorrendo os regimes de existência e as artes de viver dos dois primeiros séculos de nossa era, procurei mostrar três transformações importantes para o assunto de que pretendo tratar. Essas três transformações são as seguintes: em primeiro lugar, um deslocamento que consiste em a questão do prazer sexual, dos *aphrodísia* e de seu regime, ter sido cada vez menos colocada a respeito do amor por rapazes – que na época clássica havia sido a questão sensível, a questão difícil – e cada vez mais a respeito do problema do amor homem-mulher, mesmo mais precisamente do amor entre marido e mulher. É isso quanto ao deslocamento. Em segundo lugar, parece-me que podemos observar nessas artes de viver também uma tendência a localizar cada vez mais no próprio interior do casamento os únicos *aphrodísia*, os únicos prazeres sexuais legítimos. E por fim, em terceiro lugar, podemos observar uma tentativa de articular, ligar o regime dos *aphrodísia*, indexar as regras de seu uso à relação interna, à relação individual, à relação pessoal dos cônjuges no interior do casamento. Dessa tripla transformação um texto dá um testemunho totalmente particular, muito claro, muito significativo e que coloca bem o problema da ética sexual na Antiguidade greco-romana às vésperas da difusão do cristianismo. Esse texto, que ao mesmo tempo representa essa tripla transformação e leva-a a seu ponto mais claro, mais formulado, é o *Erotikós* (o diálogo sobre o amor), de Plutarco, e é sobre esse texto que quero lhes falar[a].

Então vamos falar desse *Erotikós*, de Plutarco, desse *Diálogo sobre o amor*[1]. Parece-me que vale a pena nos determos um pouco nesse texto. De fato, em sua própria forma de diálogo sobre o amor ele remete a formas que, por sua vez, são muito antigas. O tema que evoca – a comparação entre dois amores: o amor por rapazes e o amor por mulheres – também é muito antigo, muito clássico. Aliás, esse texto está recheado de citações e de referências explícitas a grandes textos clássicos, como o *Fedro* e o *Banquete*, de Platão[2]. Assim, ele lança sobre toda a cultura clássica grega do amor e dos *aphrodísia* um olhar firme, explícito, intencional. E ao mesmo tempo utiliza toda uma série de referências aos textos que lhe são contemporâneos, ou seja, que são do âmbito dessas artes de viver mais ou menos inspiradas no estoicismo e que podemos encontrar nos séculos bem iniciais de nossa era. Portanto, há nesse texto duas direções: um olhar para o passado e ao mesmo tempo referências muito explícitas às concepções [contemporâneas] do casamento. Através desse texto, graças justamente a essa dupla direção, essa dupla referência, podemos perceber de modo muito claro a rotação de toda a ética dos *aphrodísia* na cultura grega ou romana, desde a época clássica até a época que precede imediatamente a difusão do cristianismo. Compreender essa rotação na ética dos *aphrodísia* me parece importante por algumas razões de método, razões que dizem respeito à própria maneira como devemos colocar esse problema.

Em primeiro lugar, compreendendo essa rotação, compreendemos bem que em hipótese alguma devemos tratar a moral sexual do paganismo como um bloco, uma unidade diante da qual devêssemos erguer outra unidade, igualmente coerente, que seria a moral cristã do sexo. Não existe *uma* moral sexual do paganismo, assim como sem dúvida não existe *uma* moral sexual do cristianismo. Em segundo lugar, parece-me que compreender essa rotação interior na ética grega e romana também permite não atribuirmos ao cristianismo, e unicamente ao cristianismo, toda uma série de elementos, de princípios, de regras de moral que frequentemente lhe foram atribuídos, mas que, se olharmos efetivamente os processos históricos, foram formados bem antes, e justamente no pensamento grego, helenístico e romano. Por fim, parece-me que entender essa rotação é interessante também para compreendermos bem como o cristianismo, depois de integrar

---

a. Aqui M. F. para e diz: Tenho a impressão de que há um assobio horrível... sim? Então vamos tentar baixar isso... Ficou melhor assim? Tenho a impressão, sim. Me interrompam se realmente estiver insuportável, porque não ouço muito bem os assobios que vocês conseguem ouvir.

justamente essa nova moral que vimos formar-se dentro do próprio paganismo e depois de, por assim dizer, jogar durante certo tempo o jogo dessa moral, em seguida, mais tarde em sua história, a partir dos séculos IV-V, desenvolveu algo novo, que é precisamente a experiência da carne. Em outras palavras, o esquema histórico que desejo ilustrar um pouco este ano é o seguinte: mostrar como, no interior do paganismo, a ética clássica dos *aphrodísia* se transformou, como ela procedeu ao que poderíamos chamar de uma espécie de conjugalização do regime dos *aphrodísia*; como essa ética conjugalizada do sexo em seguida se transferiu para o cristianismo; e, por fim, como, num terceiro tempo, no interior da própria história do cristianismo houve toda uma reelaboração dessa moral e a emergência da experiência da carne. Em outras palavras, o problema é mostrar que o que chamamos de moral sexual conjugal não pertence à essência mesma do cristianismo, simultaneamente porque a vemos formar-se muito antes do cristianismo e porque a relação do cristianismo com o sexo [não se constrói] de modo algum [através de] uma moral conjugal [e sim através de] algo diferente, [que é] a experiência da carne, formada um pouco mais tardiamente, formada depois dos primeiros desenvolvimentos do cristianismo, formada a partir do desenvolvimento do monaquismo, do ascetismo nos séculos IV-V. Aí está, portanto, por que[a] quero me deter um pouco nesse *Erotikós*, de Plutarco. O tema do *Erotikós* é a comparação entre os dois amores. Tema clássico. Uma grande quantidade de textos, que infelizmente se perderam, mas dos quais temos vestígios, de cuja existência sabemos, havia tratado desse tema e desse assunto durante séculos e séculos.

O texto de Plutarco apresenta-se como um desenvolvimento em três partes. Primeiro, uma parte essencialmente reservada a uma discussão entre partidários e adversários do amor por rapazes, e também partidários e adversários do amor por mulheres, a propósito de uma anedota que é o casamento de um jovem e bonito rapaz chamado Bácon. Uma pequena cena de comédia, portanto. Em seguida vem um longo elogio ao amor, que é cantado como deus todo-poderoso, deus mais poderoso que todos os outros, em todo caso. Depois dessa cena de comédia, temos uma espécie de desenvolvimento à maneira de Platão, no estilo platônico e com referências muito explícitas a Platão. Por fim, a terceira parte desse texto, esta num estilo muito mais modernista quando comparado com os textos [que lhe são contemporâneos], é dedicada àquele famoso *tópos* dos inconvenientes e vantagens do casamento e ao que deve ser a moral interna

---

a. M. F. acrescenta: visto que estamos mais ou menos na metade do curso, para fechar o que eu queria dizer-lhes este ano a propósito da ética grega e romana do sexo

do casamento. Estamos aí num estilo muito mais próximo de Antípatro, de Musônio Rufo ou, mais tardiamente, [daquele] Hiérocles de que falei. Não vou acompanhar os meandros e desdobramentos desse diálogo que tenta, aliás não sem um pouco de dificuldade, ter as sutilezas de um diálogo de Platão. Quero estudá-lo sistematicamente um pouco e [depois] conseguir uma visão abrangente dele.

Primeiramente, quero de início me deter na espécie de situação de comédia que é desenvolvida ao longo de todo o texto, mas principalmente nessa primeira parte, a propósito do casamento de Bácon. De fato, quando a olhamos um pouco mais de perto, essa situação de comédia é bastante interessante. É a seguinte: um homem jovem e bonito, chamado Bácon, era cortejado simultaneamente por senhores, um dos quais, Písias, era seu apaixonado mais ardoroso, e por uma mulher, chamada Ismenodora e que queria desposá-lo, queria tanto desposá-lo que afinal o raptou nas barbas do bom Písias, que evidentemente estava muito despeitado. Ela o rapta e afinal vai desposá-lo. O problema do diálogo é o seguinte: será que eles devem ir salvar o jovem das mãos dessa pessoa devoradora e impedi-lo de casar? Situação totalmente de comédia, mas que devemos levar a sério por algumas razões.

Primeiro elemento digno de nota nisso: a maneira como é apresentada a alternativa entre os dois amores. A estrutura mesma da opção "amor por homens/amor por mulheres" é curiosa. De fato, no debate tradicional, nos textos que colocam a questão, em geral o problema é posto da seguinte maneira: o que é melhor para alguém, amar rapazes ou amar moças e mulheres? Ou seja, a opção é entre o amor por rapazes e o amor por mulheres, e no meio, hesitante ou tendo de escolher entre os dois, o homem, ou seja, o macho adulto, já velho o bastante para desejar ou estar em idade de casar e também velho o bastante para, por sua vez, perseguir rapazinhos. Portanto, um ponto mediano: o homem; e depois: amor por mulheres [ou] amor por rapazes. Aqui vocês veem que a situação está invertida com relação àquele esquema clássico, visto que o personagem central, de certo modo, aquele que está colocado no meio, entre os dois ramos da alternativa, é o rapaz, tendo, de um lado, uma mulher e, do outro lado, um homem que o assedia – e então a questão do diálogo é saber qual caminho é o melhor: devem deixá-lo casar-se ou, ao contrário, trazê-lo de volta para o colo e a órbita dos homens que o amam e o assediam?

Na verdade, com relação a esse esquema do rapaz entre o amor de uma mulher e o amor de um homem, o diálogo, de certo modo, está um pouco enviesado. [Em primeiro lugar,] porque, embora seja o jovem que está numa encruzilhada, embora, em certo sentido, esse seja um problema pessoal seu, [seja ele que] tem de escolher entre isto e aquilo, não vemos o jovem no diálogo. Estão falando dele, mas ele não faz parte do diálogo, não formula seu parecer, não decide; na verdade, está numa posição de passividade. É cortejado impositivamente por seus amantes e depois a mulher que o persegue pura e simplesmente o rapta e, no mesmo movimento de petulância, desposa-o sem mais nem menos. Portanto, ele simultaneamente está no centro [mas] é neutro, é passivo. [Em segundo lugar,] o diálogo está enviesado porque, embora tenhamos o esquema "rapaz entre homem e mulher", apesar disso o tema discutido nunca será: é melhor para um rapaz ter um amante ou uma amante? Sem levar em conta, de certo modo, a situação real – que no diálogo é ao mesmo tempo subjacente e ineficaz, não operante, não operatória, não organizadora do diálogo –, o problema vai ser: em que consiste o amor por rapazes quando comparado com aquele que pode, que deve ter lugar no casamento? De modo que o rapaz está no centro e entretanto nunca está em situação de escolher. Creio que afinal é importante ressaltar essa situação estranha, porque a mecânica da discussão se engrena não a partir da situação que era a situação filosófica ideal: é melhor para um homem amar rapazes ou amar mulheres? [e sim] a partir da posição do rapaz entre homem e mulher, um rapaz que, como o texto diz, ainda porta a clâmide[3], isto é, um rapaz de dezoito anos que está no ponto de convergência, no ponto de encontro entre a idade em que ainda era objeto de prazer para os homens e [a idade] em que vai se tornar sujeito ativo – ativo na cidade, no exército, quanto às mulheres. O rapaz é colocado [e] descrito, captado naquele famoso momento em que a barba cresce e no qual, em princípio, ele deixa de ser para os homens um objeto desejável e legítimo e vai se tornar, no mundo dos *aphrodísia*, sujeito ativo.

O segundo elemento digno de nota nessa situação de comédia em que uma mulher rapta um rapaz nas barbas do amante [deste] é que essa mulher, Ismenodora, é apresentada (e este é um elemento essencial da pequena intriga) como claramente mais velha que o rapaz – pelo cruzamento de informações do texto, ela deve ter um pouco mais de trinta anos, ao passo que o rapaz tem dezoito. A mulher é mais velha, é mais rica, pertence a uma família melhor e, aliás, já é viúva. É uma situação cômica tradicional – isso da mulher um tanto madura que se atira a um rapaz aparece com frequência na literatura grega –, [mas] ao mesmo tempo que é cômica, que causa um pouco de vergonha a Bácon, que não está muito contente de se ver assediado assim por essa pessoa mais velha, mais rica etc., apesar de tudo [se trata de] uma situação real relativamente frequente, por causa da famosa escassez de mulheres nas cidades gregas e helenísticas; escassez que, mais ainda do que à mortalidade no momento do parto, se devia ao fato de as meninas, ao nascer, serem eliminadas ou mais simplesmente abandonadas, entregues à própria sorte, que quase sempre era fatal. Nessa escassez da mulher na Grécia, o casamento com uma mulher mais idosa, uma viúva um tanto rica, não era raro e entretanto era uma situação que causava algum riso.

Mas o que é muito interessante nesse texto de Plutarco é que essa situação, ao mesmo tempo familiar e um pouco risível, é imediatamente corrigida por alguns elementos importantes. [Em primeiro lugar,] essa mulher de trinta anos já viúva, já rica, que se atira a um rapaz apetitoso, é apresentada como uma pessoa cheia de qualidades, muito virtuosa, muito sábia, além de muito experiente graças a seu primeiro casamento. É uma mulher cercada do respeito geral da opinião na cidade. Em segundo lugar, essa mulher, além de suas qualidades intrínsecas, é apresentada como apaixonada, apaixonada de certa maneira ativa: assedia o rapaz, dá-lhe caça. Evidentemente não pode acompanhá-lo ao ginásio, mas, quando ele volta do ginásio e da palestra, espreita-o e tenta atraí-lo. Aliás, por que o ama? Porque, diz o texto, havia sido encarregada pela família do jovem de casá-lo, de encontrar-lhe uma mulher e, portanto, de ajudá-lo e guiá-lo na vida. Assim, tendo sido levada a travar conhecimento com ele, visto que devia guiá-lo, ajudá-lo, pudera apreciar suas qualidades. Não só pudera apreciar suas qualidades, mas também em todo lugar ouvia falarem muito bem daquele rapaz. Cito o texto: Vendo que vários homens de mérito procuravam o amor daquele jovem Bácon, ela própria também começara a amá-lo. Aliás, amando-o só tinha intenções muito honestas. Nada vergonhoso, nada vil (nada *agennés*) estava presente em seu espírito quando assediava o rapaz. O objetivo nobre e sério que ela perseguia era o casamento[4].

Peguem todos esses diferentes traços que caracterizam a mulher: é mais velha, mais rica, tem melhor status social; é virtuosa, experiente, respeitada por todo mundo; está apaixonada, caça o rapaz, corre atrás dele tanto quanto pode; ama-o porque ele tem boa reputação, porque todo mundo fala bem dele, porque mesmo homens o amam e ela entra em rivalidade com eles; e além disso ela tem objetivos honestos, não há nada vil, nada *agennés* em seus projetos. Tudo isso é a própria definição do amor pederástico, a própria definição do amante ideal para um rapaz jovem. O rapaz, se quiser ter um amante ideal, deve ter um amante mais velho, mais rico, em situação melhor, apaixonado por ele, que o assedie, mas com objetivos honestos, e capaz, por suas virtudes e qualidades próprias, de servir-lhe de exemplo e de guia. Portanto, Ismenodora está, muito exatamente, em situação pederástica com relação a Bácon. Ela é a mulher pederasta, é o pederasta respeitoso e respeitável, porém com duas variantes, que serão consideradas importantes ou não: para começar, é uma mulher; e [em seguida] o que ela quer, esse objetivo nobre que busca não é a *areté*, a virtude do rapaz, é o casamento. Mas fora isso, com exceção desse ponto de chegada e desse ponto de partida, tudo nela designa o amante de rapazes, tudo nela designa o pederasta.

Que efeito essa situação um tanto paradoxal pode ter sobre o próprio desenrolar do debate, sobre seu foco de interesse e sobre sua tática? Creio que era preciso destacar essa posição pederástica da mulher por duas razões. Por um lado, vocês podem ver que, ao fazer da mulher essa personagem ativa que assedia o rapaz, essa personagem mais velha, mais rica etc., o que Plutarco define é, de certo modo, um desafio à mais tradicional ética dos *aphrodísia*. De fato, aqueles princípios de isomorfismo e de atividade que podíamos destacar como características fundamentais da percepção ética dos *aphrodísia*[a], se admitirmos que são realmente eles que organizam a moral dos *aphrodísia*, vocês poderão ver como a situação de Ismenodora é não só paradoxal mas também escandalosa. Ela é uma mulher, quer se casar, quer ter um marido, e qual papel desempenha? Desempenha o papel do indivíduo ativo, representa o papel do varão e vai ser, no casal, a que traz a fortuna, a riqueza, a reputação, a que traz a virtude, a que vai desempenhar o papel de iniciadora e de pedagoga. Tudo isso é absolutamente o inverso de uma moral que pretendia que entre os dois parceiros do casamento e da sexualidade houvesse isomorfismo com as relações sociais, com o campo social em geral – [portanto], era preciso que o homem é que fosse rico, ativo, mais velho, servisse de guia etc. Ora, é exatamente a inversão, é a situação rigorosamente escandalosa. Mas, a partir dessa situação escandalosa e precisamente porque a situação é escandalosa, vocês compreendem bem que, quando Plutarco conseguir demonstrar que esse casamento, tão alheio às regras fundamentais da ética dos *aphrodísia* e da ética do casamento, é legítimo, *a fortiori* todo casamento estará legitimado, fundamentado e justificado. Esse casamento, [portanto], está justificado, [ainda que] unindo personagens [que invertem os polos] da estrutura praticamente normal e regular do isomorfismo e da atividade. Justamente com isso se mostra que o casamento, se tiver as qualidades exigidas – isto é, se unir personagens que são efetivamente virtuosos –, poderá, de certo modo, ser independente e insensível com relação às regras de isomorfismo e de atividade de que falei. O que, sem ser demonstrado, se mostra através do texto de Plutarco é a insensibilidade cada vez maior da ética do casamento às regras ambientes de isomorfismo e atividade.

Esse é um dos efeitos produzidos por essa situação de comédia em que acontece a mulher ter a iniciativa. Nesse esquema de comédia, a mu-

---

a. M. F. acrescenta: vocês estão lembrados do que eu lhes disse a propósito da *Onirocrítica* de Artemidoro [cf. *supra*, aula de 21 de janeiro, pp. 49 ss.].

lher não só é ativa – como eu lhes disse, ela inverte o esquema de isomorfismo e atividade que era regulador da moral dos *aphrodísia* – mas também está muito precisamente em situação pederástica. Todas as qualidades do bom amante de um rapaz nobre estão reunidas nela. Partindo daí, justamente graças a essa situação, Plutarco vai poder, de certo modo, transferir [em] bloco para a relação homem-mulher, e muito precisamente para a relação matrimonial, todos os valores positivos, todos os efeitos benéficos que tradicionalmente haviam sido atribuídos ao amor por rapazes.

Os benefícios dialéticos dessa discussão, dessa situação em cujo interior se desenrola a discussão entre os diversos personagens [serão então os seguintes]: em primeiro lugar, mostrar o casamento como impermeável aos princípios de isomorfismo e atividade que regulam em geral o campo social e que até então haviam sido os grandes princípios diretores da moral sexual – o casamento, portanto, vai ser visto como isolado, autônomo com relação a isso, e somente a virtude dos dois parceiros [será] importante para definir a moralidade e o valor de um casamento e das relações sexuais [que vêm a seguir] –; em segundo lugar, poder mostrar que o próprio casamento pode operar as mesmas transformações, pode portar os mesmos efeitos benéficos, pode ter as mesmas consequências positivas que aquela velha relação pederástica na qual os gregos viam um dos instrumentos, se não uma das condições, da formação do jovem e de sua iniciação, de sua passagem para a posição de sujeito ativo no interior do corpo social. Isso é o que eu queria dizer-lhes sobre a significação dessa situação de comédia dentro da qual se desenrola o diálogo de Plutarco.

Agora, a partir dessa situação, como vai se dar tal transferência? Como vamos ver o casamento herdar todas as virtudes que até então, pelo menos nos discursos favoráveis ao amor por rapazes, eram atribuídas à pederastia? Penso que o texto mostra três coisas. Em primeiro lugar, ele procede a uma reestruturação geral da concepção do amor. Em termos que evidentemente não convêm, que são um pouco anacrônicos com relação ao texto de Plutarco, poderíamos dizer que o texto procede à definição da corrente completa do amor único. Em segundo lugar, o texto procede a uma crítica do amor por rapazes relativamente a essa corrente normativa do amor completo, integral, único. Em terceiro lugar, o texto estabelece, reconhece que a relação conjugal deve – e de todo modo pode, é capaz, é passível de – identificar-se com essa corrente do amor e constituir o lugar preferencial em que essa corrente do amor pode realizar-se. Portanto: definição da corrente completa do amor; crítica do amor por rapazes; reconhecimento do novo isomorfismo da relação conjugal com a corrente do amor. São esses os três pontos.

Mas, antes de mostrar-lhes como esses três elementos são estabelecidos no texto de Plutarco, creio que apesar de tudo precisamos partir de um ponto preliminar, que será o quarto, ou melhor, o primeiro na exposição, [ou seja]: o modo como, no texto de Plutarco, os partidários do amor por rapazes apresentam sua própria concepção. Essa passagem, no início do texto, é interessante. Ela mostra de modo muito claro, muito coerente e bastante exato a concepção do amor que, na reflexão filosófica, na reflexão moral, era imanente à pederastia, ao amor por rapazes. Em todo caso, os partidários do amor por Bácon, os amigos de Písias e particularmente Protógenes, que é seu porta-voz, desenvolvem as razões pelas quais, segundo eles, o amor por rapazes é preferível ao outro amor. A tese, [ou] melhor, o pressuposto sobre o qual eles estabelecem o caráter preferível do amor por rapazes ao amor por mulheres é a heterogeneidade entre os dois amores. Essa heterogeneidade é marcada de três modos. Primeiramente, uma heterogeneidade que, de certa forma, é de natureza ou, mais exatamente, que é a seguinte: um dos dois amores é um amor de natureza e o outro não é um amor de natureza. Os partidários do amor por rapazes dizem: Mas é claro que há um amor que é conforme com a natureza, é claro que há um amor de natureza. E qual é ele? Isso é óbvio, é o amor do homem pela mulher que é um amor de natureza. A natureza, diz Protógenes, colocou no homem um impulso, uma *órexis*, uma *hormé* para a mulher. Essas palavras são importantes. *Órexis*, *hormé* são as palavras tradicionais, mas principalmente valorizadas pelos estoicos, para designar um movimento natural do indivíduo na direção de alguma coisa[5]. Portanto, há um movimento natural (a *órexis*, a *hormé*). Ora, diz Protágoras, esse movimento natural de impulso para a mulher é tão natural que o encontramos não só entre o homem e a mulher, mas [também] entre uma mosca e o leite sobre o qual ela vai pousar. Encontramo-lo também na abelha, como movimento na direção do mel. Ou seja, esse movimento do homem na direção da mulher, essa *hormé*, essa *órexis* não podem ser considerados verdadeiramente amores, porque justamente são movimentos que são naturais e que podemos encontrar mesmo nos seres não racionais, mesmo nos animais, mesmo naqueles para os quais seria absolutamente impossível conceber que haja algo como um éros[6]. Portanto, a naturalidade do desejo do homem pela mulher, na boca de Protágoras e, creio eu, na concepção tradicional do amor por rapazes, é [incompatível com o] éros. Se o movimento que leva um homem para um rapaz pode ser chamado de éros, é precisamente porque não é natural. Chegamos aqui a um daqueles pontos que tornam para os gregos o pensamento da pederastia, a reflexão sobre a pederastia ao mesmo tempo tão difícil e estimulante. [Se] o amor por rapazes não pode passar por natural, [é em virtude] das formas que deve assumir e das razões que o justificam, [a saber]: a amizade, a benevolência de um para com o outro, a necessidade da pedagogia, a necessidade [para o mais velho] de servir de guia, de dar bom exemplo etc. Esse movimento de amor por rapazes, visto que é da ordem da *philía*, da amizade, não pode em hipótese alguma ser assimilado a um movimento natural[7].

Mas vocês sabem também que a *pýsis*, a natureza, certamente sem ter o valor impositivo, regulador, normativo, quase legislativo que lhe será atribuído mais tarde, é entretanto um princípio ao qual se referem para justificar algumas coisas. Em outras palavras, para os gregos, entre natural e antinatural, entre o que é conforme com a natureza (*katà phýsin*) e o que é contrário ou alheio à natureza (*parà phýsin*) existe a oposição. Ela certamente não é tão binária como será depois – para os gregos, ser antinatural não é em absoluto ser monstruoso –, [mas] mesmo assim um campo perigoso se abre com o que é *parà phýsin*, um campo perigoso na medida em que os pontos de referência, as regras internas indicadas pela natureza desaparecem. Portanto, nessa concepção segundo a qual o amor por rapazes só pode ser definido como exterior à natureza, por oposição ao amor por mulheres, que lhe é interior, há algo difícil de ser pensado. E sobre isso os autores assumem uma posição que nem sempre é a mesma. Alguns [deles] dizem: Sim, perfeitamente, o amor por rapazes é *parà phýsin*, é exterior à natureza. Dizem isso explicitamente e veem aí uma razão para valorizar positivamente esse amor. Vocês encontram algumas indicações [desse tipo] em Platão[8], também em Luciano. Numa passagem muito interessante de *Amores*, Luciano diz: Ouçam, no fim das contas o amor por rapazes está muitíssimo certo. Tão mais certo do que o amor por mulheres que vocês nunca verão dois animais do mesmo sexo se amando. Algum dia vocês viram um leão pederasta[9]? Consequentemente, a não naturalidade (o lado *parà phýsin*) é muito claramente marcada como uma forma positiva... [De fato,] a necessidade de demarcar o amor por rapazes com relação à natureza e a dificuldade de conceber de modo absolutamente positivo algo que é *parà phýsin*, alheio à natureza, [fazem] sua colocação ser muito mais nuançada, muito mais discreta. E Protógenes diz: Vocês, mulheres, se as desejamos é evidentemente por um efeito de natureza e, portanto, isso não é tão valioso nem tão importante. Mas Protógenes nunca dirá [diretamente]: Quando amamos rapazes, fazemos algo *parà phýsin*. Quaisquer que sejam as nuances, o modo um pouco oblíquo como Protógenes fala, o certo é que a primeira grande marca de heterogeneidade, a primeira grande diferença entre o amor por rapazes e o amor por mulheres, em toda essa corrente de pensamento, é a inserção do amor dos homens por mulheres na natureza e o caráter não natural, alheio à natureza, [às suas] fronteiras, [das] relações entre homens e rapazes.

A segunda diferença que Protógenes destaca entre o amor por mulheres e o amor por rapazes e que, aliás, deriva da primeira é a seguinte: a atração por mulheres, porque e na própria medida em que é natural, tem um fim, um objetivo claro, indicado pela natureza, marcado por ela, oferecido verdadeiramente por ela. O objetivo, a meta e o fim dessa atração é o prazer e o gozo: *hedoné* e *apólausis*[10]. O fato de a natureza ter disposto uma *hormé* (um movimento, um impulso) para a mulher, de o objetivo dessa *hormé* ser atingir o prazer e o gozo, [permite] que estabeleçamos uma série que seria a seguinte: natureza; impulso colocado pela natureza; impulso que se direciona para um prazer; [impulso] que, nesse momento, assumindo a forma de um movimento direcionado para o prazer, pode ser chamado de desejo, ou seja, *epithymía*. Natureza, impulso, prazer, desejo. [*Phýsis*], *hormé, epithymía, hedoné*. O apego a rapazes, por sua vez, vai desenvolver-se de acordo com uma série muito diferente, visto que ele não parte da natureza e que, no final, não é para o prazer que se direciona – pois o que [esse] amor busca não é o prazer daquele que assedia o rapaz. O amor pelo rapaz só se justifica, só alcança sua verdadeira natureza e sua verdadeira essência – já destaquei isso – se não buscar o prazer, e sim a virtude. A virtude de quem? A virtude do sujeito que ama, mas também e principalmente a virtude daquele que é amado. E, consequentemente, para ir desse amor pelo rapaz para a virtude do rapaz vai ser preciso que o amante se devote, que desenvolva a propósito e em torno desse rapaz toda uma atividade de prontidão, de supervisão, de cuidados, de atenção, de apego etc., que eventualmente vai tomar forma na pedagogia. Esse cuidado para com o outro, fundamental no amor por rapazes, é o que nessa concepção é chamado de *epiméleia*[11]. *Epiméleisthai* é preocupar-se, preocupar-se com o outro[12]. Portanto, não vamos ter a série natureza-impulso--desejo-prazer. Será uma série que não parte da natureza mas toma a forma da *philía*. Não há *hormé*, há *philía* (amizade). Não há *epithymía* (desejo), e sim *epiméleia* (cuidado, cuidado do outro). E não há *hedoné* (prazer) para o sujeito, e sim *areté* (virtude) para ambos e principalmente para [o amado]. Assim, vocês estão vendo que as duas séries são inteiramente heterogêneas uma à outra e não comportam os mesmos elementos.

Por fim, a terceira diferença entre os dois amores é que a atração por mulheres – portanto, esse movimento que vai da natureza para o prazer por intermédio do impulso e do desejo – é levada ao excesso. Não há um limite interno e, ao [tornar-se] excessivo, esse desejo sofre a metamorfose, a mutação de que já lhes falei: ao tornar-se excessivo, o amor por mulheres se feminiza. O indivíduo se afemina ao amar demais as mulheres, ao obter prazer demais das mulheres. Por que se afemina, por que se feminiza? Precisamente porque o prazer se torna a lei do comportamento do indivíduo, do indivíduo que perde sua atividade e torna-se passivo com relação a seu próprio prazer. Como diz Plutarco nesse texto que, penso eu, confirma esta análise: De tanto frequentar as mulheres, de tanto viver no meio delas, o indivíduo torna-se úmido, *hygrós*, e torna-se caseiro, *oikoúros*. Ou seja, assume as qualidades mesmas do corpo da mulher, que sabemos que é úmido, e assume a forma mesma da existência feminina, que gira em torno do *oîkos*, em torno da casa[a]. [...] E ali, numa passagem que é muito interessante e muito clara – ao mesmo tempo que não estabelece exatamente a mediação, justapõe, mas sentimos que para ele as coisas são iguais –, a propósito desse amor por mulheres, Plutarco diz: É muito mau entregar-se a ele, visto que o indivíduo se torna úmido e caseiro; [esse amor] é tão vil quanto o que um escravo pode demonstrar por um rapaz livre[13]. Em outras palavras: amar as mulheres é apassivar-se, assim como o indivíduo se apassiva quando aceita ser amado por um escravo. Em contrapartida, se o amor por mulheres não tem uma regulação interna e se o *hedoné* para o qual ele se direciona [acaba], por uma espécie de lei interna do excesso, apassivando-se, está bem entendido que a relação com rapazes tem sua regulação interna porque supõe precisamente que o indivíduo renuncia ao *hedoné*, renuncia ao prazer para poder alcançar o objetivo terminal, que é a virtude.

Tudo isso não é novo. Não se destina justamente a ser novo no texto de Plutarco, visto que ele não faz mais que retomar e tornar muito explícita [uma concepção comum. Mas] agora um pequeno reforço de método: não quero dizer que toda essa concepção estava efetivamente presente atrás da prática mesma da pederastia e que [ela] dá a verdade mesma da pederastia grega. Quero dizer que essas eram as condições que permitiam pensar a pederastia grega, [que] essa era a única maneira que os gregos tinham de tornar aceitável, no interior de um discurso lógico e teórico, aquela prática da pederastia que era a deles. É esse o postulado. Para poder explicar tal pederastia, para poder aceitá-la em seus discursos, em seu pensamento, em sua consciência reflexiva, era preciso que houvesse dois amores. As condições de reflexividade da pederastia estavam ali. Mais tarde, bem mais tarde, chegará um momento em que, para tornar aceitável a relação de homem com homem, o amor do homem por rapazes, seremos levados a dizer: Mas, você sabe, é realmente o único e mesmo amor que encontramos aqui e lá. [Em] Plutarco[b] temos o testemunho de que para os

---

a. Lacuna na gravação. Ouve-se apenas: caseiro e úmido

b. M. F. diz: mas isso praticamente não existirá antes do século XIX e, no limite, em Proust, em todo caso digamos que de Plutarco a Proust, ou, se preferirem, com Plutarco temos o testemunho...

Em seguida se compreende que Foucault faz remontar a Plutarco a concepção de um amor único, mas que no *Diálogo sobre o amor* ele encontra o testemunho de uma concepção anterior dos dois amores, formulada pelos defensores da pederastia.

gregos a justificação da pederastia só podia passar pela definição bem específica da diferença entre um amor e o outro.

A reintegração da pederastia na época de Proust, em todo caso no fim do século XIX e no século XX, ao contrário, passará por uma operação muito diferente, que consistirá em mostrar que se trata realmente de [um] único e mesmo amor. Mas, se chegaram a querer justificar a pederastia afirmando que é o único e mesmo amor que está presente aqui e lá, foi porque no entretempo tinha se construído a ideia, que vocês chamarão de quimérica ou não, de que efetivamente há apenas um único e mesmo amor e de que é esse amor que encontramos, com formas diferentes, em ambas as relações. Ora, essa ideia de que há um único e mesmo amor vocês encontram precisamente em Plutarco. Não estou absolutamente dizendo que foi Plutarco que a edificou, mas em todo caso é nele que encontramos, parece-me, uma das primeiras expressões e, em todo caso, a mais clara para a época, da existência de um único e mesmo amor, da existência de uma mesma corrente completa do amor único. E isso, repito, na história não dos comportamentos sexuais, das práticas sexuais, e sim da reflexão sobre as práticas sexuais, na história do modo como as práticas sexuais emergem no interior de uma consciência cultural e normativa, é um momento absolutamente importante. Como Plutarco mostra que, diferentemente do que diziam os partidários do amor por rapazes, na verdade existe apenas um amor único? Como demonstra isso?

Esse é o grande divisor de águas na história da reflexão sobre o amor. Não é com o cristianismo, é antes, e Plutarco é prova disso. A existência de uma grande corrente do amor, completa e única, Plutarco estabelece por meio de alguns argumentos. O primeiro – o tema, o ponto de partida, o início [são] totalmente clássicos – [consiste] no desmascaramento do que poderíamos chamar, com um vocabulário um tanto anacrônico, de hipocrisia pederástica. De fato, o partidário do amor por mulheres e representante de Plutarco – que acontece ser precisamente Dafneu, seu pai, visto que o diálogo supõe que não é o próprio Plutarco que fala, e sim seu pai respondendo às teses de Protógenes[14] – diz aos pederastas: Afirmais que vosso amor se distingue do amor por mulheres porque não teríeis relações sexuais (sem *synousía*, sem *koinonía*, sem conjunção física) [com] os rapazes que amais, e dizeis que é graças a isso, graças a essa elisão do prazer e da conjunção sexual que podeis estabelecer uma ligação de natureza totalmente diferente, que seria a *philía* (a amizade). Mas, diz Plutarco, sabeis perfeitamente que isso não é verdade e que, se assediais os rapazes, é efetivamente para chegar a essa *koinonía*, a essa *synousía*[15]. Portanto, não sejais hipócritas. Em todo caso, visto que efetivamente, apesar de tudo e não importa o que dizíeis, buscais um prazer físico com rapazes, ou bem mantendes a tese teórica de que onde houver relação física não pode haver amizade (*philía*) – e nesse momento, visto que efetivamente praticais essas relações físicas, reconheceis que vosso amor não é capaz de produzir amizade, é incompatível com a amizade e, consequentemente, não digais que vosso amor se distingue do nosso pelo fato de ser capaz de *philía* –; ou então reconheceis que tendes relações sexuais com os jovens que assediais e admitis que essas relações sexuais não são incompatíveis com a amizade, que efetivamente tendes amizade por vossos amantes, vossos amados, [ao mesmo tempo que tendes] relações sexuais com eles. Mas, a partir do momento em que admitis que vossa amizade por rapazes não exclui as relações sexuais que tendes com eles, por que nos recusaríeis essa coexistência, a nós que amamos mulheres? E por que quereis que o amor com mulheres, que efetivamente tende para o prazer, para essa *koinonía*, para essa *synousía*, para essa relação sexual, seja alheio à *philía*, exclua a *philía* porque haveria *koinonía*, *synousía*, relação sexual? Visto que na verdade dormis com vossos amados e tendes amizade por eles, não nos separeis, a nós que dormimos com nossas mulheres, da amizade por elas. Portanto, há pelo menos um ponto em comum entre nossos dois amores: neles a relação sexual não é incompatível com a amizade. Não deveis fazer uma separação entre o que comportaria amizade excluindo as relações sexuais e o que incluindo as relações sexuais excluiria a amizade.

A segunda maneira de aproximar os dois amores e delinear a forma de uma corrente única é a designação por Plutarco da mesma origem e da mesma formação de amor. Plutarco diz: Não vos enganeis nisso, todos os mecanismos que podemos imaginar para mostrar como nos apaixonamos por alguém são forçosamente os mesmos, quer se trate de uma moça ou se trate de um rapaz. Vou citar-vos muito simplesmente os textos, visto que são muito claros: "as causas que dizem dar origem ao amor não são particulares de um sexo, e sim comuns a ambos"[16]. E então, sucessivamente, Plutarco se refere explicitamente, embora não cite os nomes, a duas grandes doutrinas, duas doutrinas extremas: o epicurismo e o platonismo. E diz o seguinte: "Afirma-se que corpúsculos formados à imagem do objeto amado saem dele, insinuam-se no corpo dos apaixonados e percorrem-no, estimulando a massa de átomos de modo a colocá-la em movimento, fazê-la deslizar ao mesmo tempo que seus corpúsculos e assim produzir o esperma."[17] É manifestamente a reprodução, o resumo da concepção epicurista. Portanto, o amor se produziria porque haveria corpúsculos provenientes da imagem do corpo. Tais corpúsculos insinuam-se no corpo de quem ama, agitam esse corpo e essa agitação faz nascer o esperma. Se é esse o mecanismo epicurista, diz Plutarco, não é evidente que podem emanar tanto de uma moça como de um rapaz esses famosos corpúsculos que presumivelmente entram no corpo de quem está apaixonado e provocam nele a agitação da qual nascerá o fluxo espermático? Se a mecânica epicurista é válida a propósito dos rapazes, então deve ser válida também a propósito das moças. Quanto à explicação platônica, podemos dizer a mesma coisa. Também nesse caso Plutarco não cita explicitamente Platão, mas [sua] presença é visível. Ouçam o texto: "essas belas e santas reminiscências que nos remetem à verdadeira, divina e olímpica beleza do além e dão asas a nossa alma"[18]. Se essas reminiscências que arrebatam nossa alma para a contemplação do belo podem ser provocadas por rapazes e jovens, o que impede que o sejam também por moças? Portanto, primeiro argumento: a *philía* não é incompatível com as relações sexuais. Em segundo lugar, as causas são as mesmas.

Terceiro argumento: é o grande elogio ao amor de que lhes falei. As considerações gerais sobre a natureza do éros e as relações entre éros e Afrodite mostram bem que na verdade não se pode separá-los. De fato, diz Plutarco, o éros – esse famoso amor que vós, os apaixonados por rapazes, pretendeis reservar para vossa forma de apego –, se não chegar à *koinonía*, à *synousía*, à conjunção física real, forçosamente ficará incompleto. Éros, se [assim] denominarmos um movimento de amor por alguém que não chega à *koinonía*, [deverá ser] completado por Afrodite, se colocarmos sob esse signo a *koinonía*, a conjunção física. Éros pode bem passar a vez para Afrodite. Se não for concluído e completado por Afrodite, Éros permanecerá em suspenso. Sem Afrodite, diz Plutarco, Éros é como embriaguez sem vinho[19]. E com essa expressão um tanto curiosa e bizarra ele sem dúvida quer dizer que o éros sem Afrodite é como uma espécie de embriaguez que fosse provocada sem que se tivesse sequer o prazer da consumação, que é o prazer de beber vinho. Uma embriaguez que não fosse acompanhada do prazer de beber vinho seria uma embriaguez vã e vazia que permaneceria em suspenso, como um Éros que não terminasse no gozo de Afrodite. Ou ainda ele diz: Seria algo *ákarpon*, sem fruto. E, de modo filosoficamente muito mais codificado, mais claro, mais forte, diz: O éros sem Afrodite é *atelés*[20]. É sem fim, não tem seu termo, portanto não completou sua essência, sua natureza, não alcançou o fim para o qual é feito. É um ato inacabado. O prazer físico, nessa concepção, está realmente inserido e marcado como o fim, como o acabamento de todo amor. Portanto, não há éros sem esse *télos* (esse termo, esse fim) que é o prazer físico. E, inversamente, se colocarmos sob o signo de Afrodite a conjunção sexual, Afrodite, que fosse sozinha, que fosse sem Éros, nada mais seria que um ínfimo instante de prazer. É, no limite, o que se pode sentir com prostitutas[21]. É o prazer de um instante, que imediatamente se desvanece. Mas, quando se quiser que o prazer de Afrodite se prolongue e prossiga, quando se quiser que Afrodite seja um modo de relação que se tem com alguém, digamos, com uma mulher, visto que o amor por mulheres está colocado sob o signo de Afrodite, é indispensável que se estabeleça entre os indivíduos, entre o homem e a mulher, determinado tipo de relação contínua e duradoura, que por sua vez deve ser posta sob o signo do éros. A duração de Afrodite é assegurada por Éros, assim como o fim, o termo do éros é assegurado por Afrodite. E nesse diálogo de Plutarco todo o longo elogio do éros num estilo pseudo-, quase platônico é na realidade uma maneira de [in]verter a tese platônica, visto que para Platão precisamente o elogio do éros era uma maneira de isolar o amor por rapazes e mostrar como ele era específico, e qual era para ele esse amor por rapazes, o valor filosófico que tinha, com exclusão da relação com mulheres. Em contrapartida, temos aqui um elogio do éros que vai permitir que, de certo modo, sejam repatriadas para o interior do éros as relações com mulheres. Longe de ser privilégio de alguns, longe de ser privilégio dos que amam rapazes, o éros preside a natureza toda. Há aí como que uma inversão do elogio platônico do éros. É preciso portanto admitir uma longa corrente única do amor, idêntica para moças e rapazes. Essa corrente única e idêntica do amor tem a mesma origem, as mesmas causas, os mesmos elementos acionadores. Vocês estão vendo também que, em seu desenrolar, essa corrente evidentemente comporta o desejo, a *epithymía*, mas também comporta, ao mesmo tempo, sem dissociação alguma, a amizade, a *philía*. E, por fim, essa corrente deve terminar no que é seu termo natural: o gozo. Mesmas causas, mesmo desenrolar, mesmo termo. Portanto, há apenas uma única e mesma corrente completa do amor. Creio que essa é uma tese absolutamente fundamental e que, historicamente, vai ter efeitos consideráveis.

Mas, e este é o terceiro ponto sobre o qual eu queria insistir na explanação sobre o diálogo de Plutarco – portanto, depois de: [primeiramente,] oposição entre o amor por rapazes e o amor por moças; em segundo lugar, contra essa tese, organização, definição da corrente única do amor –, apesar de tudo o texto de Plutarco é muito perverso. Depois de estabelecer que o amor por moças e o amor por rapazes eram o mesmo, depois de, digamos, fundir juntas as qualidades, as marcas, as propriedades do amor por moças e do amor por rapazes, depois de estabelecer a unicidade da corrente, vejamos um pouco como Plutarco situa o amor por rapazes com relação a essa corrente integrativa, a essa corrente completa e única do amor que deve constituir a regra. Ao mesmo tempo que diz que há apenas um único amor para os dois, ele vai utilizar essa corrente única do amor como regra, como escala, como instrumento de medida, para ver se o amor pelos rapazes realmente corresponde a ela. E, obviamente, vai mostrar que o amor por rapazes não corresponde a ela. Fundindo os dois amores, ele constrói uma corrente única do amor, e depois vai retirar dela o amor por rapazes e mostrar como este é inadequado para a corrente que acaba de montar. Inadequado, deficiente por quê? Por duas razões. Uma é o que poderíamos chamar de origem mítico-histórica que ele atribui ao amor por rapazes. Retoma um tema clássico, mas o uso que lhe dá é interessante. Diz: A natureza fundou primeiro o amor por homens e por mulheres. Essa era, portanto, a situação inicial, situação que durou muito tempo. E depois eis que em dado momento se introduziu o amor por rapazes. Referindo-se a uma ideia que encontramos com frequência antes dele [e] que depois será retomada com muita frequência, [ele diz que] foi quando se introduziu nos ginásios e nas palestras o mau hábito de despir inteiramente os rapazes que começou esse hábito vil de amá-los, de assediá-los, e que essa vil epidemia se espalhou por toda parte[22]. Temos aí o testemunho de que essa ideia de uma epidemia sexual é uma coisa extremamente antiga e que em absoluto não data do século XVIII, como dizem às vezes. Praticamente, a grande denúncia dos delitos sexuais se fez desde a Antiguidade grega [nos seguintes termos]: é uma novidade que está se espalhando, uma novidade epidêmica e perigosa. É historicamente verdade que a nudez dos rapazes nos estádios foi algo relativamente tardio nas sociedades gregas. Assim, apoiando-se nesse fato, Plutarco define esse amor como vindo historicamente depois, como segundo. E, como sempre nessas análises, nessas genealogias mítico-históricas, o que vem em segundo lugar é de menos valor. Mas Plutarco diz, o que é interessante: Vindo assim depois, esse amor teve vergonha de si mesmo, precisou se esconder, não ousou mostrar-se tal como era[23]. E é por isso que vós, apaixonados por rapazes, sois tão hipócritas que afirmais que não tendes desejo sexual, não tendes *epithymía* por eles, que não buscais a *koinonía* e a *synousía*. Assim a hipocrisia do amor por rapazes fica historicamente fundamentada. Necessidade de esconder-se, visto que é um amor bastardo, um amor que vem depois, um amor que se insinuou historicamente na sequência de uma conjuntura histórica definida.

O amor por rapazes, portanto, é deficiente por sua origem mítico--histórica. Mas é deficiente por outra razão, absolutamente fundamental. É fundamental, e há aí, no *Erotikós*, de Plutarco, duas passagens muito decisivas, que são relativamente breves, mas nas quais precisamos nos deter um pouco. Na primeira passagem, logo antes do grande louvor ao éros, um dos partidários do amor por mulheres, um certo Dafneu (que não é o pai de Plutarco) diz que no fim das contas há uma vantagem do lado do amor por mulheres. Essa vantagem é que o amor por mulheres, ao mesmo tempo que é um amor que implica o prazer, a comunidade física, é capaz de levar à amizade[a], por intermédio de algo que o texto designa como *kháris*[24]. *Kháris*, essa famosa palavra que geralmente traduzem por "graça". Obviamente, aqui ela não quer dizer "graça". O tradutor diz "complacência". Na verdade, trata-se de quê? A palavra é bastante importante para que o próprio interlocutor, a quem Plutarco atribui essa afirmação, defina o que quer dizer com ela. Ele diz: [A] *kháris* é a *hýpeixis*, a aquiescência, o consentimento da mulher para o homem. De fato, *hypeíko* quer dizer: ceder, fazer concessões, consentir[25]. Portanto, a *kháris* que as mulheres têm para com o homem é o fato de cederem, mas cederem de bom grado, de concederem algo num gesto positivo. E também aqui – o que prova quanto para ele a noção era importante e difícil de esclarecer – Plutarco faz uma série de citações, particularmente uma de Píndaro e outra de Safo. No texto de Píndaro – é na segunda Pítica, verso 42; o texto foi um pouco alterado por Plutarco, não importa[26] – é dito que, tendo Zeus substituído Hera pela deusa Nuvem no momento em que Ixíon pretendia se lançar sobre ela, apossar-se dela e unir-se com ela, Nuvem recebeu contra sua vontade os amplexos de Ixíon, e recebeu o amplexo *aneu kharitôn*[27], precisamente sem *kháris*, sem essa aquiescência voluntária, complacente, esse doce consentimento que é característico de *kháris*. E num verso de Safo está em questão uma menina que ainda é *akháris*, isto é, que ainda não é capaz de conceder seus favores com prazer – em todo caso com complacência, pois a palavra prazer justamente não intervém aí[28]. Qual é a importância dessa noção de *kháris*? Por que ela é tão capital?

Lembro a vocês o problema do objeto de prazer [na] ética grega dos prazeres. Parece-me[b] que os gregos [enxergam] a ética dos prazeres [unicamente] do ponto de vista daquele que é ativo, do ponto de vista do homem, do homem que goza. Quanto ao prazer do outro, ele não intervém, não precisam falar dele. Daí a problematização do prazer da mulher não ter sido feita nem do ponto de vista médico nem do ponto de vista moral. Entretanto, na própria medida em que a mulher, ao mesmo tempo que é objeto de prazer, de acordo com o princípio de isomorfismo tem como status social, função social ser objeto do prazer, [na medida] em que ela consente nisso, em que sente com isso não diretamente um prazer, mas uma espécie de reconhecimento ou de satisfação, em que o aceita de bom grado, isso faz parte precisamente de seu papel. Essa noção de *kháris* poderíamos traduzir por "complacência" ou talvez por "doce aquiescência". A *kháris* como doce aquiescência [é] determinada maneira, totalmente

---

a. M. F. acrescenta: é o tema de que lhes falava agora há pouco [cf. *supra*, p. 166].
b. M. F. acrescenta: volto ao que disse [cf. *supra*, p. 172].

regular e totalmente aceitável para uma mulher, de identificar-se como sujeito em seu papel de objeto de prazer. A *kháris* é uma maneira de desempenhar voluntariamente, de concordar em desempenhar de muito bom grado o papel de objeto de prazer. A *kháris*, portanto, é a ligação, a única aceitável, que vai se estabelecer entre o prazer do homem, que define o elemento fundamental da ética sexual, e esse prazer oculto, esse prazer não dito, esse prazer fora do campo, que é o da mulher. A *kháris* é a mulher como sujeito que se reconhece e se aceita num campo inteiramente definido pela atividade do varão. Obviamente, comento esse texto de Plutarco talvez levando-o além de seus limites. Em todo caso, é isso, parece-me, que o texto de Plutarco [expressa] quando diz: No amor por mulheres, no amor com mulheres, há uma *kháris*, e essa *kháris* é princípio de amizade, visto que por essa complacência, pela doce aquiescência, a mulher tem a possibilidade de aceitar o papel que a fazem desempenhar e, portanto, a possibilidade de sentir *philía* pelo homem – e o homem, em reconhecimento por essa complacência que a mulher tem para com ele, é capaz de conceber *philía* por ela. Portanto, a *kháris* é muito exatamente a junta que interliga o prazer e a amizade. É a *kháris* que faz a mulher ter amizade por um homem que goza nela. A *kháris* da mulher é o que permite ao homem reconhecer que a mulher tem amizade por ele e, portanto, conceber que é possível ter amizade por alguém que, apesar de tudo, é um objeto de prazer. É esse o lugar da *kháris*.

E, agora, por que o amor por rapazes [não pode] dar lugar à *kháris*? Voltem ao que eu lhes dizia mais uma vez numa aula anterior[29]: o rapaz é precisamente aquele que não pode se permitir identificar-se com o objeto de prazer que é, porque, sendo um rapaz, é alguém que vai ser um cidadão livre. Visto que um dia será sujeito ativo, visto que terá de ser soldado, político, pai de família, visto que terá de ser orador também, não poderá ser alguém que foi objeto de prazer. E, quando é objeto de prazer, o que acontece? Só pode ser contra seu consentimento, porque se consentisse estaria aceitando ser algo para o que não é feito, ou seja, objeto de prazer. Consequentemente, há o que podemos chamar de paradoxo do rapaz, que é o seguinte: ele é objeto de prazer, mas não pode consentir em ser objeto de prazer[30]. E quando, efetivamente, é pego por um homem, quando é possuído por um homem, [é colocado diante da seguinte alternativa]: se consentir, torna-se pura e simplesmente um prostituto, em todo caso alguém por quem não se pode mais ter nenhuma estima; se resistir, a partir do momento em que resiste só poderá conceber por aquele que o forçou sentimentos de hostilidade[31]. Tanto num caso como no outro, a *philía*, como vínculo social altamente valorizado, não encontra lugar. Ou bem o rapaz consentiu. Não passa de um prostituto, não se pode ter *philía* por ele. Ou bem o rapaz foi possuído à força. Assim sendo, não pode ter *philía* por quem o possuiu. Portanto, não pode haver *kháris* no amor entre homem e rapaz.

Temos aí um ponto fundamental para compreendermos o que vai ser agora a exclusão da relação homem-rapaz daquela grande corrente única do amor que Plutarco havia definido. Aquela grande corrente única do amor, na qual amizade e desejo, prazer e virtude etc. estavam associados entre si, por quê, como resistia? Pelo fato de justamente a mulher sentir *kháris*, porque havia essa *kháris*, essa complacência, essa doce aquiescência. [Ela] é que fazia a síntese entre a *philía* e a *epithymía*, entre a amizade e o desejo, o prazer e a virtude. O rapaz, por sua vez, não pode sentir *kháris*. Não pode haver essa doce aquiescência na relação entre o rapaz e o homem. Consequentemente, a corrente não resiste mais e não pode mais haver *epithymía* e *philía*. No caso deles não pode haver simultaneamente *hedoné* e *areté*. Precisam escolher uma ou a outra e, se ele escolher a virtude, o amor será *atelés*, não chegará a seu termo. Se, ao contrário, ele for até a *koinonía*, nesse momento, como diz Plutarco referindo-se a Platão, será um amor de quadrúpedes[32].

Portanto, não devemos considerar que os gregos fossem pessoas que acolhessem o amor por rapazes na grande figura de um amor despreocupado do sexo ao qual podiam dirigir-se. Vocês estão vendo que os gregos, na concepção clássica dos *aphrodísia*, só acolheram em sua reflexão filosófica e moral o amor por rapazes com a condição de dissociar bem o amor por rapazes do amor por mulheres. O amor por rapazes só foi receptível, aceitável, pensável, passível de reflexão para os gregos – mesmo e principalmente para os da época clássica – como outro amor, um amor profundamente diferente, sobre cuja teoria precisaram refletir e cuja teoria precisaram fazer, essa teoria, portanto, que passa inteiramente fora da natureza, do desejo, do prazer. E no dia em que, [n]essa civilização helenística e romana de que Plutarco é testemunha, constituíram um grande amor único e completo, no dia em que conseguiram construir uma concepção segundo a qual amizade e desejo, prazer e virtude podiam estar reunidos, [então] o amor por rapazes não pôde não ser afastado. O amor por rapazes tornou-se um amor *áneu kharíton*, um amor desgraçado, um amor para o qual, desde esse dia e ao longo de toda a civilização cristã, faltou a graça (*kháris*).

Vou terminar aqui, porque a partir desse momento as coisas ficam fáceis. Vocês estão entendendo, portanto, que, a partir dessa constituição da grande corrente única do amor da qual o amor por rapazes foi excluído porque literalmente desgraçado, é fácil para Plutarco mostrar que, confrontado com ele, o amor entre esposos é precisamente o único a realizar a grande corrente do amor único e integral. O texto de Plutarco corre sozinho, basta citá-lo: "A união física com uma esposa é uma fonte de amizade, como uma participação conjunta em grandes mistérios. A volúpia (*hedoné*) é de curta duração, mas é como o germe a partir do qual crescem dia a dia[33] [...]" o quê? *Timé* (o respeito), *kháris* (a doce aquiescência), *agapêsis* (ao mesmo tempo o amor e a amizade), por fim *pístis* (a confiança)[34]. Ou seja, assim a relação entre homem e mulher se vê carregada de todos aqueles elementos (*timé*, *philía*, *pístis* etc.) que caracterizavam as relações de homem com homem e que eram os que outrora permitiam distinguir o amor por rapazes do amor por mulheres.

A partir daí, visto que o amor conjugal, entre homem e mulher, herda assim todas essas virtudes, compreende-se que o casamento de Bácon possa ter sido abençoado pelos deuses, apesar [do fato de], situação paradoxal, a matrona viúva, rica, poderosa etc. ter raptado contra a vontade de todos aquele jovem e apetitoso rapaz. Tal casamento não só é abençoado pelos deuses, mas também Plutarco explica como ele vai poder, de certo modo, servir de matriz pedagógica que contará com o que poderíamos chamar de efeitos pederásticos positivos, porque se juntarão aos laços afetivos entre o homem e a mulher todas as tarefas de formação antes atribuídas às relações homem-rapaz. Essa mulher velha, essa mulher rica, essa mulher experiente vai poder guiar seu jovem marido[35]. Toda sua sabedoria, todo o avanço, de certo modo, que ela tem na ordem da reflexão, do saber, da experiência em comparação com o marido vai permitir-lhe, sem que haja nisso escândalo algum, servir de guia para seu marido um tanto jovem demais, até o dia em que os papéis se inverterão doce e insensivelmente e por fim será o marido que passará à frente da mulher, tendo finalmente adquirido a experiência e a autoridade que lhe permitirão fazer isso. Experiência e autoridade que Plutarco imediatamente enfatiza que forçosamente serão comedidas, precisamente porque o marido terá estado muito tempo sob a tutela moral da mulher. Aqueles maridos imperiosos, aqueles maridos autoritários, aqueles maridos que tratam mal a mulher, aqueles maridos que não reconhecem a necessária comunidade dos dois parceiros do casal, aqueles maridos que tratam a mulher unicamente como objeto, aqueles maridos que não são capazes de uma verdadeira *symbíosis* (vida [em comum]), aqueles maridos, é claro, pertencem à primeira moral dos *aphrodísia*. Ao contrário, agora que uma mulher vai poder ensinar seu marido a comportar-se, obviamente ele não se comportará mal com ela e saberá moderar a autoridade que tem sobre a mulher, visto que essa autoridade, afinal de contas, foi ela que lhe ensinou. E é assim que a *symbíosis*, que parecia tão improvável no caso de uma mulher velha com um marido jovem, ao contrário, se realizará ainda melhor numa situação como essa. E portanto o diálogo pode ser encerrado. Preparam as guirlandas da festa na qual a unidade do casal vai ser firmada. E enquanto isso os debatedores do diálogo se preparam para assistir à festa e para zombar do velho grisalho que assediara Bácon e que agora já não tem um papel para desempenhar.

*

NOTAS

1. Cf. Plutarco, *Dialogue sur l'amour, op. cit.*
2. Cf. *ibid.*, 751e, 758d-e, 764a, pp. 55, 73, 87.
3. Cf. *ibid.*, 755a, p. 63.
4. "Ela [Ismenodora] ouvia dizer e ela mesma dizia muito bem dele, e via que vários homens de mérito buscavam o amor de Bácon; por isso começou a amá-lo, mas suas intenções nada tinham de desonesto (*agennés*): queria desposá-lo publicamente e viver com ele" (*ibid.*, 749d, p. 50).
5. Cf. o primeiro enunciado de Epicteto em seu *Manual*: "Dependem de nós o juízo de valor, o impulso para a ação (*hormé*), o desejo (*órexis*) ou a aversão; em poucas palavras, tudo o que é nossa obra própria" (trad. fr. P. Hadot). Sobre esses conceitos, cf.: A. J. Voelke, *L'Idée de volonté dans le stoïcisme*. Paris, PUF, 1973; P. Hadot, *La Citadelle intérieure*. Paris, Fayard, 1992 (especialmente os capítulos: "Discipline du désir" e "Discipline de l'action").
6. "Quanto a mim, não dou o nome de amor (*erân*) ao sentimento que tendes por mulheres ou moças, assim como não dizemos que as moscas sentem amor pelo leite, ou as abelhas pelo mel, ou que os criadores e os cozinheiros amam os vitelos e as aves que cevam às escuras! A natureza excita em nós um apetite (*órexin*) moderado e suficiente por pão e outros alimentos, mas o desejo excessivo e apaixonado de comida recebe o nome de gulodice ou glutoneria. Do mesmo modo, a natureza colocou em nós a necessidade do prazer mútuo (*ap'allélon hedonês*) que o homem e a mulher dão um ao outro, mas o desejo (*hormé*) que nos impele para ele, quando é violento, fogoso, desenfreado certamente não merece o nome de amor" (Plutarco, *Dialogues sur l'amour*, 750c-d, *op. cit.*, p. 52).
7. "O Amor que se liga a uma alma jovem e bem-dotada leva à virtude (*eis aretén*) pelo caminho da amizade (*dià philías*)" (*ibid.*, 750d, p. 52); "o Amor (*éros*), por sua vez, quando perde a esperança de inspirar afeição, desiste de cercar de cuidados o brilho efêmero da juventude em flor, se esta não produz o fruto próprio de seu caráter, garantia de amizade e de virtude (*philían kaì aretén*)" (*ibid.*, 750e, p. 52).
8. Sobre o amor por rapazes, cf. Platão, *Le Banquet*, 181a ss. e 192a-b, *in Œuvres complètes*, t. IV, 2ª parte, trad. fr. Robin, *op. cit.*, pp. 15 ss. e 34-5. A expressão *parà phýsin* é utilizada no *Fedro*, mas com uma conotação negativa (relativa mais à postura de passividade do que à relação homossexual propriamente dita): "entregando-se ao prazer, ele [aquele que não foi recentemente iniciado na verdade] age como um quadrúpede, considera como um dever conspurcar e emprenhar e, familiarizando-se com o descomedimento, não tem receio nem vergonha de perseguir um prazer antinatural (*parà phýsin*)" (Platão, *Phèdre*, 150e, *OC*, t. IV, 3ª parte, *op. cit.*). Cf. também M. Foucault, *L'Usage des plaisirs, op. cit.*, cap. IV: "Érotique", pp. 205-48.
9. "Se cada qual permanecesse fiel às leis que a Providência nos prescreveu, nós nos limitaríamos ao comércio com as mulheres e nossa vida estaria purificada de toda infâmia. Vede os animais: eles nada podem corromper por uma disposição viciosa e a legislação da natureza permanece pura. Os leões não ardem por leões" (*Les Amours*, 22, em Luciano de Samósata, *Dialogues des courtisanes*, seguido de *Amours* e de *Toxaris*, trad. fr. P. Maréchaux. Paris, Arléa, 1998, p. 85). De acordo com essa citação, o diálogo de Luciano não é tão favorável (muito ao contrário) ao amor por rapazes quanto Foucault sugere aqui; sobre esse diálogo, cf. *Le Souci de soi, op. cit.*, pp. 243-61.

10. "Esses desejos (*epithymíai*) pelas mulheres, mesmo nos melhores casos, permitem apenas o gozo de voluptuosidades e de prazeres passageiros do corpo (*hedonén períesti karpoústhai kaì apólausin hóras kaì sómatos*)" (Plutarco, *Dialogue sur l'amour*, 750d, *op. cit.*, p. 52); "O desejo (*epithymía*) não tem outro fim que não o prazer (*hedoné*) e o gozo (*apólausis*)" (*ibid.*, 750e, p. 52).

11. "Vós o [o amor por rapazes (*paidikòs éros*)] vereis, sempre simples e sem luxo, frequentar as reuniões dos filósofos ou às vezes os ginásios e as palestras, em busca de jovens, a fim de exortar para a virtude (*pròs aretén*), com voz muito alta e nobre, os que forem dignos de seus cuidados (*toîs axíois epimeleías*)" (*ibid.*, 751a, p. 53).

12. Sobre a noção de *epiméleisthai* (ocupar-se, cuidar de si e dos outros, preocupar-se), cf. todo o curso *L'Herméneutique du sujet*, *op. cit.* Associando a figura do mestre e a do apaixonado por rapazes, Foucault afirma: "O mestre é aquele que cuida do cuidado que o sujeito tem de si mesmo e que encontra, no amor que tem por seu discípulo, a possibilidade de cuidar do cuidado que o discípulo tem de si mesmo" (p. 58).

13. "Mas esse outro amor, amolecedor e caseiro (*hygròn toûton kaì oikourón*), que se apega aos vestidos e aos leitos das mulheres, sempre em busca de voluptuosidades e prazeres indignos de um homem, sem amizade (*aphílois*), sem entusiasmo, convém proscrevê-lo. Assim fazia Sólon: proibia aos escravos o amor por rapazes e a ginástica, e ao mesmo tempo permitia que se unissem a mulheres; de fato, muito bela e comunal é a amizade (*philía*); mas o amor que um escravo sente por rapazes não poderá ser nobre nem honesto, pois esse amor é uma união carnal (*synousía*), assim como o amor por mulheres" (Plutarco, *Dialogue sur l'amour*, 751b, *op. cit.*, pp. 53-4).

14. Na verdade, nesse diálogo Plutarco põe em cena seu próprio filho (Autobulo) como narrador e relator de uma conversa entre seu pai (Plutarco) e vários protagonistas (entre os quais Dafneu, filho de Arquidamo, que compartilha com Plutarco a mesma desconfiança com relação ao amor por rapazes). O próprio Foucault retificará esse erro na sequência de sua aula.

15. Plutarco, *Dialogue sur l'amour*, 751b-c, 752a, *op. cit.*, pp. 54-5.

16. *Ibid.*, 766e, p. 95.

17. *Ibid.*, *loc. cit.*

18. *Ibid.*

19. "Se acaso existir um Amor (Éros) sem Afrodite (*khorìs Aphrodítes*), será como uma bebedeira sem vinho" (*ibid.*, 752b, p. 56).

20. "Isso [um Amor sem Afrodite] não pode ser mais que uma perturbação sem fruto e sem plenitude (*ákarpon autoû kaì atelés*)" (*ibid.*, *loc. cit.*).

21. "A obra de Afrodite, quando o Amor está ausente dela, se compra por uma dracma" (*ibid.*, 759e, p. 76).

22. *Ibid.*, 751f-752a, pp. 55-6.

23. "Se o amor por rapazes renega a volúpia, é porque sente vergonha e teme o castigo" (*ibid.*, 752a, p. 56).

24. "Se a união antinatural com varões não destrói a ternura amorosa nem a prejudica, com muito mais razão convém que o amor entre homens e mulheres conforme com a natureza leve à amizade pelo caminho da complacência (*eis philían dià kháritos*)" (*ibid.*, 751c-d, p. 54).

25. "Pois os antigos, Protógenes, denominavam 'complacência' a aquiescência da mulher ao desejo do homem" (*ibid.*, 751d, pp. 54-5).

26. Cf. a nota do editor na edição Les Belles Lettres, p. 135: "A expressão realmente se lê em Píndaro, *Pyth.* 2, 42, mas é aplicada à Nuvem pela qual Zeus substitui Hera quando Ixíon vai tomar nos braços esta deusa." É o que Foucault também relata precisamente, ao passo que Plutarco, em seu diálogo, escreve: "Píndaro diz que Hera concebeu Hefestos 'sem complacência'" (*Dialogue sur l'amour*, 751d, *op. cit.*, p. 56).

27. *Ibid.*, 751d, p. 55.

28. "A uma jovem que ainda não está em idade de casar, Safo se dirige nestes termos: 'A meus olhos eras apenas uma menina / A quem a complacência ainda é desconhecida (*smíkra moi país émmen ephaíneo kákharis*)'" (*ibid.*, *loc. cit.*).

29. Cf. *supra* o fim da aula de 28 de janeiro e o início da aula de 4 de fevereiro.

30. Cf. sobre esse ponto as explanações de Foucault em *L'Usage des plaisirs*, *op. cit.*, cap. "L'honneur d'un garçon", pp. 225-36.

31. "Assim os jovens que concordam de bom grado em servir de instrumento para tal devassidão são postos na categoria dos seres mais degradados, e não lhes concederemos sequer a menor parcela de nossa confiança, de nosso respeito ou de nossa amizade (*oúte písteos moîran oút'aidoûs oúte philías*) [...]. Quanto aos jovens que, sem serem naturalmente perversos, foram levados a ceder e a entregar o corpo, não há homens que lhes inspirem mais frieza e ódio do que os que abusaram deles, e cobram uma terrível vingança quando surge a oportunidade" (Plutarco, *Dialogue sur l'amour*, 768f, *op. cit.*, p. 100).

32. "Os rapazes, quando seus favores são arrancados à força, se veem vítimas de um atentado; e quando, por libertinagem e inversão, consentem, nas palavras de Platão, 'em se deixarem conspurcar e emprenhar à maneira dos quadrúpedes', contrariamente à natureza, essa é uma aceitação absolutamente 'inaceitável', indecente e ignóbil" (*ibid.*, 751e, p. 55).

33. *Ibid.*, 769a, p. 100.

34. "... o respeito mútuo, a complacência, a afeição e a confiança (*timè kaì kháris kaì agápesis allélon kaì pístis*)" (*ibid.*, *loc. cit.*).

35. *Ibid.*, 754d, p. 62.

AULA DE 11 DE MARÇO DE 1981

A nova ética do casamento. – Evolução das práticas matrimoniais: o ponto de vista dos historiadores. – Publicização institucional, extensão social, transformação da relação entre esposos. – O testemunho dos escritores: os poemas de Estácio e as cartas de Plínio. – Jogos de verdade e realidade das práticas.

Partindo de alguns textos dos dois primeiros séculos de nossa era, havíamos identificado coisas bastante importantes. Primeiramente, é claro, o desenvolvimento geral de uma economia afinal muito restritiva dos atos e prazeres sexuais, do que os gregos denominavam *aphrodísia*. Em segundo lugar, a definição de um regime que localiza no casamento e unicamente no casamento o uso legítimo dos *aphrodísia*. Em terceiro lugar, a constituição de uma ética interna desse casamento, ética em cujo interior estão muito fortemente interligados os papéis tradicionais do marido e da mulher (papel econômico e social de cada cônjuge para com o outro), mas também as relações afetivas (comunidade de pensamento, ternura, afeição etc., tudo o que os estoicos chamavam de *krase*[a] do casamento), e depois também as relações sexuais, relações sexuais que devem ao mesmo tempo obedecer a regras de pudor, formas de intensidade, e servirem tanto de ponto de partida quanto de formas de expressão para esses laços afetivos.

A partir dessa nova ética do casamento, ligando portanto os papéis tradicionais, os laços afetivos, as relações sexuais, definiu-se[b] uma forma geral e canônica do amor por intermédio do que os gregos denominavam *kháris*. Por intermédio dessa *kháris*, ou seja, dessa espécie de complacência, aquiescência, prazer mútuo obtido no prazer um do outro, vemos definir-se um amor geral que permite ligar o *éros* e os *aphrodísia*, síntese

---

a. Sobre a grafia desse termo, cf. nota p. 125. (N. da T.)
b. M. F. acrescenta: é o que procurei mostrar-lhes na última vez, pelo menos em alguém como Plutarco [cf. *supra*, aula de 4 de março, pp. 173 ss.].

tão difícil no pensamento grego clássico. E essa definição de um amor que liga *éros* a *aphrodísia* por intermédio da *kháris* tem como efeito acolher, tolerar, aceitar como completo, conforme, regular, apenas o amor homem-mulher – na verdade, o amor entre cônjuges – e, ao contrário, excluir o amor homem-rapaz, definido como incompleto e insuficiente porque a síntese *éros-aphrodísia* (síntese entre o amor e os prazeres sexuais) não pode ser feita, por causa da ausência inevitável da *kháris* (da complacência). Essa transformação na representação, na definição da maneira de conduzir-se, com relação tanto aos *aphrodísia* como ao casamento, coloca duas questões.

Em primeiro lugar, qual é a ligação, a relação entre essas técnicas[a] e a realidade em cujo interior elas aparecem e são definidas? Questão de sincronia. E depois a segunda questão, que abordarei [numa] próxima vez, é saber qual será o destino dessas técnicas, desses regimes de vida, desses modos de existência, no interior do cristianismo. Então, primeira questão, a questão sobre a qual quero lhes falar hoje: esse novo regime dos *aphrodísia*, agora tão profundamente ligado ao casamento e à relação homem-mulher, de onde vem ele? O que pôde suscitar esse tipo de pensamento, esse modo de prescrição? Vou formular a questão de modo voluntariamente ambíguo e ingênuo: que relação esse novo regime dos *aphrodísia* pode ter com o que podemos chamar de "o real", que relação ele pode ter com o comportamento efetivo dos indivíduos? Vocês verão que ao avançarmos um pouco nessa pesquisa evidentemente precisaremos elaborar essa questão e ver em que medida é afinal uma questão inadequada e falsa. Mas, por fim, creio que agora podemos ir um tanto apressadamente para o lado dos historiadores e interrogá-los sobre o que é possível saber quanto à vida social e cotidiana das populações gregas e romanas ou das populações mediterrâneas, na época helenística e também na época romana imperial[1].

O que podemos saber sobre esse assunto é muito fragmentário, fragmentário geograficamente, é claro, visto que, exceto por algumas regiões particularmente ou relativamente bem aclaradas, como Roma ou a Grécia, como o Egito também, não sabemos muita coisa do restante. O facho de luz que os historiadores podem trazer não só abrange apenas algumas áreas geográficas e camadas sociais afinal muito limitadas. É necessariamente o comportamento das elites, das elites que falam e das elites às quais se fala, das elites que em algum lugar deixam vestígios de sua existência; é unicamente a respeito dessas classes que podemos ter algumas informações aproveitáveis. Portanto, são forçosamente dados fragmentá-

---

a. M. F. acrescenta: que procurei expor-lhes, talvez com certo excesso de detalhes

rios que os historiadores podem utilizar. Vamos procurar ver muito rapidamente o que eles conseguiram deduzir dessas indicações fragmentárias quanto ao que poderíamos supor ser a evolução geral e global tanto dos comportamentos sexuais como do casamento. Sem forçar demais os resultados que eles obtiveram, me parece que podemos destacar três coisas: modificação nas instituições matrimoniais; modificação também em sua prática e na extensão de sua prática; por fim, modificação no tipo de relação que se estabelecia entre os cônjuges na instituição matrimonial.

A primeira modificação que os historiadores identificaram diz respeito à própria instituição matrimonial. Precisamos ter em mente que, tanto na Grécia clássica como na Roma republicana, até o fim da República o casamento era um ato privado, ato privado que dependia da família e somente da família, ou seja, da autoridade da família, das regras comumente aceitas na família ou naquele tipo de família e, por fim, das estratégias econômicas e sociais próprias daquelas famílias. O casamento era uma transação entre dois chefes de família: o pai da futura esposa e o futuro marido, considerado potencial chefe de família. Era entre esses dois chefes de família, ou entre essas duas famílias, que o ato de casamento era acordado como transação privada; consequentemente, o poder público nada tinha a ver com ele. Aliás, tinha tão pouco a ver que o casamento – e aqui me refiro aos estudos de Paul Veyne sobre esse assunto – não era considerado um ato jurídico[2]. Era um ato privado que sem dúvida tinha efeitos de direito sobre os indivíduos, mas que em si mesmo não era um ato jurídico. Mas as coisas mudaram. Mudaram no decorrer dos últimos séculos antes de nossa era e mais ainda nos séculos do início de nossa era. Podemos vê-las mudar – e aqui[a] não faço mais que retransmitir-lhes um ponto de vista um tanto sintético sobre toda uma série de trabalhos de historiadores[3] –, por exemplo, no Egito[4]. Entre o século III antes de nossa era e os primeiros séculos depois, durante todo esse período intermediário de romanização do Egito, o casamento se torna uma espécie de instituição pública. Institucionalização pública, [portanto,] publicização do casamento, que passa por um intermediário importante, que é o intermediário religioso. É claro que o casamento como ato privado tinha uma dimensão religiosa, na medida em que uma das razões por que era preciso casar-se e ter descendentes legítimos era a continuação do culto dos ancestrais. Mas era a própria religião familial que exigia o casamento, e era no interior dessa estratégia familial, estratégia religiosa, de certo modo, da própria família, que o casamento tinha sentido. O que vemos aparecer nas

---

a. M. F. acrescenta: também aqui estou apenas apontando algumas indicações, as mais claras, as mais decisivas; não estou entrando nos detalhes...

comunidades gregas do Egito pré-romano é uma institucionalização pública do casamento, ou seja, ele agora se torna um episódio da vida privada, inserido e sancionado no interior de cerimônias religiosas que, por sua vez, fazem parte de rituais públicos. É a religião pública que sanciona o casamento. E com essa intermediação vemos o casamento tornar-se cada vez mais uma instituição pública que no final vai ser sancionada também nas instituições civis.

Vejamos o caso de Roma um pouco depois, ou seja, no período augustal, em que o casamento foi objeto de toda uma série de leis importantes. Essas leis tratam, por exemplo, do estupro, isto é, da violação, e também do adultério. Tradicionalmente se dá a essas leis augustais um sentido de moralização. Estaria em causa, para Augusto, moralizar uma sociedade romana que teria se distendido em sua ética, em sua observância dos princípios morais fundamentais. Na verdade, devemos ver as coisas de modo um pouco diferente, e particularmente se tomarmos, por exemplo, a famosa lei contra o adultério (*lex de adulteriis*[5]). A lei *De Adulteriis* condena toda mulher casada que tiver uma relação com um homem [qualquer que seja, exceto seu marido]. Em contrapartida, o homem, não importa se casado ou não, só é condenado pela *lex de adulteriis* se tiver uma relação sexual com uma mulher casada. Portanto, é sempre o problema da mulher casada que está no centro de toda essa legislação do adultério. A mulher casada não pode ter relação com nenhum [outro] homem, e o homem não pode ter relação com uma mulher casada. Ora, quando falávamos da percepção moral dos *aphrodísia* tal como podíamos encontrá-la no pensamento clássico, eram precisamente essas mesmas regras que víamos aplicadas. Ou seja, a condenação do adultério a partir do status da mulher casada, e somente a partir desse status, estava absolutamente assente no que poderíamos chamar de moral social da época. Quando a lei augustal é formulada como é formulada, não faz mais que reproduzir o que efetivamente era da ordem da moral corrente, com os efeitos práticos que isso podia ter, na medida em que pelo menos até certo ponto as famílias tinham liberdade para sancionar elas mesmas essas faltas contra sua própria moral. Portanto, parece que não é tanto um avanço rumo a uma nova moralização que marca a lei augustal a respeito do adultério; é muito mais determinada maneira de sancionar pela lei um conjunto de princípios éticos que já estavam perfeitamente reconhecidos pela moral, e pela moral corrente. A lei augustal transforma em delito sancionável pelo poder público uma falta reconhecida desde muito tempo pela moral e segundo os princípios mesmos dessa moral. Portanto, muito mais que uma moralização do comportamento – mesmo que, até certo ponto, essa perspectiva, essa intenção [estivesse subjacente] –, parece que a legislação augustal teve como função, em todo caso como efeito, a publicização dessa transação privada que era o casamento e a publicização pela lei dos princípios morais que regiam sua prática e seu hábito.

Essa transformação institucional que cada vez mais faz do casamento um ato público está ligada a algumas modificações. De certo modo, ela é apenas a expressão ou também o intermediário e o instrumento destas. Com isso [estou me referindo], em primeiro lugar, é claro, à extensão da prática matrimonial. Vocês vão compreender por que essa publicização é correlativa da extensão da prática matrimonial, por que os dois fenômenos estão ligados. De fato, enquanto o casamento era um ato privado entre famílias, podemos compreender muito bem por que ele afinal era uma prática bastante limitada. Enquanto o casamento foi essencialmente visto, entendido, organizado como um ato privado entre as famílias, as pessoas não se casavam tanto. Isso porque, enquanto era um ato privado entre famílias, ele atendia a objetivos, táticas, estratégias privados. Estava em causa, de uma família para outra, formar alianças. Estava em causa, de uma família para outra, ou melhor, de geração em geração, transmitir bens. Também era preciso perpetuar um nome. Era preciso perpetuar uma casta com relação às outras castas da sociedade. Era preciso manter os cultos familiais, como eu lhes disse há pouco. E compreende-se perfeitamente por que esse tipo de objetivo, esse tipo de estratégia matrimonial só tinha sentido para aqueles que possuíam bens para transmitir, aqueles para quem alianças sociais entre poderes tinham sentido e efeitos. Para casar-se era preciso ter interesse em casar-se. O interesse em casar-se estava ligado a estratégias familiais, e essas estratégias familiais só tinham sentido, [só ofereciam] possibilidades para uma quantidade muito limitada de pessoas, é claro. O casamento era uma prática de elite. Só podia ser uma prática muito elitista, cujo sentido e valor só eram fortes para uma pequena camada de cidadãos, a camada mais alta, a mais poderosa, a mais influente, sem dúvida, mas ao mesmo tempo a mais limitada do corpo social. E então, a partir do momento em que o casamento se torna uma instituição de tipo público, deixa de ser uma instituição privada, vocês compreendem bem por que ele se desprende das estratégias familiais. E, inversamente, compreendem bem que, a partir do momento em que a prática do casamento se desprende dessas estratégias, então por isso mesmo o casamento deixa de pedir sanção a um ato privado entre famílias. As pessoas que se casam vão pedir a caução e a garantia de seu casamento [a – e] vão procurar inserir-se em – não mais um jogo institucional entre famílias, e sim uma instituição pública.

Extensão do casamento como prática e publicização da forma institucional do casamento são dois fenômenos correlatos. O casamento torna-se uma prática cada vez menos elitista. O casamento torna-se uma prática cada vez mais aberta ao comum dos mortais. Não é preciso ter objetivos familiares, objetivos sociais muito precisos para se dar ao luxo de um casamento. Esse duplo movimento de publicização da instituição matrimonial e de extensão da prática do casamento está ligado, é claro, a alguns fenômenos, a processos econômicos, políticos, sociais etc. Digamos que o desenvolvimento das monarquias no período helenístico, o desenvolvimento também do poder autocrático em Roma ou [ainda] a diminuição do papel das famílias na vida das cidades, na vida política, tornam cada vez menos importantes essas estratégias intra- e interfamiliais. A isso se acrescentará, retomando as coisas não mais pelo lado das camadas superiores da sociedade, e sim pelo lado da massa da população, todo um desenvolvimento urbano que podemos observar na Grécia helenística, [mas] também em Roma, desenvolvimento urbano [que] leva para as cidades uma população rural. Para Roma, leva uma população das províncias, para a qual o casamento era muito mais tradicional, porque no campo tinha uma função econômica muito mais evidente, mesmo para as pessoas pobres. E essa população urbanizada, pobre, vai encontrar na estrutura matrimonial condições de existência que para ela são muito mais favoráveis que o celibato. Portanto, repito, a julgar pelos documentos que os historiadores conseguem utilizar, podemos admitir que houve um [aumento da] prática real do casamento [e], em ligação com isso, sua institucionalização como ato público.

O que para nós é muito mais importante é que a essa extensão da prática matrimonial está ligada uma modificação da relação entre os esposos. Essa modificação, tal como podemos observá-la, aparece de dois modos. Em primeiro lugar, tudo indica que o livre consentimento do homem e da mulher, dos dois parceiros, tenha estado cada vez mais implicado na prática matrimonial. De um ponto de vista jurídico e institucional, o famoso ato da *ékdosis* no casamento grego – ou seja, o ato pelo qual o pai entregava a mulher ao futuro esposo mediante um sistema de troca, o ato que marcava ao mesmo tempo a autoridade do pai sobre a filha e a futura autoridade do marido – desaparece ou em todo caso tende a desaparecer. E, de acordo com os contratos que puderam ser conservados (principalmente por razões de ordem puramente material), contratos [provenientes] das comunidades gregas do Egito, vemos que, cada vez mais, a mulher que recebeu seu dote no momento do casamento tem a posse [e] livre disposição dele no interior do casamento. E, quando o casamento era desfeito, o contrato previa – pois os contratos de casamento sempre previam o que ia acontecer quando houvesse ou se devesse haver divórcio – que a jovem mulher conservaria seus bens dotais. Acontecia até mesmo ela poder conservar o que será chamado de aquestos do casamento; isso dá [à] mulher uma posição jurídica e econômica muito mais favorável que no passado. Ainda na mesma ordem de ideias quanto à autonomização dos dois parceiros e principalmente autonomização da mulher, vemos decisões muito interessantes de tribunais, sempre em documentos egípcios datados da época romana, sempre nas comunidades helênicas, mas na época romana em território egípcio. Por exemplo, o antigo direito que tinha o pai da jovem de desfazer autoritariamente o casamento da filha se esse casamento não lhe conviesse ou deixasse de convir-lhe, esse velho direito desaparece e as decisões dos tribunais levam em conta a vontade da mulher, só concedendo o divórcio se ela for da mesma opinião que o pai e também quiser romper seu próprio casamento. Portanto, cada vez mais o marido e a mulher aparecem como dois parceiros nesse ato de direito [cada vez] mais público, do qual a vontade própria de cada um constitui o elemento fundamental[6].

O ponto no qual quero me deter evidentemente um pouco mais[a] é que no interior desses atos de casamento, que mostram bem que a vontade de cada parceiro é levada em conta, vemos surgir a codificação nítida e precisa de relações entre marido e mulher envolvendo sua vida diária, até mesmo sua vida sexual. Os contratos de casamento, os que se conservaram dos documentos egípcios, são de fato muito detalhados. Foram encontrados contratos abrangendo o período que vai do século III, ou seja, do início do período helenístico, até o período romano. A comparação entre esses documentos tomados no começo e no fim do período mostra apesar de tudo uma transformação, uma evolução interessante. Nos contratos de casamento do século III antes de nossa era a codificação das relações entre marido e mulher é até relativamente precisa, porém muito menos do que em seguida. Nesses contratos do século III, por exemplo, vemos a definição das obrigações do marido e das obrigações da mulher. As obrigações do marido e as obrigações da mulher são evidentemente dissimétricas, não são as mesmas, [mas] apesar de tudo comportam algumas complementaridades. Do lado da mulher, é claro, é explicitamente exigido no contrato obediência ao marido. Em segundo lugar, proibição para a mulher de sair de casa, seja de noite ou de dia, sem autorização e consentimento do marido. Em terceiro lugar, sempre no fim desse contrato, é excluída toda relação sexual da mulher com um homem [qualquer que seja, exceto seu marido]. É prescrita a obrigação de não arruinar a casa, ou seja, de administrar a casa ou participar de sua administração de modo que a situação econômica do lar, da família não seja comprometida.

a. M. F. acrescenta: porque aí chegamos por fim ao assunto de que quero tratar

E, por fim, proibição geral de[a] desonrar o marido. Com isso é evidente que se entendem tanto [a proibição de toda relação sexual fora do casamento] quanto, de modo geral, a prescrição de comportar-se bem na situação de mulher casada. Quais são as obrigações e as proibições para o homem? Os contratos especificam que o homem deve [em primeiro lugar] sustentar a mulher, [ou seja], proporcionar-lhe as condições materiais de vida. Em segundo lugar, não deve ter concubina na casa. Em terceiro lugar, não deve maltratar a esposa. E, por fim, [não deve] ter filhos de ligação exterior. Para as áreas que nos interessam, temos, portanto, estas duas proibições: nada de concubina dentro de casa, nada de filhos de ligação externa. Na realidade, a segunda proibição só tem sentido na medida em que esses filhos forem, se não legalmente reconhecidos, pelo menos efetivamente sustentados pelo pai. Portanto, em suma, o pai não deve ter uma família externa a essa que está constituindo, que está fundando com a mulher. Portanto, não ter outra família fora e não ter concubina dentro de casa, ou seja, não ter um status de bigamia de fato. São essas, no século III [a.C.], as obrigações do homem e da mulher.

Nos contratos mais tardios, podemos perceber que as coisas mudaram, não tanto com relação às obrigações da mulher, que são mais ou menos semelhantes, e sim com relação às obrigações do marido, que são até mesmo muito mais precisas. São especificadas primeiramente as modalidades do sustento material, econômico, que o marido deve proporcionar à mulher em função da quantidade do dote e da fortuna dele etc. Especificações econômicas. E depois, por outro lado, nesses contratos de casamento do período do início do Império Romano vemos que o marido se compromete a não ter amante em geral. O que não significa, é claro, que todas as relações sexuais fora do casamento sejam proibidas ao marido, e sim que em todo caso ele não pode ter uma ligação sexual permanente com outra mulher que não sua própria esposa. Não deve – e evidentemente essa cláusula nunca aparecia nos contratos do período anterior – ter um *paidikón*. Não pode ter um protegido, não pode ter um rapaz com o qual mantenha, também nesse caso, relações contínuas e permanentes. E, por fim, não deve ter uma casa [que não seja a sua], ou seja, não deve [dispor] de algum outro lugar no qual possa ter um protegido, uma amante etc. Vocês estão vendo bem que nesse gênero de contrato nunca se estão proibindo ao marido relações sexuais [exteriores] ao casamento. Obviamente, isso é sempre proibido para a mulher, e não para o marido. Mas suas relações sexuais só passaram em silêncio, e portanto foram toleradas, na medida em que não tivessem nenhum caráter permanente, em que

---

a. M. F. diz: ... de não...

se tratasse simplesmente de um ato sexual cometido assim, de passagem. Não devem em absoluto aparecer na vida conjugal, não devem de modo algum pesar na vida conjugal esses personagens, episódicos, sem dúvida, mas relativamente permanentes, que possam ser as pessoas com as quais o indivíduo se liga sexualmente: a amante, o rapaz etc. Sem dúvida não há obrigação de fidelidade sexual no sentido em que a entendemos agora, aliás, no sentido em que os estoicos a entendiam nas artes de viver de que lhes falei nas vezes anteriores. Portanto, não se trata de uma fidelidade sexual. Trata-se, porém, de uma fidelidade de existência na qual a dimensão sexual tem um lugar importante. O homem em sua existência, inclusive no relacionamento sexual, deve ser fiel a sua mulher, no sentido de que não deve ter um duplo da [esposa] na forma de um rapaz, de uma amante etc. Portanto, a atividade sexual não está reservada unicamente para o casamento, [mas com a condição de não se tratar de uma] ligação sexual permanente. Poder ter uma ligação sexual e uma forma de comunidade de existência com alguém que não seja a esposa é impossível. O elemento novo na formação dessa nova moral é a ideia de que a atividade sexual e a comunidade de existência se pertencem mutuamente. O importante não é a fidelidade sexual propriamente dita[7].

De tudo isso e de alguns outros documentos do mesmo tipo – aqui, novamente, não faço absolutamente nada além de remeter a estudos feitos por historiadores –, podemos ver surgir o que Paul Veyne chama de uma "ideia nova" nessa época, ou seja, o casal[8]. Ou ainda, num vocabulário um pouco diferente, poderíamos dizer que, num campo social complexo em que os indivíduos estavam [reunidos] por laços de família, laços de casta, pertencimentos de habitação, companheirismos diversos, o casamento nesse período indiscutivelmente não era uma invenção, indiscutivelmente não era uma descoberta. Quando Paul Veyne fala de casal, não é do casamento que está falando. O casamento não é uma descoberta; mas a prática do casamento se generaliza e ao mesmo tempo ele se torna um vínculo cada vez mais intenso, cada vez mais específico, cada vez mais irredutível a todos os outros vínculos sociais, e é muito precisa a relação entre o vínculo matrimonial e o vínculo, o relacionamento sexual. É isso que constitui efetivamente essa novidade do casal.

Poderíamos encontrar outros sinais de que nessa época o casal está se tornando uma realidade nova. Além desses sinais institucionais que os historiadores estudaram, a literatura da época também poderia dar alguns sinais e algumas provas. Vou me deter em alguns desses textos, porque eles nos permitem avançar um pouco na análise desse fenômeno e principalmente situar melhor o que finalmente poderei explicar-lhes, ou seja, o papel das artes de viver com relação a esses processos sociais de que acabo de lhes falar. Os textos literários em que me basearei a respeito da emergência dessa realidade nova do casal, do lar são, por um lado, as cartas de Plínio, que são muito conhecidas, e, por outro lado, alguns poemas que datam de um período só um pouco mais tardio, de Estácio[9]. Nesses textos (cartas de Plínio, poemas de Estácio), o que encontramos? Encontramos primeiramente a exaltação, como elemento fundamental, determinante do casamento, de uma noção que já encontramos nas artes de viver dos estoicos e outros filósofos, ou seja, a noção de concórdia[a] (*concordia*). Por exemplo, Plínio, a propósito de um amigo chamado Macrino, diz que Macrino e a mulher passaram juntos 39 anos sem nenhuma discussão ou briga[10]. E para sua própria mulher ele escreve dizendo-lhe que toda sua conduta lhe inspira "uma esperança muito confiante" de que a concórdia (*concordia*) entre ambos "será sem fim e aumentará dia a dia"[11]. Ainda outro texto, que dessa vez não é de Plínio mas de Tácito, na *Vida de Agrícola*, no qual, a propósito de Agrícola e sua mulher, Domícia, ele diz o seguinte, que é muito interessante porque reencontramos a transposição exata das noções que havíamos visto nos estoicos: Agrícola e a mulher viveram toda a vida numa *mira concordia*, numa concórdia notável, admirável, e essa *concordia* era proporcionada *per mutuam caritatem* – não podemos dizer "por caridade", em todo caso reencontramos a palavra *kháris*: por uma espécie de ligação afetiva recíproca[12]. Essa noção de *caritas* em Tácito me parece mais ou menos intermediária entre a noção de *kháris* de que lhes falei e a noção de *eúnoia*, aquela benevolência que um tem para com o outro. Eles têm, portanto, essa *caritas* mútua, cada um preferindo o outro a si mesmo. Essa ideia de uma concorrência no amor de um pelo outro e que faz cada um procurar pensar no outro mais do que o outro pensa nele nós havíamos visto também nos textos estoicos. Portanto, concorrência no devotamento, *caritas*, complacência de um para com o outro. É isso que para Tácito caracteriza tal *concordia*.

Nesses textos encontramos também a ideia de que essa ligação [de] *concordia*, essa ligação que une o homem e a mulher comporta dimensões que, obviamente, são as da necessária complementaridade do casal e depois também relações que são relações de amor. Assim, num poema a propósito da morte de Priscila, mulher de Abascâncio, Estácio faz uma descrição do casamento, da união, da concórdia entre Priscila e Abascâncio[13]. Podemos esquematizar o texto dizendo que ele identifica três tipos de complementaridade ou de ligação. Primeiramente, uma complementaridade que chamarei de rústica e sobre a qual ele enfatiza quanto é admirável, pois os dois cônjuges, Priscila e Abascâncio, pertenciam a grandes

---

a. O manuscrito acrescenta: "profunda".

famílias e eram muito ricos. Apesar disso, diz, Priscila lhe preparava as refeições e se ocupava dele como a mulher do sóbrio lavrador de Apuleio[14]. Ou seja, o modelo camponês – o modelo provinciano daquela velha complementaridade econômica em que o homem trabalha fora, a mulher prepara as refeições, enfim tudo o que conhecemos bem desde Hesíodo[15] – está presente até mesmo numa família tão rica como essa de que fala Estácio. Está presente e codifica as relações entre homem e mulher. E a mulher, por mais rica que seja, prepara materialmente, assegura essa complementaridade rústica do papel da mulher com relação ao papel do homem.

Poderíamos falar também de uma complementaridade política. No quadro que Estácio apresenta, a mulher não se ocupa diretamente de política, o que [aliás] para uma matrona romana não teria sido nem um pouco anormal. Mas justamente a maneira como Estácio representa a relação da mulher com a carreira política do marido é interessante. A mulher não participa diretamente da carreira política do marido, não o auxilia, não é por seu nome, sua fortuna própria, seu status social e familial que a mulher constitui o suporte da vida política do marido. Não é desse velho modelo da matrona romana, da jovem de grande família desposando alguém e multiplicando os poderes das duas famílias, não é disso que se trata. Estácio dá a seguinte definição: Muito ansiosa, diz ele, Priscila, a mulher de Abascâncio, ameniza as preocupações do marido, que tinha grandes encargos políticos. Torna-lhe o zelo mais ativo e os trabalhos mais leves[16]. Ou seja, ela tem como função, por sua afeição, por todos seus laços afetivos com o marido, constituir o acompanhamento de doçura e ternura que permitirá que ele leve a vida política que tem de levar, com essa compensação doméstica, essa reequilibração doméstica que serão a amizade, a ternura, a afeição que sua mulher lhe dedica. Portanto, uma espécie de conexão direta entre, de um lado, os laços afetivos e, do outro, a vida política. A mulher conecta sua afeição, conecta seu amor na vida política do marido. Não participa dela, mas está presente por sua afeição.

Terceira complementaridade ou terceiro tipo de vínculo, depois do vínculo rústico e do vínculo político: o vínculo amoroso. E Estácio insiste no fato de que a mulher de Abascâncio tinha por ele um *castissimus ardor*[17], um ardor extremamente casto, castidade que designa tanto a virtude, obviamente, que ela teria oposto a toda ligação fora do casamento[18], mas também o fato de o amor que tinha pelo marido se regular por si só, do interior, por castidade. Ao mesmo tempo ela o amava e o amava castamente. É isso quanto ao texto de Estácio.

Parece-me que em Plínio encontramos também uma descrição da vida de um casal num meio aristocrático, descrição interessante pelo tipo de ligação que mostra entre as relações conjugais e as atividades sociais.

Na carta 19 do livro IV (carta a um amigo), Plínio traça o retrato de sua própria mulher, o qual contém um elemento muito semelhante ao que encontraremos um pouco mais tarde em Estácio, a respeito da conexão entre o amor e a política. Plínio louva a mulher porque ela o ama. E ama-o, diz ele, não porque ele é jovem, não por causa de sua beleza, mas por causa de sua glória, *gloria*[19]. Amar Plínio por sua *gloria* quer dizer o quê? Ele o explica no correr da carta. Diz: Ela lê meus discursos, dá-me conselhos e fica encantada quando aplaudem meus discursos. Também aqui é muito interessante ver que a mulher de Plínio não participa de sua carreira política como representante de uma grande família. Não é sua fortuna pessoal que vai auxiliar a fortuna dele, e sim o fato de que, fazendo o marido uma carreira política que em Roma obviamente assume a forma da glória, vai ajudá-lo, não a título de indivíduo social, [e sim] a título pessoal, por meio dessa espécie de presença afetuosa e permanente que se conecta no próprio trabalho do orador e do político. Ela lê seus discursos, aprova-o, aplaude-o e regozija-se com os aplausos[20]. Portanto, conexão do amor intraconjugal na vida política, porém sem interferências do personagem da mulher na vida política.

E então em outra carta, dirigida diretamente à mulher, a carta 5 do livro VII, Plínio lhe explica que sente sua falta. Se está escrevendo para a mulher, é porque ela está ausente, é claro. Sente falta dela, e para designar esse sentimento de falta Plínio utiliza a palavra, evidentemente capital, *desiderium*[21]. E esse *desiderium* se deve a quê? A duas coisas. Por um lado: o amor que tenho por ti e que me faz sentir tua falta[22]. E depois também: o fato de nunca termos nos separado[23], de nossas existências estarem perpetuamente ligadas, de vivermos completamente e sempre juntos, de modo que tua ausência faz nascer um desejo, um *desiderium* que tem como fundamento o fato de tua presença física me fazer falta, de me fazeres falta sexualmente. E depois me fazes falta também na cotidianidade absolutamente contínua de nossa existência em comum. E como se manifesta esse *desiderium* que Plínio vai descrever? Pois bem, diz ele, é assim: De noite, em vez de dormir fico acordado. Fico acordado e penso. Penso em quem? Em ti, e visualizo teu próprio corpo, tua própria figura por uma *imago* (imagem[a]). [...] [Durante] o dia, passo o tempo querendo reencontrar-te. E nas horas habituais em que costumo ir ao teu encontro em teu quarto vou como se estivesses lá, esquecendo que não estás lá, e sou obrigado a constatar tua ausência. Então volto para meus aposentos, muito triste e muito aflito, como se tivesses fechado a porta para mim e como se me tivesses recusado acesso a teu quarto. Tudo isso, diz ele, essas insô-

---

a. Lacuna na gravação. Ouve-se apenas: pois bem, substituo-o pela imagem nias, esse pensamento voltado para ti, essa imaginação que me faz visualizar teu próprio corpo durante a noite, essas idas e vindas em torno de tua ausência durante o dia, tudo isso constitui um suplício[24].

Nessa passagem reencontramos literalmente o que encontrávamos nas elegias amorosas da mesma época ou de uma época anterior: a descrição do comportamento amoroso. A noite, a ausência, a imagem, o devaneio solitário, a ausência [novamente], as idas e vindas, a porta que se fecha etc., tudo isso é o comportamento amoroso clássico [descrito] nos textos eróticos ou nos textos amorosos, mas que dessa vez é reinvestido no interior do comportamento matrimonial e caracteriza a relação de um marido cuja mulher está ausente. Essa conjunção entre a descrição clássica, típica, tradicional do comportamento amoroso e da ausência matrimonial me parece ser característica da noção sobre a qual não podemos dizer que surja nesse momento, mas à qual precisamos dar nesse texto uma importância muito grande, porque, é claro, ela vai servir de matriz para todo um monte de coisas: o desejo (*desiderium*). Retomem essa noção de *desiderium* e vejam quais são os elementos que Plínio faz atuar nela: a ausência, a falta, a representação imaginária, o jogo da noite e do dia, as idas e vindas, a porta fechada, a exclusão etc. Há aí alguns elementos fundamentais do que vai constituir, em toda a literatura, em todo o pensamento, eu ia dizer em toda a experiência europeia, o desejo. De Plínio a Proust, da mulher de Plínio a Albertine, vocês têm alguns elementos [recorrentes] e que portam precisamente esse nome de desejo, com a ligação entre o *desiderium* e o *supplicium*[25]. O desejo é um suplício. E como, na falta e pela falta, o desejo é um suplício? E como Plínio vai se consolar nessa experiência torturante do desejo? Pois bem, diz ele, só posso me consolar indo ao fórum, advogando e continuando minhas atividades judiciárias e políticas. Imagina, diz ao terminar a carta, o que é minha vida quando preciso buscar descanso no trabalho (*requies in labore*) e consolo nos problemas[26]. Essa ideia de que ele vai buscar consolo no trabalho e nos problemas da vida pública é interessante, porque vemos então que essa carta, com toda a análise do *desiderium*, do suplício etc.[a], [...] é exatamente a vida invertida, invertida com relação à imagem agora assente da felicidade, da vida feliz. Na vida feliz o indivíduo tem uma mulher, uma mulher com a qual vive permanentemente, uma mulher que é a consoladora, que, de certo modo, sustenta com sua afeição privada uma vida pública na qual ela não está presente, mas que só é tolerável para o homem porque ele se apoia em suas consolações privadas. É isso que constitui a vida boa, a vida bela, a vida feliz. A ausência da mulher inverte

---

a. Passagem quase inaudível. Ouve-se apenas: e depois o consolo no...

inteiramente essa vida e o homem tem no interior o *supplicium*, as preocupações, a infelicidade de não ter consigo aquela que quer. E é obrigado a ir buscar fora desse campo um consolo, que evidentemente é um falso consolo. Portanto, essa carta de Plínio é interessante como imagem negativa da vida boa e como definição, por contraste, da noção fundamental de *desiderium*. A ausência, o desejo. A grande problemática ocidental do desejo nasceu no interior da imagem ideal da família conjugal e da relação entre homem e mulher tal como é definida naquele momento. O desejo, naquele momento, não era o que fazia fugir para fora da família; ao contrário, era o que estava inserido nela e o que marcava sua solidez e sua força.

Nesse vínculo de desejo, nesse vínculo de afeição, nesse vínculo simultaneamente de ternura e sexualidade no interior da família, a terceira característica que podemos encontrar é ser visto como indissolúvel. Nos textos de que lhes falo, os de Plínio e de Estácio, a longa duração do casamento, a permanência dessa *concordia* são elementos profundamente valorizados. Plínio ressalta, por exemplo, que o casamento de Macrínio com a mulher durou 39 anos[27]. E um dos poemas de Estácio lembra a longa corrente de concórdia ininterrupta [entre] Priscila [e] o esposo[28]. E agora eu gostaria de retomar outro poema de Estácio, no qual ele fala de sua própria mulher e que é muito curioso.

Estácio, portanto, está falando da própria mulher. Dirige-se a ela e canta-lhe a solidez da união de ambos. Diz-lhe o seguinte: Vênus, que nos concedeu seu favor no início de nossa vida "há de conservar-nos seu favor no declínio" (portanto, ele vai ter com a mulher, até o fim, relações de afeição, mas também relações de intensidade amorosa): "não romperei laços que diariamente se estreitam"[29]. Consequentemente, quanto mais envelhecem mais ligados estão, não a despeito de Vênus, que tivesse se retirado da vida, e sim, ao contrário, graças a Vênus, que está cada vez mais presente ao longo de toda essa existência. E, lembrando a terra em que nasceu, ou seja, Nápoles, ele diz: Essa terra me criou para ti durante longos anos, fez de mim teu *socius*, teu companheiro[30]. E o texto tem de curioso o seguinte[a]: depois, ou melhor, no meio dessa grande explanação sobre a fidelidade mútua dos dois esposos, entre todas as qualidades de sua mulher que Estácio menciona, entre todas suas boas ações, lemos: "ainda visitas as cinzas e os manes do primeiro objeto de tuas afeições e, beijando os restos daquele amigo da harmonia, apesar de já inteiramente minha renovas do fundo do coração lamentos dilacerantes"[31]. Estou citando uma tradução do século XIX[32] um tanto enfática, mas vocês compreendem imediatamente de que se trata. É que essa mulher admirável à qual

---

a. M. F. acrescenta: foi por isso que o citei para vocês

Estácio se sente ligado desde o nascimento até o fim de seus dias, essa *socia* à qual está ligado por todo seu destino na realidade tivera outro marido, ao qual continua, após a morte dele, a prestar honras e a manifestar a afeição que lhe tinha. Ou seja, o segundo casamento absolutamente não abalou a fidelidade da mulher a seu primeiro casamento, o que parece indicar que a ligação de matrimonialidade é considerada tão fundamental, tão essencial e tão in[dis]solúvel[a] que mesmo um segundo casamento não a exclui, não a suprime, não a apaga, e que uma mulher que for uma mulher como deve ser, uma mulher que tiver bons sentimentos, deve poder ao mesmo tempo amar, como se estivesse totalmente ligada a ele, o marido atual, mas continuar a amar, considerando que continua ligada a ele, o marido anterior[b]. Ou seja, chegamos à ideia de que os vínculos são concebidos não apenas como coextensivos à vida, mas também para poderem perdurar depois da morte e constituírem uma espécie de união indefinida[c]. Na verdade, para nós o texto de Estácio é um pouco enigmático. Na época certamente não o era, mas já sentimos que o problema do segundo casamento não vai poder não ser posto. Vai ser impossível não ser posto e efetivamente será posto. São, por exemplo, as reticências muito fortes de Marco Aurélio a um segundo casamento após sua primeira viuvez[33].

Passo ao largo de tudo isso e digamos, para terminar este rápido exame de alguns textos literários, [que] vemos muito claramente, através [deles], a ideia de um casamento como união espiritual indefinida que extravasa da própria vida e vai até o indefinido do tempo. Vemos a ideia de que esses laços, laços de afeição entre o marido e a mulher, recebem uma caução religiosa. Para Abascâncio, cuja mulher acaba de morrer, Estácio escreve: "Júpiter foi testemunha de tua dor, ele lê no fundo de tua alma e julga teus sentimentos por ele através de teu carinho por uma sombra e de tua fidelidade ao culto dos túmulos."[34] É aí que encontramos a expressão *castissimus ardor*: esse ardor extremamente casto merece ser aprovado pelo monarca [do mundo]. O próprio Júpiter, o deus, o poder divino, consagra não só o casamento como instituição, mas completamente esse sentimento. E esse sentimento de apego, de afeição mútua e duradoura dos

a. M. F. diz: insolúvel
b. O manuscrito especifica: "desqualificação do divórcio, que sem dúvida continua a ser uma prática frequente, mas é malvisto".
c. O manuscrito acrescenta: "Encontramos uma expressão desse vínculo espiritual indefinido na arte tumular: representação ou efígie do casal (prática que desaparecerá no cristianismo), com inscrições como esta: 'Maervius, inscrição por sua mulher, que viveu 22 anos, três meses e treze dias com ele, sem desentendimentos. Ele pede aos deuses que lhe devolvam sua esposa que viveu com ele com tanta concórdia até o dia fatal. Suplico-vos, fazei com que eu não fique separado dela por mais tempo.'"

cônjuges é determinada maneira de prestar homenagem ao deus. Portanto, religiosidade desse sentimento interno do casamento.

Aí estão, portanto, alguns temas da literatura nessa época, e chegamos então a esta conclusão, ou melhor, a esta falsa conclusão, que seria a seguinte. É que sem dúvida temos um *continuum* que mostraria a existência muito geral de um mesmo modelo matrimonial, visto que, em suma, reencontramos os mesmos temas ou pelo menos algumas das mesmas formas. Por um lado, nos testemunhos de ordem institucional [vemos] a importância, a valorização, a extensão, a intensificação do casamento na população em geral ou pelo menos nas camadas sociais que deixaram vestígios no nível institucional. Portanto, extensão e intensificação do modelo matrimonial [entre essas camadas][a]. Intensificação também do modelo matrimonial nessa literatura (Plínio e Estácio) e na filosofia, nas regras de vida[b].

* * *

Portanto, tudo isso dá uma imagem perfeitamente coerente e, à primeira vista, totalmente satisfatória. Temos como que uma concordância: eis o que acontece no real, eis como a literatura o reflete e eis como a filosofia o diz. Por uma vez que os filósofos disseram o real, deveríamos ficar contentes. Mas vocês entendem que é precisamente aí que está o problema. Pois o que significa dizer: "Os filósofos o dizem, e o dizem porque isso acontecia na realidade"? Vocês estão percebendo que deixamos escapar precisamente o problema, problema que é interessante ou, em todo caso, que me interessa. E me parece que essa pretensa continuidade que acabo de esboçar, em vez de resolver o problema, de dar a solução, em vez de nos permitir dizer: "Pois bem, aí está, se os filósofos dizem isso é porque isso acontecia no real...", me parece que, ao contrário, é aí que precisamos parar, colocar a questão, e que essa ideia de que os filósofos só disseram o que acontecia não pode ser aceita.

Não pode ser aceita por duas razões. Por uma razão que podemos formular em termos particulares para este problema e que podemos formular de modo mais geral. [Em] termos mais particulares: se efetivamente essa nova moral sexual e conjugal era uma realidade, se efetivamente era mesmo assim que as coisas aconteciam e se efetivamente a nova moral conjugal que os filósofos estoicos e outros proclamavam, prescreviam,

---

a. M. F. diz: nelas
b. M. F. acrescenta: de que lhes falei na vez anterior [cf. *supra*, aula de 4 de março, pp. 170 ss.].

indicavam, transformavam em lições perpetuamente repetidas tinha se tornado uma realidade, por que era necessário dizê-lo, e dizê-lo em forma de prescrição? Por que transformar em regra de conduta, por que apresentar como conselho de bem viver algo que efetivamente já estaria assente no nível dos comportamentos reais? Por que os filósofos seriam levados a reconstituir em forma de injunções o que já estava dado no real? E essa espécie de explicação, sociológico-histórica, que [parece] séria e realista e que consiste em [explicar] o modelo dos filósofos pelo fato de ser assim que acontecia na realidade, vocês bem veem que ela não consegue sustentar-se e que é precisamente porque isso acontecia na realidade que se torna enigmático o fato de os filósofos apresentarem-no como prescrição. Ou então o fato de os filósofos apresentarem-no como prescrição faz suspeitar que não devia acontecer assim. Em todo caso há um problema. E é aí que, de modo mais geral, direi [o seguinte]. Digo-o porque é uma questão de metodologia geral – mais que de metodologia, é uma questão que julgo de interesse geral, que em todo caso para mim é importante.

Parece-me que nunca o real a que se refere um discurso, qualquer que seja, pode constituir a razão de ser desse discurso em si. Vocês me dirão que essa proposição é uma obviedade. É uma obviedade a partir do momento em que se trata de um discurso prescritivo. E, evidentemente, se há um discurso prescritivo, se alguém enuncia uma lei, se alguém diz: "Eis o que se deve fazer", não devemos procurar no lado do que é feito a razão pela qual alguém diz "deve-se fazê-lo". Ou, em todo caso, se alguém diz que se deve fazê-lo, é efetivamente porque o real não é da ordem do que é dito. Mas direi que a mesma questão, a mesma dificuldade se coloca e deve ser colocada a propósito de todo e qualquer discurso, particularmente a propósito dos discursos que pretendem dar ordens e fazer existir o que ainda não existe, mas também a propósito dos discursos que pretendem dizer a verdade, que pretendem dizer o que é. A existência de um discurso verdadeiro, de um discurso verídico, de um discurso com função de veridicção, a existência de um discurso [assim] nunca é implicada pela realidade das coisas de que fala. Não há pertencimento ontológico fundamental entre a realidade de um discurso, sua existência, sua existência mesma de discurso que pretende dizer a verdade, e depois o real de que ele fala. O jogo da verdade é sempre, com relação ao âmbito em que ele se exerce, um acontecimento histórico singular, em última análise um acontecimento improvável com relação àquilo de que fala. E é precisamente esse acontecimento singular, no qual consiste a emergência de um jogo de verdade, que é preciso tentar reconstituir. Em todo caso, é esse o ponto de engate de tudo o que pode ser projeto de uma história da verdade. Fazer a história da verdade, fazer a história dos jogos de verdade, fazer a história das práticas, das economias e das políticas de veridicção, fazer essa história [supõe que não se possa de modo algum] contentar-se em dizer: Se disseram tal verdade é porque essa verdade era real. Deve-se dizer, ao contrário: Sendo o real o que ele é, quais foram as condições improváveis, as condições singulares que fizeram, com relação a esse real, um jogo de verdade poder surgir, certamente com suas razões, suas necessidades, mas suas razões e suas necessidades que não são simplesmente o fato de as coisas em questão existirem? Dizer a verdade sobre alguma coisa não se origina somente [no], não se explica e não se justifica somente pelo fato de essa coisa verdadeira ser real. A verdade e o real podem bem ser postos em correspondência quando, no interior de um jogo de verdade preciso, se procura saber em quais condições se pode dizer que uma proposição é verdadeira. Nesse momento, sem dúvida é legítimo dizer: Se tal proposição é verdadeira, é porque o real é tal. É porque o céu é azul que é verdade dizer: o céu é azul. Mas, em contrapartida, quando se coloca a questão de saber como se explica que haja um discurso de verdade, nunca o fato de o céu ser azul poderá explicar o fato de eu dizer que o céu é azul.

E é precisamente aí que se situa o problema que quero colocar a propósito da sexualidade em geral, que quero colocar também a propósito dos *aphrodísia*: como os *aphrodísia*, como essa mistura, para nós bastante enigmática, de atos e prazeres sexuais que os gregos viam como fazendo parte de sua experiência, como esses *aphrodísia* foram aprisionados em determinado jogo de verdade, quem os objetivou, quem lhes impôs determinada grade de análise, quem modificou também a experiência que se fez deles? Este é o problema que quero colocar a propósito dos *aphrodísia*, que quero colocar em geral a propósito dos comportamentos sexuais: como se explica que no Ocidente os comportamentos sexuais tenham sido aprisionados em determinado jogo de verdade que ocasionou a existência não só de toda uma série de discursos, mas [também] e perpetuamente remanejamentos na experiência que temos desses comportamentos sexuais? Como se explica que esses jogos de verdade tenham surgido? Como se explica que, no próprio interior dessa experiência que o indivíduo tem de si mesmo como sujeito numa relação sexual, a obrigação de verdade, a possibilidade e a necessidade de dizer a verdade tenham aparecido? Vocês estão vendo que é o mesmo problema que eu havia procurado colocar a propósito da loucura, a propósito do crime etc.: como os jogos de verdade se conectam com práticas reais? E é por isso que a análise que consistiria em remeter do jogo de verdade para o real dizendo: "O jogo de verdade se explica porque o real é tal", por realista que passe aos olhos de alguns, me parece absolutamente insustentável e insuficiente.

Nunca o real explicará esse real particular, singular e improvável que é o jogo de verdade no real. E é o enraizamento desse jogo de verdade no real que é preciso recuperar. Hiérocles, no começo de seu tratado sobre o casamento, dizia: *Ho lógos perì gámou anankaiótatos*, "O discurso sobre o casamento é, dentre tudo, o que há de mais necessário"[35]. Portanto, o problema é o seguinte: por que afinal era necessário falar tanto e tão longamente do casamento, se efetivamente o casamento era na realidade o que os filósofos diziam que ele devia ser? Por que essa necessidade do *lógos*, por que o *lógos* sobre o casamento é *anankaiótatos*, a mais necessária [dentre] todas as coisas?

Eu me estendi um pouco demais. Vou parar agora e procurar responder a essa pergunta na próxima vez. Obrigado.

*

NOTAS

1. Sobre esse ponto, cf. *Le Souci de soi, op. cit.*, cap. "Le rôle matrimonial", pp. 90-7.

2. "Lembramos em poucas palavras que o casamento romano não é um ato público; melhor dizendo, nem sequer é um ato jurídico: é um estado de fato, marcado por uma cerimônia" (P. Veyne, "L'amour à Rome...", *in La Société romaine, op. cit.*, p. 96).

3. Além do livro de C. Vatin (cf. nota seguinte), Foucault, no capítulo de *Le Souci de soi* sobre esse assunto ("Le rôle matrimonial", pp. 90-100), remete aos trabalhos de: J.-P. Broudehoux, *Mariage et Famille chez Clément d'Alexandrie*. Paris, Beauchesne & Fils (col. "Théologie historique" 11), 1970; J. A. Crook, *Law and Life of Rome, 90 B.C.-A.D. 212*. Londres, Thames and Hudson, 1967; J. Boswell, *Christianity, Social Tolerance and Homosexuality*. Chicago, University of Chicago Press, 1980 / trad. fr. recente por Alain Tachet, *Christianisme, Tolérance sociale et Homosexualité*. Paris, Gallimard (col. "Bibliothèque des histoires"), 1985; S. B. Pomeroy, *Goddesses, Whores, Wives and Slaves: Women in Classical Antiquity*. Nova York, Schocken Books, 1975.

4. C. Vatin, *Recherches sur le mariage et la condition de la femme mariée à l'époque hellénistique, op. cit.* (*supra*, p. 108, nota 4).

5. Sobre esse ponto, cf. o artigo de E. Caillemer e G. Humbert, "Adulterium", no *Dictionnaire des Antiquités grecques et romaines*, C. V. Daremberg e E. Saglio. Paris, Picard, 1877, t. I, pp. 54-5. Para uma síntese recente, cf. G. Rizzelli, *Lex Iulia de adulteriis. Studi sulla disciplina di adulterium, lenocinium, stuprum*. Lecce, Ed. del Grifo, 1997.

6. Cf. sobre esse ponto as explicações de C. Vatin em *Recherches sur le mariage et la condition de la femme mariée*, cap. IV: "L'évolution du droit matrimonial", subcap. "Actes juridiques", *op. cit.*, pp. 145-79.

7. Cf. *ibid.*, cap. IV, subcap. "Devoirs réciproques des époux", pp. 200-6.

8. "Sob o Império, não está mais em questão dar a entender que entre os esposos pode reinar desentendimento, visto que doravante o próprio funcionamento do casamento presumivelmente se baseia na perfeita harmonia e na lei do coração. Nasce então uma ideia nova: o 'casal' do dono e da dona da casa" (P. Veyne, "La famille et l'amour...", *in La Société romaine, op. cit.*, p. 108).

9. Cf. a análise desses textos em *Le Souci de soi, op. cit.*, pp. 97-9.

10. Plínio, o Jovem, *Lettres*, VIII, 5, ed. e trad. fr. Anne-Marie Guillemin. Paris, Les Belles Lettres, CUF, 1967, p. 56.

11. "Toda essa conduta me inspira uma esperança muito confiante de que nossa afeição recíproca será sem fim e aumentará dia a dia (*perpetuam nobis majoremque in dies futuram esse concordiam*)" (*ibid.*, IV, 19, *op. cit.*, t. II, pp. 38-9).

12. "Ao voltar da Bretanha para Roma a fim de chegar às magistraturas, uniu-se a Domícia Decidiana, de esplêndida origem; esse casamento colocou-o em evidência e em sólida posição para objetivos mais altos; eles viveram em admirável concórdia, em constante afeição mútua (*vixeruntque mira concordia, per mutuam caritatem*), cada um preferindo o outro a si mesmo" (Tácito, *Vie d'Agricola*, VI, ed. e trad. fr. Eugène de Saint-Denis. Paris, Les Belles Lettres, CUF, 2008 [1ª ed. 1942], p. 4).

13. Estácio, *Silves*, V, I, ed. Henri Frère e trad. fr. H. J. Izaac. Paris, Les Belles Lettres, CUF, 1944, pp. 173-83.

14. "Ela própria lhe serve refeições muito simples e copos sóbrios, e convida-o a seguir o exemplo do mestre; como a apuleia, mulher de um camponês frugal, ou como aquela que o sol sabino amorenou e que ao ver, pelo olhar que as estrelas já lançam, que se aproxima a hora em que o marido terá encerrado sua jornada, prepara a toda a pressa a mesa e o leito e apura o ouvido para o ruído da charrua voltando para casa" (*ibid.*, V, I, versos 121-6, *op. cit.*, p. 178).

15. Hesíodo, *Les Travaux et les Jours*, ed. e trad. fr. Paul Mazon. Paris, Les Belles Lettres, CUF, 2002 (1ª ed. 1928).

16. "Ela se inquieta com angústia (*anxia*) pelas preocupações de seu marido, ao mesmo tempo exorta-o e modera-o em seu trabalho (*hortaturque simul flectitque labores*)" (Estácio, *Silves*, V, I, versos 119-20, *op. cit.*, p. 178).

17. "Eis aqui o mais puro apego (*hic est castissimus ardor*)" (*ibid.*, V, I, verso 41, p. 175).

18. "Extraías de ti mesmo um lustro maior ao não desejares conhecer mais que um único leito" (*ibid.*, V, I, verso 55, p. 176; cf. também *ibid.*, os versos 56-63 sobre a fidelidade de Priscila).

19. "Pois o que ela ama em mim não é a juventude nem a beleza, que vão se desvanecendo e definhando, e sim a glória (*sed gloriam diligit*)" (Plínio, o Jovem, *Lettres*, IV, 19, 5, *op. cit.*, p. 39).

20. "Minhas obras estão em suas mãos; ela as lê e relê, chega a decorá-las. Quanta angústia quando me vê na véspera de arrazoar, quanta alegria quando tudo termina! Ela dá um jeito de durante esse tempo manter-se a par das aprovações, dos aplausos que me acolhem, do sucesso que tive no caso. E, quando faço uma leitura pública, ela assiste de um local vizinho, atrás de uma cortina, e espreita com ouvido ávido os cumprimentos que me são feitos" (*ibid.*, IV, 19, 2-3, p. 38).

21. "Não acreditarias em quanta falta me fazes (*incredibile est quanto desiderio tui tenear*)" (*ibid.*, VII, 5, p. 11).

22. "A razão disso é primeiramente meu amor (*in causa amor primum*)" (*ibid., loc. cit.*).

23. "Não temos o hábito de ficar afastados um do outro (*non consuevimus abesse*)" (*ibid.*).

24. "Eis por que grande parte de minhas noites passo visualizando desperto tua imagem (*magnam noctium partem in imagine tua vigil exigo*); por que em pleno dia, nas horas em que costumava ir ver-te, meus pés me levam por si mesmos, como se diz com razão, para teus aposentos; por que, por fim, triste, aflito e como se me tivesses fechado tua porta, retorno de teu quarto vazio" (*ibid.*, pp. 11-2).

25. Plínio não emprega aqui o termo "*supplicium*" (sem dúvida sugerido a Foucault pela tradução francesa: "tortura"), e sim "*tormentum*" (cf. nota seguinte).

26. "Só há um tempo em que fico livre dessa tortura: é o tempo que passo no fórum e absorto nos processos de meus amigos. Assim, imagina o que é minha vida quando devo buscar descanso no trabalho, consolo nos problemas e nas preocupações (*aestima tu quae vita mea sit, cui requies in labore, in miseria curisque solacium*)" (Plínio, o Jovem, *Lettres*, VII, 5, *op. cit.*, p. 12).

27. "Ela passou com ele 39 anos, sem nenhuma briga, sem nenhum desentendimento (*sine jurgio, sine offensa*)" (*ibid.*, VIII, 5, p. 56).

28. Trata-se do verso 44 de Estácio: "*iunxit inabrupta concordia longo catena*" (*Silves*, V, I).

29. "Foi Vênus que nos uniu na flor de nossos anos; Vênus há de conservar-nos seu favor no declínio da vida. Tuas leis, Claudia (pois acaso não foste tu que, já no primeiro ferimento de amor, assentaste minha juventude volúvel domando-a no jugo do himeneu?), tuas leis encontraram-me dócil e contente, e não romperei laços que diariamente se estreitam mais e mais" (Estácio, *Silves*, III, V, versos 23-9, in Stace, Martial, Manilius, Lucilius junior, Rutilius, Gratius Faliscus, Némésianus et Calpurnius: *œuvres complètes, avec la traduction en français, publiées sous la direction de M. Nisard*, J. J. Dubouchet & Cie, 1842).

30. *Ibid.*, versos 106-7: "essa terra me fez nascer para ti, encadeou para sempre meu destino ao teu (*creavit me tibi, me socium longos adstrinxit in annos*)" (*op. cit.*, p. 52).

31. *Ibid.*, versos 51-5, p. 51.

32. A tradução data de 1842.

33. Marco Aurélio casou-se em 145 com Faustina, filha de Antonino, que alguns historiadores apresentam como devassa e traidora (cf. Dion Cássio, *Histoire romaine*, LXXI, e *Histoire Auguste*). Entretanto, alguns testemunhos pessoais mencionam a autenticidade e a intensidade do amor de ambos (*Pensées*, 1, 17; *Correspondance avec Fronton*). Quando Faustina morreu, em 165, parece que Marco Aurélio sentiu uma dor profunda; o Senado ofereceu cerimônias de luto impressionantes. Ele se recusou a casar novamente, talvez por amor, a menos que não quisesse complicar o acesso ao trono de seu primeiro filho, Cômodo. Cf. a bela apresentação de Ernest Renan, "Examen de quelques faits relatifs à l'impératrice Faustine, femme de Marc-Aurèle – Lu dans la séance publique annuelle des cinq académies, le 14 août 1867", em E. Renan, *Mélanges d'histoire et de voyage*. Paris, Calmann-Lévy, 1906.

34. Estácio, *Silves*, V, I, versos 39-41, *op. cit.*

35. "*Anankaiótatós estin ho perì toû gàmou lógos*" (Estobeu, *Florilegium*, 22, *op. cit.*, p. 7).

AULA DE 18 DE MARÇO DE 1981

O problema do discurso em excesso. – Reapropriação cristã do código matrimonial helenístico e romano. – Problematização da relação entre o discurso e o real. – Primeira explicação: repetição representativa. – Quatro características do jogo de veridicção com relação ao real: suplementar, inútil, polimorfo, eficiente. – Segunda explicação: denegação ideológica. – Terceira explicação: racionalização universalizante.

Hoje quero me deter um pouco em torno de um problema, ao mesmo tempo histórico e metodológico, com que me debati na última vez e que era, em suma, o problema do discurso em excesso[a]. O que quero dizer é o seguinte. Dessas regras de conduta, dessas artes de conduzir propostas pelos estoicos, e também do que os documentos podem mostrar quanto à evolução da prática matrimonial pelo menos em certas regiões do mundo mediterrâneo no período helenístico e romano, desse conjunto de textos e práticas me parece que podemos extrair bem facilmente o que chamaremos, sem abuso, de um código de conduta, código de conduta sexual, que, aliás, é fácil delinear. Em primeiro lugar, esse código de conduta sexual está organizado em torno do casamento, que se torna o lugar exclusivo no qual a conduta sexual é autorizada. Casamento monogâmico, obviamente, portanto casamento que em princípio exclui qualquer outra relação sexual que não entre o marido e a mulher. Mesmo assim, no próprio interior desse casamento as relações sexuais não são livres; comportam algo de arriscado, de perigoso, de impuro etc. No próprio interior do casamento, essas relações sexuais devem, de certo modo, ser codificadas

---

[a]. M. F. acrescenta: Sabem, dar aula toda semana é um pouco duro. Parece que não é nada, mas é um pouco duro; e há momentos em que eu gostaria de parar, refletir um pouco mais e combinar encontrar vocês [dentro de] um mês, ou de seis. Isso para pedir que me desculpem se hoje as considerações que vou fazer estiverem um tanto desconexas e desordenadas. Tenho consciência de que não resolvi com exatidão e adequadamente os problemas que havia decidido me propor.

uma segunda vez por duas exigências: por um lado, a relação sexual deve ter como finalidade a procriação; por outro lado, as relações sexuais devem constituir a expressão particularmente intensa de laços afetivos que constituem a trama fundamental das relações marido-mulher no interior da conjugalidade. É isso, em suma, o que pudemos extrair dos textos e das práticas.

Primeira observação: esse código da boa conduta sexual vocês evidentemente reconhecem com facilidade. Tínhamos precisamente iniciado a análise de todo esse problema a partir daquele famoso modelo do elefante de que lhes falei. Nos naturalistas dos séculos I-II de nossa era, vocês se lembram, por exemplo, que em Plínio, o Velho, um pouco mais tardiamente em Eliano, temos uma descrição ao mesmo tempo naturalista e moralizadora das boas maneiras do elefante. O elefante é proposto para a conduta humana como brasão da boa matrimonialidade e da castidade; o elefante, que justamente é monógamo, que tem relação sexual com sua fêmea apenas para procriação e que tem para com sua fêmea uma atitude de apego, de afeição etc. Esse modelo do elefante, portanto, é manifestamente a transposição fabulada, para o interior da história natural, desse código de conduta sexual que de um lado a prática e do outro os textos nos indicam. Vimos a passagem desse modelo do elefante das narrativas da Antiguidade para as do cristianismo. Tornamos a encontrá-lo no *Physiologus*, texto da Antiguidade tardia que até o fim da Idade Média foi a grande provisão, a grande reserva de fábulas moralizadoras extraídas da animalidade. Reencontramos também essa fábula do elefante nos naturalistas do século XVI, como Aldrovandi. E, por fim, ela é desenvolvida na *Introdução à vida devota* de são Francisco de Sales. Portanto, podemos dizer que temos um modelo de conduta sexual que transita, sem modificação fundamental, no interior da reflexão e da prática pagãs, digamos assim, desde os séculos I-II de nossa era. E depois transita até o século XVII e, por fim, até a época moderna.

O interessante, aliás, nesse trânsito que abordei por alto através da fábula um tanto marginal do elefante é que podemos detectar seu desenvolvimento, sua passagem, de modo muito mais fino, por exemplo, nos primeiros textos cristãos referentes ao casamento. É preciso lembrar que os cristãos não atribuíram ao problema do comportamento sexual uma importância muito grande, pelo menos no começo. Para o problema do comportamento sexual ser formulado no interior do cristianismo foi necessário o desafio dualista, foi necessário o desafio gnóstico. Mas, se vocês tomarem, por exemplo, os textos dos primeiros apologetas, se tomarem a *Didákhe*[1], se tomarem os textos dos apologetas, como Justino[2], verão que eles retomam muito exatamente as formas da moral pagã e negam que constituem no interior da sociedade uma seita divergente, salientando que têm exatamente o mesmo tipo de comportamento matrimonial e sexual de qualquer filosofia de bom nível. São casados, obviamente têm só uma mulher, só têm relações sexuais com a mulher para ter filhos e, quando em estado de viuvez, na medida do possível não casam novamente. É isso, portanto, que vamos reencontrar em toda a literatura cristã do século II e também naquele que foi o primeiro grande teórico se não do comportamento sexual, pelo menos da vida matrimonial: Clemente de Alexandria – sem dúvida voltaremos a isso na próxima vez[3]. Podemos já dizer que sua atitude se caracteriza por três grandes princípios. Em primeiro lugar, é claro, a recusa, a polêmica contra a atitude dualista, gnóstica, digamos, dos marcionistas[4] e dos valentinianos[5], que rejeitavam toda procriação. Não rejeitavam forçosamente nas diversas seitas as relações sexuais, mas rejeitavam a procriação, na medida em que constituía o instrumento da continuação de um mundo material do qual precisamente era necessário libertar-se[a]. Contra esses dualistas, essas pessoas de inspiração gnóstica, Clemente de Alexandria desenvolve toda uma polêmica que então põe em evidência duas [outras] coisas: a afirmação dos valores espirituais próprios de uma continência absoluta, de uma castidade que caracteriza pelo menos a última[b] etapa da trajetória espiritual; mas ao mesmo tempo a aceitação do casamento, sobre o qual ele dá em *O pedagogo*, no livro II, capítulo 10, toda uma série de indicações, [bem como] sobre o que deve ser o casamento, o que devem ser as relações entre marido e mulher[6]. E ali[c] a formulação que dá Clemente de Alexandria da vida matrimonial é mais ou menos, termo a termo, a que podemos encontrar nos estoicos, em Plutarco, nos moralistas filósofos dos séculos I e II. As únicas modificações são algumas proibições suplementares cuja origem semítica, hebraica é manifesta, mas que não muda em absoluto a própria economia dessa codificação – proibições referentes, por exemplo, a relações sexuais com mulheres grávidas ou proibição de relações sexuais durante as regras[7]. Essas duas coisas não encontramos na moral, na codificação antiga, e sim no judaísmo. Clemente de Alexandria repete-as, reproduz isso, mas o conjunto é do mesmo tipo. Portanto, temos aqui uma transferência maciça que podemos acompanhar passo a passo, desde os textos de Antípatro, Musônio Rufo, Sêneca, Plutarco, Epicteto, transferência que se dá por intermédio dos apologetas, por intermédio de Clemente de Alexandria, no próprio interior do cristianismo. De modo que podemos dizer que no nível

a. O manuscrito acrescenta: "da carne"
b. O manuscrito indica: "a terceira"
c. M. F. acrescenta: mais uma vez, voltaremos a isso talvez um pouco mais detalhadamente, se eu tiver tempo

da codificação das condutas sexuais o cristianismo herdou um sistema que já estava formado e estabelecido.

Se definíssemos uma ética sexual pelo arcabouço codificador que [determina] o que é permitido e proibido, em outras palavras, se uma ética sexual nada mais fosse que um sistema de proibições e um sistema de tolerâncias, então poderíamos dizer que a moral, a ética sexual da Antiguidade passou com armas e bagagem para o cristianismo. Mas é precisamente esse problema das armas e bagagem que quero colocar, ou seja, o problema do discurso de acompanhamento que cerca essa codificação. Pois se é verdade, repetindo, que o arcabouço codificador é o mesmo, o discurso em cujo interior se apresenta essa codificação, [entre] textos como justamente os de Musônio Rufo e dos estoicos e os de santo Agostinho três ou quatro séculos mais tarde, [apresenta] evidentemente diferenças consideráveis. Exatamente o mesmo sistema de proibições e permissões é transcrito no interior de um vocabulário, de uma análise, de um discurso – que poderíamos chamar de filosófico ou teológico – que são inteiramente diferentes. Para dar-lhes um exemplo e fazê-los captar o ponto do problema, [tomem] os dois grandes princípios que vocês encontram nos estoicos: a relação sexual deve estar ligada, por um lado, a um fim procriador e, por outro lado, à existência de laços afetivos intensos entre o marido e a mulher; leiam o *De bono conjugali*, escrito por santo Agostinho no começo do século V, em 401, e encontrarão os mesmos dois princípios, que aliás o cristianismo vai retomar, desenvolver, transmitir de um século para outro, simplesmente com uma formulação, uma justificação diferentes. Em primeiro lugar, o imperativo de procriação[8]; mas esta vez não é em função dos interesses da cidade, não é nem mesmo exatamente em função da solidariedade do indivíduo com o gênero humano que esse imperativo é formulado em santo Agostinho. O gênero humano sem dúvida intervém, mas de modo totalmente diferente, na medida em que está em causa, pela procriação, levar o gênero humano à sua plenitude e à sua perfeição, levar o gênero humano a um ponto de desenvolvimento tal que nesse momento a humanidade consumada poderá esperar a parúsia e o retorno de Cristo. Em segundo lugar, a relação sexual tinha seu lugar no que os estoicos chamavam de *krase*[a] matrimonial, ou seja, a unidade substancial física, corporal dos indivíduos, que deve ligar-lhes o corpo e a alma. E em santo Agostinho a relação sexual é justificada no casamento a partir da noção, sobre a qual precisaremos indagar, do *debitum conjugale*, ou seja, a dívida conjugal[9]. Por caridade, o cônjuge deve ao outro a relação sexual, para evitar-lhe que se exponha ao pecado, se, de

---

a. Sobre a grafia desse termo, cf. nota p. 125. (N. da T.)

certo modo, o abandonar sozinho à sua própria concupiscência. Portanto, transposição do mesmo núcleo codificador (ligação afetiva [e] procriação continuam a ser os dois elementos fundamentais), mas no interior de um discurso de acompanhamento que não é o mesmo.

Problema, portanto: podemos considerar que, numa história da ética sexual, a codificação constitua um elemento por si só bastante importante para que possamos simplesmente acompanhar sua transferência, sua transposição, suas modificações, sem levar em conta o discurso que o acompanha, ou considerando simplesmente que o discurso que o acompanha é, de certo modo, apenas sua logística teológica, filosófica, conceitual, seu entorno, sua roupagem, sua transcrição, no interior de um sistema teórico que na verdade não importa realmente para sabermos em que consiste a experiência sexual propriamente dita? Desejo mostrar-lhes – é todo o sentido destas análises um tanto emperradas – que obviamente esses discursos de acompanhamento não são simplesmente a roupagem teórica de uma codificação. Na verdade, devemos poder recuperar através deles – é ela que quero tentar captar – a própria forma de uma experiência: o tipo de relação que pode haver entre a subjetividade [e] a codificação das condutas, a relação de verdade que o sujeito estabelece para si mesmo através de sua relação com a codificação de suas próprias condutas. Subjetividade, verdade e codificação das condutas: é isso que aparece, não quando simplesmente olhamos o fio condutor da codificação e de suas transformações, mas quando levamos em conta, com o arcabouço de codificações, o discurso que o acompanha. Portanto, é essa relação entre codificação, discurso de acompanhamento, experiência e subjetividade que agora quero aprofundar um pouco mais.

Vocês estão lembrados dos dados do problema tal como ele se apresentava e de com o que me debati na última vez. Tínhamos, portanto, um primeiro dado: era aquela literatura (literatura filosófica, literatura de moralistas, literatura de condutores de consciência) que recomendava o casamento e prescrevia a propósito do casamento todo um conjunto de condutas precisas sobre as relações entre homem e mulher, os laços afetivos, as relações sexuais. Era o primeiro dado: um fato de discurso. O segundo dado do problema era a existência, identificável através de uma documentação um pouco diferente, de uma prática, ou melhor, de uma evolução, de uma transformação das práticas, isto é, tanto quanto possamos identificá-las: a extensão real da prática matrimonial em grande parte, pelo menos, do mundo helenístico e romano e o desenvolvimento, no próprio interior dessa prática matrimonial, de laços conjugais bastante semelhantes aos [mencionados] nos textos prescritivos. O terceiro dado que precisamos levar em conta é que essa prática real do casamento, tão conforme com o que podemos ler nos textos prescritivos, não pode em hipótese alguma ser considerada o resultado, o efeito, a absorção desse conjunto de prescrições. E não podemos considerar que a prática real seja efeito dessas prescrições por todo um monte de razões, essencialmente a seguinte: esses conselhos de vida dados pelos filósofos – mesmo que esses filósofos pretendessem dirigir-se a todo o mundo e à humanidade em geral – podiam ser compreendidos e seguidos apenas por um grupo social muito pequeno, por uma elite cultural. Ora, os documentos de que dispomos sobre as práticas matrimoniais mostram que essas novas práticas do casamento eram próprias de grupos bastante numerosos, não só de grupos bastante numerosos, mas, parece, de classes que estavam longe de constituir a elite social, política, cultural da sociedade. Tudo indica, tanto quanto se possa estabelecer, que foi como que por um impulso de baixo para cima que modelos de comportamento matrimonial, de tipo principalmente popular, rural etc., foram pouco a pouco se impondo. Portanto, sem dúvida a ideia de que um modelo filosoficamente definido no interior de um discurso teórico tenha se imposto pouco a pouco e de cima para baixo no interior da sociedade deve ser rejeitada. É preciso lembrar que a grande teorização da vida matrimonial tal como a encontramos nos textos filosóficos é identificada essencialmente no século I antes, mas principalmente nos séculos I e II depois [de Cristo]. Ora, os fenômenos de que lhes falo (extensão da prática matrimonial, fortalecimento dos laços) são atestados antes desse período, já no século II a.C., parece. Consequentemente, não podemos considerar que os textos filosóficos tenham sido a origem, tenham constituído a matriz dos novos comportamentos.

Neste momento surge um problema de método: o que vamos fazer com a existência desse discurso em excesso? O que vamos fazer com essa especulação que teve lugar em torno do casamento, com esses discursos que comportam pelo menos dois aspectos profundamente ligados: por um lado, um conjunto de princípios de codificação e, por outro, toda uma especulação, em todo caso toda uma análise em termos de verdade sobre o que é o casamento, o que é a verdadeira ligação entre os esposos, o que deve ser o verdadeiro amor etc.? Ante a existência de uma prática anterior ao discurso e de um discurso que parece reproduzi-la, creio que podemos definir, identificar três atitudes possíveis, três métodos, três modos de situar e de explicar a existência desse discurso em excesso, desse discurso estranho que aparenta reconstituir em forma de codificação o que era uma prática real e dar em termos de verdade o que parecia já assente no nível dos comportamentos.

Primeira explicação, primeiro tipo de análise possível: seria a explicação pela repetição representativa. É a atitude mais simples. Poderiamos dizer que os moralistas, os filósofos na realidade não fizeram mais que registrar, transcrever em forma de prescrições um processo que era real. E foi assim que um historiador que justamente estudou o problema do casamento no mundo helenístico, essencialmente no Egito e em Alexandria, Claude Vatin, fez uma análise que não critico, que me parece interessante [mas que], válida como método para a história em si das práticas, não poderia ser aplicada ao problema que quero colocar e que é [o da] história dos discursos de verdade. Claude Vatin faz o seguinte a propósito desse problema da existência de uma prática social e de um discurso posterior que parece refleti-la e simplesmente reproduzi-la. Ele diz que no fundo encontramos dois grandes modelos de discurso filosófico sobre o casamento. O modelo platônico, que, aliás, é também o modelo que vemos em alguns cínicos, é o da comunidade das mulheres e dos filhos. Esse modelo, [segundo ele,] os filósofos traçaram, proclamaram, explicaram, justificaram, [mas] é um modelo que permaneceu inteiramente letra morta. Ao contrário, no modelo estoico, aquele de que lhes falei nestas últimas sessões, com sexualidade matrimonial etc., vemos uma correspondência na realidade. Em vez de ter permanecido uma utopia ou letra morta, a realidade proclama, mostra como ele está próximo do que efetivamente era feito. E por quê?, diz Claude Vatin. Muito simplesmente isso prova que os filósofos não são capazes de determinar a realidade. As teorias filosóficas, diz ele, não têm domínio sobre ela[10] e, se o modelo estoico tem seu correspondente no mundo real, é simplesmente porque não fez mais que acompanhar essa realidade. A nova ética do casamento, diz ele, "não nasceu da especulação filosófica; sobre esse ponto a literatura limita-se a refletir a mudança dos costumes. A ideia de que o casal é uma unidade elementar e autônoma formou-se no contato com as realidades, na dissolução progressiva das instituições familiais e políticas, trazendo consigo essa frágil esperança de que a vontade de dois seres impulsionados por um amor mútuo a viverem juntos crie uma harmonia que vá além deles"[11]. Em suma, as prescrições filosóficas traduziriam uma prática já assente e expressariam, manifestariam uma sensibilidade, uma mentalidade já formadas. Penso que não devemos tratar levianamente esse tipo de análise. Indiscutivelmente, primeiro porque uma análise como essa comporta uma parcela sem dúvida muito grande de verdade. Na medida mesma em que se apresentava, com os estoicos, como uma direção de vida, um modo de prescrever às pessoas a maneira adequada de se comportarem, essa literatura filosófica indiscutivelmente não podia existir, indiscutivelmente não podia manter-se [permanecendo] completamente fora do campo das práticas reais de indivíduos. Não poderia de maneira alguma ter sido aceita se, de certo modo, não estivesse enraizada numa prática já assente. Mas não é sobre isso que quero aplicar o foco da reflexão. Parece-me que um procedimento historiador[a] pode perfeitamente justificar-se por tal concepção da reflexão filosófica como reprodução, no interior do discurso teórico, de uma prática já assente. Pode perfeitamente justificar-se pela seguinte razão. Do momento em que o problema colocado pelo historiador é saber como as pessoas se comportavam de fato e como efetivamente praticaram o casamento, quais tipos de relação os homens e as mulheres provavelmente tiveram etc., nessa perspectiva é totalmente legítimo, para pesquisar qual foi o comportamento efetivo das pessoas, tomar como ponto de partida, em todo caso como primeiros elementos do fio condutor as representações mais ou menos teóricas, especulativas, programáticas da vida, e depois buscar, a partir desses textos e por uma série de comprovações obtidas de outro tipo de documentação, se alguma coisa correspondia efetivamente a elas. E pode-se, de certo modo, remontar da formulação teórica, especulativa, do fato de discurso, mesmo tardio, para uma prática, mesmo anterior, da qual o fato de discurso portaria até certo ponto a marca. Portanto, procedimento perfeitamente legítimo se a análise for conduzida nessa direção.

Mas vocês entendem bem que esse procedimento – que, repetindo, não é criticável quando conduzido por um historiador cujo objeto é a determinação do que é o comportamento real dos indivíduos – já não é legítimo quando se procura levar a análise em outra direção: quando se indaga não mais qual é o real que o discurso filosófico ou teórico ou especulativo pode veicular ou cuja marca pode portar, e sim o que é esse real no qual consiste o discurso. Em outras palavras, se o discurso for tomado como instrumento documental para redescobrir o real de que ele fala ou ao qual se refere, então o procedimento historiador de que acabo de falar é totalmente aceitável. Mas, caso se interrogue o discurso em sua existência, não em sua função de documento, e sim em sua existência de monumento[12] (no fato de ele existir, no fato de ter sido efetivamente pronunciado), caso se indague sobre o real do discurso, então não é possível limitar-se a afirmar que são as coisas que foram ditas que podem explicar o fato de terem sido efetivamente ditas. Precisamos parar nesse real do discurso, precisamos nos debater com ele, afastando o postulado [segundo o qual] a função do discurso é representar o real.

* * *

O real não contém em si mesmo a razão de ser do discurso. Pelo menos, o real que está em questão no discurso não pode, por si só, explicar a existência do discurso que fala dele. Supor isso é acionar o que poderia-

---

a. M. F. acrescenta: um procedimento histórico

mos chamar de esquiva logicista, uma esquiva logicista que consiste em utilizar o critério de verificação como uma explicação de existência[a]. Po-

a. Sobre esses problemas metodológicos importantes, o manuscrito contém variações e suplementos com relação ao discurso pronunciado por Foucault em sua aula. Por isso os citamos integralmente aqui:
"Vocês devem ter achado que eu estava patinhando muito tempo em torno dessa questão de método, para no fim dizer coisas bem conhecidas. A razão disso é que desejo circunscrever mais uma vez o que constitui o ponto de partida (muito escondido), o ponto de chegada (sempre distante) e o núcleo em torno do qual giram as pesquisas de que lhes falo e das quais só posso lhes dar sem dúvida o resultado um pouco historicizante.

Digamos esquematicamente: sem dúvida, o espanto ontológico é que haja ser e não nada; a surpresa epistêmica é que haja verdade, quero dizer, que haja um jogo da verdade e do erro, e não simplesmente um jogo do desejo e da aversão, do amor e do ódio, do útil e do nocivo, do eficaz e do ineficaz.

Por que esse jogo da verdade e do erro como suplemento do real?

Mas isso não é a mesma coisa que a questão crítica?

Não, sem nenhuma dúvida não.

Pois a questão crítica diz respeito à possibilidade de que haja verdade e [às] condições dadas de uma vez por todas para que haja verdade.

A surpresa epistêmica diz respeito não à possibilidade do conhecimento em si, e sim à existência do jogo verdadeiro/falso e à história indefinida desse jogo que prossegue, recomeça, se transforma, se desloca.

Quero simplesmente marcar aqui algumas características:

(1) Ele é improvável, no sentido de nunca se dever considerar que o real ao qual ele se aplica o implica necessariamente, imediatamente; sempre se deve considerar que ele vem a mais, não de outro mundo ou de um espírito alheio ao real, e sim por uma série de encontros e conjunções que toda vez é preciso tentar determinar. Por que o jogo do verdadeiro e do falso a propósito da loucura? Por que um jogo do verdadeiro e do falso a propósito do movimento dos corpos e por que um jogo de verdade a propósito dos desejos secretos de nossa alma? É preciso agarrar-se a essa surpresa e nunca considerar que algum dia o ser de alguma coisa baste para explicar o jogo V[erdadeiro]/F[also] que lhe diz respeito.

(2) Ele é inútil. Quero dizer que seu índice de utilidade é extremamente baixo. Apenas lembrar: tudo o que do real passa fora do jogo do verdadeiro e do falso, o pouco de verdade verdadeira e definitiva e assente de uma vez por todas é produzido por esse jogo do verdadeiro e do falso; e lembrar os fantásticos esforços que são feitos para esse jogo e, nesse jogo, as realizações individuais, os sistemas normativos que foram estabelecidos para regulá-los: dogmas, ciências, opinião, as instituições encarregadas de zelar por eles (produzir, reproduzir, impor): educação, instituições científicas, Igreja; os custos econômicos, sociais, políticos. Quando pensamos no que foi feito pela verdade (das guerras religiosas às escolas maternais) e nesse tão pouco de coisas que se podem dizer de verdadeiro e nesse menos ainda de coisas que sendo verdadeiro nos dá domínio sobre o real, bem podemos dizer que na história humana o jogo do V[erdadeiro]/F[also] tem sido um formidável dispêndio, [tem sido apenas] puro dispêndio.

(3) Dizer que ele é um puro dispêndio ou que é inútil não quer dizer que seja sem efeito; mais precisamente, ele é inútil no sentido de que não abre, ou abre tão pouco, o acesso ao real, mas não é sem efeito na medida em que [*ilegível*] como jogo do verdadeiro e do falso no real; mais claramente e dando exemplos: o saber econômico, bem sabemos, dá apenas um domínio extremamente limitado sobre o real que ele pretende manifestar e nem mesmo se sabe muito bem qual real é manifestado com isso; e entretanto a existência de um jogo do V[erdadeiro]/F[also] nessa ordem de coisas e de práticas modificou um número considerável [de coisas]; o aparecimento de um 'saber estratégico' teve sobre a prática militar e sobre as maneiras de mandar matar os homens efeitos incalculáveis. Toda a prática humana está conectada com jogos de verdade, é essa inserção dos jogos de verdade na prática humana que é portadora dos efeitos essenciais, e não a abertura desses jogos de verdade para o real.

de-se estabelecer que certa proposição seja verdadeira estabelecendo que as coisas são do modo como a proposição estabelece. Mas não é porque as coisas são desse modo que o discurso em cujo interior está a proposição vai existir como real. Esse é o primeiro ponto, e a maneira, a razão pela qual não podemos aceitar, no interior de uma interrogação que se fixa no real do discurso, uma análise em termos de identificação documental como a que acabo de lhes [enunciar], identificação documental, repetindo, que é legítima para o historiador, [mas] não o é para esta forma de história que indaga sobre o real do discurso. [Precisamos indagar] sobre o fato de que ademais das coisas há discursos, [colocar] este problema: por que, ademais do real, há o verdadeiro? Se podemos dizer que o espanto ontológico consiste em indagar sobre o seguinte: "Por que há ser em vez de nada?", pois bem, direi que deve haver um espanto epistêmico, uma surpresa epistêmica que devemos manter sempre tão viva quanto possível e que é a seguinte: afinal, por que ademais do real há o verdadeiro? O que é esse suplemento que o real em si mesmo nunca pode explicar totalmente, e que é: o verdadeiro vir atuar na superfície do real, vir atuar no interior do real, vir atuar até nas profundezas do real – não por uma lógica ou uma

---

Relação latente de conexão [*versus*] relação sagital de representação.

(4) A relação de conexão com campos de práticas não é análoga em toda parte; o regime de veridicção pode ter, por exemplo, um papel de esquiva, de marcação, de deslocamento; com relação a esse real ao qual está ligado, pode ter também o papel de racionalização de que falei há pouco, mas não há uma função geral e uniforme; toda vez é um caso particular. E, inversamente, o mesmo regime de veridicção pode estar conectado a diferentes práticas nas quais não tem o mesmo papel; as veridicções são polivalentes.

Objeção: você não cita as ciências.

(5) Mas é que esses jogos de verdade são muito polimorfos; no interior 'da' ciência, como bem sabemos, os jogos de verdade da genética não são sobreponíveis aos da álgebra ou da física das partículas. Mas, principalmente, há muitos outros jogos de verdade: foi uma circunstância histórica singular que colocou 'a' ciência em posição de polo com relação aos outros jogos de verdade; portanto, são jogos de verdade não sobreponíveis.

(6) A análise desses jogos de verdade desses regimes de veridicção pode, portanto, ser pensada de modo bem diverso.

Podemos pedir-lhes contas de sua relação com o real: manifestam mesmo o real em sua verdade? Mas é preciso entender bem que isso consistirá de fato em submetê-los aos critérios e outros jogos de veridicção; está em causa indagar quais efeitos de obrigações, de imposições, de incitações, de limitações foram suscitados pela conexão de práticas determinadas com um jogo de V[erdadeiro]/F[also], com um regime de veridicção também ele caracterizado. Podemos, portanto, falar de uma história política da verdade. Mas é preciso compreender bem: não está em causa de modo algum dizer que o conhecimento científico depende de certas instituições de poder político que lhe suscitem a existência, desviem-lhe os resultados em função de seus interesses. Está em causa mostrar quais são os efeitos e resultados da interferência entre as formas de uma prática e [*ilegível*]; a quais obrigações está ligado o sujeito dessa prática a partir do momento em que a separação do V[erdadeiro]/F[also] exerce nela um papel, a qual obrigação V[erdadeiro]/F[also] está ligado o sujeito do discurso a partir do momento em que se trata de uma prática definida."

necessidade interna desse próprio real em cujo interior essa verdade vem atuar, e sim por algo diferente, que é o suplemento de verdade ao real do mundo? O real do mundo não é em si mesmo sua própria verdade. Ou, em todo caso, digamos que a realidade da coisa verdadeira nunca é a razão do fato de a verdade dessa coisa ser dita no interior de um discurso de verdade. Quando falo desse espanto epistêmico que consiste em indagar: por que ademais do real há o verdadeiro?, não estou querendo falar do verdadeiro entendido como o verdadeiro de uma proposição, e sim como determinado jogo de verdadeiro e falso, um jogo de veridicção que vem somar-se ao real e que o transmuda, que o transforma.

A respeito desse jogo de veridicção, sobre o qual procuro indagar como posso, creio que é preciso lembrar pelo menos duas ou três coisas. Em primeiro lugar, esse jogo de veridicção é, portanto, um suplemento com relação ao real. Afastar o postulado logicista que consistiria em querer deduzir do real o jogo do verdadeiro e do falso. Em segundo lugar, esse jogo do verdadeiro e do falso é [não só] um suplemento, mas eu diria que ele é inútil, inútil porque não podemos deduzir esse jogo do verdadeiro e do falso de uma simples economia que o tornasse eficaz com relação a esse campo no qual atua. Quando consideramos a formidável exibição do jogo do verdadeiro e do falso e a tão pouca verdade efetiva, eficaz e útil que a humanidade conseguiu extrair desse jogo do verdadeiro e do falso, quando comparamos o que foi necessário de custos, custo econômico, custo político, custo social, custo humano, o que foi necessário de sacrifícios e de guerras até no sentido estrito do termo para esses jogos da veridicção, do verdadeiro e do falso, e quando vemos o que pode ter sido o benefício econômico ou político da verdade encontrada por esse jogo do verdadeiro e do falso, a diferença é tanta que podemos dizer que na escala da história humana o jogo de veridicção custou muito mais do que rendeu. Jogo suplementar: afastar o postulado logicista. Jogo inútil: afastar o postulado utilitário e econômico.

Jogo polimorfo também, na medida em que não há apenas um jogo do verdadeiro e do falso, apenas um jogo de veridicção. A ciência, no fim das contas, é só um dos jogos possíveis do verdadeiro e do falso. Vocês sabem inclusive que o jogo de verdade e falsidade próprio da ciência indiscutivelmente não pode ser definido em sua unidade e que não é possível falar da ciência, e sim é inevitável falar de diferentes jogos do verdadeiro e do falso chamados de científicos, em função de fronteiras que ao mesmo tempo são sempre muito difíceis de estabelecer e sempre mutáveis. Portanto: jogo suplementar, jogo inútil, jogo que não podemos considerar unitário e para cuja análise, portanto, é preciso afastar o postulado de cientificidade.

Por fim, quarta característica do jogo de veridicção: eu diria que, ao mesmo tempo que é suplementar, inútil, não unitário, não fundamentalmente, não essencialmente científico, esse jogo entretanto não é sem efeito. Esse jogo da verdade e do erro, esse jogo do verdadeiro e do falso, esses regimes de veridicção têm efeitos no real, efeitos que não se devem ao fato de a verdade ser produzida por esses jogos de veridicção. Não é [a] relação sagital do jogo de veridicção com a coisa verdadeira que seria dita por esta que é importante. O que é importante é a conexão que há entre os jogos de veridicção, os regimes de veridicção e o real em cujo interior eles se inserem ou ao qual se referem. Há conexão entre os jogos de verdade e de erro, conexão entre os regimes de veridicção e o real. É nessa conexão que se marca o efeito real dos jogos de verdade e de erro. E a análise dos regimes de veridicção pode ser dita análise política da verdade, na medida em que com isso estaria em causa mostrar quais são os efeitos recíprocos da conexão que existe entre as práticas humanas e os regimes de veridicção que lhes são conexos. No caso dos comportamentos sexuais, é bem precisamente isto que quero tentar analisar: quais são os efeitos de real que foram efetivamente marcados, produzidos, induzidos pelos jogos de veridicção que foram aplicados ao comportamento sexual? Parece-me – e é este o ponto da análise – que os efeitos de real induzidos pelo jogo de veridicção sobre o comportamento sexual passam evidentemente pela experiência do próprio sujeito, encontrando nele e em sua sexualidade sua própria verdade. É nessa relação subjetividade-verdade que se marca o efeito dos regimes de veridicção sobre os comportamentos sexuais. Mas era o mesmo problema a propósito da loucura, a propósito da doença, a propósito do crime etc. Essa é a perspectiva global que me levou a interessar-me [por] e me fixar nesse problema do suplemento de um discurso que acompanha as codificações do comportamento sexual, no paganismo e no cristianismo.

Vamos voltar ao prumo de nossa análise, depois desse parêntese generalizador. Eu procurava mostrar-lhes quanto devemos levar em conta como problema a própria existência desse discurso de acompanhamento [do] código, [pois] não podemos simplesmente tratá-lo como uma espécie de índice, de elemento indicativo do real ao qual se refere. Há outro tipo de análise, que consistiria em dizer: não devemos fazer como aqueles historiadores um tanto ingênuos que dizem: "É isso, podemos encerrar nossa reflexão tão logo mostrarmos que o discurso dos filósofos reflete a prática real." Não devemos seguir aqueles historiadores, dizem essas pessoas um pouco mais sutis, e consideremos que o discurso tem outra função que não a de refletir o real. Não só tem outra função que não a de refletir o real, mas na verdade tem a função de não refletir o real. Em outras palavras, esse segundo tipo de análise que estou mencionando consiste em tentar identificar o real do discurso naquilo que afasta o discurso do real que ele presumivelmente diz, que presumivelmente formula ou expressa. [Essa análise] consiste em situar o real do discurso naquilo que ele não diz do real ou naquilo que nega dele. Ou seja, em vez de, como no método anterior, dissolver a existência do discurso no que poderíamos chamar de transição representativa do real, esse método, e vocês podem reconhecê-lo facilmente, consiste, ao contrário, em erigir o discurso como a forma mesma da não representação do real. Podemos ver muito bem como, numa perspectiva como essa, poderíamos analisar o discurso dos filósofos e dos moralistas sobre o casamento. Nessa perspectiva que, portanto, faz do discurso o elemento pelo qual o real vai ser não dito, vemos muito bem como se poderia fazer e como efetivamente isso é feito. Poderíamos dizer o seguinte: a realidade histórica mostra que houve na ordem da prática matrimonial um processo, processo complexo de desarticulação das instituições familiais, [de] enfraquecimento das estruturas sociais e hierárquicas estritas da cidade, enfraquecimento do poder político partilhado por pelo menos uma parte dos cidadãos, constituição de um poder político de um tipo novo, monárquico, autocrático no mundo helenístico, imperial no mundo romano etc. O recolhimento dos indivíduos na vida conjugal como única forma social ainda estável e que pode ser mantida sem o suporte daquela relativa autonomia das cidades, esse fortalecimento da vida conjugal [que daí decorre] não são mais que o efeito dessa destruição do antigo tecido social. E, com relação a esse processo real, em que consiste o discurso dos moralistas? Consiste em representar esse processo real de maneira que o próprio real seja escamoteado dele. E, se efetivamente os moralistas dos séculos I-II parecem repetir pura e simplesmente em termos de código uma prática já assente, é porque em realidade nessa repetição havia algo essencial. Esse algo essencial era que o real justamente não era dito e que, sob a repetição aparente em forma de código de uma realidade já assente, o essencial, o ponto forte, o ponto vivo, o elemento estratégico, central do real era escamoteado, e todos esses fenômenos de desarticulação das estruturas econômico-políticas da cidade eram mascarados graças ao deslocamento da análise. Nesse discurso, o casamento não aparecia de modo algum como o efeito real de uma desarticulação real das estruturas sociais, e sim era retranscrito como uma obrigação, portanto não como um fato, mas como uma obrigação ligada a certas imposições que se apresentavam no nível da idealidade. Ou seja, é essa ligação ideal de cada um com o gênero humano inteiro, com essa realidade ideal que é o gênero humano para cada indivíduo, que tornaria o casamento necessário e obrigatório. E assim, nessa transferência para a idealidade, nessa reconstituição de uma prática real como obrigação, o vivo e o cortante do real se veem escamoteados[a] [...].

Essa análise, que assume a forma de denegação ideológica, creio que afinal apresenta algumas dificuldades e que, seja qual for seu interesse, não podemos prender-nos a ela. [Isso] por duas razões, a primeira de ordem particular e a outra, mais geral. De modo particular, não parece que uma análise como essa explique efetivamente o que acontece, a relação que há entre o discurso filosófico e esse real de que ele fala. De fato, olhando um pouco mais de perto, o que está escondido no discurso dos filósofos, o que está escondido no real da prática efetiva? Os filósofos esconderam a generalização do casamento? De modo algum. Esconderam as formas que o casamento deve assumir, as exigências que ele impõe, as obrigações a que liga os indivíduos? Absolutamente não; os filósofos não fazem mais que destacá-las, de modo ainda mais enfático que ninguém. Os filósofos mascaram ou escamoteiam as renúncias que implica esse casamento monogâmico e que se tornou o lugar exclusivo da sexualidade? De modo algum; ao contrário, eles insistem em tudo o que tal casamento exige de autodomínio e de controle dos próprios desejos, de renúncia aos prazeres etc. Todo esse real o discurso dos filósofos diz, e a análise em termos de ideologia não pode negar que esse real esteja presente. Quando olhamos como procede a análise ideológica, percebemos que na verdade ela consiste em dizer que o que está escondido num discurso como o dos filósofos é o quê? Não a própria realidade da prática. O que estaria escondido, segundo os que fazem uma análise como essa, é que a generalização da conjugalidade está ligada a determinada causa que é a desarticulação da família. Ou ainda, a análise em termos de ideologia procura mostrar como o discurso dos filósofos mascara o empobrecimento dos laços sociais, na medida em que esse empobrecimento seria causa da intensificação das relações privadas e duais entre o marido e a mulher. De modo que, na verdade, seguindo uma análise desse tipo percebemos que a denegação ideológica do discurso não se refere tanto ao real de que o discurso fala, e sim à causa que a análise ideológica atribui, retrospectiva e hipoteticamente, ao real. Na análise que denuncia o não dizer de um discurso, na análise que denuncia o funcionamento ideológico deste, reconhecemos que um discurso é ideológico pelo fato de não falar das mesmas causas que aquele que analisa o discurso. E com isso, de forma invertida, vamos dar na ideia de que a existência do discurso sempre depende da relação do discurso com a verdade. A análise em termos de ideologia sempre faz o discurso estudado parecer decaído, alienado, enganador com

---

a. Lacuna na gravação. Ouve-se apenas: ancora-se na realidade de uma prática já assente

relação ao que seria a essência, a função, a natureza de certo modo originária, autêntica do discurso fiel a seu ser, que é o discurso que dizemos verdadeiro. No fundo, o discurso ideológico sempre parece discurso alienado com relação ao discurso justo, aquele que diz a verdade. A análise ideológica consiste em dialetizar, pelo mecanismo do logro, o movimento do falso e a necessidade de esconder o velho e obstinado princípio logicista, ou seja, que a verdade do que é dito deve afinal explicar o real do discurso. E não é [o fato de dizer] que se pode explicar o real do discurso pela não verdade do que é dito que muda a soberania desse princípio logicista, que ainda reencontramos no fundo da análise em termos de ideologia.

Haveria uma terceira possibilidade de analisar as relações entre o real e esse discurso suplementar que, de certo modo, vem somar-se a ele. Esta vez não é mais a teoria da reflexão, do reflexo, não é mais a análise em termos de ideologia; seria a análise em termos de [racionalização]. [O que consistiria em dizer:] é claro, o discurso tem a fazer algo muito diferente de pura e simplesmente representar o real, o discurso tem a fazer algo muito diferente de escamotear o real. O discurso opera efetivamente sobre o real, e opera sobre o real transformando-o. Transformando-o como? Transformando-o pela própria operação do *lógos*, ou seja, pela operação de racionalização. Poderíamos dizer, em certo sentido seria totalmente verossímil e é para isto que sem dúvida ficaríamos tentados a ir mais espontaneamente: no fundo, o que fizeram os filósofos estoicos com relação a essa prática, que lhes é anterior e que em certo sentido se limitaram a repetir? Não quiseram representá-la, não quiseram escondê-la. Quiseram de fato transformá-la. Essa prática que progressivamente ia se espalhando no interior do corpo social, sem dúvida a partir de classes sociais diferentes, talvez também a partir de regiões geograficamente distintas, essa prática, digamos, insular, descontínua eles tentaram transformar numa espécie de regra universal de conduta. Ou ainda, tentaram interligar num sistema coerente os comportamentos que podiam ser diversos, alguns dos quais diziam respeito ao status jurídico da mulher, à relação um pouco mais igualitária que estava se estabelecendo entre ela e seu marido, à obrigação generalizada de casar-se etc. Todos esses elementos que não estavam totalmente interligados, que não implicavam forçosamente uns nos outros os filósofos estoicos [tentaram] apresentar como constituindo uma unidade lógica, uma unidade indefectível, uma unidade indissociável. Se você se casar, deve ser fiel. Se deve ser fiel sexualmente, essa fidelidade sexual deve basear-se também numa fidelidade afetiva. Em suma, eles traçaram uma lógica coerente, em sua [sistematicidade][a]

a. M. F. diz: lógica

interna, a partir de comportamentos diversos. Por fim, podemos dizer que os filósofos estoicos, ao apresentarem essa concepção do casamento, tentaram apresentar um modelo, digamos, radical, absoluto de fenômenos que em vez disso sem dúvida eram comportamentos tendenciais, comportamentos tendenciais para um pouco mais de fidelidade, para um pouco mais de afeição, para uma solidez um pouco maior do casamento. Apresentaram isso como um modelo radical: é preciso casar, só se deve casar uma vez na vida, e uma vez que se estiver casado só pode ter relações sexuais com uma mulher, que é a sua etc. Em resumo, eles generalizaram fenômenos locais, sistematizaram fenômenos dispersos, radicalizaram movimentos tendenciais.

* * *

Tudo isso constitui bem o que poderíamos chamar de racionalização do comportamento. Portanto, poderíamos dizer: o papel desse discurso a mais foi não o de refletir o real, não o de escondê-lo, e sim o de racionalizá-lo. Também aqui precisamos nos deter um pouco, precisamos continuar teimando e nos dizer que, sem dúvida, isso não é exatamente satisfatório. Primeiro, é claro, porque uma concepção como essa – digamos, o método weberiano de análise dos discursos – implica afinal uma acepção bem arbitrária e bem problemática da razão. No fim das contas, por que seria mais racional impor a fidelidade conjugal absoluta em vez da relativa? Em vez de querer impor uma fidelidade conjugal absoluta, rigorosa e tão difícil, tudo leva a crer que a ordem social é garantida muito mais facilmente por regras de fidelidade flexível, de fidelidade relativa, de fidelidade em forma de coador. Por que o modelo da monogamia e da fidelidade conjugal seria racional? Por que seria racional fazer do casamento uma obrigação razoável para todo mundo, e não apenas uma regra circunstancial que permitisse às pessoas, que lhes aconselhasse casarem se realmente isso fosse útil, indispensável, ou se tivessem vontade (mas principalmente que não se sentissem forçadas)? Por fim, dizer que esses princípios gerais são princípios racionais implica uma concepção muito curiosa do casamento ou da razão, e talvez dos dois ao mesmo tempo. E, de todo modo, precisamos indagar também por que seria racional racionalizar o real e a prática. Essa é a questão geral que é forçoso colocar quando se fala das funções racionalizadoras do discurso (do discurso de verdade, do saber etc.) com relação às práticas reais. Vocês acreditam realmente que, a partir do momento em que é racionalizada, uma prática seja, de algum modo, mais razoável do que quando não o é? Não será a mais absurda das iniciativas querer racionalizar o real? As leis, as prescrições, os pareceres, os conselhos de existência sobre o casamento, as relações afetivas, a fidelidade sexual etc., sabemos bem que [nada de tudo isso] nunca foi seguido de efeito e que, se as coisas se passaram bem, não foi porque essas ordens e esses conselhos foram dados. O índice de eficácia dos procedimentos de racionalização é muito baixo. Sabemos bem que de todo modo, quer se trate de casamento ou de outra coisa, o real não funciona pelo racional. O real, pelo menos se [por isso] entendermos as práticas humanas, está sempre na inadequação, sempre no mau ajuste; é sempre no interstício entre, de um lado, leis e princípios e, do outro lado, comportamentos reais, condutas efetivas; é sempre nesse jogo entre o que é a regra e o que não lhe é conforme que as coisas se passam e que as coisas resistem. Se por acaso o real fosse efetivamente racional, ou ainda, se a racionalização das condutas, práticas e comportamentos efetivamente tivesse um efeito que tornasse essas condutas adequadas ao esquema de racionalização que lhes é apresentado, vocês sabem perfeitamente que logo deixariam de ser reais[a]. O que permite ao real existir, o que permite ao real resistir, o que permite às práticas humanas manterem-se em sua "economia própria"[b] é precisamente o fato de elas não serem racionais, ou de, entre o esquema de racionalidade que lhes é apresentado e a realidade mesma de sua existência, haver sempre uma distância necessariamente intransponível. Invocar a racionalidade como se se tratasse de uma necessidade óbvia evidentemente não pode constituir uma resposta. Não é porque o real é real que há *lógos* nele, e não é porque precisamos racionalizá-lo que temos necessidade do discurso.

Esse jogo do verdadeiro e do falso que, portanto, acompanhou, revestiu a grande codificação dos comportamentos sexuais nos dois primeiros séculos de nossa era, esse regime de veridicção que acompanhou o regime de juridicção do código, esse discurso de verdade não pode ser explicado e analisado nem em termos de reflexos nem em termos de ideologia nem em termos de racionalização. Portanto, precisamos tentar retomar o problema, precisamos tentar retomar mais uma vez o material para procurarmos saber por que e como esse regime de codificação, de juridicção – afinal simples, afinal bastante "eficaz", em todo caso suficientemente sólido para ter se transmitido secularmente, para ter se transmitido milenarmente, desde a época alexandrina, helenística ou romana até quase nossa época –, foi acompanhado por um regime de veridicção, por um jogo do verdadeiro e do falso. Essa é a questão que precisamos tentar

---

a. O manuscrito apresenta a seguinte formulação: "É uma sorte que o racional tenha tão pouco domínio sobre o real: talvez seja isso que lhe permite existir."
b. M. F. especifica: entre aspas

compreender, ponderando que – e é esse precisamente o ponto de análise –, se o regime de juridicção, se o sistema de codificação realmente permaneceu o mesmo, o regime de veridicção formulado pelos estoicos é que foi transformado, não pelo cristianismo em seu surgimento, e sim por processos internos do cristianismo do século IV. Então, a função e os efeitos próprios do regime de veridicção que encontramos no paganismo, comparando-o com os efeitos de veridicção próprios do cristianismo, é o que tentarei explicar-lhes nas últimas aulas. É isso, obrigado.

*

NOTAS

1. *La Doctrine des douze apôtres (Didákhe)*, V, 1, ed. e trad. fr. Willy Rordorf e André Tuilier. Paris, Éd. du Cerf ("Sources chrétiennes" 248), 1978. Esse texto é estudado por Foucault a partir do problema do batismo e da penitência em *Du gouvernement des vivants, op. cit.*, pp. 101-6 e 171-3.

2. Justino, *Apologie pour les chrétiens*, ed. e trad. fr. Charles Meunier. Paris, Éd. du Cerf ("Sources chrétiennes" 507), 2006; sobre o problema do casamento, cf. cap. XV, pp. 167-9. O livro de Justino é estudado por Foucault através do problema do batismo em *Du gouvernement des vivants*, aula de 6 de fevereiro de 1980, *op. cit.*, pp. 101-6.

3. Foucault volta a anunciar um exame mais exaustivo da doutrina do casamento no cristianismo, exame que não terá tempo de apresentar.

4. O marcionismo é uma corrente herética do primeiro cristianismo, surgido do pensamento de Marcião (fim do século I-início do século II d.C.). A doutrina marcionista (que tem muitas características em comum com o gnosticismo, principalmente sua ascese dualista) baseia-se no postulado da existência de dois princípios divinos: o Deus do Antigo Testamento (Deus mau da cólera e da Lei, Demiurgo na origem da existência da matéria) e Jesus Cristo, o Deus do Novo Testamento (Deus do amor e da libertação). Em razão dessa ontologia dualista, segundo a qual a carne depende do mau princípio, o marcionismo rejeita o dogma da encarnação de Cristo e da ressurreição dos corpos, condena o casamento e a reprodução, impõe uma vida de castidade e de continência (abstenção de carnes, de vinho, de espetáculos etc.). Cf. Tertuliano, *Contre Marcion*, trad. fr. René Braun. Paris, Éd. du Cerf (cols. "Sources chrétiennes" e "Cerf Histoire"), 5 vols., 1990-2004.

5. Valentiniano foi um filósofo e teólogo gnóstico de origem egípcia, do século II d.C. Sua doutrina, condenada como herética pela Igreja oficial, é complexa, misturando concepções neoplatônicas e mistéricas, soteriologia egípcia antiga e cosmologia grega, teses gnósticas e teologia paulina. Todo o universo, através da emanação de pares de éons, deriva de um só e único princípio divino imaterial (o Pai, ou Abismo), juntando-se ao princípio feminino (Pensamento, ou Silêncio) que coexiste nele. A matéria nasce no ponto mais baixo da cadeia de emanações devido à "queda" da Sabedoria, que, por ter desejado contemplar diretamente o primeiro princípio, acima de suas forças, afasta-se dele e dá origem ao mal e às paixões. O Demiurgo criador é o Deus do Antigo Testamento, enquanto Jesus Cristo é aquele que revela aos homens a gnose, permitindo que tomem o caminho da sabedoria e da libertação, reúnam-se à Mônada originária. Os valentinianos negam a encarnação de Cristo e a ressurreição dos corpos. Devido a seu espiritualismo, podem entregar-se a uma vida ascética que rejeita a vida dos corpos e, portanto, a procriação como meio de propagação da matéria e do mal. Cf. Tertuliano, *Contre les Valentiniens*, ed. e trad. fr. Jean-Claude Fredouille. Paris, Éd. du Cerf (col. "Sources chrétiennes" 280-281), 2 vols., 1980-1981.

6. Clemente de Alexandria, *Le Pédagogue*, livro II, cap. X "Distinctions à faire à propos de la procréation", ed. e trad. fr. Claude Mondésert (e notas de Henri-Irénée Marrou). Paris, Éd. du Cerf (col. "Sources chrétiennes" 108), 1965, pp. 164-219.

7. *Ibid.*, livro X, 92, *op. cit.*, pp. 176-9.

8. "Essa procriação de mortais que é a finalidade do casamento (*ista generatio propter quam fiunt nuptiae*)" (*Le Bien du mariage*, VIII, 8, in *Œuvres de saint Augustin, Opuscules II: problèmes moraux*, ed. e trad. fr. Gustave Combès. Paris, Desclée de Brouwer, 1937, p. 43); cf. também: "La procréation est le seul but du mariage" (*ibid.*, XXIV, 32, p. 79).

9. *De bono conjugali*, VI e VII, 6: "o cumprimento do dever conjugal (*debitum conjugale*) é isento de falta" (*in Œuvres de saint Augustin, op. cit.*, p. 37).

10. C. Vatin, *Recherches sur le mariage et la condition de la femme mariée à l'époque hellénistique, op. cit.*, p. 275.

11. *Ibid.*

12. Foucault retoma aqui uma distinção conceitual que havia problematizado uma primeira vez em *L'Archéologie du savoir*. Paris, Gallimard ("Bibliothèque des sciences humaines"), 1969, pp. 13-5 [ed. bras.: *A arqueologia do saber*, trad. Luiz Felipe B. Neves. Rio de Janeiro, Forense Universitária, 2012].

AULA DE 25 DE MARÇO DE 1981

Difusão do modelo matrimonial durante o período helenístico e romano. – Natureza dos discursos sobre o casamento: tékhnai peri bíon. *– Definição de* tékhne *e de* bíos. *– As três vidas. – Subjetividade cristã (ou moderna) e* bíos *grego. – Do paganismo ao cristianismo: rupturas e continuidades. – Incompatibilidades entre o velho sistema de valorização e o novo código de conduta. – O ajuste por procedimentos de subjetivação: cesura do sexo e autocontrole.*

O problema em que eu havia parado na última vez era mais ou menos o seguinte: podemos constatar que determinado modelo de comportamento sexual efetivamente se difundiu na época helenística e na época romana, modelo de comportamento sexual organizado essencialmente em torno do casamento – do princípio de monogamia, é claro, mas também de fidelidade conjugal. E, no próprio interior desse modelo de fidelidade conjugal, esse modelo de comportamento sexual implicava a preeminência da procriação e dos laços afetivos entre os seres. Esse modelo, espantosamente moralizante quando comparado com a ideia que tradicionalmente temos da moral antiga, é também singularmente antecipador quando pensamos que foi retomado mais ou menos inalterado no cristianismo. Quando digo "mais ou menos inalterado", evidentemente insisto no "mais ou menos". As diferenças são dignas de nota, como a valorização muito maior da abstinência sexual total ou da virgindade no cristianismo. Também é preciso destacar que no cristianismo a própria maneira como o sexo será integrado nas relações matrimoniais será, de certo modo, menos restritiva, menos austera do que aquilo que podemos encontrar pelo menos no modelo estoico. Por fim, esse modelo singularmente antecipador é também dotado de uma notável estabilidade, visto que, em suma, é ele que vamos encontrar desde o período helenístico em que começou a se difundir até [a época do] que tradicionalmente chamamos de moral burguesa – o que evidentemente deveria incitar alguns a pensarem em problemas de história e de método, quando remetem o problema matrimonial da sexualidade seja ao próprio cristianismo, seja ao capitalismo, seja à moral burguesa etc. Mas vamos deixar de lado essa discussão.

O problema em que eu queria me deter é o seguinte: esse modelo que, sem caracterizar o comportamento de todo indivíduo nas sociedades helenística e romana, deixou traços, marcas de seu dinamismo e de seu desenvolvimento através dessas sociedades viu-se acompanhado, duplicado, reproduzido no interior de todo um longo discurso, longo discurso insistindo no valor intrínseco do casamento, na necessidade de casar-se, no modo de conduzir-se [e] de definir o lugar dos *aphrodísia* no casamento, na verdadeira natureza do *éros* matrimonial etc. Em resumo, um discurso que parecia redizer o real em termos de prescrições. É a propósito dessa relação entre esse real e o discurso que [parecia] reproduzi-lo e reconstituí-lo em termos de prescrições que tentei colocar um problema de história e um problema de método: devemos ver nessa relação entre o discurso e o real que ele parece reproduzir uma relação de representação? Trata-se de uma espécie de escamoteamento ideológico do real? Trata-se de uma racionalização efetiva ou programática do real? Pareceu-me[a] que nenhum desses métodos e nenhuma dessas hipóteses podiam ser considerados muito satisfatórios, quer tentemos aplicá-los ao problema em questão ou considerá-los em si mesmos e com os postulados que implicam. Como agora ainda nos restam só duas aulas, quero indicar pelo menos o princípio geral de solução, indicar em qual sentido me parece que poderíamos avançar para elucidar um pouco esse problema.

O primeiro procedimento a adotar, ou o primeiro ponto a que devemos nos prender, nos agarrar no procedimento (antes de indagar sobre o que esses discursos disseram ou quiseram fazer, sobre seu papel), obviamente é [tentar] levar um pouco a sério o que esses discursos eram ou, em todo caso, pretendiam ser. Como vocês sabem, e indiquei isso ao começar, todos esses discursos que [pregam] a vida matrimonial, que [querem] indicar simultaneamente que é preciso casar e como conduzir-se no casamento etc. não se apresentam em absoluto, ou não exatamente, como regras, como um código. Tampouco se apresentam, aliás, como um discurso puramente teórico sobre o que seria a essência do casamento, a essência ou a natureza dos *aphrodísia* ou da boa conduta. Não são códigos nem exatamente sistemas prescritivos ou conjuntos teóricos. Apresentam-se como *tékhnai* (técnicas) *perì ton bíon* (que têm como objeto a vida). Precisamos nos deter nessa noção de "técnicas para viver", ou seja, algo diferente das

---

a. M. F. acrescenta: foi o que tentei mostrar-lhes (cf. *supra*, aula de 11 de fevereiro, pp. 111 ss.).

"regras de conduta"ª, diferente do que seria um código de comportamento. São técnicas, ou seja, procedimentos regulados, maneiras de fazer que foram pensadas e destinam-se a operar certas transformações num sujeito determinado. Essas transformações estão subordinadas a determinados fins que está em causa alcançar através das referidas transformações. Portanto, operar num objeto determinado transformações visando a certos fins é a definição grega e, digamos, a definição em geral da *tékhne*, da técnica. A *tékhne* não é um código do permitido e do proibido, é determinado conjunto sistemático de ações e determinado modo de ação.

Não é muito difícil definir a *tékhne*. Captar a noção de *bíos* (de vida), em contrapartida, é muito mais difícil para nós. Quando os gregos falam de *bíos*, quando falam desse *bíos* (dessa vida) que deve ser objeto de uma *tékhne*, está claro que não entendem "vida" no sentido biológico do termo. Isso é óbvio[1]. Mas o que querem dizer? Creio que a dificuldade que temos para compreender exatamente o que os gregos querem dizer quando falam do *bíos*, dessa vida a respeito da qual é preciso desenvolver *tékhnai*, [provém de] duas coisas. Por um lado, o corte cristão (escansão fundamental) entre a vida [neste]ᵇ mundo e a vida [no]ᶜ além sem dúvida nos faz perder a unidade e o sentido imanente do *bíos* grego. [Por outro lado,] para nós uma vida [é definida] por um corte social, de acordo com as profissões e os status. O *bíos* grego não é profissão nem ofício, tampouco é algo que se escandisse em torno da salvação, em torno da relação e da oposição entre este mundo e o além. Tanto a noção de salvação como a de status podem obliterar-nos um pouco o sentido do *bíos* grego.

Para compreendermos um pouco essa palavra, muito rapidamente porque é evidente que seria preciso um imenso estudo, quero citar um texto que é bastante fundamental, um texto que vem de Heráclides do Ponto e do qual temos apenas retranscrições por Cícero, Diógenes Laércio etc.[2]. Heráclides do Ponto procura definir as três formas de vida, aliás atribuindo essa ideia a Pitágoras, mas não importa o valor dessa atribuição e dessa referência pitagórica. Heráclides do Ponto – cito a versão que Diógenes Laércio apresenta justamente no capítulo em que trata de Pitágoras, livro VIII – diz o seguinte: A vida é semelhante a uma panegíria: uns vão a ela para rivalizar na luta, outros vão a ela para comerciar e outros [ainda] para ver o espetáculo. Pois bem, do mesmo modo, na vida (*bíos*) uns nascem escravos da glória, outros têm avidez de riquezas, mas os filósofos, por sua vez, perseguem a verdade[3].

a. Entre aspas no manuscrito.
b. M. F. diz: deste
c. M. F. diz: do

Essa [passagem] é interessante porque [constitui] o texto praticamente estatutário, praticamente fundamental que define as três grandes formas de vida tradicionalmente reconhecidas no pensamento grego. A vida política [é vivida por] aqueles que são escravos da glória – o que corresponde aos que nos jogos, nas panegírias, vão para rivalizar na luta. Há os que vêm para a vida ávidos de riquezas – o que corresponde aos que, nas panegírias, vão para fazer negócios. E depois há os filósofos, que perseguem a verdade – estes, é claro, correspondem aos que, nas panegírias, vão para desfrutar o espetáculo. Política, crematística[a], filosofia: são os três modos de vida. Não vou insistir no sentido diferencial dessas noções e na relação que têm entre si. Meu problema é saber, em cada uma dessas formas, o que significa a palavra "vida", seja ela política, crematística ou filosófica. O que me parece característico nessa análise ou definição de Heráclides do Ponto e na metáfora panegírica que ele usa para identificar, estabelecer o sentido dessas três vidas é que a vida não se define tanto pela natureza das ocupações. Define-se pelo que desejamos, pelo que queremos fazer, pelo que procuramos. O que define a vida política não é tanto o indivíduo ser, por exemplo, advogado, estratego ou juiz. O que define o homem político no texto de Heráclides do Ponto não é sua carreira. Do mesmo modo, o que faz um homem levar o *bíos khrematistikós*, a vida de riquezas, não é ser rico, nem mesmo é exatamente passar seu tempo fazendo negócios. Mesmo que efetivamente passe seu tempo fazendo negócios, isso é apenas uma consequência da busca de riqueza que empreende. Do mesmo modo, ser filósofo evidentemente não é ter o ofício de filósofo. Nem mesmo é possuir a verdade. É buscá-la ou, mais exatamente, adotá-la como fim. Em suma, o que caracteriza o *bíos*, nas três formas que conhecemos ou mesmo em geral, independentemente das formas em que ele pode se definir, não é, portanto, o status, não é a atividade, não é o que o indivíduo faz, não são nem mesmo as coisas que maneja. É a forma de relação que ele mesmo decide ter com as coisas, a maneira como se coloca com relação a elas, a maneira como as finaliza com relação a si mesmo. É ainda a maneira como insere sua própria liberdade, seus próprios fins, seu próprio projeto nas coisas em si, a maneira como, por assim dizer, as coloca em perspectiva e as utiliza. Voltemos à metáfora da panegíria, que é interessante. A panegíria é essa festa onde muitas pessoas estão reunidas, onde muitas coisas acontecem. É a mesma festa para todos. E o que vai definir o *bíos* é o fim que o indivíduo se propõe quando vem para a festa, é a maneira como vai pôr em perspectiva, perceber essas

---

a. Segundo Aristóteles, empenho sistemático em produzir e obter riqueza, por prazer. (N. da T.)

diferentes coisas que são comuns a todo mundo e que por si [sós] caracterizam a panegíria.

Parece que os gregos não sabiam o que é subjetividade ou que não tinham essa noção[4]. Indiscutivelmente a noção que nós, hoje, temos de subjetividade não tem um correspondente exato em grego. Mas o que mais se aproxima do que entendemos por subjetividade é essa noção de *bíos*. O *bíos* é a subjetividade grega. E também aí, é claro, o que nos impede de compreender bem esse sentido do *bíos* é o fato de que para codificar e para pensar a subjetividade temos um contexto que podemos dizer cristão. Apesar de tudo e mesmo fora de referências cristãs explícitas, temos um grande modelo da subjetividade. Esse grande modelo da subjetividade é constituído, em primeiro lugar, por uma relação com um além-mundo; em segundo lugar, por uma operação de conversão; em terceiro lugar, pela existência de uma autenticidade, de uma verdade profunda a ser descoberta e que constituiria o fundo, o alicerce, o solo de nossa subjetividade. Sem dúvida foi isso que o cristianismo construiu no decorrer dos séculos. Sem dúvida é isso que ainda agora reencontramos na concepção de subjetividade que temos. Digamos que as formas mais religiosas insistem mais no polo do além, ao passo que nós, nos vínculos epistemológicos que temos com nós mesmos, colocamos a relação que temos com nossa própria subjetividade mais no lado da descoberta de uma autenticidade. Existência de um além, de uma espécie de fim absoluto válido para todos e que está além de cada um de nós, além de nossa história, e que entretanto deve polarizar nossa existência; necessidade de nos desprendermos do que somos a fim de nos voltarmos para esse essencial; finalmente, por meio desse movimento que nos polariza para o além e nos faz nos converter com relação ao que imediatamente somos, possibilidade de nos descobrir, de descobrirmos em nós mesmos o que autenticamente somos. Temos aí, [com essas três determinações,] a matriz geral da subjetividade ocidental e cristã.

O *bíos* grego – ou essa subjetividade, essa coisa que até certo ponto podemos comparar com nossa subjetividade atual – [em primeiro lugar] não é pensado em termos de um além ou de um fim absoluto e comum, não é pensado em termos de fins que cada qual proponha para si mesmo. Em segundo lugar, o *bíos* grego não se define, como a subjetividade ocidental e cristã, em torno da possibilidade ou da injunção de uma conversão, e sim de um trabalho contínuo de si sobre si. E, por fim, o *bíos* grego não se define por uma relação com uma autenticidade oculta que fosse preciso descobrir na própria trajetória rumo ao fim absoluto e no movimento de conversão; define-se como a abordagem, ou melhor, como a busca indefinida, ou finita na forma mesma da existência, de um fim, um fim que ao mesmo tempo o indivíduo alcança e não alcança. Digamos, portanto, que os discursos de que estamos tratando, e que se apresentam como técnicas de vida (*tékhnai perì ton bíon*), no fundo são procedimentos de constituição de uma subjetividade ou de subjetivação, e é assim que devemos entendê-los. Não são ideologias que procuram mascarar um código, tampouco são uma racionalização de um código. São a definição das condições em que, de certo modo, vai ser possível inserir o *bíos*, a subjetividade do indivíduo, no interior de um código. Nem ideologia nem racionalização: são procedimentos de subjetivação de um código.

Segunda observação de ordem geral. Para recuperar um pouco o que é dito nessas artes, nessas *tékhnai*, nesses procedimentos de subjetivação, creio que o melhor é compará-los com o que acontece no cristianismo, na medida em que também o cristianismo teve suas *tékhnai perì ton bíon* (suas técnicas de vida). E aqui, duas palavras de reforço historiográfico, para situar bem o problema e a maneira como procurei construir esta análise dos *aphrodísia* e das técnicas de vida referentes a eles na época grega. Creio que, quando damos ênfase essencialmente aos aspectos, digamos, jurisdicionais, aos elementos de código que enquadram e dão perfis do permitido e do proibido a propósito dos *aphrodísia*, algumas coisas surgem, certa escansão histórica é possível.

Em primeiro lugar, está claro que os discursos propriamente ditos – o discurso estoico, mais geralmente os discursos filosóficos nos últimos séculos antes de nossa era e nos primeiros séculos de nossa era no interior da civilização antiga – antecipam-se evidentemente, de modo claro e evidente, ao que vai constituir a doutrina cristã da carne. Digamos, em todo caso, que temos aí um *continuum* que, através de algumas modificações menores, proporciona uma escansão que iria do período helenístico até uma data x no cristianismo. Em todo caso, no nível desse discurso filosófico sobre as regras, sobre os códigos, o cristianismo não trará uma modificação fundamental. Essa continuidade entre a doutrina moral dos filósofos e a doutrina moral do cristianismo os historiadores já identificaram há pelo menos um bom século[a].

Em segundo lugar, nos últimos vinte ou trinta anos a doutrina histórica, que diz respeito não mais às doutrinas filosóficas e sim aos fenômenos sociais, institucionais etc., mostrou[b] que dentro da própria sociedade havia também certo *continuum*, ou seja, o aparecimento, o desenvolvimento no período helenístico de determinado modelo de conduta que ia manter-se,

---

a. O manuscrito acrescenta: "Nisso os estoicos disseram o que os cristãos iam fazer. Antecipação doutrinal."

b. M. F. acrescenta: foi o que lembrei a vocês há quinze dias ou três semanas

continuar até no cristianismo. Também aí, *continuum*. O aparecimento do cristianismo não causa absolutamente uma ruptura. Ainda muito recentemente, ou seja, com o livro de Bailey, que data de uns dez anos[5], e principalmente com o livro de Boswell, que acaba de ser publicado nos Estados Unidos no ano passado[6], podemos identificar outro tipo de *continuum* ou outra maneira de estabelecer essa continuidade entre o cristianismo e o paganismo. Essa continuidade não consiste em o modelo de moralização que se atribui ao cristianismo ser identificável muito antes do aparecimento do cristianismo e até na civilização antiga. Isso seria fazer o caminho inverso e dizer que muitas coisas vistas como características da moral antiga e opostas à moral cristã são reencontradas na moral cristã; [por exemplo], a tolerância à homossexualidade. Boswell mostrou como [essa tolerância] vocês, de certo modo, reencontram sem modificação fundamental até na alta Idade Média e praticamente até os séculos XI-XII.

Portanto, todo um conjunto de sinais tende a mostrar que devemos considerar essa longa história um todo, um conjunto, um *continuum*, desde o período helenístico até um período anterior [ao longo do qual] o cristianismo se afirmou, se impôs, acabou se tornando uma religião se não universal, pelo menos oficial, profundamente implantada. No fundo, o cristianismo não modificou realmente nem os modelos de comportamento nem mesmo o discurso teórico que pode ser formulado. Evidentemente, o problema é saber onde devemos fazer o corte. Devemos fazer esse conjunto partir dos séculos II-III antes de nossa era, ou devemos esperar o Império Romano? Devemos procurar o corte inferior, o corte baixo por volta dos séculos VII-VIII, no momento do Império Carolíngio? Em vez disso devemos esperar os séculos XI-XII, como propõe Boswell? Enfim, isso tudo é outro problema. A verdade é que certo consenso dos historiadores parece indicar-nos a existência desse *continuum*.

Creio que de fato, se nos colocarmos do ponto de vista do código, se nos colocarmos no lado das jurisdições, se nos colocarmos no lado dos sistemas de proibições e de tolerância, podemos realmente admitir um esquema como este. Mas, se considerarmos justamente essa história que é a das *tékhnai perì ton bíon*, das tecnologias da vida, das tecnologias do si, das tecnologias da subjetividade, somos obrigados a modificar esse esquema ou a cruzar o esquema que os historiadores estabelecem a propósito dos códigos com outro esquema que marca outras escansões, [principalmente] uma escansão que não coincide particularmente com o aparecimento do cristianismo, e sim com certa mutação interior do cristianismo, mutação que se situa no século III ou no século IV, ou seja, quando o cristianismo foi levado a substituir as técnicas de si, as tecnologias de subjetividade que a Antiguidade clássica ou tardia havia elaborado, por novas tecnologias de subjetivação, novas *tékhnai perì ton bíon*. E aqui um fenômeno importante marcou o aparecimento daquilo que não é um novo código de comportamento sexual, mas constitui a matriz de uma nova experiência, desse algo que os cristãos chamam de carne. É à comparação desses dois grandes conjuntos de técnicas de vida, de tecnologias de subjetivação, que desejo dedicar o tempo que me resta agora.

* * *

Hoje quero localizar um pouco nesses discursos que analisei o que pode fazer surgir certa tecnologia específica de subjetividade ou de subjetivação. Gostaria de voltar por um instante ao ponto de partida. Eu havia partido da análise de um texto de Artemidoro, texto de análise dos sonhos, de método para interpretar os sonhos e compreender suas significações. A análise de Artemidoro permitiu a identificação de uma espécie de percepção ética a propósito dos *aphrodísia*; permitiu a identificação de dois grandes princípios [segundo os quais é possível] atribuir aos *aphrodísia* determinado valor e hierarquizá-los entre si; em suma, definir os que são bons e os que são maus, os que valem mais que os outros e os que valem menos. Os dois critérios utilizados nessa análise de Artemidoro eram os seguintes. Em primeiro lugar, um princípio que chamei de isomorfismo sociossexual, que coloca o seguinte critério: o valor de uma relação sexual entre duas pessoas depende, pelo menos por um lado, do tipo de relação social entre essas duas pessoas. Por exemplo, um ato sexual praticado com uma prostituta é perfeitamente aceitável, na medida em que a relação social entre um homem livre e uma prostituta é uma relação que em si mesma é aceita; a relação sexual vai alojar-se exatamente no interior dessa relação social. Do mesmo modo, a relação sexual com um escravo ou uma escrava é aceitável [pelo mesmo critério]. Ela não contorna [a relação social], não a ignora, não a inverte. Vai alojar-se [nela], e é esse isomorfismo entre a relação social e a relação sexual que faz a relação sexual ser aceitável. E, depois, o segundo grande princípio que havíamos observado era o princípio de atividade. Ou seja, também aqui o valor de um ato sexual depende, em grande parte, da atividade do sujeito envolvido nele. Quanto mais ativo for o sujeito, mais o ato sexual vale. O polo de atividade define o valor positivo do ato sexual, o polo de passividade define sua polaridade negativa.

Esses dois critérios iam juntar-se no privilégio do ato masculino. O ato masculino – essencialmente na forma: penetração, ejaculação – constitui por si só a natureza, a própria essência de todos os *aphrodísia*. A tal ponto que o ato feminino, o prazer feminino eram vistos, analisados, refletidos no pensamento grego (não só no pensamento moral, mas entre os próprios médicos) exatamente sobre o modelo do ato masculino. Havia apenas uma única essência do ato sexual, uma única natureza do ato sexual: a que era definida pelo ato sexual masculino. O privilégio social do varão que exerce seus direitos e o valor de uma atividade que o prazer sanciona e recompensa eram o que permitia valorizar os atos sexuais.

Vamos voltar agora a esse novo código dos *aphrodísia* matrimoniais de que lhes falei. Vocês podem ver que entre aquele esquema de valorização e este código há divergência e mesmo incompatibilidade. De fato, no novo código que se estabelece já não há isomorfismo sociossexual. Por quê? Simplesmente porque o casamento já não está, como outrora, integrado a título de peça, entre outras, no campo geral das relações sociais. [Por um lado,] o casamento constitui uma relação absolutamente específica, heterogênea a todas as outras, [e sua] intensidade particular torna-a não sobreponível a qualquer outra relação social. Há uma insularização do casamento que o faz não mais ser uma relação entre outras: ele é a relação absolutamente preferencial, em torno da qual vão poder distribuir-se outras, mas que terão uma intensidade menor e uma natureza diferente. Por outro lado, o novo código de conduta que se estabelece nos mostra que é nesse casamento que os *aphrodísia* devem estar localizados, nessa relação e em nenhum outro lugar. Consequentemente, compreendemos que a valorização das relações sexuais não pode mais ser feita de acordo com a grade geral das relações sociais. Não pode mais haver isomorfismo sociossexual, e sim, ao contrário, um dimorfismo social e sexual muito claro, um dimorfismo com, de um lado, o casamento – como relação específica, a única na qual devem se produzir os *aphrodísia* – e depois as outras relações sociais, que, por sua vez, devem ser sem *aphrodísia*. Digamos que há uma espécie de "desafrodização"[a] do campo social em proveito da relação matrimonial e só dela. Portanto, entre o novo código e o velho princípio tradicional de isomorfismo sociossexual vocês estão vendo bem que há incompatibilidade.

A segunda modificação, a segunda incompatibilidade, surge a propósito do outro princípio de valorização das relações sexuais. É que de fato, no novo código de conduta, no novo esquema de conduta sexual, o princípio da atividade entendida como atividade do varão, dominação física e social sobre o parceiro ou a parceira, não pode mais valer, visto que na relação matrimonial, agora a única que deve ser titular das relações sexuais e dos *aphrodísia*, os direitos e as obrigações do marido tendem para certa igualdade com os da mulher. Em todo caso esses direitos e obrigações devem ser estritamente delimitados para que possa haver entre o marido e

a. Entre aspas no manuscrito.

a mulher uma espécie de reciprocidade. Digamos que nesse novo código os grandes prazeres do casamento, seus benefícios, estão menos ligados à atividade exclusiva e totalmente dissimétrica do marido do que aos encantos e vantagens de uma vida a dois e de certa reciprocidade – mesmo que muitas desigualdades ainda sejam essenciais – dos dois parceiros nessa vida a dois. Consequentemente, vemos surgir e difundir-se um código de comportamento que não pode mais ser habitado pelo mesmo sistema de valores. Ou também: temos um sistema de valores cuja existência Artemidoro ainda atesta no fim do século II, e esse código de valores não pode ser considerado compatível com o código de comportamento que, por outro lado, é atestado.

Então, nessa medida, creio que podemos compreender melhor qual vai ser o papel desses discursos filosóficos ou mais exatamente dessas artes de viver, dessas *tékhnai perì ton bíon* que os filósofos, os moralistas, os diretores de consciência, os mestres de existência tentaram desenvolver. Essas artes de conduta, essas técnicas de vida vão alojar-se entre o código de comportamento que está se difundindo e o sistema de valores que subsiste. [...]ᵃ [Para] que vão [servir] essas artes de conduta? Para ajustar o código, para atenuá-lo, para acrescentar concessões tais que apesar de tudo ele vá poder alojar-se no interior da grande referência de valores de que lhes falei há pouco? Isso poderia perfeitamente ser feito. Por exemplo, na casuística do século XVI e principalmente do século XVII, vê-se muito bem como os casuístas desenvolveram toda uma arte de ajustar um código a um sistema de valores que estava nascendo e que era [inadequado para] a estrutura do código existente. Mas não é isso que os filósofos fazem, e particularmente os filósofos estoicos, nas *tékhnai perì ton bíon*, visto que, longe de atenuarem o código, longe de, na medida do possível, ajustarem-no a um sistema de valores, eles, ao contrário, o radicalizam. E de certa tendência para a monogamia, para a fidelidade conjugal, para certa igualdade entre os esposos etc. fazem um sistema absolutamente rigoroso. Não acomodam um código a um sistema de valores; ao contrário, radicalizam-no. Poderíamos imaginar também que o papel do discurso filosófico, das artes de viver, vai ser principalmente modificar um pouco o sistema de valores, atenuá-lo, colori-lo de maneira que ele possa integrar o código que está surgindo. São fenômenos que acontecem com frequência. Por exemplo, no cristianismo da alta Idade Média conseguiu-se integrar, por toda uma série de elaborações, de modificações quanto ao sistema de valores, o código estritamente germânico do incesto, que em absoluto não era conhecido nem pelos cristãos nem pelos romanos ou

---

a. Lacuna na gravação.

gregos. Mas também não é isso que as artes de viver se propõem a fazer, no período e na forma de que falávamos. Para as artes de viver não está absolutamente em causa modificar o sistema de valores. Ao contrário, ninguém mais do que os estoicos, ninguém mais do que esses autores da arte de viver preza o princípio de isomorfismo ou o princípio de atividade. Observem, por exemplo, a maneira como os estoicos insistem sobre o indivíduo casado como cidadão do mundo, também com quanta ferocidade denunciam tudo o que pode ser o *páthos* na vida do indivíduo, e verão bem que o princípio de atividade e o princípio de isomorfismo são rigorosamente mantidos por eles. Na verdade, parece-me que o papel dessas artes de conduzir é prescrever os procedimentos de transformação do próprio sujeito, procedimentos de transformação que devem permitir que ele habite o código, pratique-o, aceite-o e ao mesmo tempo mantenha os dois grandes eixos de valorização (isomorfismo e atividade) de que lhes falei. É a modificação da relação de si consigo, é a modificação da maneira como o indivíduo se constitui como sujeito, é isso que vai permitir que ele se conduza de acordo com um código e segundo valores que, na verdade, não são compatíveis entre si.

Duas questões. Em primeiro lugar: quais são os procedimentos de transformação do sujeito que são efetivamente propostos nessas artes de viver? Em segundo lugar: por que era preciso ajustar esses dois conjuntos, ao mesmo tempo aceitar esse código e manter esse sistema de valores? Então, primeiro conjunto de questões: quais procedimentos de transformação do sujeito, de elaboração de si por si são propostos nesses códigos? Parece-me que podemos apontar três grandes linhas de elaboração e transformação do sujeito. Primeiramente, definição de uma cesura na relação do indivíduo com sua identidade sexual, ou ainda, definição de duas modalidades de relação do indivíduo com seu próprio sexo. Em segundo lugar, constituição dos *aphrodísia*, dos prazeres do sexo como objeto preferencial da relação de si consigo, e isso em forma de desejo. Em terceiro lugar, constituição de um campo afetivo conexo com o prazer sexual.

Sob essas três fórmulas abstrusas, o que posso dizer é o seguinte. Em primeiro lugar: constituição de uma dupla relação do indivíduo com seu próprio sexo. Quando olhamos essas análises que tratam da vida conjugal, ficamos impressionados com uma coisa, que evidentemente é a afirmação perpetuamente reiterada de que o indivíduo pode ser casado, intimamente ligado com sua própria esposa, em relação de simbiose, em relação de *krase*[a], e ao mesmo tempo ser cidadão, cidadão em sua cidade, mas também cidadão do mundo em geral, cidadão no meio de todo o gênero humano e membro do gênero humano. Essa afirmação geral vem

---

a. Sobre a grafia desse termo, cf. nota p. 125. (N. da T.)

acompanhada de toda uma série de conselhos e pareceres precisos a respeito dessa existência nos dois registros. Registro da vida com a mulher, registro da simbiose, regime do mundo interior privado. E depois, de outro lado, regime público, regime externo, regime coletivo. A relação dual e a relação plural são os objetos precisos, constantes, dessas artes do casamento. Podemos dizer que, com os estoicos em geral ou em todo caso com esse gênero de filosofia ou de conselhos de viver, vemos surgir muito claramente e pela primeira vez a distinção entre vida pública e vida privada, ou mundo [ex]terior[a] e mundo privado. O que me impressiona não é tanto ou não é apenas a existência desse duplo registro, e sim o esforço que é feito, através de todas essas artes de viver, para mostrar ao indivíduo como ele pode estar ao mesmo tempo em um registro e no outro, como pode e deve encontrar-se exatamente no ponto de intersecção entre a relação dual que caracteriza o casamento e as relações plurais que caracterizam sua vida social [...][b].

Em Xenofonte, no *Econômico* do pseudo-Aristóteles etc., havia um esquema de complementaridade que já estava perfeitamente assente e que dizia que a mulher, a casa, a vida interior e privada devem, de certo modo, [ser] complementares da vida pública. Havia também o velho esquema, o velho modelo da aristocracia romana no qual víamos a mulher participar com o homem da vida pública. Com as novas artes de viver, é um esquema no qual a relação do homem com a mulher não é simplesmente o avesso, o complementar do que acontece na vida pública, e sim essa relação com a mulher (relação privada, relação dual) é condição para a existência da vida pública, embora seja radicalmente diferente dela. E, inversamente, a vida pública aparece não como algo diferente e complementar da vida privada, mas como algo que na própria vida privada vai ter sua forma e seu efeito. Como ponto de articulação e elemento que permite a conversão de um para o outro, precisamente o homem, o marido, o cidadão, que está nos dois registros e que encontra em sua vida privada a condição para sua vida pública e em sua vida pública os elementos que vão permitir-lhe afirmar e consolidar sua autoridade no mundo privado. Vocês estão lembrados, eu havia insistido um pouco naquela carta de Plínio que descrevia suas relações com sua mulher[7]. Sua mulher – na relação privada, na relação de simbiose, nessa relação íntima que é uma relação afetiva, nessa relação de amor que ela tem pelo marido – ama-o na medida em que ele é um homem público, tem uma carreira, faz discursos, tem uma atividade a propósito da qual ela emite opinião, a propósito da qual tem sentimentos

a. M. F. diz: interior.
b. Lacuna na gravação.

de admiração, a propósito da qual também dá ajuda, conselhos etc. E, portanto, é como homem privado, apoiando-se nessa vida privada, nessa relação privada, que ele vai poder viver sua vida pública. E sua vida pública está efetivamente no interior de sua vida doméstica, de sua relação dual com a mulher. Portanto, muito mais que uma dissociação, antes me impressiona a articulação entre os dois registros, com o homem situado no ponto de intersecção dos dois sistemas de relacionamento.

Mas esse homem que, portanto, é o marido, o varão, o cidadão livre etc. deverá ter no interior dos dois feixes de relacionamento dois tipos de relacionamento diferentes, pelo fato de ser um homem, por sua virilidade. Na relação dual, sua virilidade vai ser a possibilidade – melhor: o dever – de ter relações sexuais com a mulher. Portanto, ele vai ser indivíduo macho na medida em que terá, no interior dessa relação, uma atividade sexual. E no campo social vai ser também um homem, um macho, mas sua identificação como homem, como macho, dessa vez não estará mais ligada ao exercício de uma atividade sexual, e sim simplesmente ao fato de ele ter efetivamente na sociedade um status de homem, um status de virilidade que exclui o próprio exercício de sua atividade [sexual] ou é independente dele. Em outras palavras, vamos ver aparecer na relação do indivíduo com seu sexo uma clivagem essencial entre a atividade viril e o status de virilidade. Se o homem vai poder de fato assegurar a continuidade entre o social e o familial, se entre esses dois tipos de relacionamento (o relacionamento dual e o relacionamento plural) há aquele *continuum* de que lhes falei, é porque existe um indivíduo que faz a junção. Esse indivíduo só pode fazer a junção e assegurar o *continuum* família-sociedade, o *continuum* sociossexual, com a condição de, por assim dizer, ter dois sexos: um sexo estatutário e um sexo relacional, um sexo-status e um sexo-atividade. É essa clivagem que é a condição do *continuum* sociossexual, é essa clivagem que é a condição segundo a qual as relações de família e as relações sociais, apesar de sua heterogeneidade, mesmo assim vão poder constituir um único e mesmo *continuum* relacional, um único e mesmo campo relacional em torno do homem, que, portanto, tem agora um sexo estatutário e um sexo relacional. Vocês me dirão que afinal tudo isso é bastante simples[a]. Sim, é claro, mas, precisamente, era necessária

a. O manuscrito acrescenta as explicações seguintes: "Parece muito simples... Mas é muito importante, e difícil de conseguir. Vejam o que aconteceu com as mulheres: a desconexão entre sexo-atividade [e] sexo-status não se deu tão cedo. E as consequências foram importantes para a homossexualidade: enquanto o sexo-atividade não estava separado do sexo-status, toda vez que este estava em jogo (por exemplo, no exército, na pedagogia, na vida política), o sexo-atividade estava ligado a ele. Não vinha interferir com ele, seguia-o, acompanhava-o, lhe era indissociável. E depois, a partir do momento em que o sexo-atividade e o sexo-status foram diferenciados, é preciso limpar (ou tornar invisíveis) todos os aspectos do sexo-status."

toda uma elaboração das relações do indivíduo com seu próprio sexo para que isso fosse possível. O que caracterizava justamente o *continuum* sociossexual no antigo sistema de conduta e antes dessa elaboração de que estou falando? Era precisamente que o indivíduo, a partir do momento em que era homem, em que tinha um status social de homem na sociedade, por isso mesmo tinha a possibilidade e o direito de exercer seu status de homem na forma de uma atividade sexual. Visto que em torno dele havia escravos, visto que em torno dele havia prostitutas, visto que em torno dele havia rapazes etc., sua situação de homem, sua situação de indivíduo masculino no campo social implicava imediata e diretamente a possibilidade de exercer sua atividade sexual. O que as artes de viver durante esse período de que lhes falo (séculos I-II) tentaram estabelecer foi, no próprio interior do sujeito, o reconhecimento da dupla significação da identidade sexual. Ser um homem é ter o status de homem no campo social, mas isso não implica a existência de uma atividade e o direito a uma atividade sexual. É apenas no interior do casamento que o status de homem assumirá, primeira e primitivamente, o sentido da atividade sexual da qual decorrerá, no interior desse mesmo casamento, o status de homem. Essa clivagem e a inversão das relações entre status de homem e atividade viril, sexual: esse é um dos objetivos principais das artes de viver.

A segunda grande operação que essas artes de viver tentaram constituir foi a que consiste em fazer dos *aphrodísia* (dos prazeres, das atividades sexuais) um objeto preferencial das relações de si consigo, e isso na forma do desejo. Para fazer vocês compreenderem rapidamente o que está em causa, quero voltar a um texto de Musônio Rufo a propósito da simetria dos adultérios[8]. Vocês estão lembrados desse texto fundamental que – não pela primeira vez, porque um pouco antes já havia uma formulação desse tipo, mas não importa – estabelece do modo mais sólido a obrigação para o homem de ser fiel a sua mulher, visto que a mulher, por sua vez, é fiel ao homem. Vocês se lembram do argumento de Musônio Rufo: Como se poderia permitir que um homem tivesse relações sexuais com sua serva, uma vez que a mulher, por sua vez, em absoluto não tem permissão para ter relações sexuais com um escravo, o que seria a coisa mais vergonhosa do mundo? E, visto que é vergonhoso para a mulher, o é na mesma medida para o homem. Portanto, o homem não deve cometer nenhum adultério. Ou melhor, Musônio Rufo desloca a própria noção de adultério, que outrora era o fato de apossar-se da mulher de outro. Daí em diante toda relação sexual fora do casamento é do âmbito do adultério e torna-se impossível. Como Musônio Rufo estabelece essa simetria? Poderia estabelecê-la – a doutrina estoica lhe permitiria isso – em termos, por assim dizer, estritamente jurídicos: visto que não há desigualdade natural entre os seres humanos, tudo o que obriga uns (ou seja [aqui]: as mulheres em geral) deve obrigar os outros do mesmo modo. Musônio Rufo e os estoicos em geral têm os instrumentos teóricos para estabelecerem uma simetria formal e jurídica. Quando olhamos os textos de Musônio Rufo, percebemos que de modo algum é isso que ele diz[9]. Ou melhor, não é através dessa argumentação que ele estabelece o princípio de uma simetria de obrigações. De fato, suponhamos que um marido, ao contrário do que faz sua mulher, se permita ter relações sexuais com um escravo ou uma escrava. Nesse caso, ele estaria mostrando que não é senhor de si mesmo. Estaria mostrando que nele o desejo de relações sexuais é tão intenso e tão violento que não consegue controlá-lo, que não é senhor de si. Ora, na relação conjugal, nesse relacionamento dual entre o marido e a mulher, se é verdade que o marido e a mulher estão juridicamente em posição de igualdade, não é menos verdade que o papel real do marido é ser o guia da mulher, é mostrar-lhe o caminho reto, é ensinar-lhe como viver. [Musônio Rufo] emprega a palavra "pedagogizar": o marido deve *paidagogeîn* a mulher[10]. Ora, como poderia ele estabelecer essa relação de domínio sobre sua mulher se ele mesmo não fosse capaz de estabelecê-la de si mesmo com si mesmo? Muito bizarramente, o princípio de que deve haver uma reciprocidade e uma igualdade de obrigações entre o homem e a mulher Musônio Rufo não estabelece a partir da igualdade jurídica, e sim a partir da desigualdade moral[11]. Visto que o homem deve ser guia e senhor, até certo ponto, da vida de sua mulher, ele deve ser senhor de si mesmo; isso reproduz otimamente o caráter afinal bastante fictício, e bem pouco importante na análise, do princípio de igualdade jurídica. É interessante ver também como a relação desigualitária entre o homem e a mulher está absolutamente no centro da análise.

Mas principalmente é interessante ver que é a relação de domínio de si sobre si que se torna fundamental, mais exatamente, fundadora das relações de domínio que um indivíduo deve exercer sobre outro. É com a condição de ser senhor de si que ele poderá ser senhor do outro. Temos aí, comparado com o velho tema totalmente clássico do domínio de si que vocês encontram em Plínio, Sócrates etc., algo muito novo. De fato, no sistema ou na prática antiga do domínio de si tal como vocês veem definida em Xenofonte a propósito de Sócrates, ou em Platão, o autodomínio é de certa forma a espécie de limite, de medida que vem definir quais são os desejos que o indivíduo vai poder realizar, quais são os desejos que não pode realizar. E é a partir do momento em que é senhor no sentido de cidadão livre e ativo que é senhor com relação a um rapaz ao qual ensina o que é a verdade, como viver etc. É nessa relação de domínio e de certo modo no termo dessa relação de domínio que é preciso fixar um limite que será definido pelo autodomínio. O autodomínio, de certo modo, vem fechar o caráter profundamente dissimétrico da relação de domínio que o indivíduo tem com os outros. É preciso limitar pelo domínio de si o domínio que se tem sobre os outros. Em contrapartida, no sistema de que estou lhes falando – que genericamente é o sistema estoico, mas que vocês encontram também em autores que não o são especificamente –, a relação de domínio[a] não é o que vem impedir em seu termo, o que vem impedir em seus abusos ou em seus excessos o domínio sobre o outro. A relação consigo torna-se a condição prévia para se ter direito ao domínio sobre os outros[b]. E, consequentemente, dominar a si mesmo, em particular ter domínio sobre seu desejo – vou voltar a isso –, é a condição fundamental. Digo "ter domínio sobre seu desejo" porque é precisamente isso que faz a diferença. No antigo sistema de domínio, ou na antiga moral, na antiga técnica de si, o problema não era tanto o de dominar o próprio desejo. Ou melhor, o que era exigido era exercer um domínio tal que o desejo que sentíamos não nos impelisse para coisas que não eram aceitáveis. O exemplo exato, aquele sobre o qual os estoicos refletirão e depois em seguida toda a literatura patrística, é o famoso exemplo de Sócrates com Alcibíades. Sócrates não consuma uma relação sexual com Alcibíades, abstém-se de relação física com Alcibíades, não porque não o deseje, mas porque, desejando Alcibíades, considera que, se quiser ter com ele as relações pedagógicas que pretende, precisa renunciar a esse prazer sexual[12]. Mas o desejo permanece. Para Sócrates, portanto, não está em causa arrancar do fundo de si mesmo seu próprio desejo. Ele precisa mostrar a si mesmo e aos outros como, esse desejo sendo o que é, ele pode exercer seu autodomínio com relação aos atos aos quais o levaria esse desejo, essa *epithymía*. A palavra que Xenofonte emprega precisamente a propósito de Sócrates é *enkráteia*[13], ou seja, a coragem que faz o indivíduo, quando está diante do inimigo, não ceder. A *enkráteia*, no sentido platônico do termo, é precisamente, sendo o desejo o que é, conseguir resistir a ele[14]. Em contrapartida, na nova tecnologia do si que os livros de existência, os tratados de existência, os tratados de conduta propuseram, é totalmente diferente. O problema é fazer do autodomínio a condição primeira e fundamental. Não: "Como impedir que meu desejo me leve além do que quero?", e sim: "Como posso fazer para não desejar, como posso arrancar de mim a *epithymía*?" E isso aparece muito claramente nos textos de Epicteto em que ele retoma essa ideia do sábio que consegue resistir. Mas o sábio que Epicteto apresenta não é, como Sócrates, aquele que, desejando, resiste a

a. O manuscrito especifica: "*sophrosýne*".
b. O manuscrito acrescenta: "Daí a importância do pudor."

seu desejo. É Epicteto, que ao ver uma bela mulher ou um rapaz bonito não sente mesmo desejo algum[15]. E é aí, nesse autodomínio exercido na própria raiz dos *aphrodísia*, ou seja, no nível da própria *epithymía*, é na erradicação da *epithymía* que se manifesta o autodomínio. É assim que os estoicos, ou esses teóricos, esses diretores de existência vão poder manter no novo código o princípio de valorização moral da atividade. Ele vai ser mantido exatamente no sentido de que a atividade vai ser sempre o principal critério para definir o valor positivo de alguma coisa ou de um ato, mas essa atividade não se define mais de modo relacional como atividade de um sobre o outro (manter sua atividade e sua dominação sobre o outro); será: exercer sua dominação, sua atividade sobre si mesmo, sobre essa parte de si mesmo que é o desejo. Portanto, me parece que nem a afirmação ou a reafirmação da existência de um código nem a elaboração de um sistema de valores que pudesse, de certo modo, vestir e justificar o próprio código entravam nos principais objetivos dessas artes de viver, dessas *tékhnai perì ton bíon* que os filósofos dos séculos I-II apresentaram. O que eles quiseram foi, no interior de um jogo, de uma distância, de uma incompatibilidade que havia entre um sistema de valores já estabelecido, tradicionalmente mantido, e um código que estava se desenvolvendo, estabelecer os elementos fundamentais que permitissem transformar o sujeito de maneira que ele pudesse habitar esse código de conjugalidade, esse código dos *aphrodísia* matrimoniais, mantendo mesmo assim o valor de continuidade sociossexual e os procedimentos de valorização pelo princípio de atividade. É essa transformação de si para habitar um código, para aplicá-lo no interior de um sistema de valores, que era o principal objeto.

Haveria ainda duas pequenas questões a resolver. Vou mencioná-las muito rapidamente na próxima vez: a da constituição de um regime conexo de prazeres; e, depois, a de saber por que de fato era preciso ao mesmo tempo aceitar o código e manter um sistema de valores. Duas questões de que vou tratar rapidamente e depois vou mostrar-lhes como o cristianismo retomou e transformou essas técnicas de existência, essas técnicas de subjetivação de que lhes falei[a].

    a. O manuscrito dá à sessão a seguinte conclusão, que antecipa as explanações da aula de 1º de abril: "As artes de conduzir-se definem outra maneira de constituir-se como sujeito de prazer. O prazer não pode mais ser considerado e sentido como o avesso ou o efeito de uma atividade. Efeito perigoso, ao qual é necessário e suficiente impor uma medida. Está em causa anular o prazer (pelo menos como fim ou elemento positivo) nos *aphrodísia* conjugais e substituí-los por outro tipo de sensação, que são a benevolência, a complacência, a boa vontade, o reconhecimento etc.; abrir todo um conjunto de movimentos da alma que não são mais extraídos do esquema simples: desejo-prazer, e sim se integram nesse tipo de experiência nova: o éros matrimonial. Em suma, três operações: resgatar o indivíduo do status sociofamilial que ele era

*
NOTAS

1. Cf. *supra* o esclarecimento, já na aula de 14 de janeiro, a respeito da diferença entre *bíos* e *zoé*.
2. Essa comparação se encontra em três textos: Cícero (*Tusculanas*, V, 9), Diógenes Laércio (*Vidas e doutrinas dos filósofos ilustres*, VIII, 1, 6 – é o texto citado por Foucault e traduzido em francês por Festugière, *op. cit.*) e Jâmblico (*Vida de Pitágoras*, 58).
3. Foucault retoma aqui a tradução de Festugière: "A vida, dizia ele [Pitágoras], assemelha-se a uma panegíria. Assim como uns vão a ela para rivalizar na luta, outros para comerciar, outros, os melhores, para usufruir o espetáculo, assim também na vida uns nascem escravos da glória, outros são ávidos de riquezas, mas os filósofos perseguem a verdade" (A. J. Festugière, "Les trois vies", in *Études de philosophie grecque*. Paris, Vrin, "Bibliothèque d'histoire de la philosophie", 1971, p. 118).
4. É possível que aqui Foucault esteja aludindo a Heidegger, que faz a metafísica da subjetividade, a determinação do ser-no-mundo como sujeito começar no *ego* cartesiano (*res cogitans*), com Nietzsche e sua vontade de poder representando o último estágio dessa metafísica.
5. D. S. Bailey, *Homosexuality and the Western Christian Tradition*. Londres, Longmans, Green, 1955.
6. J. Boswell, *Christianity, Social Tolerance and Homosexuality*, *op. cit.* (*supra*, p. 199, nota 3).
7. Cf. *supra*, aula de 11 de março, pp. 189 ss.
8. Cf. *supra*, aula de 25 de fevereiro, pp. 145 ss.
9. Em sua aula de 25 de fevereiro (cf. *supra*, pp. 150-1), foi por essa interpretação de uma igualdade em termos jurídicos que Foucault optou e que por fim ele não mantém.
10. O verbo "*paidagogeîn*" realmente é empregado por Musônio Rufo, mas tem como objeto os desejos sentidos pelo próprio homem: "Não julgarão, penso eu, os homens piores que as mulheres nem menos capazes de disciplinar (*paidagogeîn*) seus desejos" (*Prédications*, XII, 8, *op. cit.*, p. 95; *Reliquiae*, XII, *op. cit.*, p. 66).
11. "Convém que os homens sejam superiores às mulheres, se for verdade que eles julgam certo governar as mulheres. Se, entretanto, parecerem mais incontinentes, serão também mais imorais. Mas que um senhor dormir com sua escrava seja prova de incontinência e de nada mais, qual a necessidade de demonstrá-lo?" (*ibid.*); cf. *Le Souci de soi*, *op. cit.*, pp. 201-2.
12. A cena é narrada por Platão em *O banquete* (217a-219e). Sobre o que Foucault chama de "a prova" de Sócrates e sua significação, cf. *L'Usage des plaisirs*, *op. cit.*, p. 265.

---

incitado a reconhecer como sua única marca fundamental, levá-lo a reconhecer a si mesmo como sua única marca fundamental e levá-lo a reconhecer a si mesmo como elemento único e como estando na fronteira de relações heterogêneas; deslocar a relação entre domínio de si e domínio dos outros e fixar no primeiro não o limite adequado, e sim a condição moral do segundo*; por fim, definir certa relação de si consigo. [*O texto em francês diz "primeiro". (N. da T.)]

Questões: por que era preciso manter esses valores de isomorfismo e de atividade, já que o código parecia incompatível com eles? Por que era preciso aceitar o código, se queriam manter esses valores?

O modelo impunha-se por baixo (urbanização; papel das elites das províncias). Quanto aos valores, eram os das aristocracias tradicionais. E o papel dos filósofos, que certamente se dirigiam à aristocracia, era mostrar por quais tecnologias de si era possível praticar o código mantendo os mesmos valores. Ele podia manter sua preeminência de homem livre, viril etc. no campo social e ao mesmo tempo ser casado, com a condição de fazer a cesura sexo relacional/sexo status. Podia manter o valor do princípio de atividade, com a condição de exercer a atividade sobre si como validação da atividade sobre os outros. Podia encontrar nessas atividades viris a recompensa do prazer, com a condição de abrir em si mesmo um campo de sensibilidade nova."

13. "Acaso não é um dever, para todo homem que vê o domínio de si como o fundamento da virtude (*tèn enkráteian aretês eînai krepîda*), firmar primeiramente sua alma?" (Xenofonte, *Mémorables*, I, 5, 4, ed. e trad. fr. Louis-André Dorion. Paris, Les Belles Lettres, CUF, 2000, p. 41); "eu tinha a impressão também de que, quando ele proferia as palavras que vêm a seguir, impelia seus companheiros a exercerem controle sobre seu desejo (*enkráteian pros epithymian*) de comida, de bebida, de relações sexuais e de sono" (*ibid.*, II, 1, 1, p. 1).

14. Sobre essa noção, cf. o capítulo "Enkrateia" em *L'Usage des plaisirs*, *op. cit.*, pp. 74-90.

15. Epicteto, *Entretiens*, III, 3, 14-19, *op. cit.*, p. 18.

AULA DE 1º DE ABRIL DE 1981

Situação das artes de viver: no ponto de articulação entre um sistema de valorização e um modelo de comportamento. – O público-alvo das técnicas de si: as aristocracias de concorrência. – Transformação histórica dos procedimentos de distribuição do poder: a corte e a burocracia. – Reelaboração do princípio de atividade e de isomorfismo sociossexual no casamento. – Desdobramento do sexo e redobramento de si sobre si. – Consequência cultural: a fantasia da devassidão do príncipe. – O problema do autogoverno do príncipe. – Subjetivação e objetivação dos aphrodísia. *– Nascimento do desejo.*

Então, esta é a última aula do ano. Na última vez eu havia tentado interpretar as artes de conduzir-se na vida matrimonial, analisadas nas aulas anteriores, interpretá-las tomando ao pé da letra a intenção que elas se atribuíam. Essa intenção era serem *tékhnai perì ton bíon* (técnicas referentes à vida, técnicas de vida). Essas técnicas de vida tinham seu lugar entre, de um lado, um modelo de conduta e, de outro, princípios de valorização; princípios de valorização identificáveis num texto como o de Artemidoro que expliquei logo no começo do curso[1]. Esses princípios, [ou seja:] o princípio de isomorfismo sociossexual e o princípio assimétrico de atividade, permitiam apreciar os *aphrodísia* e seu valor respectivo, hierarquizá-los entre si. Portanto, temos, por um lado, esses princípios de valorização, que o texto de Artemidoro prova que ainda no século II de nossa era são perfeitamente reconhecidos, válidos, aplicados, utilizados. E por outro lado temos esses modelos de comportamento que não são simplesmente modelos teóricos, mas que, de acordo com a documentação que os historiadores puderam estudar, parecem realmente ter sido práticas reais.

Esses modelos de comportamento marcavam a insularidade do casamento, sua especificidade, sua singularidade no campo de todas as relações sociais. Implicavam uma localização tão exclusiva quanto possível dos *aphrodísia* unicamente na relação matrimonial e, por fim, ligações que, ao mesmo tempo que eram totalmente desigualitárias, apelavam para certa reciprocidade de obrigações entre os esposos. Tínhamos, portanto, esses modelos de comportamento e esse velho conjunto de princípios de valorização. Havia me parecido que as artes de viver – esse conjunto de prescrições filosóficas, morais, médicas que havíamos estudado – não tinham o papel de veicular, de impor, de disfarçar, de racionalizar os modelos de comportamento. Também não tinham a função de modificar esses princípios de valorização. Havia me parecido que podíamos defini-las como tecnologias que possibilitavam as modificações de si mesmo necessárias e suficientes para, por um lado, aceitar esses modelos de comportamento e, por outro lado, manter em sua vivacidade o velho esquema de valorização das condutas e dos *aphrodísia*. Consequentemente, as tecnologias de si [se situavam] entre um modelo de comportamento e um sistema de valorização.

Mas então – foi aqui que parei na última vez – surge evidentemente a pergunta: por que seria preciso ajustar assim um modelo de comportamento a um sistema de valorização? Qual é essa necessidade que torna obrigatório o ajuste de ambos? O que torna indispensável manter juntos esse sistema de valorização e esse modelo de comportamento? Se há como que uma incompatibilidade entre os dois, se é assim tão difícil fazê-los resistir juntos, por que seria preciso resistirem juntos? Se o modelo de comportamento de que lhes falo efetivamente se difundiu em certas camadas sociais, se avançou cada vez mais na prática real, por que o sistema de valores, aquele velho sistema de que lhes falei, precisava ser mantido? Por que aquele velho sistema de valores não foi simplesmente varrido pela extensão real desse novo modelo de comportamento? E se, inversamente, aquele velho sistema de valorização era bastante sólido, bastante consistente, se ainda tinha bastante atualidade para se manter até o fim do século II, como se explica que esse modelo de comportamento tenha efetivamente se espalhado? Como se explica que tenha efetivamente se desenvolvido, se estava em contradição ou comportava uma incompatibilidade com o sistema de valores? Portanto, se situarmos essas artes de viver, essas tecnologias de si entre um sistema de valores e um modelo de comportamento, ainda é preciso explicar ou tentar compreender por que foi preciso comprar a preço de uma nova tecnologia de si a manutenção simultânea de um e outro. Eu gostaria de indicar, remetendo-me, aliás, aos trabalhos de Paul Veyne[2], o que me parece poder ser uma linha de explicação histórica desse problema, antes de extrair em seguida algumas conclusões do estudo feito este ano.

Princípio geral de explicação, portanto. Precisamos ter em mente alguns fatos. Mencionei [o primeiro] quando falamos do modelo da vida matrimonial[3] – não estou falando do modelo teórico, mas do que, segundo os documentos estudados pelos historiadores, havia sido uma espécie de linha de inclinação da evolução da prática matrimonial. Esse modelo de vida matrimonial, implicando o caráter único, exclusivo da vida conjugal, implicando entre os dois cônjuges um relacionamento intenso e estável, fazendo do casal uma espécie de relacionamento fundamental para os indivíduos, uma forma de vida, não é no lado das grandes famílias que o vemos aplicado. As grandes famílias da aristocracia, tanto grega como romana, tinham do casamento uma ideia muito diferente e faziam dele uma prática também muito diferente. Para essas grandes famílias o casamento era uma operação complexa que atendia a objetivos políticos, econômicos, sociais etc. A razão de ser fundamental do casamento era [para elas] um sistema de alianças. Ao contrário, o casamento organizado em torno do privilégio do relacionamento dual, em torno do relacionamento de casal, [correspondia a] um comportamento de classes pobres ou, em todo caso, menos privilegiadas. Devemos considerar o movimento de extensão desse modelo dual do relacionamento conjugal como indo de baixo para cima. Não é um modelo sofisticado, culturalmente raro, nascido em certa elite, formado no alto e que em seguida tenha se desenvolvido, que pouco a pouco tenha alcançado classes cada vez mais numerosas. Ao contrário, é um modelo centrípeto que vai do campo para as cidades, da província para as metrópoles, das províncias do Império para a capital, das classes menos favorecidas para a elite. Portanto, movimento centrípeto e de baixo para cima.

Também precisamos ter em mente que esse ensino filosófico – dos quais encontramos traços, expressões em textos como os de Musônio Rufo, Sêneca, Plutarco etc. –, com o modelo teórico do casamento que ele veiculava, evidentemente não se dirigia às camadas populares. Em princípio, mesmo que efetivamente assumisse às vezes o aspecto de diatribes, esse modelo teórico não estava [destinado] a uma ampla camada de população. Na verdade, esse modelo de ensino era direcionado, por filósofos, pedagogos, diretores de consciência ou condutores de vida, a uma elite que obviamente sabia ler e escrever, uma elite urbana, uma elite econômica e política ao mesmo tempo; a essa elite que, precisamente, não era conquistada de imediato pelo novo modelo da vida matrimonial. É muito fácil ver a razão pela qual tal ensinamento se mostrava necessário para essa classe social e mais particularmente para ela. É que na verdade essa classe social, essa aristocracia tradicional, era a mais apegada – por assim dizer, estrutural, política, culturalmente – ao velho sistema de valorização. De fato, essas aristocracias eram tradicionalmente (é aqui que me refiro aos trabalhos de Paul Veyne) o que é chamado de "aristocracias de concorrência"[4]. Ou seja, o status social, a distribuição do poder político, a preeminência no campo social determinavam-se então numa forma movente que era a de uma perpétua rivalidade entre clãs, entre famílias, entre chefes de clã e chefes de família. O poder – poder político, poder econômico, poder social de modo geral – exercia-se por um processo permanente de competição entre um número muito limitado de indivíduos que representavam famílias ou pertenciam a elas. Essa competição entre um número muito limitado de indivíduos caracterizava a vida política, cultural, social, econômica das cidades gregas e da república romana, ainda que aqui ou ali as instituições dessem ao povo ou a instâncias democráticas alguma possibilidade de arbitragem e de escolha – mas sempre [entre] esse número limitado de famílias e de indivíduos que competiam, que estavam em concorrência e rivalidade permanentes por esse poder em todas suas formas. Se é verdade que se deve definir a aristocracia, a elite grega ou romana essencialmente como uma aristocracia de concorrência, nessas condições se compreende que tal elite, enquanto aristocracia de concorrência, fosse apegada, em seu comportamento sexual e seu modo de vida, a um sistema de valores, a procedimentos de valorização [que correspondiam ao] isomorfismo [sociossexual][a] e [ao] princípio assimétrico de atividade.

Essa aristocracia geralmente era apegada àqueles processos de valorização que utilizavam as hierarquias sociais, as preeminências dos indivíduos, das famílias ou dos clãs [no] campo social em geral, as diferenças de status, como princípio de regulação, princípio de modelização e também princípio de apreciação de cada comportamento individual. E essa mesma aristocracia era apegada também, sempre enquanto aristocracia de concorrência, a um princípio de valorização que se baseava nos direitos da atividade, no exercício da autoridade e do poder, no acionamento pelos indivíduos de preeminências sociais e estatutárias. Como vocês estão vendo, o modo de vida dessa aristocracia, na medida em que era uma aristocracia de concorrência, não podia não manifestar-se num apego a um sistema de valorização cujos princípios apresentei a vocês e que aparece na ética tradicional dos *aphrodísia*.

Mas essa aristocracia de concorrência evidentemente se viu ameaçada, diminuída em seu poder e no exercício desse poder, primeiro pelo desenvolvimento das monarquias helenísticas no mundo pós-alexandrino e depois pelo sistema imperial romano – [que] modificaram consideravelmente sua situação. Eles, de certo modo, limitaram o espaço de concorrência, as possibilidades, os efeitos reais dessa concorrência, na medida em que, de todo modo, o poder, o exercício do poder se achava fixado de modo relativamente definitivo e, de certa forma, bloqueado pela existência

---

a. M. F. diz simplesmente: social

de um poder de tipo monárquico, ditatorial, imperial, tanto faz. Portanto: limitação considerável do espaço de concorrência, de seus campos de interesse, [de] seus efeitos, e definição de outro modo de exercício do poder, de outro modo de marcar o status dos indivíduos em função de seu lugar. O lugar dos indivíduos, o status que lhes era dado eram definidos com relação ao soberano naquelas instituições que eram as instituições de corte, que nem as cidades gregas, é claro, nem a república romana conheciam. A corte, portanto, é o procedimento pelo qual, a partir da pessoa do soberano, a partir das opções e decisões do soberano, o status dos indivíduos fica estabelecido. E as rivalidades, os conflitos de corte, os confrontos que se situam no espaço da corte evidentemente são muito diferentes, em suas formas, em seus efeitos, em suas regras de jogo, da concorrência e da competição política que podia desenrolar-se numa cidade como a cidade grega ou numa organização como a república romana. Portanto, as diferenciações, a valorização dos indivíduos são feitas, a partir do soberano, pela corte. Ou ainda – é a segunda fórmula, que evidentemente vai desenvolver-se sobretudo no mundo romano – são feitas com relação a, graças a ou através de mecanismos administrativos (o que em nosso vocabulário denominaríamos: burocracia).

Portanto, a distribuição do poder, a hierarquização dos indivíduos, a definição de seu lugar, a valorização que se atribui a eles, a seu comportamento etc. vão ser feitas ou a partir do fenômeno da corte ou a partir da organização da burocracia. Com isso, a velha organização – o espaço de concorrência, de rivalidade e de competição que caracterizava os procedimentos de distribuição do poder, de estabelecimento do lugar dos indivíduos na sociedade, de sua valorização individual e da valorização de seus atos – vai ver-se inteiramente modificada. E a partir daí, para essa velha aristocracia de concorrência levada assim a entrosar-se, a distribuir-se, a repartir-se nesses novos espaços que são a corte e a burocracia, o casamento, o relacionamento conjugal, a vida privada vão ser levados a desempenhar um papel particular. É que efetivamente essa velha aristocracia será obrigada a aceitar esse modelo de comportamento proposto pelas novas camadas sociais vindas de baixo, vindas da província – essa camada social que povoa a administração, que constitui os quadros e as engrenagens desta, que começa também, com os imperadores provenientes da província, a povoar a corte. [Por outro lado,] esse modelo de comportamento se torna absolutamente necessário para essa aristocracia, à medida que o espaço no qual o casamento – o casamento social, o casamento familial, o casamento entre clãs, o casamento-aliança – vai perdendo significação, valor econômico sem dúvida, mas principalmente valor político.

Ao mesmo tempo que vai reduzir-se a não ser mais que uma coexistência, um relacionamento dual entre um homem e uma mulher, esse velho casamento de aliança, elemento de uma estratégia social complexa, vai tornar-se o lugar em que se poderá fazer valer, conservar, pôr em prática e em exercício os velhos princípios de valorização (atividade e correlação sociossexual) que não podem mais regular o restante do comportamento; mas [isso] com algumas condições[a]. [Por um lado,] é preciso que o princípio de correlação sociossexual se reorganize inteiramente em torno da relação entre marido e mulher, vida privada e vida pública, com o casal [situando-se] no ponto de articulação entre um relacionamento dual, intenso, pessoal, afetivamente sobrecarregado, e uma vida social. E por outro lado é preciso que o princípio de atividade se apresente como um princípio, se não de ascetismo, pelo menos de autocontrole. É assim que essas novas artes de viver, veiculadas – ou melhor: formuladas, elaboradas – por filósofos a partir de um comportamento real e que se espalha efetivamente, encontram sua razão de ser no fato de serem dirigidas a uma camada populacional bem particular, que era essa aristocracia que só subsistia em sua consciência de si, no reconhecimento que tinha de si mesma, com a condição de seu velho sistema de valores ser efetivamente mantido e ela poder efetivamente julgar, aferir seus próprios comportamentos a partir dele, mesmo que daí em diante ele não possa mais aplicar-se ao campo social, ao campo das diferenciações político-sociais ao qual até então era aplicado. Esse sistema de valorização deve efetivamente ser acionado no interior do casamento e apenas do casamento, com a condição, obviamente – é isto que era necessário –, de haver toda uma reorganização da relação de si consigo. O discurso filosófico propunha, veiculava técnicas, efetivamente apresentadas como tais, precisamente para se poder viver, para se poder aceitar os modos de comportamento propostos e impostos do exterior, técnicas que os tornavam literalmente vivíveis.

Essas técnicas de si que permitiam, literalmente, subjetivar um código, permitiam que se valorizasse uma conjugalidade fechada em si mesma, constituindo-a como a mais elevada finalidade possível a ser encontrada no campo social, e que se valorizasse a relação de igualdade ou, em todo caso, de reciprocidade entre o homem e a mulher como a forma mais elevada de atividade que o indivíduo podia exercer sobre si mesmo. Mas para isso eram necessárias[b] duas coisas: primeiramente, que na relação do indivíduo com seu próprio sexo fossem bem distinguidos, por um lado, o

---

a. M. F. acrescenta: que tentei explicar-lhes na última vez [cf. *supra*, aula de 25 de março, pp. 223 ss.].

b. M. F. acrescenta: volto ao que dizia a vocês na última vez [cf. *supra*, aula de 25 de março, pp. 239 ss.].

sexo-status – pelo qual e sob cujas espécies o indivíduo vai figurar como simples elemento masculino nas relações sociais – e depois, por outro lado, o sexo-atividade, o sexo-relação, o sexo relação efetiva com o outro – que daí em diante não pode mais manifestar-se a não ser na relação privada e dual do casamento. Essa cesura entre o sexo-status, neutralizado [no plano] da atividade, e o sexo-atividade, inteiramente investido no interior de um relacionamento dual, essa cesura que, de certo modo, corta em dois a virilidade, a *androsýne* de que falavam os gregos (visto que, de todo modo, é sempre uma moral de homens que é aplicada), agora se tornou indispensável. Ela é, na arte de viver, nas tecnologias de si, o que vai possibilitar o ajuste entre os modos de comportamento e o sistema de valorização. Era necessário ser masculino no campo social e macho no relacionamento dual de conjugalidade[a]. A segunda condição era que o sexo-atividade não fosse simplesmente o exercício de pleno direito, por assim dizer, de uma preeminência, de um status, de uma posição de domínio sobre um parceiro – quer fosse a mulher, o escravo, o rapaz, a prostituta etc. Não era mais como exercício de uma atividade em geral de domínio com relação a um indivíduo qualquer que o sexo-atividade devia manifestar-se. Era preciso que se manifestasse como domínio, é claro, mas como domínio de si. Era preciso que esse sexo se tornasse objeto de um domínio que o indivíduo exercesse sobre si mesmo, que fosse objeto de uma atividade de controle, de limitação.

Em duas palavras[b], eu diria que a integração do código de conduta [ligado ao] velho sistema de valores, integração de dois elementos heterogêneos um ao outro, referentes a uma classe social determinada, que genericamente era a elite sociocultural da época, pôde ser feita no interior de um mesmo modo de vida tão somente por uma tecnologia de si que os filósofos definiram precisamente enquanto condutores de vida, mestres de vida, diretores de consciência; tecnologia que implica: em primeiro lugar, um desdobramento do sexo, ou melhor, um desdobramento da relação do sujeito com seu sexo; em segundo lugar, um redobramento de si sobre si como objeto de sua própria atividade. Desdobramento do sexo, redobramento de si sobre si: é isso que aparece como o foco de interesse, o objetivo dessas técnicas que os filósofos apresentaram; portanto, algo muito diferente da embalagem ideológica de um código ou da racionalização de uma prática.

* * *

    a. O manuscrito especifica: "Agora há dois sexos, mais exatamente, dois modos de subjetivação do sexo, dois modos de o indivíduo reconhecer que tem um sexo."
    b. M. F. acrescenta: evidentemente, não quero que vocês tomem esta esquematização totalmente ao pé da letra; é simplesmente para resumir

Creio que agora devemos passar para as consequências e, na medida do possível, para as conclusões. Entre as consequências, vou começar pela possivelmente mais anedótica. Essa interpretação, essa análise, em todo caso, que tentei apresentar a vocês sobre a função das artes de viver, sobre a tecnologia do redobramento de si e do desdobramento do sexo, pode ser confirmada, parece-me, da maneira seguinte. Diante de, ao lado de, em contraponto a essas tecnologias filosóficas do bom comportamento sexual, essas tecnologias que retomam e ressituam o problema dos *aphrodísia*, poderíamos colocar um tema – não mais filosófico, e sim histórico, historiográfico – que foi muito importante no Império Romano, principalmente na segunda metade de sua história. É o grande, velho tema da devassidão do príncipe, tema difundido numa literatura histórica e política, literatura da qual Suetônio[5], Tácito[6] evidentemente, em seguida sobretudo a *História de Augusto*[7] deram exemplos flamejantes; literatura, é preciso não esquecer disso, proveniente [de], inspirada, mais ou menos (e frequentemente mais do que menos) diretamente animada por uma oposição política ao poder imperial, oposição que é a dos senadores; pois a classe senatorial representava ainda, no fim do Império Romano, aquela aristocracia que me parece ter sido o alvo e o lugar de formação, em todo caso o ponto de aplicação dessas tecnologias de conduta de que falei a vocês. Essa mesma classe senatorial, essa mesma elite sociocultural à qual impunham – ou que impunha a si mesma, para poder aceitar o novo código – essa tecnologia de si, refletiu, projetou sobre o imperador (que acontecia ser, por sua existência e pela do sistema imperial, a razão pela qual [a classe senatorial] era levada a aplicar em si mesma essa tecnologia de si) a fantasia, o sonho, o medo precisamente da atividade sexual completamente desregrada, da devassidão do príncipe. Certamente não foi a primeira vez, é claro, que a atividade [sexual] daquele que exerce o poder se tornou um tema, tema moral, tema político também. Afinal de contas, só faz pouquíssimo tempo – e nem mesmo estou seguro de que seja coisa assente – que a atividade sexual de quem exerce o poder deixou de ter importância. Em todo caso, entre os gregos, e isso bem antes do período em que me situo, bem antes do desenvolvimento dessas tecnologias de si, [podemos observar] a importância, a preocupação com esse problema da relação entre o exercício do poder e a atividade sexual de quem o exerce. Poderíamos encontrar muitos traços disso. É a figura tradicional que vocês veem aparecer já na literatura do século IV antes de nossa era e que encontrarão até em Luciano[8], Plutarco[9], Máximo de Tiro[10], do tirano que abusa de seu poder para exercer, do alto de seu poder e a partir dele, uma atividade sexual violenta, ilegítima, literalmente violadora. O tema da violação do rapaz livre ou da jovem livre pelo tirano é um tema constante e multissecular na literatura grega. Mas esse não é o único aspecto. Vocês tinham até mesmo, na legislação grega, coisas muito precisas sobre isso; por exemplo, a proibição efetiva e legal do exercício do poder político por alguém que na juventude tivesse levado uma vida de devassidão e, em suma, tivesse sido prostituto – embora para "prostituto" certamente devêssemos dar um sentido bastante amplo. Vocês têm um exemplo muito interessante de aplicação dessa legislação no arrazoado, no discurso de Ésquines *Contra Timarco*[11]. Timarco era um de seus adversários políticos, um amigo de Demóstenes que exercera uma importante função política de embaixador junto de Filipe. E, no momento em que ele vem fazer sua missão ser validada pela assembleia do povo, é atacado por Ésquines, que explica que obviamente eles não podem validar a missão de Timarco e que inclusive precisam retirar-lhe toda possibilidade de dali em diante exercer um poder político. Por quê? Porque ele teve uma juventude infame. Quando jovem, passou pelas mãos de certo número de homens, com os quais viveu e que o auxiliaram a viver, sustentaram-no, como diríamos. Portanto, não era exatamente porque ele exercera o ofício de prostituto, e sim pelo fato de ter mantido com homens justamente as relações de que falei a vocês em outra vez e que eram desqualificadas. Ou seja, ele estivera em posição de feminidade, de passividade etc. E o fato de ter sido, de modo absolutamente explícito e, por assim dizer, estatutário, objeto passivo e aquiescente do desejo de outro, de haver efetivamente ocupado, à vista de todo mundo, essa posição de feminidade ou, mais geralmente, de passividade desqualificava-o em nome da própria lei com relação a toda atividade política. Não podia mais exercer o poder sobre os outros a partir do momento em que, na juventude, estivera nessa posição. Não só não tinha o direito de exercer o poder como também não tinha sequer direito à palavra, à palavra política. Isso prova bem que, mesmo na Grécia clássica, mesmo na Atenas clássica, o problema da atividade sexual de quem exerce o poder é um problema essencial.

Na literatura histórica do Império Romano, encontramos, é claro, mas com uma forma totalmente diferente, essa questão da relação entre o exercício do poder e o ato sexual. Para a classe senatorial, para aqueles de cujo ponto de vista o imperador é objeto de desconfiança, principalmente quando sua política é oposta [aos princípios] dessa classe, o mau imperador, aquele cujo poder só pode ser mau e fundamentalmente viciado, é aquele que não aplica a si mesmo essa tecnologia do sujeito de que falei a vocês e que agora caracteriza a vida virtuosa. O imperador, aquele que exerce o poder, aquele que está precisamente acima da sociedade, numa posição de domínio absoluto e sem nenhuma simetria, aquele que no campo social inteiro pode exercer absolutamente esse poder, aquele que, aliás, pretende divinizar a si mesmo e ser outra coisa que não um homem, é precisamente aquele que rejeita, escapa, renuncia às tecnologias do sujeito. Portanto, vamos ter os bons imperadores, cujo modelo evidentemente será Marco Aurélio, o imperador-filósofo, ou seja, aquele que no próprio exercício de seu poder exerce o controle de si por si e de quem a posição, o poder, a autoridade políticos serão perpetuamente revistos, controlados no interior de sua própria subjetividade pelo domínio que ele vai exercer sobre si mesmo[12]. E, inversamente, os maus imperadores vão manifestar--se essencialmente por sua devassidão sexual.

Podemos decifrar as figuras básicas da devassidão do príncipe, da devassidão imperial – esse lugar-comum da história política romana – a partir precisamente dos dois aspectos da tecnologia do sujeito dos quais lhes falei. O mau imperador é primeiro aquele que não pratica a separação das duas relações que o indivíduo deve ter com seu sexo, confunde inteiramente o sexo estatutário que faz dele um indivíduo masculino e a atividade sexual de macho. O mau imperador é aquele que em suas funções imperiais, no próprio exercício de seu poder político sobre os outros, vai fazer valer sua atividade sexual e perpetuamente misturar, encavalar autoridade política e atividade sexual. O mau imperador é aquele que vai forçar as mulheres de senador, aquele que vai tornar ministros seus favoritos etc. E, consequentemente e ao mesmo tempo, essa não separação o levará tanto a espezinhar o princípio de comportamento da fidelidade conjugal (ele mata suas mulheres, está sempre se divorciando etc.) como a inverter o princípio, o velho valor de isomorfismo social. De fato, não contente em exercer abusivamente sua preeminência política e social para [alimentar] sua atividade sexual, ele vai achincalhar e espezinhar, por assim dizer, sua própria preeminência política e social. Vai expor-se no circo, vai frequentar lugares infames, vai disfarçar-se de prostituto para praticar seus próprios deboches. E – outro aspecto da tecnologia do si que ele vai ignorar, achincalhar e atropelar – o mau imperador é aquele que não exerce o domínio de si sobre si, aquele em quem não encontramos esse redobramento de si sobre si em forma de domínio. Evidentemente, o mau imperador se deixa arrebatar por suas paixões, mas vai muito mais longe: subverte o próprio princípio de atividade ao tornar-se, aos olhos de todos, sujeito passivo, voluntariamente, espetacularmente, teatralmente passivo. É o joguete de sua mulher: é Cláudio[13]. E sobretudo é sexualmente passivo: desposa seu liberto, como Nero[14]. E, é claro, no auge de tudo isso, no auge do mau imperador vocês encontram a figura de Heliogábalo, em quem estão estreitamente ligados um poder politicamente monstruoso e uma natureza masculina desnaturada[15]. Poder monstruoso porque Heliogábalo representa em Roma o modelo da monarquia oriental, da monarquia sem controle, da monarquia sem lei, da monarquia que se baseia em místicas religiosas, e não em um sistema político de direito – para o Ocidente o Oriente não só funcionou como o polo da mais profunda sabedoria; sempre representou o polo do pior poder. Heliogábalo é o polo do pior poder. Natureza masculina desnaturada porque, sacerdote, foi castrado – é todo o falso domínio do eunuco que, tendo renunciado a sua própria virilidade, vai se aproveitar disso para passar para os piores deboches, para atividades sexuais que não são orientadas, controladas, organizadas por sua virilidade. É uma devassidão de pura passividade e afinal é o reviramento total do campo social, visto que Heliogábalo se prostitui nas ruas. A figura do príncipe absoluto, sacerdote de uma religião oriental, castrado e prostituído, qualquer que tenha sido sua verdade histórica – isso é outro assunto –, revela de modo indireto mas muito claro, penso eu, o valor ético e político dessas "artes de viver como se deve"[a] de que lhes falei.

Vocês me dirão que isso tudo não tem muita importância. Mesmo assim, lembrei-lhes isso por duas razões. Por um lado, me parece que nessa representação do mau imperador, do príncipe devasso, reencontramos a projeção invertida das tecnologias de si que se impunham ou estavam se impondo na mesma época. E, na medida em que essa literatura anti-imperial, essa literatura sobre a devassidão do príncipe tem muito claramente, muito manifestamente, muito certamente uma origem senatorial, aristocrática[16], por aí podemos ver como de fato esse problema da tecnologia de si era particularmente intenso para certa classe da sociedade. A devassidão do príncipe é um assunto que vem me preocupando há muito tempo, pela razão que aqui está. [Subjacente a] esse tema da devassidão do príncipe temos a seguinte questão, teoricamente, politicamente, historicamente importante: o que é o príncipe, o soberano, na medida em que for sujeito individual? O que é o príncipe, na medida em que é si, na medida em que tem relação com si mesmo? Em nosso pensamento político, por algumas razões históricas que é fácil adivinhar, a questão que foi posta principalmente a partir do século XVI e do século XVII não é tanto saber o que é o príncipe como indivíduo, como sujeito e objeto de si mesmo, e sim a questão inversa: qual é a relação que existe entre os sujeitos ("sujeitos" no sentido político) e a soberania? Como, em que medida, até que ponto, a partir do quê, o indivíduo, os indivíduos, vocês e eu, podemos ser o fundamento e o princípio de uma soberania política? Tentar recuperar a raiz, o enraizamento do princípio de soberania no sujeito individual, tem sido o problema filosófico, o problema jurídico, o problema político do pensamento ocidental desde os séculos XVI-XVII. Mas, antes e indepen-

---

a. Entre aspas no manuscrito.

dentemente disso, toda uma literatura ao mesmo tempo histórica e moral – literatura que agora lemos no simples nível da anedota ou do moralismo um pouco maçante, mas que foi uma literatura efetivamente "política" (entre aspas, na medida em que não estou seguro de que a aplicação brutal da palavra seja totalmente válida nesse contexto), uma literatura séria – colocou com obstinação o problema do soberano como sujeito, ou seja, como tendo uma relação de si consigo. Essa questão aparece muito claramente na literatura histórica romana numa época em que justamente acabava de surgir essa noção, nova apesar de tudo, do soberano absoluto[a]. Aparece nesse momento através desses retratos morais dos príncipes, que são, penso eu, um gênero totalmente sério e deviam permanecer assim. Seria totalmente insuficiente vermos nessa descrição anedótica, individual, biográfica dos príncipes uma espécie de monarcocentrismo um tanto ingênuo e movido simplesmente ou por uma animosidade de alguns para com o imperador ou por um moralismo. Está posto assim um problema fundamental: o do poder do príncipe sobre os outros e da tecnologia de si mesmo, do príncipe como sujeito, do príncipe na medida em que governa os outros e tem de governar a si mesmo.

Parece-me que o problema da governamentalidade – governo de si por si e governo dos indivíduos uns pelos outros –, em sua generalidade, em todas suas dimensões, em seus dois grandes aspectos, aparece bem claramente nessa literatura que, repito, não é uma literatura moralizante. Evidentemente, vocês todos conhecem o respeitável trabalho de Marc Bloch sobre o personagem do rei, como indivíduo dotado de poderes religiosos na Idade Média, principalmente na França e na Inglaterra, como indivíduo que, sacralizado pelo exercício de seu poder, [ocupa] acima da humanidade e dos outros homens uma posição totalmente particular e mediadora entre Deus e os homens – o rei delegado de Deus, o rei-Cristo, a figura crística do rei etc. Tudo isso Marc Bloch estudou muito bem[17]. Mas me pergunto se não se poderia estudar o personagem do rei [pelo ângulo inverso]. Não nessa posição em que, acima dos homens, ele exerce um poder ou uma mediação crística entre os deuses e os homens, não o rei enquanto dotado desses poderes religiosos que se manifestam, por exemplo, no [dom][b] que recebeu de curar escrófulas, de fazer milagres (o rei taumaturgo). Pergunto-me se não se poderia, ao contrário, estudar o que eu chamaria de subpoder do rei, seu não domínio sobre si mesmo, o príncipe na medida em que é passivo com relação a si mesmo e em que essa

a. O manuscrito especifica: "Questão que, creio eu, aparece sob o Império Romano, pelas razões que acabo de dizer, com as duas grandes figuras: Heliogábalo, Marco Aurélio (para ele era um problema real, do qual efetivamente quis tratar)."
b. M. F. diz: poder

passividade vai se manifestar por todo um monte de coisas que podem ser tanto o rei doente (o rei ferido, o rei infeliz – Artur, o tema parsifaliano etc. –, também o rei louco, Carlos VI, é claro) como o rei presa de suas paixões, o rei devasso. E evidentemente vamos ter a série de reis da Inglaterra, a série de reis da França que aparecem assim na forma não tanto de sub-homens, e sim daquele que, no exercício do poder e encarregado de governar os outros, não é capaz de governar a si mesmo: o príncipe-paixão.

Muito mais importantes do ponto de vista do método são as observações que quero fazer agora. Parece-me que nesta análise das tecnologias de si, que vocês talvez tenham achado um pouco emperrada e lenta, mesmo assim podemos detectar um momento historicamente importante nessa história que seria a história da subjetividade – subjetividade entendida como o conjunto de processos de subjetivação aos quais os indivíduos foram submetidos ou que aplicaram com relação a si mesmos. De fato, me parece que vemos aí o ponto de intersecção em que viriam articular-se dois processos, que são interligados e no entanto distintos um do outro. Em primeiro lugar, nessa tecnologia de si de que lhes falei a propósito dos prazeres sexuais, dos *aphrodísia*, vemos aparecer a formação de uma ligação, digamos, singular, permanente, subjetiva, entre o indivíduo e seu próprio sexo enquanto princípio de atividade. Mais claramente, havíamos partido da noção, para nós enigmática, um pouco difícil de recuperarmos, de *aphrodísia*, que se traduz por: atos sexuais, prazeres do amor etc. Essa noção de *aphrodísia* era caracterizada essencialmente pelo fato de, justamente, não se encontrar no pensamento grego uma espécie de categoria uniforme e contínua que permitisse definir algo como a sexualidade, ou o que os cristãos chamavam de carne. Os gregos não conhecem nem a sexualidade nem a carne. Conhecem uma série de atos chamados *aphrodísia*, que entram na mesma categoria, mobilizam o mesmo tipo de comportamento, as mesmas práticas do corpo etc. Mas, de qualquer modo, são *aphrodísia*, são atos sexuais, e não algo como a carne, como a sexualidade. É impossível encontrar no pensamento grego [o equivalente] dessas categorias. *Aphrodísia* entre os gregos, *veneria* entre os latinos, é uma atividade[18]. Não é uma propriedade de natureza, não é um traço de natureza, não é uma dimensão da subjetividade; é um tipo, uma série de atos caracterizados por sua forma, caracterizados pela violência do desejo que os permeia, pela intensidade do prazer que o indivíduo sente e pelo fato de ser uma atividade que, justamente por causa dessa violência do desejo, dessa intensidade do prazer, corre o risco de escapar de si mesma e perder seu próprio controle. Assim eram os *aphrodísia* na cultura e no pensamento gregos. Mas, a partir do momento em que se [determina] uma tecnologia de si na qual o sujeito deve definir duas modalidades de relação com seu sexo – uma modalidade estatutária coextensiva ao campo das relações sociais e uma modalidade relacional, coextensiva apenas à conjugalidade –, consequentemente, a partir do momento em que essa cesura deve ser operada, mantida, sempre renovada, em suma, a partir do momento em que o sujeito não deve exercer sua atividade viril no lugar onde deve manifestar-se simplesmente como tendo o status masculino, estabelece-se um relacionamento permanente entre o indivíduo e essa cesura, essa cisão que nele separa os dois aspectos de seu sexo. Passa a haver uma relação perpetuamente reativada entre o indivíduo e seu próprio sexo. Evidentemente, nessa filosofia grega e romana dos séculos I-II essa relação permanente ainda não é definida como aquele algo que os cristãos chamarão de carne e os modernos, de sexualidade. Essa relação permanente ainda não tem nome, porque ainda não está conceitualizada. Isso não impede que tenhamos aí, nessa cesura e na manutenção dessa cesura, o princípio, a implantação da possibilidade de uma ligação permanente e fundamental entre o sujeito e [o princípio de][a] sua atividade sexual. Através disso a atividade sexual se torna uma dimensão permanente da subjetividade, ou ainda da relação que o indivíduo tem de si consigo. Digamos grosseira e esquematicamente que os *aphrodísia* gregos eram uma série de atos nos quais o indivíduo tinha essencialmente relação com os outros – daí justamente a importância do campo social. Agora, através dessa tecnologia, delineiam-se a possibilidade e a necessidade de uma relação na qual os *aphrodísia* (os atos sexuais ou a categoria a que pertencem) vão apresentar-se não simplesmente como uma classe de atos, e sim como um aspecto, uma dimensão próprios do indivíduo, um [relacionamento] permanente de si mesmo com si mesmo. O que outrora caracterizava os *aphrodísia* (uma relação de si com os outros) agora vai interiorizar-se ou projetar-se no próprio sujeito e tornar-se essencialmente relação de si consigo. Portanto: subjetivação da atividade sexual ou passagem de uma subjetivação que tinha a forma de atos para uma subjetivação em forma de relação permanente de si consigo.

O segundo processo do qual quero lhes falar, e que me parece destacar-se da implantação e do desenvolvimento dessas tecnologias de si, é um processo que eu chamaria, também aqui um tanto esquematicamente, de objetivação. Esses *aphrodísia*, tais como os vemos no pensamento e na cultura gregos, eram, portanto, primeira característica, uma série de atos naturais. Mas, como lembrei a vocês há pouco, esses atos eram habitados, digamos, minados, em todo caso ameaçados do interior por uma violência,

---

a. Passagem inaudível; reconstituição com base no manuscrito.

por um movimento que, paradoxalmente, era ao mesmo tempo natural e excessivo. Portanto, esses atos, esses *aphrodísia* requeriam uma medida quantitativa, medida estabelecida por certo regime de utilização. Temos aí duas noções importantes: a noção de utilização e a noção de regime. Como são atos, de tempos em tempos se recorre a eles: é a *khrêsis aphrodísion*[19]. Essa *khrêsis* dos *aphrodísia*, esse uso dos *aphrodísia*, essa passagem ao ato, justamente por causa da ameaça interna devida ao excesso natural que os caracteriza, deviam ser submetidos a uma limitação que era o regime, regime definido em função das necessidades do corpo ou de qualquer outra coisa.

    Essa ideia de que os *aphrodísia* são atos de que se deve fazer uso e de que esse uso deve ser medido por determinado regime não terá mais seu lugar, é evidente, na nova tecnologia de si. A ideia de um regime do uso dos *aphrodísia*, de recorrer aos *aphrodísia*, não pode mais resistir. Em contrapartida, vamos ter uma forma de regulação diferente, em que o problema será separar cuidadosamente o sexo-status e o sexo-atividade, em que será preciso limitar este a um relacionamento conjugal dual e em que deverá haver uma relação permanente entre o sexo-atividade e o sexo-[status][a]. Nessa mensuração, o problema não é mais a limitação do uso desses atos de acordo com um regime de ordem quantitativa. É preciso uma consideração permanente de si por si, é preciso que o indivíduo constitua no interior de si a atividade sexual, ou melhor, o princípio, a raiz mesma da atividade sexual como objeto de um controle, de uma observação permanente que garantirá a clivagem de que falei a vocês. Portanto, não está mais em causa simplesmente o indivíduo medir ele mesmo sua própria atividade, e sim operar em si mesmo, tornar-se objeto para si mesmo, de maneira a garantir cuidadosamente essa separação e esse controle. Temos aí o princípio do que poderíamos chamar de objetivação. Aliás, assim como há pouco a propósito da subjetivação, não devemos andar depressa demais nem antecipar. O que se forma nessas tecnologias de si ainda não é uma relação de conhecimento desenvolvida. De fato, é totalmente característico que, naquelas técnicas de exame de consciência de que falei no ano passado, que se desenvolvem principalmente a partir dos dois primeiros séculos de nossa era e das quais vocês encontram testemunhos em Sêneca, Marco Aurélio etc., naquelas espécies de tomada de conhecimento de si por si, não encontramos nada semelhante às decifrações sutis e desconfiadas que encontraremos, por exemplo, nos cristãos a propósito da carne[20]. Nos exemplos de exames de consciência [apresenta-

---

    a. M. F. diz: o sexo-sujeito

dos por aqueles autores], e isso é característico, quase nunca está em questão o sexo, e sim muito mais a ambição, a cólera, reações de comportamento. O problema do sexo, o problema de o desejo sexual tornar-se a peça essencial e central do exame de consciência é algo que só aparecerá com as técnicas espirituais dos séculos IV-V no cristianismo. Em Sêneca, em Marco Aurélio, isso quase nunca está em questão. É a cólera[21], ou seja, precisamente o problema do status do indivíduo com relação aos outros e do exercício de seu poder sobre os outros que é o objeto essencial do exame de consciência. Mas, se não podemos falar de uma objetivação ou de uma relação de conhecimento e análise desenvolvida a propósito da relação de si consigo no que diz respeito ao sexo, não é menos verdade que, a partir do momento em que definimos o controle de si como a condição necessária para que se opere efetivamente a separação entre o sexo-status e o sexo-atividade, a partir do momento em que é exigida do indivíduo uma relação permanente de si com o próprio princípio de sua atividade sexual, vamos ter algo muito diferente de um regime quantitativo referente ao uso dos *aphrodísia*. Vamos ter o núcleo, a forma principial e elementar de uma relação de si consigo que é ao mesmo tempo uma relação de objetivação.

Sob que forma, antes de desenvolver-se como objeto de conhecimento, aparece e fica definido esse ponto de objetivação? Qual é o elemento sobre o qual vai ser preciso exercer domínio nesse relacionamento que é o núcleo e a matriz de uma relação de conhecimento? O que está em questão? Não a sexualidade: os gregos e os romanos não sabem o que é isso. Não a carne: ela corresponde a um tipo de experiência muito diferente. Qual é o elemento necessário a ser controlado, a respeito do qual é preciso estabelecer pelo menos o princípio de uma relação de conhecimento, porque ele seria o ponto de partida da atividade sexual? Qual é o sujeito, o princípio de atividade que é preciso dominar e o elemento que é preciso conhecer como objeto? Obviamente é a *epithymía*, o desejo que incessantemente faz com que eu, como sujeito da atividade sexual, seja tentado, levado, impelido a fazer minha atividade sexual extravasar para meu status de indivíduo dotado de um sexo. É esse desejo, é essa *epithymía* que devo controlar e dominar, que devo observar e levar em conta já em sua origem para me assegurar de que vou poder estabelecer, manter e renovar ao longo de todo meu comportamento a cesura necessária para a relação que tenho com meu próprio sexo. O desejo é isolado como o elemento que vai ancorar a subjetivação dos *aphrodísia*: é em forma de desejo que vou estabelecer a relação permanente que tenho com meu próprio sexo. E é em forma de desejo, de *epithymía*, que vai ser objetivado em mim o que pede para ser controlado, dominado e conhecido. Vocês me dirão que estou situando bem tarde o aparecimento da *epithymía* como elemento fundamental, quando toda a filosofia grega, pelo menos desde Sócrates e Platão, fez da *epithymía* um problema central. Mas, justamente, em Platão e na filosofia grega a *epithymía* é uma instância geral de minha alma com relação à qual sou passivo[22]. A *epithymía* tornar-se a forma por excelência da manifestação em mim do próprio princípio de atividade sexual é algo novo e característico dessas tecnologias do si que se desenvolvem a partir dos séculos I e II. O que essas tecnologias do si fazem de fato é extrair, a partir dos *aphrodísia* e deles de modo preferencial, esse momento, esse elemento de desejo. Os *aphrodísia* eram atos nos quais estavam solidários, interligados numa espécie de unidade paroxística, os movimentos do corpo e da alma. O desejo era apenas um aspecto da manifestação de um mecanismo orgânico: a acumulação dos humores. Esse desejo estava ligado a um prazer, prazer que por sua vez era a vertente, no campo da alma, de uma atividade, de um mecanismo que era o da expulsão espermática. Todo esse modelo constituía uma unidade compacta. Corpo, alma, prazer, desejo, sensação, mecanismo do corpo, tudo isso formava uma espécie de pacote que era o bloco paroxístico característico dos *aphrodísia*. O que a tecnologia do si faz, o que essas *tékhnai* de que lhes falei fazem – e também aqui estou esquematizando muito –, é, de certo modo, extrair, isolar desse conjunto (desse bloco paroxístico em que consistiam os *aphrodísia*) a *epithymía* (o desejo), diminuindo consideravelmente a importância do ato, que agora não é mais a expressão, a manifestação, a essência mesma dos *aphrodísia*. Não é mais o ato em si, é, antes do ato, o desejo que é o elemento importante. Redução do ato. Redução também do prazer, que agora não é mais que um fim e um termo afinal relativamente não essenciais.

Assim o bloco dos *aphrodísia* fica desarticulado. A unidade sólida que existia, que estava definida e descrita (o desejo, o ato, o prazer formando um todo) vai ser desarticulada e há uma recentragem, digamos, na direção do antes, na direção da fonte, uma recentragem de todo o problema dos *aphrodísia* em torno do desejo, recentragem que já aparece muito claramente em Epicteto e Marco Aurélio, quando concentram os únicos elementos nos quais falam realmente da conduta sexual no lado da *epithymía*: desejo eu? Para Epicteto e Marco Aurélio, serei efetivamente senhor de mim, serei efetivamente puro, a *enkráteia* estará realizada para mim não quando, [como] Sócrates, eu puder, desejando Alcibíades, renunciar ao ato sexual com ele, mas quando não desejar, mesmo que os veja, nem a mais bela mulher nem o mais belo rapaz[23]. Portanto, tudo se reequilibra no lado da *epithymía*, no lado do desejo, que se torna o elemento essencial, fundamental, formador, a forma sob a qual eu efetivamente tenho uma relação permanente com minha atividade sexual[a].

* * *

Logo em seguida vamos reencontrar tudo isso nas técnicas espirituais do cristianismo primitivo, segundo as quais o desejo é o elemento fundamental e é nele, se for detectado já em sua raiz ou já em seu aparecimento, que é preciso concentrar todo o esforço. Daí a noção de concupiscência, que é o elemento básico, o alvo, o objeto real de toda tecnologia cristã referente ao sexo. Não são mais os *aphrodísia*, não é mais esse ato paroxístico, é o nascimento, a germinação, o despontar, a primeira agulhada do desejo, é a concupiscência, é a tentação. E, evidentemente, é o que vamos reencontrar em seguida: desarticulação do bloco dos *aphrodísia* e emergência do desejo. À custa de quê? À custa do afastamento ou da relativa neutralização do ato e do prazer, do corpo e do prazer.

Consequentemente, vocês estão vendo que sem dúvida seria totalmente imprudente querer fazer uma história da sexualidade que tivesse como fio condutor [a questão]: como e em quais condições o desejo foi reprimido? Ao contrário, é preciso mostrar como o desejo, em vez de ter sido reprimido, é um algo que pouco a pouco foi sendo extraído e emergindo de uma economia dos prazeres e dos corpos; como foi efetivamente extraído dela; como e de que modo, em torno e a propósito dele, cristalizaram-se todas as operações e todos os valores positivos ou negativos referentes ao sexo. Foi o desejo que, sozinho, acabou confiscando tudo o que outrora estava reunido na unidade que era a dos desejos, dos prazeres e dos corpos. E foi assim que pouco a pouco foi emergindo essa questão fundamental do desejo e do sujeito do desejo, na medida em que o desejo é mesmo efetivamente a forma na qual foi objetivado e subjetivado (objetivado e subjetivado ao mesmo tempo, um por causa do outro) o problema dos *aphrodísia*, ou seja, dos atos sexuais.

O desejo é mesmo efetivamente o que eu chamaria de o transcendental histórico a partir do qual podemos e devemos pensar a história da sexualidade. Portanto, emergência do desejo como princípio de subjetiva-

---

a. O manuscrito acrescenta: "É essa questão do sujeito de desejo que vai permear o Ocidente de Tertuliano a Freud. [...] Mas faltaria mostrar como no cristianismo foram elaboradas tanto a subjetivação dos *aphrodísia* quanto a objetivação do sujeito do desejo. Assim aparece no Ocidente o sujeito de desejo como objeto de conhecimento. Passou-se da problemática antiga: como não me deixar arrebatar pelo movimento do desejo que me leva e me prende ao prazer? para esta problemática: como me revelar, para mim mesmo e para meus próximos, como sujeito de desejo?"

ção/objetivação dos atos sexuais. Acho que posso parar aqui e apenas lembrar a vocês quanto, nessas condições, seria um pouco inadequado e totalmente insuficiente, em comparação com a amplitude e a complexidade dos problemas, querer fazer uma história da sexualidade em termos de repressão do desejo. Ao contrário, é preciso, a partir de uma história das tecnologias de si, que me parece um ponto de inteligibilidade relativamente fecundo, a partir de uma história das governamentalidades – governamentalidades de si e dos outros –, mostrar como o momento do desejo foi isolado e exaltado, e a partir daí se formou determinado tipo de relacionamento de si consigo que, por sua vez, sofreu algumas transformações, pois o vimos desenvolver-se, organizar-se, repartir-se num dispositivo que primeiramente foi o da carne, antes de, muito mais tardiamente, tornar-se o da sexualidade. É isso, obrigado[a].

*
NOTAS

1. Cf. *supra*, aulas de 21 e 28 de janeiro.
2. Cf. P. Veyne, "La famille et l'amour sous le Haut-Empire romain", *loc. cit.* (*supra*, p. 43, nota 16).
3. Cf. *supra*, aula de 11 de março, pp. 185 ss.
4. P. Veyne fala da passagem de uma "aristocracia de concorrência" para uma "aristocracia de serviço" ("La famille et l'amour...", *loc. cit.*, p. 91).
5. Cf. as vidas de Tibério, Calígula, Cláudio e Nero, em Suetônio, *Vies des douze césars*, t. II (livros III-VI), ed. e trad. fr. Henri Ailloud. Paris, Les Belles Lettres, CUF, 1957.
6. Cf. principalmente suas descrições dos imperadores julioclaudianos em Tácito, *Annales*, trad. fr. Pierre Wuilleumier. Paris, Les Belles Lettres, 1974-1994. Por exemplo, Tácito descreve assim a devassidão de Tibério: "O ardor [de seus crimes e de seus debochesl apossara-se dele a tal ponto que, a exemplo dos reis, conspurcava com seus estupros jovens de nascimento livre. E não eram só a beleza e as graças corporais, mas também em alguns a simplicidade da infância, em outros a imagem dos ancestrais que ele escolhia como estimulantes de sua paixão" (VI, 1, t. II, p. 86).
7. Cf. "Vie d'Héliogabale", *in Histoire Auguste*, ed. e trad. fr. Robert Turcan. Paris, Les Belles Lettres, 1993.
8. Cf. "La traversée ou le tyran", *in Œuvres complètes de Lucien de Samosate*, trad. fr. Eugène Talbot. Paris, Hachette, 1912.
9. Cf. particularmente Plutarco, *Les Vies des hommes illustres*, t. I: *Vie de Romulus*, trad. fr. Robert Flacelière. Paris, Les Belles Lettres, CUF, 1957, pp. 47-105, e t. VI: *Vie de Sylla*,

---

a. O manuscrito termina do seguinte modo: "As artes de conduzir-se definem outra maneira de constituir-se como sujeito de prazer: o prazer não deve mais ser considerado e sentido como o avesso ou o efeito de uma atividade. Efeito perigoso, ao qual é necessário e suficiente impor uma medida. Está em causa anular o prazer (pelo menos como fim ou elemento positivo) nos *aphrodísia* conjugais e substituí-los por outro tipo de sensações, que são a benevolência, a complacência, a boa vontade, o reconhecimento etc. Abrir todo um conjunto de movimentos da alma que não são mais extraídos do esquema simples: desejo, prazer, e sim integram-se neste tipo de experiência nova na época: o *éros* matrimonial."

trad. fr. R. Flacelière e Émile Chambry, 1971, pp. 215-91. Plutarco afirma, a respeito de Sila: "Seu exemplo permite [...] incriminar com plena razão o poder absoluto e mostrar que ele impede os que o exercem de conservarem o caráter e os costumes que tinham antes, tornando--os caprichosos, arrogantes, desumanos" (30, 6, p. 276).

10. Cf. Máximo de Tiro, *Dissertations*, trad. fr. Jean-Isaac Combes-Dounous. Paris, Bossange, Masson & Besson, 1802, particularmente: "Qu'est-ce que l'amour de Socrate" (t. II, *Dissertation XXIV*, pp. 41-58): "Periandro, tirano de Ambrácia, obtinha seus prazeres de um jovem ambraciano. Esse comércio nada tinha que não fosse ilegítimo. Mais do que amor, era uma paixão vergonhosa. Ofuscado por seu poder, Periandro entregava-se a seus folguedos amorosos em meio à bebedeira, sem precaução, com seu Ganimedes. Às vezes a embriaguez chegava a ponto de neutralizar os transportes amorosos de Periandro. Essa circunstância fez do jovem o assassino do tirano: punição legítima de uma paixão ilegítima. [...] Um jovem ateniense era amado ao mesmo tempo por um simples cidadão e pelo tirano de Atenas [provavelmente Hiparco, filho de Pisístrato]. Uma dessas paixões era autorizada pela igualdade de condições. A outra baseava-se na violência, por causa do poder do tirano. A propósito, o jovem era realmente belo e muito digno de ser amado. Ele desdenhou o tirano e deu sua afeição ao homem privado. Encolerizado, o tirano tudo fez para molestar ambos" (pp. 41-2).

11. Cf. Ésquines, *Contre Timarque*, ed. e trad. fr. Victor Martin e Guy de Budé. Paris, Les Belles Lettres, CUF, 1973. A propósito desse diálogo, cf. *L'Usage des plaisirs*, *op. cit.*, pp. 239-41.

12. A propósito de Marco Aurélio, sobre o princípio de autocontrole do imperador, cf. *L'Herméneutique du sujet*, *op. cit.*, pp. 192-3.

13. "Entregue [...] a seus libertos e a suas mulheres, Cláudio conduziu-se não como um príncipe mas como um serviçal: foi de acordo com os interesses ou mesmo as simpatias e os caprichos de cada um deles que distribuiu as honras, os exércitos, as graças, os suplícios – e, além do mais, quase sempre sem saber disso e sem percebê-lo" (Suetônio, *Vies des douze césars*, V, 29, 1, trad. fr. Ailloud, *op. cit.*, t. II, pp. 137-8).

14. "Ele prostituiu seu pudor a tal ponto que, depois de conspurcar quase todas as partes de seu corpo, por fim imaginou um novo tipo de jogo: vestido com a pele de um animal feroz, lançava-se de uma jaula, atirava-se às partes naturais de homens e mulheres amarrados a um poste e em seguida, depois de saciar sua lubricidade, a seu liberto Doríforo; até mesmo desposou esse liberto, como havia desposado Sporo, chegando a imitar os gritos e os gemidos de virgens ao serem violentadas" (*ibid.*, VI, 29, 1, t. II, pp. 173-4).

15. Cf. "Vie d'Héliogabale", *in Histoire Auguste*, V-VI: "Heliogábalo [...] tinha um comportamento ignóbil sob todos os aspectos, fazendo amor como mulher e como homem. [...] Quem, na verdade, podia tolerar um príncipe que acolhia o deboche por todos os orifícios do corpo? Não se admitiria isso nem num animal! [...] Ele vendia as honras, as dignidades, as funções, tanto por sua intermediação pessoal como pela de todos seus escravos e dos que serviam seus prazeres. [...] Fez que o iniciassem nos mistérios da Mãe dos Deuses e no taurobólio [...]. Balançava a cabeça em meio aos castrados exaltados. Atou as partes genitais" (trad. fr. Turcan, *op. cit.*, t. III-1, pp. 84 e 86). Cf. também, entre as fontes antigas: Herodiano, *Histoire des empereurs romains. De Marc-Aurèle à Gordien III*, livro V, 5-8, trad. fr. Denis Roques. Paris, Les Belles Lettres, 1990; Dion Cássio, *Roman History*, livro 80, trad. Earnest Cary. Londres-Nova York, W. Heinemann – G. P. Putnam's Sons, 1927: "[Elagabalus] had planned, indeed, to cut off his genitals altogether, but that desire was prompted solely by his effeminacy" (vol. IX, p. 457). Foucault talvez conhecesse a obra surpreendente (apesar de pouco documentada historicamente) de Antonin Artaud, *Héliogabale ou l'Anarchiste couronné*, *in Œuvres complètes*, t. VII. Paris, Gallimard, 1967.

16. Na historiografia romana, o imperador devasso é aquele príncipe que não respeita as aparências de um governo "republicano", que não concorda em mostrar respeito e deferência para com o Senado ao fazê-lo participar (mesmo que formalmente) do governo do Estado. A partir das reformas de Augusto, o poder imperial se constitui como um poder absoluto, progressivamente esvaziando de sentido a ação política da classe senatorial. E entretanto a "ficção"

política de um governo pertencente ao *senatus populusque Romanus* permanece. De fato, a nostalgia das liberdades republicanas permeia a literatura e a historiografia latinas dos primeiros séculos de nossa era – cujos autores quase sempre são senadores – e consegue desencadear, se não uma revolta eficaz (os golpes de Estado tornam-se prerrogativa dos militares, particularmente dos pretorianos), pelo menos a *damnatio memoriae* póstuma dos "maus príncipes". Sobre esse assunto, cf. P. Veyne, *L'Empire gréco-romain*. Paris, Seuil, 2005 [ed. bras.: *O império greco-romano*, trad. Marisa Motta. São Paulo, Elsevier, 2008].

17. Cf. M. Bloch, *Les Rois thaumaturges. Étude sur le caractère surnaturel attribué à la puissance royale particulièrement en France et en Angleterre*. Paris, Gallimard ("Bibliothèque des histoires"), 1961.

18. Para uma determinação dos *aphrodísia* como dinâmica, cf. cap. "Aphrodisia" em *L'Usage des plaisirs*, *op. cit.*, pp. 47-62.

19. *Khrêsis aphrodísion*: o uso dos prazeres, título que Foucault dará ao volume II de sua *História da sexualidade*.

20. Cf. *Du gouvernement des vivants*, *op. cit.*, aula de 12 de março de 1980, pp. 232-40; cf. também *L'Herméneutique du sujet*, aulas de 27 de janeiro de 1982, *op. cit.*, pp. 157-8, e de 24 de março de 1982, pp. 461-4.

21. Cf. *supra*, nota 10.

22. Cf. Platão, *La République*, IV, 439d ss., in *Œuvres complètes*, VII-1, trad. fr. Émile Chambry. Paris, Les Belles Lettres, CUF, 1989 [1ª ed. 1933], pp. 37 ss.; VIII, 558d-559c, *OC*, t. VII-2, 1982 [1934], pp. 28-9; *Phèdre*, 237d-238-c e 246a ss., *OC*, t. IV-3, ed. 1985, pp. 18-9 e p. 33 ss.

23. Epicteto, *Entretiens*, III, 3, 14-19, *op. cit.*, p. 18.

*Resumo do curso**

* Publicado em *Annuaire du Collège de France, 81ᵉ année, Histoire des systèmes de pensée, année 1980-1981*, 1981, pp. 385-9. Reproduzido em *Dits et Écrits, 1954-1968*, editado por D. Defert e F. Ewald, com a colaboração de J. Lagrange, Paris, Gallimard ("Bibliothèque des sciences humaines"), 1994, 4 vols., t. II, nº 131, pp. 213-8 / reed. col. "Quarto", vol. II, pp. 1032-7.

[1]Com o título geral de "Subjetividade e verdade", está em causa iniciar uma investigação sobre os modos instituídos do conhecimento de si e sobre a história desses modos: como, em diferentes momentos e diferentes contextos institucionais, o sujeito foi estabelecido como um objeto de conhecimento possível, desejável ou mesmo indispensável? Como a experiência que o indivíduo pode fazer de si mesmo e o saber que forma disso foram organizados através de determinados esquemas? Como tais esquemas foram definidos, valorizados, recomendados, impostos? Está claro que nem o recurso a uma experiência originária nem o estudo das teorias filosóficas da alma, das paixões ou do corpo podem servir de eixo principal numa pesquisa como essa. O fio condutor que parece mais útil para a investigação é constituído pelo que se poderia chamar de "técnicas de si", ou seja, os procedimentos, que sem dúvida existem em toda civilização, que são propostos ou prescritos aos indivíduos para estabelecerem sua identidade, mantê-la ou transformá-la em função de certos fins, e isso graças a relações de domínio de si sobre si ou de conhecimento de si por si. Em suma, está em causa recolocar o imperativo do "conhecer a si mesmo", que nos parece tão característico de nossa civilização, na interrogação mais ampla e que lhe serve de contexto mais ou menos explícito: o que fazer de si mesmo? Que trabalho operar sobre si? Como o indivíduo "governa-se" exercendo ações [das quais] ele mesmo é o objetivo, o campo em que elas se aplicam, o instrumento a que recorrem e o sujeito que age?

O *Alcibíades* de Platão[2] pode ser considerado ponto de partida: a questão do "cuidado de si", *epiméleia heautoû*, apresenta-se nesse texto como o quadro geral em cujo interior o imperativo do conhecimento de si assume significação. Assim, a série de estudos que é possível empreender a

---

1. O Resumo é precedido da seguinte frase: "O curso deste ano deve ser objeto de uma publicação próxima. Portanto, por enquanto um breve sumário será suficiente."
2. Platão, *Alcibiade*, trad. fr. M. Croiset. Paris, Les Belles Lettres ("Collection des universités de France"), 1925.

partir daí poderia formar uma história do "cuidado de si", entendido como experiência e também como técnica que elabora e transforma essa experiência. Um projeto como esse está na intersecção de dois temas estudados anteriormente: uma história da subjetividade e uma análise das formas da "governamentalidade". A história da subjetividade já fora empreendida ao se estudarem as separações operadas na sociedade em nome da loucura, da doença, da delinquência e seus efeitos sobre a constituição de um sujeito pensante e normal; também já fora empreendida ao se tentarem identificar os modos de objetivação do sujeito em saberes como os que dizem respeito à linguagem, ao trabalho e à vida. Quanto ao estudo da "governamentalidade", correspondia a um objetivo duplo: fazer a crítica necessária das concepções correntes de "poder" (mais ou menos confusamente pensado como um sistema unitário, organizado em torno de um centro que ao mesmo tempo é sua origem e que é levado por sua dinâmica interna a estender-se sempre); ao contrário, analisá-lo como uma esfera de relações estratégicas entre indivíduos ou grupos – relações que têm como foco de interesse a conduta do outro ou dos outros e que, dependendo do caso, dependendo do quadro institucional em que se desenvolvem, dependendo do grupo social, dependendo da época, recorrem a técnicas diversas; os estudos já publicados sobre o enclausuramento e as disciplinas, os cursos sobre a razão de Estado e sobre a "arte de governar", o volume em preparação, com a colaboração de A[rlette] Farge, sobre as *lettres de cachet*[3] no século XVIII[4] constituem elementos nessa análise da "governamentalidade".

Portanto, a história do "cuidado" e das "técnicas" de si seria uma maneira de fazer a história da subjetividade: não mais, porém, através das separações entre loucos e não loucos, doentes e não doentes, delinquentes e não delinquentes, não mais através da constituição de campos de objetividade científica dando lugar ao sujeito que vive, fala, trabalha; e sim através da implantação e das transformações, em nossa cultura, das "relações com si mesmo", com seu arcabouço técnico e seus efeitos de saber. E assim se poderia retomar sob outro aspecto a questão da "governamentalidade": o governo de si por si em sua articulação com as relações com outrem (como se vê na pedagogia, nos conselhos de conduta, na direção espiritual, na prescrição de modelos de vida etc.).

* * *

3. *Lettre de cachet* ou *lettre close*: No Antigo Regime, ordem do rei, secreta e lacrada com seu selo pessoal, transmitindo diretamente ao interessado uma ordem de exílio ou de prisão sem julgamento prévio. (N. da T.)

4. M. Foucault e A. Farge, *Le Désordre des familles. Lettres de cachet des archives de la Bastille au XVIIIe siècle*. Paris, Gallimard-Julliard (col. "Archives" 91), 1982.

O estudo feito este ano delimitou de dois modos esse quadro geral. Limitação histórica: estudou-se o que na cultura helenística e romana fora desenvolvido como "técnica de vida", "técnica de existência" entre os filósofos, os moralistas e os médicos no período que se estende do século I a.C. ao século II d.C. Limitação também do âmbito: essas técnicas de vida foram pensadas apenas em sua aplicação a esse tipo de ato que os gregos denominavam *aphrodísia* e para o qual é fácil ver que nossa noção de "sexualidade" constitui uma tradução bastante inadequada. O problema formulado, portanto, foi o seguinte: como, às vésperas do cristianismo, as técnicas de vida, filosóficas e médicas, definiram e regularam a prática dos atos sexuais, a *khrêsis aphrodísion*? Pode-se ver bem como se está longe de uma história da sexualidade que se organizasse em torno da boa e velha hipótese repressiva e de suas questões habituais (como e por que o desejo é reprimido?). Estão em causa os atos e os prazeres, e não o desejo. Está em causa a formação de si através das técnicas de vida, e não o recalque pela proibição e pela lei. Está em causa mostrar não como o sexo foi mantido a distância, e sim como teve início essa longa história que em nossas sociedades liga o sexo e o sujeito.

Seria totalmente arbitrário ligar a um momento específico a emergência primeira do "cuidado de si" a propósito dos atos sexuais. Mas o recorte proposto (em torno das técnicas de si, nos séculos que antecedem imediatamente o cristianismo) justifica-se. De fato, é certo que a "tecnologia de si" – reflexão sobre os modos de vida, sobre as opções de existência, sobre o modo de regular a própria conduta, de estabelecer para si mesmo fins e meios – conheceu no período helenístico e romano um desenvolvimento muito grande, a ponto de absorver boa parte da atividade filosófica. Esse desenvolvimento não pode ser dissociado do crescimento da sociedade urbana, das novas distribuições do poder político nem da importância assumida pela nova aristocracia de serviço no Império Romano. Esse governo de si, com as técnicas que lhe são próprias, toma lugar "entre" as instituições pedagógicas e as religiões de salvação. Isso não deve ser entendido como uma sucessão cronológica, mesmo sendo verdade que a questão da formação dos futuros cidadãos parece ter suscitado mais interesse e reflexão na Grécia clássica e a questão da vida após a morte e do além, mais ansiedade em épocas mais tardias. Tampouco se deve considerar que pedagogia, governo de si e salvação constituíssem três âmbitos perfeitamente distintos e que mobilizassem noções e métodos diferentes; na verdade, entre um e outro havia muitas trocas e uma continuidade incontestável. Isso não significa que a tecnologia de si destinada ao adulto não possa ser analisada na especificidade e na amplitude que assumiu na época, desde que seja descolada da sombra que retrospectivamente o prestígio das instituições pedagógicas e das religiões de salvação lançou sobre ela.

Ora, essa arte do governo de si tal como se desenvolveu no período helenístico e romano é importante para a ética dos atos sexuais e para sua história. De fato, é então – e não no cristianismo – que são formulados os princípios do famoso esquema conjugal, cuja história foi muito longa: exclusão de toda atividade sexual fora da relação entre os esposos, destinação procriadora desses atos, com prejuízo de uma finalidade de prazer, função afetiva da relação sexual no vínculo conjugal. Porém há mais: é também nessa tecnologia de si que se vê desenvolver uma forma de inquietação a respeito dos atos sexuais e de seus efeitos, inquietação cuja paternidade há uma tendência excessiva para atribuir ao cristianismo (quando não ao capitalismo ou à "moral burguesa"!). É certo que a questão dos atos sexuais está longe de ter então a importância que terá depois, na problemática cristã da carne e da concupiscência; por exemplo, a questão da cólera ou do revés da fortuna indiscutivelmente ocupa muito mais espaço nos moralistas helenísticos e romanos do que a questão das relações sexuais; mas, ainda que seu lugar na ordem das preocupações esteja longe de ser o primeiro, é importante observar a maneira como essas técnicas do si vinculam a toda a existência o regime dos atos sexuais.

* * *

No curso deste ano foram destacados quatro exemplos dessas técnicas de si em sua relação com o regime dos *aphrodísia*.

1/ A interpretação dos sonhos. A *Onirocrítica*, de Artemidoro[5], nos capítulos 78 a 80 do livro I, constitui nesse âmbito o documento fundamental. A questão que ele coloca não diz respeito diretamente à prática dos atos sexuais, e sim mais ao uso a ser feito dos sonhos [nos quais] estes são representados.

Está em causa nesse texto estabelecer o valor prognóstico que lhes deve ser dado na vida diária: quais acontecimentos favoráveis ou desfavoráveis podem ser esperados, de acordo com o tipo de relação sexual que o sonho apresentou? Um texto como esse evidentemente não prescreve uma moral; mas, através do jogo de significações positivas ou negativas que atribui às imagens do sonho, revela todo um jogo de correlações (entre os atos sexuais e a vida social) e todo um sistema de apreciações diferenciais (hierarquizando entre si os atos sexuais).

---

5. Artemidoro, *La Clef des songes. Onirocriticon*, trad. fr. A. J. Festugière, livro I, caps. 78-80. Paris, Vrin, 1975, pp. 84-93.

2/ Os regimes médicos. Estes se propõem diretamente a estabelecer para os atos sexuais uma "medida". É interessante notar que essa medida quase nunca diz respeito à forma do ato sexual (natural ou não, normal ou não), e sim a sua frequência e a seu momento. São levadas em consideração apenas as variáveis quantitativas e circunstanciais. O estudo do grande edifício teórico de Galeno mostra bem a ligação estabelecida no pensamento médico e filosófico entre os atos sexuais e a morte dos indivíduos (é porque todo ser vivo está destinado a morrer, mas a espécie deve viver eternamente, que a natureza inventou o mecanismo da reprodução sexual); também mostra bem a ligação estabelecida entre o ato sexual e o considerável, violento, paroxístico, perigoso dispêndio do princípio vital que ele provoca. O estudo dos regimes propriamente ditos (em Rufo de Éfeso, Ateneu, Galeno, Sorano) mostra, através das infinitas precauções que recomendam, a complexidade e a tenuidade das relações estabelecidas entre os atos sexuais e a vida do indivíduo: extrema sensibilidade do ato sexual a todas as circunstâncias externas ou internas que podem torná-lo prejudicial; imensa extensão dos efeitos de cada ato sexual sobre todas as partes e os componentes do corpo.

3/ A vida conjugal. Os tratados sobre o casamento foram muito numerosos no período em foco. O que resta de Musônio Rufo, de Antípatro de Tarso, de Hiérocles, bem como as obras de Plutarco, mostra não só a valorização do casamento (que, segundo os historiadores, parece corresponder a um fenômeno social), mas também uma concepção nova do relacionamento matrimonial; aos princípios tradicionais de complementaridade dos dois sexos necessários para a ordem da "casa" vem somar-se o ideal de um relacionamento dual, envolvendo todos os aspectos da vida dos dois cônjuges e estabelecendo de modo definitivo laços afetivos pessoais. Nesse relacionamento, os atos sexuais devem ter seus lugares exclusivos (consequentemente, condenação do adultério, entendido por Musônio Rufo[6] não mais como o fato de atentar contra os privilégios de um marido, e sim como o fato de atentar contra o vínculo conjugal, que prende tanto o marido quanto a mulher). Assim, tais atos devem ser subordinados à procriação, visto que esta é o fim dado pela natureza ao casamento. Finalmente, devem obedecer a uma regulação interna exigida pelo pudor, pela ternura recíproca, pelo respeito ao outro (sobre este último ponto, é em Plutarco que se encontram as indicações mais numerosas e mais valiosas).

4/ A escolha dos amores. A comparação clássica entre os dois amores – por mulheres e por rapazes – deixou no período em foco dois textos

---

6. Musônio Rufo, *Reliquiae*, XII: "Sur les *Aphrodisia*", ed. O. Hense. Leipzig, B. G. Teubner (col. "Bibliotheca scriptorum Graecorum et Romanorum" 145), 1905, pp. 65-7.

importantes: *Diálogo sobre o amor*, de Plutarco[7], e *Amores*, do pseudo-Luciano[8]. A análise desses dois textos atesta a permanência de um problema que a época clássica conhecia bem: a dificuldade de dar status e justificação para as relações sexuais no relacionamento pederástico. O diálogo do pseudo-Luciano se encerra ironicamente com a evocação precisa desses atos que a erótica dos rapazes procurava elidir em nome da amizade, da virtude e da pedagogia. O texto de Plutarco, muito mais elaborado, ressalta a reciprocidade da aquiescência ao prazer como um elemento essencial nos *aphrodísia*; mostra que tal reciprocidade no prazer só pode existir entre um homem e uma mulher; mais ainda, na conjugalidade, onde serve para renovar regularmente o pacto do casamento.

---

7. Plutarco, *Dialogue sur l'amour*, 769b, *in Œuvres morales*, t. X, ed. e trad. fr. R. Flacelière. Paris, Les Belles Lettres, CUF, 1980, p. 101.

8. Pseudo-Luciano, *Amores. Affairs of the Heart*, 53, trad. M. D. MacLeod, *in Works*. Londres ("Loeb Classical Library" 432), 1967, pp. 230-3.

Situação do curso
*Frédéric Gros**

---

* Frédéric Gros é professor de filosofia na Universidade Paris Est Créteil. Editou os últimos cursos de Foucault no Collège de France (*A hermenêutica do sujeito*, *O governo de si e dos outros*, *A coragem da verdade*). Sua última obra publicada é *Le Principe Sécurité* (Paris, Gallimard, 2012).

O curso apresentado por Michel Foucault em 1981 é o primeiro de uma série de aulas sobre a Antiguidade grega e romana, que prosseguirão até *A coragem da verdade*[1]. Entretanto, é preciso não esquecer que seu primeiro curso no Collège de France (1971) versara sobre os procedimentos judiciários da Grécia arcaica[2]. Essa referência antiga não ia mais ser invocada, exceto como simples contraponto ao estudo das governamentalidades cristãs (governamentalidade da cidade grega em oposição à governamentalidade pastoral em 1978[3], direção de existência na Antiguidade em oposição à direção cristã de consciência em 1980[4]). Mas em 1981 Foucault encontra nos escritos da Grécia clássica, helenística e romana um ponto de fixação teórica que lhe possibilita uma conceitualização renovada da subjetividade e da verdade.

1. Uma história das técnicas de si e dos princípios de valorização

De fato, essa importante mudança de periodização é acompanhada de um decisivo descentramento para a problemática da subjetividade. Entretanto, tal descentramento não assume a forma de um "retorno ao sujeito", como se disse com excessiva frequência, e sim a de uma genealogia da subjetividade ocidental. A primeira aula sobre o *Governo dos vivos* anunciava como quadro problemático geral o estudo da ligação entre "o exer-

---

1. *Le Courage de la vérité. Cours au Collège de France, 1983-1984*, ed. por F. Gros. Paris, Gallimard-Seuil (col. "Hautes Études"), 2009.
2. *Leçons sur la volonté de savoir. Cours au Collège de France, 1970-1971*, ed. por D. Defert. Paris, Gallimard-Seuil (col. "Hautes Études"), 2011.
3. *Sécurité, Territoire, Population. Cours au Collège de France, 1977-1978*, ed. por M. Senellart. Paris, Gallimard-Seuil (col. "Hautes Études"), aula de 15 de fevereiro de 1978.
4. *Du gouvernement des vivants. Cours au Collège de France, 1979-1980*, ed. por M. Senellart. Paris, Gallimard-Seuil (col. "Hautes Études"), 2012, aula de 12 de março de 1980.

cício do poder" e a "manifestação da verdade"[5]. Dito isso, logo em seguida as análises haviam versado, através do estudo das técnicas cristãs de penitência, sobre os "atos de verdade"[6], ou seja, as obrigações impostas ao sujeito de enunciar uma verdade sobre si mesmo. Essas práticas cristãs de confissão evidentemente exigiam sua iniciativa (ele era o "agente ativo"[7] delas), mas permaneciam enquadradas por um imperativo geral de obediência ao outro e sacrifício de si[8].

Em 1981, Foucault recentraliza suas pesquisas no que agora chama de "técnicas de si", definindo um plano específico que não é deduzido diretamente do "governo dos homens". A expressão não se encontrava no curso de 1980, no qual estavam em questão apenas técnicas "de direção", "de prova da alma" ou "da vida filosófica"[9]. O termo aparece pela primeira vez no outono seguinte às aulas no Collège de France (conferências em Berkeley e Dartmouth em outubro e novembro de 1980[10]). A problematização dessas "técnicas de si", frequentemente distinguidas das técnicas de produção, de comunicação e de dominação[11], permite que Foucault problematize um sujeito que não é simplesmente permeado e informado por governamentalidades externas, mas constrói, por meio de exercícios regulares, uma relação consigo definida. O sujeito assume uma consistência ética que lhe é própria, irredutível também ao que os modernos entendem como intimidade psicológica. Essa espessura é histórica de ponta a ponta, estruturando para o indivíduo certa experiência de si mesmo que determina sua relação com o corpo, com os outros, com o mundo. O termo grego privilegiado por Foucault para designar esse volume de uma relação consigo configurada por um trabalho ético é *bíos*, classicamente distinguido da *zoé*. O *bíos* grego designa um plano de imanência passível de assumir uma forma determinada e tendendo para objetivos práticos[12]. Foucault

    5. *Du gouvernement des vivants*, op. cit., p. 6.
    6. Mais precisamente ainda, os "atos de verdade refletidos" (*ibid.*, pp. 79-80).
    7. *Du gouvernement des vivants*, op. cit., p. 79.
    8. A questão formulada em 1980 é justamente a do "governo dos homens pela manifestação da verdade em forma de subjetividade" (*ibid.*).
    9. *Ibid.*, pp. 223, 226, 253, 256, 258.
    10. Conferências editadas por H.-P. Fruchaud e D. Lorenzini, *L'Origine de l'herméneutique de soi. Conférences prononcées à Dartmouth College, 1980*. Paris, Vrin (col. "Philosophie du présent"), 2013.
    11. Cf., por exemplo: *L'Origine de l'herméneutique de soi*, op. cit., pp. 37-8; *Mal faire, dire-vrai. Fonction de l'aveu en justice*, ed. por F. Brion e B. E. Harcourt. Louvain-la-Neuve, Presses universitaires de Louvain, 2012, pp. 12-3; "Sexualité et solitude", in *Dits et Écrits, 1954-1988*, ed. por D. Defert e F. Ewald, colab. J. Lagrange. Paris, Gallimard, 1994, 4 vols. [citado *infra*: *DE*]: t. IV, nº 295, pp. 170-1; reed. em 2 vols., col. "Quarto", vol. II, pp. 989-90.
    12. Cf. *supra*, aula de 14 de janeiro para a distinção *bíos/zoé* e aula de 25 de março para a oposição entre o *bíos* grego e a subjetividade cristã.

reconhece que foi o estudo da problematização da sexualidade na Antiguidade que lhe facilitou a descoberta do campo das técnicas de si[13]. De fato, entre os antigos a sexualidade não constitui, como para os modernos, o fundo secreto de uma identidade psíquica objetivável por um esforço de introspecção ou por saberes positivos. É pensada como uma dinâmica natural que exige um enquadramento por regras de uso e uma dialética ordenada.

Mais além dessa perspectiva aberta para um novo pensamento do sujeito como núcleo de transformações éticas, o estudo da sexualidade dos antigos permite também, como já acontecera em *A vontade de saber*, cancelar a hipoteca do proibido como grade de leitura obrigatória, derrubar a "hipótese repressiva"[14]. Em 1976, esse cancelamento tinha como objetivo ressaltar a produtividade e a positividade de um poder que principalmente não devia ser reduzido a funções negativas de mentira ou submissão. Em 1981 o foco de interesse é outro. Está em causa principalmente pôr em evidência, quanto ao sujeito, um sistema ético estruturado por um jogo de preferências. A história clássica da sexualidade analisa, para um período histórico determinado, de um lado as proibições culturais (codificação do permitido e do proibido) e, do outro, as tolerâncias práticas (série de ajustes operados pelos comportamentos efetivos), justapondo, portanto, a descrição do que se diz que é preciso fazer e do que se faz efetivamente. Mas para Foucault a proibição não é uma grade de leitura pertinente, na medida em que corresponde a uma estruturação historicamente datada da sexualidade (é na Idade Média que se opera a "juridificação geral" dos comportamentos humanos[15]) e, portanto, não pode valer meta-historicamente, com risco de ser vítima do que Foucault chama de "ilusão de código"[16].

Portanto, o estudo da experiência sexual dos antigos feito em 1981 não se demora, buscando, através das representações ou dos comportamentos sexuais, uma separação das proibições ou a delimitação de zonas de tolerância. Em vez disso, empenha-se em descrever "princípios de valorização", linhas de estruturação de uma "percepção ética"[17], com os elementos do código nunca sendo mais do que os pontos terminais, sempre um pouco flutuantes, de um sistema graduado de preferências. O problema não é recuperar o que era permitido ou proibido, e sim compreender a

---

13. Cf. *L'Origine de l'herméneutique de soi*, op. cit., p. 38.
14. *Histoire de la sexualité*, t. I: *La Volonté de savoir*. Paris, Gallimard, 1976, cap. II.
15. Cf. *supra*, aulas de 28 de janeiro e 4 de fevereiro; cf. também *Mal faire, dire vrai, op. cit.*, aulas de 13 e 20 de maio de 1981.
16. Cf. *supra*, aula de 4 de fevereiro, p. 91.
17. Cf. *supra*, aula de 28 de janeiro, pp. 69 ss.

partir de qual sistema geral determinado comportamento sexual podia ser valorizado em detrimento de outro. Em *Subjetividade e verdade*, esse estudo se apoia essencialmente num texto do século II (*Onirocrítica*, de Artemidoro[18]), do qual podem ser extraídos dois grandes princípios, que para Foucault serão autênticos vetores de historicidade, visto que é o questionamento destes pelo estoicismo imperial que alterará completamente a história da subjetividade. Deve-se observar também que essa ética sexual é elaborada do ponto de vista exclusivo do homem adulto, casado e livre. O primeiro princípio é um "princípio de atividade", em nome do qual, no ato sexual, a posição passiva será amplamente desqualificada. O prazer sexual reconhecido como "bom" é aquele sentido na e pela atividade do homem adulto. Essa moral sexual, focalizada nesse momento ativo, Foucault, em sua aula de 28 de janeiro, chama de "não relacional". O que, entretanto, não significa que nesse contexto ético nenhum limite seja dado para o gozo quando decorre de uma postura ativa. Porém esse limite não é imposto pela dignidade do parceiro sexual, e sim pela necessidade interna de ter de permanecer senhor de si. Aqui novamente é preciso levar em conta a natureza do que os gregos denominavam *aphrodísia* e os latinos, *veneria*, e que traduzimos – ineptamente, observa Foucault – por "sexualidade"[19]. Para nós, "sexualidade" remete diretamente à intimidade de uma identidade secreta. Mas para os antigos os *aphrodísia* significam primeiramente uma mecânica natural cuja violência e excesso internos, sempre ameaçadores, exigem de cada indivíduo um regime capaz de impor-lhe uma medida e regras de uso[20]. Portanto, o domínio dessa dinâmica perigosa, mais do que a consideração do prazer do outro, exige a colocação de limites.

Ao mesmo tempo que é definida como "não relacional", no sentido de que o prazer sexual não é pensado como aquilo que, na confusão dos corpos, pudesse ser partilhado a partir de uma dialética da doação e do abandono, para Foucault a ética sexual dos antigos permanece inteiramente determinada pelo respeito às hierarquias sociais. O ato sexual é de fato apenas uma maneira de representar novamente no teatro dos corpos sistemas de dominação. Esse é o sentido do segundo princípio enunciado, denominado "princípio de isomorfismo sociossexual"[21], segundo o qual o

18. Cf. *supra*, aulas de 21 e 28 de janeiro, 4 de fevereiro, 4 e 25 de março.
19. "Essa noção de *aphrodísia* era caracterizada essencialmente pelo fato de, justamente, não se encontrar no pensamento grego uma espécie de categoria uniforme e contínua que permitisse definir algo como a sexualidade, ou o que os cristãos chamavam de carne. Os gregos não conhecem nem a sexualidade nem a carne" (aula de 1º de abril, *supra*, p. 255).
20. Sobre a natureza dos *aphrodísia*, cf. *supra*, aulas de 25 de fevereiro e 1º de abril; e, mais geralmente, *Histoire de la sexualité*, t. II. *L'Usage des plaisirs*. Paris, Gallimard, 1984.
21. Cf. *supra, passim*, principalmente aulas de 28 de janeiro, 4 e 25 de março.

"bom" ato sexual deverá respeitar, em sua forma e pela observância do status social do parceiro, os desníveis sociopolíticos gerais. Compreende-se então, a partir desse sistema, por que pode ser valorizador para um homem livre, contanto que mantenha no ato uma posição ativa, ter, mesmo sendo casado, relações com um escravo, mas desvalorizador cometer adultério com uma mulher casada, visto que ela constitui a propriedade de outro. A diferença de apreciação não é deduzida de uma codificação das proibições. É compreendida a partir do sistema dos "dois princípios" extraído por Foucault em suas aulas de janeiro e que, é preciso ressaltar, é restritivo, visto que constitui realmente um arcabouço sociomental, ainda que essas restrições não assumam a forma de proibições jurídicas, e sim se deduzam de apreciações diferenciadas. Por fim, deve-se ressaltar que nessa ética clássica a relação sexual entre cônjuges casados é colocada no topo da hierarquia de valores, visto que simboliza e reforça a prosperidade do lar e, portanto, mais além, da cidade inteira, mas sem nunca ser objeto de uma obrigação exclusiva.

2. A INVENÇÃO DO CASAL

O texto de Artemidoro, meticulosamente examinado (essencialmente os capítulos 78, 79 e 80 do livro I), permite extrair esses dois princípios, que Foucault considera reveladores (embora o texto date do século II d.C.[22]) do sistema dos *aphrodísia* próprio de toda a cultura grega clássica. Uma segunda série de textos é estudada nos meses de fevereiro e março de 1981, agora constituída por pequenos tratados estoicos sobre o casamento (fragmentos de Musônio Rufo, Hiérocles, Antípatro de Tarso[23]). Segundo Foucault, eles revelam um modelo helenístico e romano de comportamento conjugal em ruptura com a ética clássica. E, seguindo nisso Paul Veyne[24], Foucault propõe-se a descrever o que (em 11 de março) chama de "invenção do casal", designando com essa expressão a reconfiguração moral,

---

22. Foucault resolve esse paradoxo afirmando que o texto de Artemidoro se propõe acima de tudo a fazer o balanço de uma tradição ética plurissecular que o precede.
23. Esse estudo é objeto da aula de 11 de fevereiro. Uma versão mais completa é encontrada em *Histoire de la sexualité*, t. III: *Le Souci de soi*. Paris, Gallimard, 1984, cap. "La femme", pp. 173-216.
24. "Sob o Império, não está mais em questão dar a entender que pode reinar discórdia entre os esposos, visto que daí em diante o próprio funcionamento do casamento presumivelmente se baseia na harmonia mútua e na lei do coração. Nasce então uma ideia nova: o 'casal' do senhor e da senhora da casa" (P. Veyne, "La famille et l'amour sous le Haut-Empire romain", *Annales, ESC*, nº 1, 1978; reproduzido em P. Veyne, *La Société romaine*. Paris, Seuil, 1991, p. 108).

dentro da instituição matrimonial, do vínculo conjugal. Quais serão as novas prescrições? Primeiramente, um rigoroso confisco da sexualidade pelo casal casado: a atividade sexual deverá ter lugar somente em seu interior (princípio de localização exclusiva). Em seguida, uma finalização do ato sexual pela reprodução: a atividade sexual deve ser comandada por um imperativo de procriação, e não por uma busca do prazer (princípio de "desafrodização"[25] do ato sexual). Por fim, tem-se nesses tratados estoicos a exposição de um registro de afetos (confiança, ternura, afeição mútuas), ao mesmo tempo sustentáculo e consequência de uma vida compartilhada ao longo do tempo e que vai muito além da gama de sentimentos inspirados pelo simples desejo carnal (princípio de afetividade recíproca).

Esse modelo de perfeição conjugal nos é familiar. Mas frequentemente foi denunciado como o fruto amargo de uma tradição cristã ou de uma ideologia burguesa, forçosamente restritivas quanto à economia dos prazeres, por motivo de impureza de uma carne originariamente pecadora ou de um produtivismo capitalista hostil a dispêndios inúteis. Foucault quer demonstrar em seu curso de 1981 que a formulação e a inserção culturais e práticas desse modelo conjugal, amplamente apoiadas e retomadas pelos moralistas estoicos, se impõem já na Roma imperial. Aliás, é esse o sentido da aula inicial, que narra a homenagem prestada por são Francisco de Sales, em sua *Vida devota*, aos costumes sexuais dos elefantes, considerados modelos de virtude e pudor conjugais e que haviam recebido elogios análogos dos naturalistas pagãos[26].

A primeira lição, portanto, seria a de um embaralhamento das fronteiras entre as éticas sexuais do paganismo e do cristianismo. Mas imediatamente é preciso nuançar. Isso porque a experiência cristã da carne produz realmente uma ruptura. Entretanto, ela não consiste na promoção de um modelo matrimonial austero e de uma sexualidade sem prazer, e sim na reestruturação da relação entre o sujeito, a verdade e sua sexualidade. Dito isso, para Foucault em 1981 está em causa principalmente extrair dessa revolução ética representada pelo modelo estoico do casal as três grandes consequências que poderiam ser enunciadas assim: dessocialização da sexualidade; desqualificação da homossexualidade; "nascimento" do desejo.

A primeira consequência consiste realmente numa dessocialização do relacionamento matrimonial e, com isso, da sexualidade mesma – o

---

25. A expressão aparece *supra*, aula de 25 de março, p. 231. Em *Le Souci de soi* Foucault prefere falar de "des-hedonização" (*op. cit.*, p. 213).

26. O exemplo do elefante sexualmente virtuoso encontra-se também em *L'Usage des plaisirs*, *op. cit.*, pp. 23-4 (cf. também "Sexualité et solitude", *loc. cit.*, pp. 172-3 e 991-2).

que Foucault designa como "ruptura" do "*continuum* sociossexual"²⁷. Esses tratados do casamento promovem de fato um vínculo conjugal irredutível às relações sociais externas caracterizadas ou por estruturas hierárquicas e dissimétricas (lógicas sociais de dominação) ou por uma *philía* sempre um pouco distante e frouxa (sociabilidade geral). Mas o casal deve formar um tipo de unidade sólida, completa, mais igualitária do que as relações sociais constituídas e mais intensa do que a *philía*. O vínculo matrimonial, em sua versão helenística e romana, tende a tornar-se totalmente heteromorfo às relações sociais. A sexualidade tende a deixar de ser "uma metáfora do social"²⁸. Aliás, para os estoicos é a própria natureza que recorta essa ilhota de conjugalidade irredutível. É a natureza que incita para a formação de casais apegados e fiéis, não de maneira transicional, como era o caso nos clássicos (cf. o *Econômico*, de Xenofonte²⁹), a fim de dar mais estabilidade à vida política, e sim para formar uma comunidade de existência que tem sua própria consistência ética e tende a tornar-se seu próprio fim. A sexualidade interna do casal ressente-se dessas transformações: enquanto prazer "aquiescente"³⁰, a mulher recebe e aceita a relação sexual em vez de sofrê-la passivamente. Por outro lado, a afirmação antiga de uma incompatibilidade entre vida conjugal e vida filosófica cai: o casamento torna-se uma necessidade para todos³¹.

A segunda consequência dessa promoção estoica de uma conjugalidade perfeita é uma desqualificação radical da homossexualidade. No sistema antigo, como se viu, a posição social dos parceiros importava mais do que seu gênero. A homossexualidade só se tornava problemática se o parceiro sexual do homem maduro fosse um jovem de boa família e, portanto, destinado a dentro em breve tornar-se sujeito ativo na cidade. Como então conciliar sua passividade atual com seu status futuro? Foi para resolver esse paradoxo que os gregos pensaram em acomodar o relacionamento homossexual no interior de uma erótica pedagógica que oferecesse ao rapaz uma relação que levava em conta suas capacidades e seus talentos e adotava como finalidade seu tornar-se-adulto e sua educação. Então, na confiança recíproca e no respeito mútuo, a iniciação na verdade e na autonomia podia justificar, mascarar ou ainda desencorajar carícias inconfessáveis. Esse caminho, o caminho homossexual de Eros, empe-

---

27. Cf. *supra*, aula de 21 de janeiro, pp. 193-4.
28. Cf. *ibid.*, p. 57.
29. Esse texto é apresentado na aula de 11 de fevereiro, p. 114 (cf. também *L'Usage des plaisirs*, *op. cit.*, cap. "La maisonnée d'Ischomaque", pp. 169-83).
30. Sobre a ideia de "aquiescência" da esposa (*kháris*), cf. *supra*, aula de 4 de março, p. 172.
31. Sobre o casamento como dever "absoluto", cf. *supra*, aula de 4 de fevereiro.

nhava-se em atenuar a busca do prazer puramente sexual, chegando mesmo a considerar a renúncia total a ele, como na erótica platônica[32]. Defronte se delineava o caminho mais heterossexual de Afrodite, em que a união dos corpos e a satisfação dos desejos se deduziam de uma simples pulsão natural, mesmo que ainda fosse preciso levar em consideração o status social do parceiro. Mas o casal casado, em sua versão romana, tece numa trama única, designada por Foucault como "a corrente única do amor"[33], relacionamento de concórdia mútua e prazer dos corpos. A glorificação do casal casado e orgulhosamente fiel faz desaparecer a dualidade antiga de Afrodite e Eros, denunciando em troca o relacionamento homossexual como uma impostura abjeta. Pois a concórdia autêntica, simétrica e respeitosa, e o verdadeiro prazer sexual, sem passividade vergonhosa, só podem existir entre o marido e sua legítima esposa. A partir daí, a homossexualidade, não podendo mais reivindicar para si um Eros que o casal casado lhe confiscou, torna-se um relacionamento condenado como hipócrita e degradante. É toda essa trajetória que Foucault recupera em sua leitura do *Erotikós*, de Plutarco[34].

A terceira consequência, sem dúvida a mais enigmática, está contida no que se poderia chamar de nascimento do desejo. Foucault, nas últimas aulas de março e na primeira de abril de 1981, desenvolve uma tese estranha e forte, da qual em seguida não se encontrará mais nenhum eco, nem em *O cuidado de si* nem nas conferências e intervenções dos anos 1980. A partir do momento, explica ele, em que o homem casado se impõe como dever uma fidelidade absoluta, ele se obriga a uma "cesura" de sua virilidade. No sistema antigo, a virilidade era indistintamente social e sexual, o que autorizava todos os deslizes: a superioridade estatutária do homem livre autorizava-o a impor sua sexualidade a subalternos e seu prazer sexual no interior do casal podia sempre alimentar-se de um sentimento de dominação social. Mas o novo dever de fidelidade e a construção entre o homem e a mulher de um relacionamento mais igualitário impõem a todo cidadão casado dissociar virilidade "estatutária" e virilidade "ativa". Em público, ele deverá governar e dominar os outros quando lhes for hierarquicamente superior, mas dessexualizando essa relação social. Por outro lado, deverá reservar sua virilidade sexual para a esposa, mas buscando sua aquiescência, cuidando para que essa atividade não assuma a forma de uma dominação assimétrica. Essa cisão interior do homem casado, entre seus "dois sexos" – no lugar da divisão antiga entre os dois

---

32. Essas teses são expostas na aula de 28 de janeiro (*supra*) e retomadas mais longamente em *L'Usage des plaisirs*, capítulos "Érotique" e "Le véritable amour", *op. cit.*, pp. 205-69.
33. Cf. *supra*, aula de 4 de março, p. 172.
34. Cf. *ibid.*, pp. 158 ss.

amores –, torna simultaneamente pensável e indispensável a cisão entre o privado e o público, que não podem mais fazer parte da mesma economia ética[35]. Essa cesura da virilidade também obriga o homem casado a exercer um permanente controle sobre si, muito diferente do que os clássicos (Platão, Xenofonte) possam haver tematizado como "domínio de si". O homem casado, na medida em que procura ser conforme com o novo código matrimonial, deve reproduzir perpetuamente em si a cesura de sua virilidade, entre os polos, diz Foucault, do "macho" e do "masculino"[36], e para isso focalizar as técnicas de si na "primeira agulhada do desejo"[37], a fim de antecipar-se a ela e desativá-la. Para os clássicos os *aphrodísia* constituíam um bloco – simultaneamente natural, paroxístico e indissociável – de desejo-prazer que permeava e irradiava pontualmente os corpos, requerendo técnicas de si capazes de impor um autodomínio e uma distribuição ordenada dessas pontualidades intensivas. A tecnologia de si do homem casado passa agora a exigir-lhe que recapture o desejo no nível de seu "despontar"[38] – portanto, um desejo que não é mais compreendido como a preliminar mecânica do prazer, e sim cristalizado em forma de "tentação"[39]. O bloco dos *aphrodísia* desarticula-se, e o autocontrole do marido fiel extrai dele a pepita do desejo. Enfim, foi a partir do cidadão romano casado, submetido às novas regras conjugais, que se tornou pensável a "sexualidade" como camada autônoma de significação. Para os gregos da idade clássica, os *aphrodísia* eram efetivamente pensados ou a partir da necessidade natural, assim como a fome e a sede, e exigindo, assim como elas, uma dietética, ou como uma maneira de reencenar no teatro dos corpos as divisões sociais. Para Hipócrates ou Xenofonte, elaborar uma moral sexual era recodificar na gramática ética dos corpos uma mecânica da natureza ou uma lógica social. Daí em diante, com os estoicos, através dessa técnica de severo autocontrole proposta aos homens casados, a sexualidade é reconfigurada como dimensão permanente da subjetividade, assumindo a dupla forma ética da tentação impossível e do dever sem prazer.

3. O problema do discurso em excesso

A partir do estudo meticuloso desses tratados estoicos sobre o casamento, frequentemente considerados pela tradição como anódinos e ane-

---

35. Cf. *supra*, aula de 25 de março, p. 235.
36. Cf. *supra*, aula de 1º de abril, p. 249.
37. Cf. *ibid.*, p. 260.
38. *Ibid.*
39. *Ibid.*

dóticos, Foucault descreve um ponto de viragem decisivo na história da subjetividade. Mas esse testemunho filosófico não está isolado, como atesta toda uma literatura que também faz o elogio de uma sexualidade conjugal estrita (os poemas de Estácio, as cartas de Plínio, o Jovem[40]). Os historiadores principalmente constatam *no real* a extensão das práticas matrimoniais e o estabelecimento de rigorosas normas jurídicas de conjugalidade, reconhecendo à esposa novos direitos e condenando mais vigorosamente o adultério. Aqui Foucault coloca a questão, quase ingênua em sua formulação imediata, da relação exata a ser estabelecida entre o discurso dos filósofos pregando o dever de casamento e a realidade das práticas sociais em que se verifica a extensão da regra matrimonial. Deve-se dizer que o discurso filosófico serve de justificação ideológica para o real e que esse elogio da união conjugal serve apenas para mascarar a perda das solidariedades políticas antigas com o desaparecimento das cidades e a instauração do Império? Deve-se dizer que o discurso antes se empenha em dar um fundamento racional para uma prática cujo valor universal seria estabelecido dessa forma? Ou então, mais simplesmente, reconhecer que no fim das contas o discurso nada mais é que o testemunho, o reflexo, a imagem de práticas sociais existentes?

É a discussão dessa proposição, humilde e imediatamente compartilhada, que vai impelir Foucault para a exposição – a mais longa na história de seus cursos no Collège de France – de sua concepção das relações entre o discurso verdadeiro e a realidade (aulas de 11 e 18 de março). Num primeiro tempo, Foucault enfatiza sua recusa de encontrar no real a razão de ser do discurso que diz a verdade sobre esse real. A verdade é um "acontecimento"[41] que sobrevém para uma realidade dada. Mas não há no real nada que exija que um jogo de veridicção se articule e explique *em verdade* o que é tramado na realidade muda. O esforço de *adequação* do discurso verdadeiro ao real não pode e não deve representar uma justificação suficiente, menos ainda o elemento de evidência que nos impediria de indagar. A "surpresa epistêmica"[42] é justamente essa capacidade que devemos recuperar de nos espantarmos com a profusão de discursos verdadeiros sobre uma realidade que não exige tantos.

A existência dos loucos não deve impedir que nos espantemos com a emergência de uma ciência psiquiátrica. A centralização política dos poderes na época moderna não deve impedir que nos espantemos com o nascimento de uma ciência do Estado. E, portanto, não é a difusão da

---

40. Cf. *supra*, aula de 11 de março, pp. 189-93.
41. Cf. *ibid.*
42. Cf. *supra*, aula de 18 de março, p. 211, nota a.

prática matrimonial sob o Império Romano que deve impedir que nos espantemos com a multiplicação dos tratados sobre o casamento. O jogo de veridicção – termo que abrange todos os discursos feitos em nome da verdade (para Foucault não está em causa decidir sobre o rigor epistemológico destes) – deve ser compreendido como *o que acontece ao real* e, mais precisamente ainda, *o que acontece ao sujeito*, como Foucault observava já em sua primeira aula[43]. Que a relação de simples adequação não possa ser aceita como justificação suficiente é o que demonstram, aliás, duas outras características básicas dos jogos de veridicção enunciadas por Foucault: sua inutilidade e sua eficiência. Os jogos de veridicção são globalmente inúteis porque não existe nenhuma proporção razoável entre a profusão de saberes – mais uma vez, as ciências exatas constituem apenas uma ínfima parte de todos os discursos socialmente reconhecidos como "verdadeiros" – e a magra ascendência sobre o real que eles nos permitem. Entretanto, para Foucault essa inutilidade dos jogos de veridicção não equivale a sua ineficiência, visto que têm muitos efeitos de realidade ou, melhor ainda, de subjetivação. A ciência econômica, para retomar o exemplo citado[44], embora se mostre impotente para a resolução das crises, não cessa de autorizar decisões políticas tomadas em seu nome e que são sentidas por todos. A ciência psiquiátrica, poderíamos dizer também, talvez não possa curar a loucura, mas alimenta decisões judiciárias, administrativas, médicas, e obriga cada indivíduo a construir sua identidade a partir da existência desses enunciados. Como Heidegger, portanto, Foucault contesta frontalmente que o dizer-verdadeiro se construa originariamente como relação de adequação[45]. Entretanto, essa refutação não se destina a dar acolhida ao murmúrio enigmático do Ser, e sim a ressaltar a cacofonia de uma multidão de jogos de veridicção que, ao mesmo tempo que dão pouca ascendência eficaz sobre o real, constituem a realidade histórica a partir da qual é construída a experiência que o sujeito tem de si mesmo.

---

43. "A partir do momento em que, numa cultura, há um discurso verdadeiro sobre o sujeito, que experiência o sujeito faz de si mesmo e que relação o sujeito tem a respeito de si mesmo em função dessa existência de fato de um discurso verdadeiro sobre ele?" (*supra*, aula de 7 de janeiro, p. 14).
44. Cf. *supra*, aula de 25 de março, p. 212, nota a.
45. As *Leçons sur la volonté de savoir*, de 1971, sobre a Grécia arcaica, já podiam ser amplamente entendidas como uma intensa discussão das teses de Heidegger sobre a verdade como *adaequatio* (cf. sobre esse ponto a explicação de D. Defert em "Situation du cours", *op. cit.*, pp. 273-5).

4. O HORIZONTE DA CARNE E A PERMANÊNCIA DO POLÍTICO

O curso dado em 1981 propõe algumas análises que serão amplamente retomadas nos volumes II e III de *A história da sexualidade* (*O uso dos prazeres* e *O cuidado de si*); por exemplo, o estudo preciso da *Onirocrítica*, de Artemidoro[46], do *Erotikós*, de Plutarco[47], a descrição hipocrática do ato sexual[48] ou ainda a evocação do *Econômico*, de Xenofonte, ou dos tratados sobre o casamento de Musônio Rufo, Hiérocles ou Antípatro de Tarso. Além disso, as obras publicadas em 1984 propõem uma organização mais sistemática (com a tripartição: relação com o corpo, com a mulher, com rapazes) e conceitos gerais de estruturação subjetiva (precisamente os conceitos de "uso" e de "cuidado"). Os livros estão consideravelmente enriquecidos com novas referências textuais, mas também aliviados de algumas grandes perspectivas teóricas ou históricas – nada sobre os dois grandes princípios clássicos de apreciação, os "dois sexos" do homem casado, os jogos de veridicção etc. Portanto, os estudos da Antiguidade publicados em 1984 são ao mesmo tempo mais completos e mais prudentes, como se Foucault desejasse apagar hipóteses talvez julgadas excessivamente audaciosas, aventureiras ou gerais. Os livros publicados são perfeitamente precisos e informados, mas raramente prosseguem além da leitura meticulosa dos textos convocados.

Subjetividade e verdade estuda essencialmente as técnicas de si da Antiguidade através do filtro do casamento e da sexualidade. Este curso problematiza uma inflexão estoico-romana cuja importância, ainda aumentada no ano seguinte (*A hermenêutica do sujeito*, em 1982) pela problematização do "cuidado de si", obrigará tardiamente Foucault a publicar duas obras separadas sobre a ética sexual dos antigos, em vez de uma única, como inicialmente previsto[49]. Além disso, o curso de 1981 está sempre esboçando as linhas gerais da experiência cristã e, com isso, deixando entrever a nervura do último volume previsto da história da sexualidade, *Les Aveux de la chair*. Aliás, Foucault regularmente anuncia, como conclusão de uma ou outra aula, que numa próxima sessão fará o estudo da concupiscência e a análise da ruptura cristã, mas não consegue deixar o

---

46. Cf. *Le Souci de soi*, cap. "Rêver de ses plaisirs", *op. cit.*, pp. 13-50.
47. Cf. *ibid.*, pp. 224-42.
48. Cf. *L'Usage des plaisirs*, cap. "L'acte, la dépense, la mort", *op. cit.*, pp. 141-56.
49. Ainda em março de 1983, Foucault fala de um único volume intitulado *L'Usage des plaisirs* (sobre o plano dessa primeira versão da história da sexualidade antiga, cujo manuscrito está conservado na Bibliothèque Nationale de France, cf. D. Defert, "Chronologie", *DE*, ed. 1994, t. I, p. 61; "Quarto", vol. I, p. 86).

solo da Antiguidade[50]. Já foi dito que não se devia considerar a recomendação de uma conjugalidade austera, nem mesmo a denúncia do caráter impuro do prazer sexual como invenções cristãs. A ruptura se dá em outro ponto: a elaboração de uma técnica de confissão que desdobra a relação do sujeito sexual com a verdade. É totalmente assente para a espiritualidade antiga que o prazer sexual é um obstáculo para a captação das verdades superiores (sexualidade *ou* verdade). O cristianismo desdobra essa relação ao fazer a ascese purificadora, conservada como horizonte, depender de uma hermenêutica suspeitosa e de uma verbalização exaustiva dos desejos ocultos (verdade *da* sexualidade). Portanto, à luz dessa leitura por Foucault em 1981 dos tratados estoicos sobre o casamento, é preciso considerar que não foi o cristianismo o primeiro a obrigar os indivíduos a uma sexualidade exclusivamente conjugal. Em contrapartida, impôs a eles uma experiência de si a partir da qual se obrigam a dizer a outrem o que acontece com a verdade de seu desejo.

Como o curso de 1980, *Subjetividade e verdade* permanece impermeável ao cenário político imediato, ocupado, nos Estados Unidos, pela libertação, em janeiro, dos americanos detidos em Teerã e pelo início da presidência Reagan, a qual ia pôr em prática o neoliberalismo que havia sido objeto do curso de Foucault em 1979; e, na França, pelos preparativos de uma campanha presidencial que em maio devia dar a vitória a François Mitterrand. Entretanto, o estudo das artes de viver antigas não traça um movimento de isolamento fora da atualidade política e da ação militante[51]. Em novembro de 1980, mostrando seu interesse pelo estudo das técnicas de si, Foucault anuncia que elas nunca fazem mais que traçar o programa de uma "política de nós mesmos"[52]. Portanto, é realmente o estudo da "governamentalidade" que prossegue, com a condição de ser

50. Cf., por exemplo, o fim da aula de 11 de fevereiro: "Isso marca a ruptura do casamento relativamente às outras relações sociais, marca o início daquele heteromorfismo que vai caracterizar o casamento no conjunto de relações sociais, heteromorfismo de que o cristianismo fará o uso que tentaremos ver em seguida" (*supra*, p. 128); ou a aula de 25 de fevereiro: "Subjetividade, verdade e desejo: é isso que vemos tecido, do modo que acabo de dizer-lhes, quando passamos da experiência grega dos *aphrodísia* para a experiência cristã da carne. Mas isso é o movimento global, é o ponto de chegada que procurarei mostrar-lhes no fim desta série de aulas" (*supra*, pp. 160-1).
51. Daniel Defert assinala em sua "Chronologie" que em março de 1981 Foucault "se recusa a associar-se às petições tardias em favor da eleição de François Mitterrand para a presidência da República, seguindo um princípio frequentemente reafirmado, de que um intelectual não é um diretor de consciência eleitoral". Além disso, em junho de 1981 ele "participa em Genebra, com Bernard Kouchner e Yves Montand, da criação do Comitê Internacional contra a Pirataria, para defesa dos *boat people*. Defende o direito de intervir nas políticas internacionais em nome do 'direito dos governados'" (*loc. cit.*, p. 59 / p. 82).
52. *L'Origine de l'herméneutique de soi*, *op. cit.*, p. 91.

compreendida como superfície de contato, ponto de articulação histórica entre um governo de si e um governo dos outros[53].

A transcrição do curso de 1981 foi realizada com base numa gravação efetuada por Jacques Lagrange e depositada na biblioteca do Collège de France. Há alguns cortes, devidos à alteração da fita ou à mudança de lado dos cassetes. Raras passagens são quase inaudíveis. O manuscrito preparatório apresenta poucas diferenças com relação ao curso oral. Porém algumas explanações não foram verbalizadas, principalmente em fim de aula. Estão reconstituídas aqui como complemento.

F. G.

---

53. "O ponto de contato, no qual [o modo como] os indivíduos são dirigidos pelos outros se articula com o modo como conduzem a si mesmos, é o que penso que posso chamar de 'governo'" (*ibid.*, p. 39).

Índices

Índice das noções

adultério
  (concepção clássica do –): 5, 8, 16,
    59, 68n.30, 74-5, 92, 145-6, 184,
    199n.5, 279; v. *Lex [iulia] de
    adulteriis;* v. Musônio Rufo,
    pseudo-Aristóteles
  (simetria dos adultérios): 146, 236,
    271, 284
agápesis
  (–: "afeição"): 148, 176-7, 180n.34;
    v. Plutarco
alma: 51-2, 62-3, 66n.12-13, 67n.15,
    125, 136-7, 140, 152n.17, 171,
    178n.7, 181, 259, 276; v. orfismo,
    pitagorismo, sonho/s/*óneiros*;
    v. Artemidoro, Platão, Plutarco
  ("prova da –"): 276
  (movimentos da –): 98
  (regime da –): 28
amizade: 120-4, 127, 130n.27, n.33 &
    n.34, 133, 148, 166-77, 178n.7,
    179n.13 & n.24, 180n.31; v. *philía,
    kháris*
  (– de companheirismo: *philía
    hetairiké*, – de parentesco, *philía
    syngeniké*): 121; v. Aristóteles
amor: 4, 9, 150 & n.a., 152n.17,
    155n.49 & n.56; v. *aphrodísia*, *éros,
    kháris*
  (– conjugal): 130-1n.37 & n.46, 177;
    v. Aristóteles
  ([o] – desgraçado, *aneu kharitôn*):
    174, 176 (origem mítico-histórica
    do –): 173

(corrente única do –): 164-77, 282;
    v. Plutarco
  (as duas formas do–): 150, 157,
    166-7, 172, 177; v. Musônio Rufo,
    pseudo-Aristóteles
aphrodísia: 64, 74, 76-7, 80, 87-92,
    100-1, 138, 150, 151n.a, 161, 182,
    198-9, 224, 230-4, 236, 239 & n.a,
    243-4, 255-61, 263n.18, 278, 282-3
  (–: a experiência grega da
    sexualidade): 70 & *passim*
  (economia restritiva dos –): 134
  (percepção ética dos –): 79, 80-1, 83,
    92, 111, 157-78, 184, 224, 230,
    246, 250
  (– e medicina): 138-40; v. Hipócrates
  (– e morte): 135-6
  (– e práticas religiosas): 135-6
  (– e relação com a verdade): 136
  (– e vida filosófica): 136-8;
    v. Diógenes Laércio
apólausis, gozo: 166-7, 179n.10;
    v. *hedoné*
aquiescência: 174-6, 177, 181, 186-7,
    272, 281 & n.30
  (– e *kháris*): v. *kháris*
"aristocracia/s de concorrência": 276-9,
    294n.4; v. Veyne
  (– e processos de valorização): 246-7
arte, *tékhne*
  (– da memória): 27-8, 42n.1; v. Yates
  (– da retórica): 27-8, 29-30
arte/s de viver, de conduzir-se: 27-42 &
    n.2 & n.7, 47, 93-5, 101, 111, 114-5,

145, 157-8, 189-90, 262, 243-4, 248-9, 284, 261n.a, 287; v. técnicas de vida
áskesis: 32-3; v. trabalho de si sobre si; v. artes de viver; v. Epicteto
atividade
 (– codificadora): 91-2; v. código, codificação
 (– não relacional, isomorfa): 78, 83, 85, 278
 (princípio de –): v. princípio assimétrico de atividade
atividade sexual: *passim*; v. ato/s
 (atividade/passividade sexual e condição social): 54, 56-9 ss., 63, 67n.28, 68n.29, 73-4, 77, 79-80, 82, 94, 171, 251, 254-5, 259;
 v. Artemidoro, Heliogábalo
 (– e pensamento, vida filosófica): 64 & n.a, 81, 93-4, 98-107
ato/s: v. atividade
 (– *proegoúmenon*, ato *prinzipiell* [Bonhöffer], principal): 102-7, 109n.13-19, 112; v. casamento; v. Epicteto, Hiérocles, Pohlenz
 (– rituais e cultuais): 135-6
 (– sexual/sexuais: *passim* (ato sexual--impureza-morte): 136-7, 142-3;
 v. experiência cristã da carne, triângulo
autoanálise das sociedades ocidentais: 39-40
autonomização: 186-7;
 v. institucionalização do casamento

bestiário, *Bestiaire*: 20n.15, 21n.21-22
 (– da moralidade): 7 (*Physiologus*)
biopoética: 34n.a
biopolítica: 34n.a
bíos: 33, 42n.6-7, 109n.18, 240n.1, 276 & n.12
 (o – como subjetividade grega): 227-8
 (– *khrematistikós*): 226-7
 (– *theoretikós*): 136-8, 225-6;
 v. Pitágoras

"capitalismo": 39-40, 43n.15, 224, 270;
 v. autoanálise
caritas: v. Tácito
casal: 23n.43, 114-5, 119-28, 130n.30, 151, 189-91, 199n.8, 245, 276-83;
 v. socialidade dual; v. Veyne
 (– e *symbíosis*): 177
 (insularização do –): 111-2, 142, 158;
 v. casamento
 (especificidade do –): 121, 122;
 v. *concordia*, *eúnoia*, *koinonía*, *krásis*, *míksis*
casamento: v. casal, socialidade dual
 (contratos de –, séc. III a.C.): 186-8
 (institucionalização, expansão e valorização do –): 74, 93, 95-6, 111-2, 133-4, 196, 231, 271
 (insularidade do –, séc. II): 243 (– e reciprocidade de obrigações entre esposos): 232, 236, 244
castidade: 4, 7, 22n.42, 25, 152n.8, 155n.49, 191, 204-5, 220n.4;
 v. estoicos; v. Clemente de Alexandria, Tibulo
catástase: 106-7; v. Epicteto
cínico/s: 41, 7265n.a, 103-7, 109n.13 & n.23, 110n.29, n.32-35, 141, 144, 209; v. Crates, Epicteto
classe senatorial (Roma): 250-1, 262n.16
codificação das condutas: 90-2, 99-100, 134, 147-8, 205-7, 214-5, 218-20, 277, 279
 (– médico-jurídica): 92
 (– e casuística cristã): 149, 232-3
código/s [moral, civil]: 17, 35n.c, 50-1, 64, 92-3, 108n.1-2, 190-1, 203-4, 215, 224-5, 227-9
 (–: ilusão e processos de valorização): 90-1, 231-3, 238-9 & n.a, 248-9, 276-7
 (novo – *vs.* isomorfismo sociossexual): 230-1, 233-4, 235-6
competição política: 246-7
complementaridade: 187, 190-1, 234, 271; v. casal; v. Tácito

concordia: 190, 194, 200n.11, 201n.28;
  v. casal; v. Estácio
concorrência: 247
  (– no amor): 190; v. casal
  (aristocracia/s de –): *s.v.*
conduta/s: 9, 16, 27-8, 31, 34 & n.a, 47,
  50, 74, 93-5, 101, 111-2, 145, 204,
  219, 224, 259, 268; v. arte/s de viver,
  código, codificação, mestres, técnica/s
  (– conjugal): 4, 7-8, 130n.36, 190,
  207; v. fábula do elefante
  ("regra/s de –"): 26-7, 98-9, 104, 197,
  203, 217, 225, 228
  (tecnologias de –): 95; v. técnicas
conjugalização: 134, 145-51, 159
consciência de si: 248
conspurcação: 17, 136-7, 152n.12,
  154n.38, 261n.6, 262n.14
continuum sociossexual: 55, 94, 235
  (– e transgressão): 90
contrato/s: 67n.19, 130n.33, 186-8;
  v. casamento; *vs.* troca
corpo: 22n.42, 28, 37, 51-2, 62, 65n.1,
  66n.12, 67n.18, 71, 72, 79, 116, 117,
  124-6, 130n.37, 131n.41 & n.45, 136,
  149, 170-1; v. *krase*
  (– doente): 13, 138-40; v. epilepsia;
  v. Hipócrates
  (– político, social): 4, 53, 164, 174
  (–, matéria e morte): 136-7, 152n.11
cristão/cristã/s, cristianismo: 6-7, 14-9,
  22-3n.42-43, 25-7, 35-9, 40-1 & n.a.,
  42n.6, 43n.10 & n.13, 64, 78, 79, 83,
  91, 96, 107, 143 & n.b, 148-51, 158,
  176, 204-5, 220n.2, 225-7, 228 & n.a,
  229, 260, 275
  (– e paganismo): 17-8, 26, 35-8, 47,
  64
cuidado [de si], *Souci de soi/Cuidado
  de si*, do outro, *epiméleia*: 42n.2, 167,
  177, 179n.12, 267-8, 286;
  v. autonomia, subjetividade

desdobramento: 143
  (– da relação do sujeito com seu
  sexo): 249

  (– e redobramento de si sobre si):
  249-50
desejo/s: 4-5, 15, 21n.23, 22n.42, 55n.b,
  68n.30, 74, 100, 108n.3, 116-7,
  129n.14, 130n.37, 137, 142-3,
  151n.a, 167, 240n.10, 241n.13, 251,
  255, 258-9, 262n.15, 269, 280;
  v. subjetividade, sujeito
  (–: acumulação dos humores): 259
  (desejo-prazer): 167, 239n.a, 259,
  283; v. éros matrimonial
  (verdade do –): 55n.b, 143
desiderium, ausência e *supplicium*:
  192-3, 200n.21 & n.25; v. desejo;
  v. Plínio
deus/es, Deus: 7, 35, 37, 66n.7, 104,
  110n.35, 113, 135, 136, 152n.7-8,
  195, 220n.4, 254
devassidão do príncipe: 250-4, 261n.6,
  262n.15-16; v. Heliogábalo, Tibério
direção, diretor/es de conduta, de
  consciência: 93, 133, 143, 232, 239,
  245, 249, 287n.51
discurso: IXn.2, 26, 53, 55n.b, 87n.9,
  112, 164, 168, 214-5, 216, 228-9,
  251, 283-5
  (– em excesso): 203-9, 215-8; v. real
  do discurso e não verdade
  (– sobre o casamento, *lógos perì
  gámou*): 112-3, 199, 208-9, 215,
  216, 224; v. Hiérocles
  (– verdadeiro/s, de verdade): 11-5,
  22n.40, 26, 34, 151, 197-8, 212n.a,
  213, 216-7, 219
  (real e função do –): 197-8, 210-3,
  214-6, 217, 224; v. regimes de
  veridicção
"dissimetria afrodisíaca": 85-6
  (– e relação pedagógica): 84-5, 87n.8;
  v. Platão
dívida conjugal, *debitum conjugale*:
  206; v. Agostinho
dizer a verdade, dizer-verdadeiro (o):
  12, 14, 86, 99, 106-7, 142, 198-9, 285
  (dizer-verdadeiro profético): 136
domínio: 35; v. *enkráteia*

(– de si, sobre si, sobre os outros): 35-6, 81, 95, 98, 137, 216, 237-9, 240n.a, 241n.13, 249, 251-2, 258-9; v. autonomia, desejo, virtude

economia dos prazeres: 35, 134, 146, 260, 280; s.v. *aphrodísia*

encratistas, encratismo: 18, 23n.45

enkráteia: 23n.45, 138, 259; v. domínio
(– socrática): 137, 238; v. Platão, Xenofonte
(– cínica): 137

epicurista/s: 41, 64, 103-4, 127, 137, 152n.17, 170

epidemia sexual: 173-4
([antiguidade] da noção de –): 173

epilepsia: 139-41, 153-4n.25-37; v. Chiron, Hipócrates, Temkin; v. Cícero, Demócrito
(– e ato venéreo): 140
(– e saber médico): 141

epiméleia: 167, 179n.11, 267; v. cuidado [de si, do outro]

epithymía: 116, 117, 129n.14, 167, 172, 176, 179n.10, 238, 239, 241n.13, 258-60; v. desejo

ergastérion: 54, 58, 67n.21
(–: prostituição e morte): 58, 67n.28; v. Artemidoro

éros matrimonial: 224, 261n.a; v. codificação, *tékhnai*; vs. adultério

éros, *Erotikós*: 85-6, 150, 158-9, 165, 167-8, 171-2, 173, 178n.7, 179n.11 & n.19, 181 & n.b, 182, 239n.a, 281-2; v. amor; v. Platão, Plutarco

erótica pedagógica: 84-6, 281; v. Platão

erotização e codificação: 150

escravo/a/s: 58, 67n.22, 68n.29, 79-80, 120, 147, 154n.46, 179n.13, 230
(– e passividade): 73-4, 130n.31, 146, 168, 236-7, 249, 279; v. princípio assimétrico de atividade

espanto epistêmico: 212; v. jogo da verdade e do erro

esquiva logicista: 211; v. jogo de veridicção

estoicos, estoicismo: 32, 37, 41-2, 64, 65n.a, 101-6, 109n.17, 112, 116, 122-8, 145, 148-9, 178n.5, 181, 189, 203, 206, 217-8, 228 & n.a, 232-3, 236-7, 238-9, 278

ética: 26, 43n.15, 49, 50-1, 80, 87n.6, 118, 119-20, 122-4, 127, 163, 206; v. percepção; v. Aristóteles, Artemidoro, Plutarco
(– cristã): 158
(– grega dos prazeres e princípio de atividade): 64, 150, 158, 174
(– pagã e moral cristã): 19, 36, 64, 92; v. percepção ética
(nova – do casamento): 97-101, 181, 209; v. Vatin
(rotação da –): 158-9 & n.a

eúnoia, benevolência: 124n.a, 190; v. Tácito

exercício do poder: 246-7, 250-1, 255

experiência
(– cristã da carne): 92, 141-3, 229-30, 255-7, 269-70, 280
(– grega dos *aphrodísia* e – cristã da carne): 64, 70, 141-3, 287n.50; v. *aphrodísia*, triângulo

fábula
(– da animalidade): 11
(– do elefante): 3-23, 25-8; v. conduta conjugal

genealogia/s
(– da moral): 39, 43n.11, 55n.b
(– mítico-históricas): 173

geração: 138, 153n.20-21; v. Hipócrates

gnóstico/a (atitude, desafio –): 204; v. Valentiniano

governamentalidade, governo de si por si, dos indivíduos: 22n.39, 254, 261, 268, 275, 376, 288n.53

hagneía: 8; v. devassidão

hedoné, prazer: 147, 148, 167, 168, 176-7, 278n.6
(– vs. *areté*, virtude): 176; v. Plutarco, Sêneca

história
(– *da sexualidade/ Histoire de la sexualité*): 20n.5, 22n.40 & n.42, 42n.2, 60 *et passim*
(– *dos animais*): 9, 22n.34, 118, 129n.22, 153n.31; v. Aristóteles
(– *natural*): 20n.9, 22n.29-33; v. Buffon, Plínio o Velho
história política das veridicções: 14, 197, 212n.a
homilía, synousía, symploké [termos associados aos *aphrodísia*]: 71
homomorfismo (princípio fundamental de –): 73
homossexualidade: 26, 82, 87n.5 & n.7, 155n.49, 199n.3, 235n.a, 280-2
hormé, pulsão: 165, 167, 178n.5 & n.6; v. Epicteto, Plutarco
hýbris, violência: 8

incesto: 59-60, 61-2, 68n.33, 91, 92, 108n.2, 232; v. Artemidoro, De Lannoy & Feyereisen, Héritier-Augé
indivíduo/s: 65n.a, 239n.a
 (hierarquização dos –): 247
 (sistemas de valorização dos –): 246-9
 "indivíduo teórico": 100
interpretação: 6, 20n.15, 55 & n.b, 60, 65n.1, 149; v. Derrida, Plutarco
 (a – como decifração de verdade): 55n.b
 (– dos sonhos e polissemia econômico-sexual): 47-51, 54, 66n.5 (– dos sonhos/*óneiroi*): 52; v. onirocrítica, sonho/s/*enýpnion*; v. Artemidoro, Freud
isomorfismo/heteromorfismo sociossexual: 73; v. princípio

jogo de verdade e real: 198-9, 211-2n.a, 213-4; v. discurso em excesso
jogo/s de veridicção: 212n.a, 213-4; v. dizer-verdadeiro, espanto epistêmico
"judeocristianismo": 38-40, 141; v./*vs.* "paganismo"

kháris e *hýpeixis*, [noções de] aquiescência: 173-5
kháris, "complacência": 148, 173-7, 179n.28, 180n.34, 181-2, 190
kháris, philía e *epythimía*: 176;
 v. corrente única do amor
koinonía, comunidade de existência: 103, 107, 113, 116, 129n.14, 130n.33 & n.37, 131n.41, 169-71, 173, 176;
 v. Diógenes Laércio
krase, *krâsis*, matrimonial: 125-7 & 127n.a, 144n.44, 133-4, 206, 233;
 v. estoicos

lei de Sólon (interpretação da –): 148-9, 179n.13; v. Plutarco
lei/natureza: 56; v. natureza
leis augustais: 184-5
Lex [iulia] de adulteriis [18-17 a.C.]: 184, 199n.5; v. adultério

marcação: 212n.a; v. veridicção
 (– social): 73, 77-8
marcionismo, marcionistas: 205, 220n.4; v. Marcião
máthesis, ensino: 32, 46, 65n.a; v. arte/s de viver
matrimonial/is: v. *míksis*
 (modificação institucional e prática –): 183, 185-7, 193, 199n.1 & n. 6-7, 203; v. casal
 (estruturas – e urbanização): 239n.a
medida/desmedida: 60-1, 81-3, 87n.9, 149, 172, 177, 178n.8, 237, 239n.a, 256-7, 261n.a, 271, 278
meléte, meditação: 32-3
mestre/s de vida: 31, 42n.5, 133, 143, 179n.12, 232, 249; v. diretores de conduta
míksis, mistura: 125; v. matrimonial;
 v. Antípatro
monaquismo (sécs. IV-V): 159
moral estoica e universalismo cristão: 40-1n.a; v. Gilson

natural/antinatural, exterior à natureza, *phýsis/katà phýsin, parà phýsin*: 61,

60, 77, 112, 115, 128, 129n.13, 166,
178n.8; v. Luciano, Platão
naturalista/s: 4, 5-6, 8, 16-7, 26, 118,
204, 280; v. Aldrovandi, Gessner,
Eliano, Plínio
neopitagóricos: 41, 43n.17, 145;
v. Quinto Sêxtio
nómos: 56, 59, 76-7
normalização: 34n.a, 61

oîkos, casa/família: 120
(– aristotélico e *oîkos* estoico): 128n.a
óneiros: 51-2, 66n.13; v. sonho/s/
enýpnion, sonho/s/*óneiros*;
v. Artemidoro, Festugière
onirocrítica: 47-55 & n.b, 66n.8, 69-71,
145, 270; v. Artemidoro
orfismo: 145n.a, 152n.12
ousía e *synousía*: 54, 67n.19, 69-70,
71-2, 153n.25, 154n.41, 169-71, 173,
179n.13
outro/s (o/s): 178-9, 189-90, 200n.12,
217, 218-9, 236-9, 248-56, 260-1,
276; v. *epiméleia*, cuidado; v. Tácito

"paganismo": 17-8, 26, 36-9, 159, 214;
v./*vs.* cristianismo,
"judeocristianismo"; v. Brown
paidopoiía, fabricação de filhos: 148
(– como finalidade do ato sexual e do
casamento): 148; v. Aristóteles,
Platão, Plutarco
pedagogia, *paidagogeîn*, pedagogo/s:
27, 84-7, 166-7, 205, 221n.6-8,
235n.a, 237, 240n.10, 245;
v. Clemente de Alexandria. Musônio
Rufo, Protógenes
pederastia, pederástico (amor –): 150,
162-8 & n.a, 169, 187, 272;
v. Luciano, Platão, Protógenes;
v. Plutarco
percepção ética: 69-79, 81-5, 92, 95,
101, 145, 163, 230, 277;
v. *aphrodísia*; v. Artemidoro
(– e tecnologias de conduta): 95
philía: 121-4, 124n.a, 130n.33, 131n.44,
148, 166, 167, 169-70, 171-2, 175-7,
178n.7, 179n.13 & n.23, 180n.31,
281; v. amizade; v. Aristóteles,
Plutarco
(– *hetairiké*): 121 (– *syngeniké*): 121
pístis, "confiança": 148, 177, 180n.34;
v. Plutarco
pitagóricos, pitagorismo: 136-7, 138,
145n.a, 225
poder: 83, 127, 147-8, 185-6, 190-1,
212n.a, 215, 246-7, 268; v. exercício
(– do príncipe e tecnologia de si):
250-2, 254; *vs.* devassidão do
príncipe
prazer/es: 4-5, 20n.5, 21n.28, 22n.40 &
n.42, 37, 64, 66n.6, 67n.26, 68n.29,
91, 85, 87n.6, 94, 109n.20, 122, 126,
137-9; v. *aphrodísia*, economia,
hedoné; *vs. bíos theoretikós*;
v. Antístenes, Artemidoro, Bollack,
Epicuro, Platão
(– passivo): 78-81, 82, 87n.6, 95
(– e proveito): 57-8
(exclusão do –): 143-4, 147-8;
v. Sêneca
(elisão do –): 95, 169; v. pedagogia,
virtude; v. Platão, Plutarco
(Uso dos –): 20n.5 *et passim*
príncipe-paixão: 255
(–: subpoder do rei e passividade):
255-6, 261n.9, 262n.10
princípio assimétrico de atividade: 77,
81, 84, 89, 93-5, 100, 230, 239,
240n.a, 248, 255, 278
princípio de isomorfismo sociossexual:
69, 71, 74, 93, 96, 111, 230-3, 243,
278
princípio de localização: 74, 94, 280
(– e princípio de separação): 76
proibição/ões: 26, 35n.c, 70, 78-9, 90,
187-8, 206, 269, 277-9
(– rituais e cultuais): 135-6, 140-1,
149; v. epilepsia
prostituto/a/s, prostituição: 67n.28, 103,
137, 146, 171, 175-6, 230, 236, 251,
253; v. *ergastérion*

purificação: 17, 94, 135, 140, 152n.7, 154n.38; v. Hesíquio, Hipócrates
(princípio de –): 17
(– e abstenção): 135-6, 220n.4
(– e acesso à verdade): 141-2

racionalização do real: 224; v. discurso em excesso, real
real (o): 57, 105, 196-7, 210, 211n.a, 215-6
(– do discurso e não verdade): 197-9, 208-9, 214-7, 219 & n.a;
v. discurso em excesso
(– em termos de prescrição/ prescrições): 197, 208-9, 224
redobramento de si sobre si: 249-50; v. domínio
regime da alma: 28
regime/s de veridicção: 212n.a, 213-4, 219; v. veridiccção
regimes de existência: 157
(– e artes de viver, sécs. I-II d.C.): 157-8; v. *Erotikós*; v. Plutarco
relação de si consigo: 233, 240n.a, 248, 254, 256, 258; v. subjetividade
(– e verdade): 34-5
religiosidade
(– interna do casamento e *castissimus ardor*): 191, 196, 200n.17; v. Estácio
(– pitagórica): 36-7, 137

sabedoria, *sophrosýne*: 8, 32, 42n.5, 105-6, 138, 253; v. Epicteto
seitas filosóficas: 145n.a, 205;
v. orfismo, pitagorismo, valentinianos
semente: 54; v. substância, *ousía*
sexo-status e sexo-atividade: 235 & n.a, 249, 257-8; v. desdobramento
(–: condição do *continuum* sociossexual): 235
sexualidade, prática/s sexual/is: *passim*
(– e morte): 67-8n.28, 135-7, 139-41, 142; v. *aphrodísia*, epilepsia, *ergastérion*

("sexualidade-proibição", "sexualidade-repressão"): 90
social (o)
(articulação do – no sexual): 55n.a;
v. instituição, lei
socialidade dual: 119, 245; v. casal
(extensão da –): 183-6, 196, 207-8, 284
(– e "desafrodização" do campo social): 231; v. insularização do casamento
sonho/s/*enýpnion*/*enýpnia*/*rêve*/s: 45-64, 45n.a, 65n.1, 73n.2 & n.5, 66n.10 & n.12, 67n.19, n.21 & n.28, 68n.30 & n.39; v. *aphrodísia*, interpretação, onirocrítica, sonho/s/ *óneiros*; v. Artemidoro, Freud
(valor prognóstico [e simbólica social] do sonho, segundo Artemidoro): 58-60, 70-1
sonho/s/*óneiros*/*óneiroi*/ *songe*/s/: 45n.a, 47, 51, 52-3, 56, 66n.8, 78, 136, 137; v. sonho/s/*enýpnion*; v. lei/ natureza
(– "teoremático/s"): 52, 67n.15 & n.26
(*Clef des songes* –): 66n.6 *et passim*;
v. Artemidoro
(visão do – e sonho/s/*enýpnion*: 66n.12 & n.13
subjetivação: 151n.a, 230, 249n.a, 255-9, 285; v. desejo, técnicas
(procedimentos de – de um código): 228
subjetivação/objetivação: 260 & n.a
subjetividade grega
(–: matriz da subjetividade ocidental e cristã): 227-8
(–: relação com uma segunda vida, conversão, autenticidade): 227, 228
subjetividade ocidental e cristã: 276n.12
subjetividade: 13, 207, 252, 255-6, 268, 275; v. relação de si consigo, tecnologias de conduta
(–, codificação das condutas sexuais e discurso): 206
(– e verdade): 15, 25-6, 34-5, 45-7, 49, 108n.1, 214, 275
(–, verdade e desejo): 15, 142

substância: 54, 67n.19, 109n.17;
v. *ousía*
sujeito de verdade: 99-2, 142
sujeito de/do desejo: 22n.42
  (descobrir-se como –): 151n.a,
  260 & n.a
sujeito: 94, 100, 161, 164, 167, 175,
  267, 268
  (*Herméneutique du sujet*): 42n.2 *et
  passim*
  (objetivação do –): 268
  (relação dos – com a soberania): 253
  (o soberano como –): 253

teatro sexual e dramaticidade social: 72
técnica/s de/do si: 34, 248, 287, 269-70,
  275-6, 277 & n.13, 283, 287
  (– e subjetivação de um código): 248;
  vs. técnicas de vida
técnicas de subjetivação: 239, 240n.1
técnicas de vida, *tékhnai perì ton bíon*:
  34, 225-6, 228-30, 232, 243, 269;
  v. artes de viver
técnicas espirituais: 258, 260
tolerância: 206, 211n.a; v. Boswell
  (– ética): 37
  (– e renúncia): 86
  (– prática, social): 277
trabalho sobre si, *áskesis*: 32
triângulo sexo-morte-verdade: 141;
  v. ato sexual-impureza-morte
troca: 186; v. casamento

valentinianos: 205, 220n.5;
  v. Valentiniano, Tertuliano

valorização/desvalorização: 90-1,
  243-4; v. ilusão de código
  (valorização moral do princípio de
  atividade): 239
  (– do modelo de comportamento
  matrimonial): 103-4; v. Plínio,
  Estácio
  (supervalorização do casamento e
  desvalorização do prazer): 95-6,
  111-2, 134, 196, 231-3, 243
verdade do/de um sujeito: 11-4, 45, 46,
  142-3
verdade: 13-9, 26, 31-5, 45-56n.b, 57-8,
  99-100, 150-1, 197-8, 208, 211n.a,
  225-7, 240n.3; v. discurso,
  subjetividade, veridicção
  (a – como obrigação): 13, 22n.39,
  86-7, 142-3
  (a – e o real): 197-9, 212-4; v. jogo
  (– da moral): 55n.b
  (manifestação da –): 99-100, 276
  (relação com a – no paganismo e no
  cristianismo): 214-5, 219-20
veridicção: 13-4, 197-8, 212n.a, 213,
  214-5, 219-20, 284; v. dizer
  verdadeiro, jogos, regime
vida filosófica: 35, 65n.a, 115, 134,
  136-7, 141, 145; v. *bíos theoretikós*
vida: v. *bíos*
  (modos de –): 28, 35, 226; v. técnicas
  de vida
virtude, *areté*: 162-3, 167-8, 176,
  178n.7, 179n.11, 191-2, 271-2;
  v. domínio; v. Plutarco
  (o brasão da – conjugal): 4, 10

Índice dos nomes de pessoas

Agostinho de Hipona [Aurelius Augustinus, 354-430]: 23n.42, 38, 43n.9, 144, 151, 154n.44, 206, 221n.8-9

Alberto, o Grande [Albrecht von Bollstädt, Albertus Magnus, c. 1200-1280]: 5, 20n.13

Aldrovandi, Ulisse [1522-1605]: 4-5, 16-7, 20n.6-7, 23n.44, 204

Alexandre de Tralles [Alexander von Tralles, séc. VI d.C.]: 140, 154n.37

Ambrósio de Milão [Aurelius Ambrosius, *Divi Ambrosii Hexaémeron*, c. 340-397 d.C.]: 6, 20n.16 & n.19

Antípatro/Antipatros de Tarse [c. 150-129 a.C.]: 41, 65n.a, 124-5, 128n.a, 160, 205, 271, 279, 286

Antístenes [c. 444-365 a.C.]: 137, 152n.15

Apolônio de Tiana [*Vie d'Apollonios de Tyane*, c. 15-100 d.C.]: 145, 154n.45

Apuleio [Apuleius, c. 123-170 d.C.]: 140, 154n.40, 191

Areteu da Capadócia [séc. I d.C.]: 140, 154n.33

Ariès, Philippe: 155n.49

Aristóteles [c. 384-322 a.C.]: XI, 9-10, 22n.34-37, 87n.6, 118-23, 127, 129-30n. 17-22, n.25, n.27, n.29-36, 146, 148, 155n.47, n.49, n.52, 226n.a; v. pseudo-Aristóteles

Artaud, Antonin [1896-1948]: 262n.15

Artemidoro de Dáldis/de Éfeso [séc. II d.C]: 147-58, 60-2, 64, 66-8n.6-13, n.15, n.18-41, 69-79, 81, 87n.1 & n.3, 89-90, 92, 108n.4 & n.5, 145, 163n.a, 230, 232, 213, 270, 278-9 & n.22, 286

Augusto [Caius Octavius Thurinus, 63 a.C-14 d.C, primeiro imperador romano]: 184, 250, 262n.16; v. Suetônio

Bailey, Derrick Sherwin: 229, 240n.5
Bersez, Jacques: 21n.21
Bertani, Maurizio: Xn.5, 43n.12
Bloch, Marc [1886-1944]: 254, 263n.17
Blumenkranz, Bernhard [1913-1989]: 43n.9
Bollack, Jean [1923-2012]: 103, 109n.20 & n.22
Bonhöffer, Adolf Friedrich [1859-1919]: 41n.a, 102, 109n.15
Boswell, John [1947-1994]: 199n.3, 229, 240n.6
Bourgeois, Bernard: 43n.10; v. Hegel
Bréhier, Émile [1876-1952]: 102, 109n.17, 129n.17
Brion, Françoise: 108n.1, 276n.11
Broudehoux, Jean-Paul: 199n.3; v. Clemente de Alexandria
Brown, Peter Robert Lamont: 36, 42n.8
Buffon, Georges-Louis Leclerc de [1707-1788]: 4-6, 20n.9-10
Burkert, Walter: 152n.7
Burlet, Gilbert: XIn.8

Caillemer, Émile: 199n.5
Celso [Aulus Cornelius Celsus, c. fim séc. I a.C.-séc. I d.C.]: 140, 154n.35
Chevallier, Philippe: 22n.42
Chiron, Pierre: 153n.30
Cícero [Marcus Tullius Cicero, 106 a.C.-43 d.C.]: 65n.a, 103, 109n.23, 129n.17, 144, 225, 240n.2
Claudio [Tiberius Claudius Nero, 10 a.C.-54 d.C., imperador]: 252, 261n.5, 262n.13-14; v. Suetônio
Clemente de Alexandria [Klémens o Alexandreús, Clemens Alexandrinus, c. 150-220]: 18, 20n.19, 102, 109n.21, 199n.3, 205, 221n.6-7
Cohen, Joseph: 43n.10; v. Hegel
Crates: 103, 109n.25, 137; v. Diógenes Laércio, Epicteto
Crisipo de Solos [280-206 a.C.]: 55, 129n.17; v. Fílon
Crook, John A.: 199n.3
Crouzel, Henri: 110n.37; v. Orígenes

Daremberg, Charles Victor [1817-1872]: 152n.16, 153n.28, 154n.34, n.36 & n.41, 199n.5; v. Oribásio
De Lannoy, Jacques-Dominique: 108n.2
Defert, Daniel: IXn.1, 22n.42, 152n.12, 265, 275n.2, 276n.11, 285n.45, 286n.49, 287n.51
Demócrito [Demókritos, c. 460-370 a.C.]: 102, 109n.21, 139, 153n.26
Derrida, Jacques: 65n.1
Descartes, René [1596-1650]: 46, 65n.1
Diels, Hermann Alexander [1848-1922]: 153n.26
Diógenes Laércio [Diogenes Laertius, início séc. III d.C.]: 102-3, 109n.20, n.24 & n.26, 152n.10, n.14 & n.15, 153n.18, 225, 240n.2
Dion Cássio [c. 155-235 d.C]: 201n.33, 262n.15
Dioscórides [Pedanius Dioscorides, ca. 40-90 d.C.]: 21n.21
Dover, Kenneth J.: 81, 87n.5

Édipo (mito): 60
Eliano [Claudius Aelianus, c. 175-235 d.C.]: 8-9, 16, 21n.27, 26, 204
Epicteto [c. 50-125 d.C.]: 32-3, 40n.a, 42n.5 & n.7, 65n.a, 96, 99, 101-6, 108n.11, 109n.13, n.17, n.19 & n.25, 110n.27-36, 144, 178n.5, 205, 238-9, 241n.15, 259, 263n.23
Epicuro [c. 342-270 a.C.]: 102-3, 109n.20-22, 127, 137, 152n.16 & n.17
Escribônio Largo [Scribonius Largus, séc. I a.C.]: 140, 153n.32
Ésquines [Aiskhínes, c. 390-322 a.C.]: 251, 262n.11; v. Timarco
Estácio [Publius Papinius Statius, c. 40-96 d.C.]: 181, 190-2, 194-6, 200n.13-14 & n.16-18, 201n.28-31 & n.34, 284
Estobeu [Johannes Stobaeus, séc. V d.C.]: 109n.14 & n.18, 115, 129n.21, 130n.24 & n.28, 131n.40 & n.42-44, 201n.35
Eustácio de Antióquia [fim sécs. III-IV]: 20n.17; v. pseudo-Eustácio
Ewald, François: IXn.1, Xn.5, 22n.42, 276n.11

Ferri, Silvio [1890-1978]: 151n.3
Festugière, André Jean [1898-1982]: 47, 51, 66n.6-8, 67n.18, n.19 & n.21, 68n.41, 87n.1, 108n.4, 129n.12, 240n.2-3, 270n.5
Feuerbach, Ludwig [1804-1872]: 40, 43n.13
Feyereisen, Pierre: 108n.2
Filodemo de Gádara [c. 110-40 a.C.]: 42n.3
Fílon de Alexandria [c. 20 a.C.-45 d.C.]: 20n.19, 129n.17; v. Crisipo
Filóstrato o Ateniense [c. 175-246 d.C.]: 145, 154n.45
Fontana, Alessandro: Xn.5, XIII, 43n.12
Francisco de Sales [1567-1622]: 3-5, 7-8, 16-7, 19n.2-3, 36, 204, 280
Frend, William Hugh Clifford [1916-2005]: 42n.8

Freud, Sigmund [1856-1939]: 46, 66n.5, 151n.a, 260n.a
Fruchaud, Henri-Paul: 108n.1, 276n.10

Galeno [c. 129-201]: 52, 67n.14, 139, 140, 152n.14 & n.16, 153n.26, 154n.34, 271
Gessner, Conrad [1516-1565]: 5, 20n.11
Gilson, Étienne [1884-1978]: 41n.a
Goulet-Cazé, Marie-Odile: 109n.24, 152n.14
Gregório de Nissa [c. 335-394]: 96, 108n.8
Gros, Frédéric: XII, 42n.2, 273, 275n.1

Harcourt, Bernard E.: 108n.1, 276n.11
Hegel, G. W. F. [1770-1831]: 39, 43n.10
Heidegger, Martin [1889-1976]: 240n.4, 285 & n.45
Heliogábalo [Varius Avitus Bassianus, c. 203-222, imperador romano] [Marcus Aurelius Antoninus, 218-222]: 252-3, 254n.a, 261n.7, 262n.15
Heráclides do Ponto [c. 388-310 a.C.]: 225-6
Heródoto [c. 484-420 a.C.]: 10, 22n.38, 149, 155n.55-56
Hesíodo [fim séc. V-séc. IV a.C.]: 191, 200n.15
Hesíquio de Alexandria [séc. V d.C.]: 135, 152n.5
Hiérocles de Alexandria [Hieroklês, séc. V d.C.]: 41, 65n.a, 101, 102, 104, 118-20, 125, 128, 160, 199, 271, 279, 286
Hildegarde de Bingen [1098-1178]: 21n.21
Hipárquia: 103, 109n.25; v. Diógenes Laércio
Hipócrates de Cós [c. 460-370 a.C.]: 79, 87n.4, 138-40, 153n.20-25, 154n.38-39, 283
Humbert, Michel: 199n.5

Ireneu de Lyon [130-202 d.C.]: 23n.45; v. encratismo
Iscômaco: 112-4, 128n.2, 281n.29; v. Xenofonte

Jâmblico [Iámblikos, c. 242-325]: 240n.2; v. Pitágoras
João Crisóstomo [c. 350-407]: 96, 108n.9, 112, 128n.1
Juba II [c. 52 a.C.-23 d.C., rei da Mauritânia]: 9, 22n.33
Justino de Naplusa [ou Neápolis, séc. II d.C.]: 20n.19, 23n.45, 204, 220n.2

Kant, Immanuel [1724-1804]: 11, 46, 65n.2
Kranz, Walther [1844-1960]: 153n.26

Labarrière, Jean-Louis: 129n.17
Lagrange, Jacques: IXn.1, XIn.8, 22n.42, 265, 276n.11, 288
Lahlou, Josiane: 22n.33
Libânio [Libanius, c. 314-392 d.C.]: 96, 108n.10
Lorenzini, Daniele: 108n.1, 276n.10
Luciano de Samósata [c. 120-180 d.C.]: 166, 178n.9, 250; v. pseudo-Luciano
Lucrécio [Titus Lucretius Carus, séc. I a.C.]: 153n.17

Macróbio [Flavius Macrobius Ambrosius Theodosius, fim séc. IV-séc. V d.C.]: 139, 153n.25
Marchetti, Valerio: 23n.42
Marcião de Sinope [c. 85-160 d.C.]: 220n.4; v. marcionistas; v. Tertuliano
Marco Aurélio [Marcus Aelius Aurelius Verus, 121-180]: 42n.8, 129n.17, 195, 201n.33
Máximo de Tiro [Cassius Maximus Tyrius, séc. II d.C.]: 250, 262n.10
Mondésert, Claude [1906-1990]: 109n.21, 221n.6
Moulinier, Louis: 152n.12
Musônio Rufo [Caius Musonius Rufus, séc. I d.C.]: 41, 65n.a, 96, 101, 102,

115-20, 123, 125, 128, 129n.12,
145-7, 154n.46, 155n.48, 160, 205-6,
236-7, 240n.10; v. Estobeu

Nero [Lucius Domitius Claudius Nero,
37-68 d.C.]: 252, 261n.5; v. Suetônio
Nietzsche, Friedrich [1844-1900]: XI &
n.7, 43n.11, 46, 66n.4, 240n.4

Oribásio [Oribasius, c. 325-395 d.C.]:
152n.16, 153n.28, 154n.34 & n.36
Orígenes [c. 185-253 d.C.]: 6, 20n.
18-19, 107, 110n.37; v. Crouzel
Ovídio [Publius Ovidius Naso, 43
a.C.-17/18 d.C.]: 136, 152n.9

Paulo de Égina [Paulus Aegineta, séc.
VII]: 140, 154n.36
Píndaro [Pindaros, 518-438 a.C.]: 174,
179n.26
Pitágoras [c. 580-495 a.C.]: 21n.21,
136, 145, 153n.18, 225, 240n.2 &
n.3; v. Jâmblico; v. pitagóricos
Platão: 11, 87n.9, 108n.12, 124n.a, 148,
152n.7 & n.11, 155n.51, 158, 159-60,
166, 171, 172, 176, 178n.8, 180n.32,
237, 240n.12, 259, 263n.22, 287 &
n.2, 283
Plínio o Jovem [Caius Plinius Caecilius
Secundus, fim séc. I-séc. II d.C.]:
181, 190-4, 196, 199n.10, 200n.11 &
n.19-27, 234, 237, 284
Plínio o Velho [Gaius Plinius Secundus,
c. 23-79 d.C.]: 8-9, 16, 22n.29-32 &
n.33, 26, 36, 140, 153n.31, 204
Plutarco [c. 46-125 d.C.]: 41, 42n.3,
87n.9, 96, 102, 125, 127-8, 131n.45-
46, 135, 145, 147-50, 151n.4,
155n.49-50, n.53-54 & n.56, 157-9,
162-5, 168 & n.b, 169-77, 178n.6-7,
179n.10-11 & n.13-28, 180n.31-35,
181n.b, 205, 245, 250, 261n.9, 271,
272n.7, 282, 286
Pohlenz, Max [1872-1962]: 102,
109n.16
Pomeroy, Sarah B.: 199n.3

Porfírio [c. 234-305 d.C.]: 118, 130n.23
Protógenes [séc. IV a.C.]: 165-7, 169,
179n.25
Pseudo-Aristóteles: 96, 146, 174n.47,
234; v. Aristóteles
Pseudo-Eustácio de Antióquia [fim séc.
III-séc. IV d.C.]: 6, 20n.19;
v. Eustácio
Pseudo-Luciano: 272 & n.8; v. Luciano

Quinto Sêxtio o Pai [Quinti Sextii
Patris, séc. I a.C.]: 41, 43n.17;
v. Sêneca

Rabbow, Paul [1857-1966]: 42n.3
Rizzelli, Giunio: 199n.5
Rufino de Aquileia [Turranius Rufinus,
c. 345-411]: 6, 20n.19; v. Orígenes
Rufo de Éfeso [séc. II d.C.]: 144,
153n.28, 154n.41-42, 271

Safo [c. 650-580 a.C.]: 174, 179n.28
Saglio, Edmond: 199n.5
Salomoni, Antonella: 23n.42
Schopenhauer, Arthur [1788-1860]: 46,
65n.3
Sêneca [4 a.C.-65 d.C.]: 41, 42n.3 &
n.4, 43n.17, 65n.a, 145, 147, 155n.49,
205, 245, 257-8
Senellart, Michel: 22n.39, 275n.3-4
Sófocles [497/6-406/5 a.C.]: 60;
v. Édipo
Solino [Caius Iulius Solinus, séc. III
d.C.]: 7-8, 21n.25-26
Sólon [c. 640-558 a.C.]: 149, 179n.13
Sorano de Éfeso [98-138 d.C.]: 271
Spanneut, Michel [teólogo, séc. XX,
nascido em 1919]: 41n.a
Stekel, Wilhelm [1868-1940]: 87n.7
Stelzenberger, Johannes [1898-1972]:
41n.a
Suetônio [Caius Suetonius Tranquillus,
sécs. I-II d.C.]: 250, 261n.5, 262n.
13-14
Swedenborg, Emanuel [1688-1772]:
65n.2

Tácito [Publius Cornelius Tacitus, 58-122 d.C.]: 190, 200n.12, 250, 261n.6
Temkin, Owsei: 153n.30, 154n.34 & n.36
Teofrasto [c. 371-287 a.C.]: 21n.21
Tertuliano [Quintus Septimius Florens Tertullianus, c. 160-225 d.C.]: 151n.a, 220n.4 & n.5, 260n.a; v. Marcião; v. valentinianos
Tibulo [Albius Tibullus, 54-19 a.C.]: 136, 152n.8
Timarco [séc. IV a.C.]: 251, 262n.11; v. Ésquines
Tito Lívio [Titus Livius, 58 a.C.-17 d.C.]: 22n.33

Valentiniano [c. 10-160 d.C.]: 220n.5; v. valentinianos
Vatin, Claude: 108n.4, 199n.3-4 & n.6-7, 209, 221n.10
Veyne, Paul: 41, 43n.16, 155n.49, 183, 189, 199n.2 & n.8, 244-5, 261n.2 & n.4, 263n.16, 279 & n.24
Vincent de Beauvais [Vincentius Bellovacensis, Vincentius Burgundus, c. 1190-1264]: 5-6, 20n.14
Voelke, André Jean: 178n.5; v. estoicismo

Weber, Max [1864-1920]: 40, 43n.14-15

Xenofonte [c. 430-354 a.C.]: 96, 111-9, 127, 128n.2-3, 129n.4-11 & n.15, 130n.26, 149n.a, 234, 237, 238, 241n.13, 281 & n.29, 283, 286

Yates, Frances A.: 28, 42n.1

Zahn, Gordon Charles [Gordon Charles Paul Roach, 1918-2007]: 40n.a
Zenão de Eleia [c. 480-420 a.C.]: 41

GRÁFICA PAYM
Tel. [11] 4392-3344
paym@graficapaym.com.br